高教版
严格依据管理类综合能力考试大纲编写

MBA MPA MPAcc MEM
管理类综合能力高分突破
数学分册

王杰通 编著

中国教育出版传媒集团
高等教育出版社·北京

- 应届生：MPAcc（会计硕士） MAUD（审计硕士） MLIS（图书情报硕士） MEM（工业工程与管理硕士、物流工程与管理硕士）
- 在职考生：MBA（工商管理硕士） MPA（公共管理硕士） MEM（工程管理硕士、项目管理硕士） MTA（旅游管理硕士）
- 最佳搭配：考试大纲+数学分册+数学题源教材+数学历年真题详解
- 结合考试大纲　考点分类讲解　题型特点解析　助力数学高分
- 本书适用于2025年考生

图书在版编目（CIP）数据

MBA MPA MPAcc MEM 管理类综合能力高分突破. 数学分册 / 王杰通编著. --北京：高等教育出版社，2022.10（2024.5重印）

ISBN 978-7-04-059413-3

Ⅰ.①M… Ⅱ.①王… Ⅲ.①高等数学-研究生-入学考试-自学参考资料 Ⅳ.①G643

中国版本图书馆 CIP 数据核字(2022)第 170846 号

MBA MPA MPAcc MEM 管理类综合能力高分突破数学分册
MBA MPA MPAcc MEM GUANLILEI ZONGHE NENGLI GAOFEN TUPO SHUXUE FENCE

策划编辑	李晓翠	责任编辑	张耀明	封面设计	李小璐	版式设计	童 丹
责任绘图	李沛蓉	责任校对	刘丽娴	责任印制	赵 振		

出版发行	高等教育出版社	网 址	http://www.hep.edu.cn
社 址	北京市西城区德外大街 4 号		http://www.hep.com.cn
邮政编码	100120	网上订购	http://www.hepmall.com.cn
印 刷	北京利丰雅高长城印刷有限公司		http://www.hepmall.com
开 本	787mm×1092mm 1/16		http://www.hepmall.cn
印 张	19.25		
字 数	460 千字	版 次	2022 年 10 月第 1 版
购书热线	010-58581118	印 次	2024 年 5 月第 3 次印刷
咨询电话	400-810-0598	定 价	62.00 元

本书如有缺页、倒页、脱页等质量问题，请到所购图书销售部门联系调换
版权所有 侵权必究
物 料 号 59413-A0

前 言

　　善助人者固其本,善理疾者绝其源,为了帮助全国广大备考管理类综合能力考试的考生打好数学基础,作者精心编写了本书。本书汇总了管理类综合能力考试数学所涉及的187个考点以及对应的考试题型,作为广大考生第一轮复习用书非常合适。本书分为四大模块(算术、代数、几何、数据分析)和十一个章节(实数 平均值 绝对值、应用题、整式与分式、方程与不等式、数列、平面几何、解析几何、空间几何体、排列组合、概率、数据的描述)。《考试大纲》中要求的数学题型有两种:问题求解与条件充分性判断,本书几乎每个考点都有这两种类型的题目。因此本书适合广大考生打基础用,把考点点点击破。

　　基础知识对进一步学习的重要性是不言而喻的。数学的学习就像建房子一样,如果基础不牢固,房子是无法建起来的,即使勉强建起来,轻则白费心机,重则房毁人亡。扎实的基础是前进的基石。知识点总是环环相扣的,比如:前面的浓度的相关公式没掌握,后面学习十字交叉法技巧就非常有难度;即使你能够把十字交叉技巧背得滚瓜烂熟,突然考试的时候遇到这种题型换了一种形式,那么你就无法推出它的结果;如果你的运气不好的话,考试刚好出了这道题,那你就只能以失败面对。如果你前面的基础知识掌握得很好的话,面对同样的情况,你就可以推出它的结果。就是说只要你的"下位知识"结构没有缺陷,基础知识掌握得很好,再学习此基础上的新的知识就会比较容易,也会对新的知识产生强烈的求知欲和浓厚的兴趣。如果基础知识不牢,就不能灵活地运用所学的知识去解决相应的问题,也调动不起学习新知识的兴趣,考生的主动性就得不到很好地发挥,这样创新思维能力也就跟着变成无源之泉,无本之木。数学考试本质上就是测试考生的能力(计算能力、逻辑推理能力、空间想象能力、数据处理能力),而打牢基础是能力提升的先决条件。

　　本书严格按照《考试大纲》编写,每一部分的考点都配有相关例题,并给出了详细解析。在考场上,时间是非常紧迫的,数学一般情况下需要在60分钟内全部完成,不然就会影响逻辑和写作的发挥,我们的答题速度要保持在2.4分钟/道左右。从近几年的考试真题不难发现,每年都有80%左右的题目在考查基础知识。所以我们平时复习的时候要全面细致,不要漏掉任何一个考点与题型,这样才能在考试时有良好的心态,游刃有余。考生只要坚持蚂蚁啃骨头的精神,最后一定会从量变到质变,解题能力与学习成绩一定会得到很大的提升。

　　本书的配套教材是高等教育出版社出版的《全国硕士研究生招生考试管理类联考数学题源教材》,该书适合强化阶段使用。

在本书的编写过程中,编者参阅了大量的文献与资料,不再一一提及,感谢为本书提出宝贵意见的全体同仁。由于编者的能力和水平有限,疏漏之处在所难免,恳请大家批评指正。

王杰通

2023 年 12 月

目录

条件充分性判断题题型介绍 // 1

第一章 实数 平均值 绝对值(考点 1-18) // 5

考点 1：质数与合数 // 6

考点 2：奇数与偶数 // 8

考点 3：循环小数化分数 // 10

考点 4：怎样去绝对值 // 11

考点 5：绝对值的非负性与自比性 // 12

考点 6：绝对值的几何意义 // 13

考点 7：绝对值三角不等式(闵可夫斯基不等式) // 15

考点 8：比与比例 // 17

考点 9：平均值定理 // 19

考点 10：等比定理 // 22

考点 11：余数定理 // 23

考点 12：整除的应用 // 24

考点 13：取整 // 27

考点 14：最大公约数与最小公倍数 // 29

考点 15：有理数与无理数 // 30

考点 16：集合的包含关系判断充分性 // 32

考点 17：反证法判断充分性 // 33

考点 18：裂项求和 // 34

第二章 应用题(考点 19-63) // 37

考点 19：成本、利润、售价 // 41

考点 20：股票买卖问题 // 43

考点 21：称量问题 // 44

考点 22：增长率与下降率问题 // 44

考点 23：平均增长率 // 45

考点 24：整体代入法解应用题 // 46

考点 25：盈亏模型 // 47

考点 26：分期付款问题　　　//　　47

考点 27：统一比例法　　　//　　48

考点 28：数字遗传法　　　//　　49

考点 29：调配问题　　　//　　50

考点 30：效率特值法　　　//　　51

考点 31：交替工作问题　　　//　　52

考点 32：牛吃草问题　　　//　　53

考点 33：$V_1 \times V_2 = \dfrac{S\Delta V}{\Delta T}$　　　//　　54

考点 34：最优分配问题　　　//　　55

考点 35：抽屉原理　　　//　　56

考点 36：调和平均值的应用　　　//　　57

考点 37：还原问题　　　//　　59

考点 38：集合　　　//　　60

考点 39：带余除法在应用题中的应用　　　//　　61

考点 40：龟兔赛跑　　　//　　62

考点 41：相遇问题　　　//　　64

考点 42：追及问题　　　//　　66

考点 43：行船流水问题　　　//　　68

考点 44：过桥问题　　　//　　70

考点 45：浓度基本问题　　　//　　71

考点 46：十字交叉法　　　//　　73

考点 47：置换问题　　　//　　74

考点 48：等量问题　　　//　　74

考点 49：等量交换问题　　　//　　75

考点 50：溶液混合问题　　　//　　75

考点 51：植树问题　　　//　　75

考点 52：年龄问题（列方程）　　　//　　76

考点 53：分段计费问题　　　//　　77

考点 54：集合问题　　　//　　78

考点 55：不定方程问题　　　//　　79

考点 56：与数列结合的应用题　　　//　　81

考点 57：与方程结合的应用题　　　//　　82

考点 58：线性规划　　　//　　83

考点 59：最不利原则　　　//　　84

考点 60：二次函数与应用题结合　　　//　　85

考点 61：均值定理与应用题结合　　　//　　86

考点 62：周期性问题　　　//　　86

考点 63：循环赛问题　　　//　　88

第三章　整式与分式（考点64-78）　　// 90

考点64：单调性求最值问题　　// 94

考点65：非负性的应用（求最值,判断方程根的存在）　　// 95

考点66：共轭方程求解技巧　　// 95

考点67：换元法分解因式　　// 96

考点68：因式定理　　// 96

考点69：余式定理　　// 98

考点70：多项式求值　　// 99

考点71：一次因式验根定理　　// 100

考点72：二项式定理　　// 100

考点73：待定系数法　　// 101

考点74：双十字相乘法　　// 102

考点75：乘法公式应用　　// 103

考点76：表达式的化简　　// 107

考点77：指数函数与对数函数　　// 110

考点78：反比例函数　　// 112

第四章　方程与不等式（考点79-96）　　// 115

考点79：二次方程判别式　　// 120

考点80：韦达定理　　// 121

考点81：二次方程根的分布问题　　// 123

考点82：整数根与有理根　　// 125

考点83：恒成立问题　　// 126

考点84：公共根问题　　// 127

考点85：二次函数　　// 128

考点86：二次方程与二次不等式关系　　// 130

考点87：复合函数　　// 130

考点88：超越方程的解法　　// 132

考点89：二次函数加绝对值　　// 133

考点90：分式方程　　// 134

考点91：分式不等式　　// 135

考点92：柯西不等式　　// 136

考点93：无理不等式　　// 137

考点94：含有绝对值的方程与不等式　　// 137

考点95：高次不等式（穿线法）　　// 139

考点96：不等式的基本性质　　// 140

第五章　数列（考点97-103）　　// 141

考点97：等差数列的公式与性质　　// 143

考点98：等比数列的公式与性质　　//　　147

考点99：错位相减法　　//　　149

考点100：递推公式求数列通项公式　　//　　150

考点101：万能公式　　//　　153

考点102：数列的周期性　　//　　154

考点103：数列中的最值问题　　//　　156

第六章　平面几何（考点104-123）　　//　　157

考点104：三角形的三边关系与三角关系　　//　　167

考点105：三角形的面积公式　　//　　168

考点106：相似与全等　　//　　169

考点107：直角三角形　　//　　173

考点108：等边三角形　　//　　176

考点109：燕尾定理（三角形）　　//　　179

考点110：同底等高定理　　//　　180

考点111：中位线定理　　//　　181

考点112：共角定理和共边定理　　//　　182

考点113：中线定理　　//　　184

考点114：塞瓦定理　　//　　185

考点115：割补法与面积差　　//　　186

考点116：图像的变换（平移，旋转，轴对称）　　//　　189

考点117：扇形的面积与弧长的计算　　//　　190

考点118：圆的定理　　//　　193

考点119：梯形　　//　　194

考点120：平行四边形　　//　　196

考点121：矩形和菱形　　//　　197

考点122：一般四边形　　//　　198

考点123：动点问题与坐标系法　　//　　199

第七章　解析几何（考点124-139）　　//　　201

考点124：中点坐标公式　　//　　207

考点125：斜率　　//　　208

考点126：直线方程　　//　　209

考点127：圆方程　　//　　210

考点128：直线与直线的位置关系判断　　//　　211

考点129：直线与圆的位置关系判断　　//　　212

考点130：求圆的切线技巧　　//　　214

考点131：对称　　//　　215

考点132：直线系与曲线系　　//　　216

考点133：圆与圆的位置关系　　//　　217

考点134：解析几何中的最值问题　　// 218
考点135：两圆公共弦方程的求法　　// 221
考点136：到角公式与夹角公式　　// 222
考点137：点到直线的距离　　// 222
考点138：两平行线之间的距离公式　　// 224
考点139：菱形与矩形的方程　　// 224

第八章　空间几何体(考点140-144)　　// 227

考点140：长方体与正方体　　// 228
考点141：圆柱体　　// 230
考点142：棱柱　　// 231
考点143：球体　　// 232
考点144：空间几何体的组合　　// 233

第九章　排列组合(考点145-168)　　// 237

考点145：加法原理与乘法原理　　// 240
考点146：加法原理与乘法原理结合　　// 242
考点147：全能元素问题　　// 243
考点148：减法原理　　// 243
考点149：取鞋配对类型　　// 244
考点150：排列与组合的概念　　// 245
考点151：排列数与组合数的计算　　// 245
考点152：打包问题　　// 246
考点153：插空问题(不同元素)　　// 247
考点154：插空问题(含有相同元素)　　// 247
考点155：打包与插空结合　　// 248
考点156：隔板法　　// 248
考点157：分房问题　　// 250
考点158：圆形排列　　// 250
考点159：错排问题　　// 251
考点160：分类与分步问题　　// 252
考点161：分组问题　　// 253
考点162：定序问题(除法原理)　　// 254
考点163：数字问题　　// 256
考点164：数字中的定序问题(重点)　　// 257
考点165：染色问题(非环形)　　// 257
考点166：环形染色问题　　// 258
考点167：穷举法题型　　// 259
考点168：传球问题　　// 261

第十章 概率(考点169-180) // 262

  考点169:古典概型中的取球问题 // 265

  考点170:古典概型中的分房问题 // 268

  考点171:古典概型中的分组问题 // 269

  考点172:概率中的穷举模型 // 272

  考点173:有放回抽取 // 275

  考点174:不放回抽取 // 275

  考点175:抽签原理 // 276

  考点176:独立事件题型(直接套乘法公式) // 277

  考点177:独立事件的分类法 // 278

  考点178:独立事件的对立面法 // 279

  考点179:伯努利概型 // 280

  考点180:几何概型 // 282

第十一章 数据的描述(考点181-187) // 285

  考点181:平均数 // 288

  考点182:众数 // 289

  考点183:中位数 // 289

  考点184:方差与标准差 // 290

  考点185:极差 // 292

  考点186:直方图 // 292

  考点187:饼图与数表 // 294

条件充分性判断题题型介绍

条件充分性判断是管理类综合能力考试第二大题,不同于第一大题"问题求解",该题型考生都是第一次接触,不知该从何处下手.

一、题型认识

条件充分性判断题由一个结论、两个条件和五个选项组成,五个选项是固定的,要求对两个条件是否能推出结论做出判断,从五个选项中选出符合的一个.

例:$x>1$.　　（结论）

（1）$|x|(x-1)>0$　　（条件1）

（2）$x|x-1|>0$　　（条件2）

A. 条件(1)充分,但条件(2)不充分.

B. 条件(2)充分,但条件(1)不充分.

C. 条件(1)和条件(2)单独都不充分,但条件(1)和条件(2)联合起来充分.

D. 条件(1)充分,条件(2)也充分.

E. 条件(1)和条件(2)单独都不充分,条件(1)和条件(2)联合起来也不充分.

大家要注意的是,由于五个选项是固定的,需要事先就记熟五个选项对应的意思,不能等到了考场还每做一题就往前翻选项.

二、充分条件、必要条件、充要条件(等价条件)的定义

由条件 A 成立,就可以推出结论 B 成立(即 $A \Rightarrow B$ 是真命题),则说 A 是 B 的充分条件,B 是 A 的必要条件.

比如:$x=1$ 是 $x^2=1$ 的充分条件,因为只要 $x=1$,则必有 $x^2=1$.

但 $x^2=1$ 并不能推出 $x=1$,因为还有种可能是 $x=-1$.

如果两个条件互为充分条件,则说两个条件互为充要条件,也说两个条件等价.

三、条件联合的定义

条件(1)和条件(2)联合起来,即条件(1)和(2)要同时成立,二者取交集.

比如:条件(1)$x>3$;条件(2)$x<4$.

联合起来得到 $3<x<4$.

大家要注意的是,有时候条件(1)和(2)无法同时成立,交集为空集.所以选项 E 包括两种情况:一是联合起来仍然不成立;二是两个条件根本无法联合.

四、简单例题

1. $x \geqslant 3$.

(1) $x = 3$

(2) $x > 3$

分析：$x \geqslant 3$ 的意思是"$x > 3$ 或 $x = 3$"。条件(1) $x = 3$ 是可以推出"$x > 3$ 或 $x = 3$"的(P 可以推出 P 或 Q)，条件(2)也如此.两个条件都充分,选 D.

2. $x > 3$ 且 $x \neq 5$.

(1) $x > 3$

(2) $x \neq 5$

分析：条件(1) $x > 3$ 并不能推出 $x > 3$ 且 $x \neq 5$,比如当 $x = 5$ 的时候就符合条件但不符合结论；条件(2) $x \neq 5$ 也不能推出 $x > 3$ 且 $x \neq 5$,比如当 $x = 2$ 的时候也不符合结论.联合起来刚好就是 $x > 3$ 且 $x \neq 5$,所以选 C.

总结：当要证明一个条件不充分时,只需举出一个反例即可.

3. $x < 3$.

(1) $x < 2$

(2) $x < 4$

分析：条件(1),比 2 小的数一定比 3 小,所以条件(1)充分；条件(2),比 4 小的数未必比 3 小,比如 3.5,所以条件(2)不充分.选 A.

4. $x > 3$.

(1) $x > 2$

(2) $x > 4$

分析：此题跟上题相反,大于一个小的数并不能推出一定大于一个大的数,反之,大于一个大的数一定能推出大于一个小的数.所以选 B.

5. $x = 3$.

(1) $x \geqslant 3$

(2) $x \leqslant 3$

分析：条件(1)可以等价为 $x > 3$ 或 $x = 3$,并不能推出 $x = 3$ (P 或 Q 并不能推出 P)；条件(2)可以等价为 $x < 3$ 或 $x = 3$,也不能推出 $x = 3$.

条件(1)和(2)联合,取交集,一个数既大于或等于 3,又小于或等于 3,那只能等于 3.所以选 C.

6. $x = 3$.

(1) $(x-1)(x-3) = 0$

(2) $(x-2)(x-3) = 0$

分析：条件(1)等价于 $x = 1$ 或 $x = 3$；条件(2)等价于 $x = 2$ 或 $x = 3$.两个条件单独显然不充分,联合起来求交集推出 $x = 3$.选 C.

7. $x = 3$.

(1) $x > 3$

(2) $x < 3$

分析：条件(1)和(2)显然单独不充分,无法联合,所以选 E.

8. $2<x<4$.

(1) $x>1$

(2) $x<3$

分析:条件(1)和(2)显然单独不充分,联合后得 $1<x<3$,通过画数轴,可看出并不能推出 $2<x<4$,比如当 $x=1.5$ 的时候.选 E.

五、注意事项

Ⅰ.正确区分题干中哪句是结论,哪句是大前提.

例:m 是整数,则 $m=3$.

(1) $\pi-1<m<\pi$

(2) $\dfrac{\pi-1}{2}<m<\dfrac{\pi+1}{2}$

分析:结论中有两句话,其中第一句话"m 是整数"其实是大前提,在验证条件(1)、条件(2)时要联合这个大前提进行验证."则"字后面"$m=3$"才是结论.

Ⅱ.必须从下往上推,不允许通过结论推条件.

例:$x=1$.

(1) $x^3-3x^2+5x-3=0$

(2) $x^4-2x^3+x^2=0$

分析:由于条件很复杂,可能会有同学试着从结论验证条件,发现把结论 $x=1$ 代入条件(1)和(2)都能成立,因而错误地选 D.这种错误就是混淆了充分条件和必要条件.

Ⅲ.如果结论特别复杂,可以先找出结论的等价命题,再验证条件是否充分.

例:$x^4-3x^3+2x^2>0$.

(1) $x>3$

(2) $x<0.5$

分析:我们虽然不能通过结论推条件,但是可以先把复杂的结论进行化简,找到它的等价命题.本题中可以先解出结论中的不等式,解得 $x>2$ 或 $x<1$ 且 $x\neq 0$,这个解集就是原结论的等价命题.然后再验证,条件(1)显然可以推出这个等价结论,条件(2)由于包含了 $x=0$ 的情况,所以不能推出这个等价结论.选 A.

Ⅳ.如果能举出一个例子,说明某个条件存在某种特殊情况使结论不成立,即可证明该条件不充分;但反之,即使举出来若干特例使结论成立,也不能得出该条件是充分的.

例:$x+y\leqslant 1$.

(1) $x^2+y^2=1$

(2) $x^2-2xy+y^2=1$

分析:对于这样比较复杂的题,要首先猜想可能并不充分,而不是着急着去证明充分,直到发现证不出来才去怀疑可能不充分.

要证明不充分的话就是举反例,结论要求 $x+y\leqslant 1$,我们就试着找出一些特殊值使得 $x+y>1$.显然对于条件(1),当 $x=y=\dfrac{\sqrt{2}}{2}$ 时,$x+y=\sqrt{2}>1$,这样我们直接就可以确定条件(1)不充分.

条件(2)需做进一步的分析:由 $x^2-2xy+y^2=1$ 推出 $(x-y)^2=1$,推出 $x-y=1$ 或 $y-x=1$,显然,当 $x=2,y=1$ 时满足条件(2),但并不满足结论.所以条件(2)也不充分.

Ⅴ. 当两个条件中有一个明显不充分时,要注意是否另一个条件需补充此条件才算充分.

例:已知 M 是一个平面有限点集,则平面上存在到 M 中各点距离相等的点.

(1) M 中只有三个点

(2) M 中的任意三点都不共线

分析:两个条件中,显然条件(2)不充分,而条件(1)看起来非常充分.很可能随手选 A. 细心的话会想到像(2)这么明显不充分的条件为何要单列出来？是不是条件(1)缺此条件就不再充分,通过验证发现确实如此,如果 M 中的三个点共线的话,是不可能找到距这三个点等距的点的(直线上的三个点不可能在一个圆周上).所以应该选 C.

条件充分性判断题目的特点:

(1) 时间紧.数学的答题时间将近一个小时,正常留给条件充分性判断这一题型的时间应该在 25 分钟至 30 分钟之间.绝大部分的考生在进行数学部分的解答时,都会选择先做问题求解这一熟悉的题型,等到做条件充分性判断时,时间已所剩无几,使得最后的 22—25 题的答题时间非常少,正确率降低不少.另外由其选项的构成就可以看出,不仅需要判断条件(1)和条件(2)是否能推出结论,如果两个条件都不充分的话,还需要判断联合条件是否充分,也就是说一道条件充分性判断的题目,至少需要判断两次,有时还要判断三次,无形中就会增加做题时间.

(2) 题型特点增加了判断正确答案的难度.我们知道选择题比填空题相对简单的一个原因是如果选项中并没有自己得出的结果时,便知道该题目肯定算错了,需要重新考虑和计算.然而,条件充分性判断并没有这项长处,细看选项要求不难得知,该题型要求考生判断两个条件是否充分,无论得到什么结果,都有相应的选项与其对应,这就会导致正确率的降低,从而对考生做题的严谨性提出很高的要求.考生平时复习时要多多注意数学的严谨性,把模糊的点都要学得明明白白,这才是真正的解决之道.

第一章　实数　平均值　绝对值（考点 1-18）

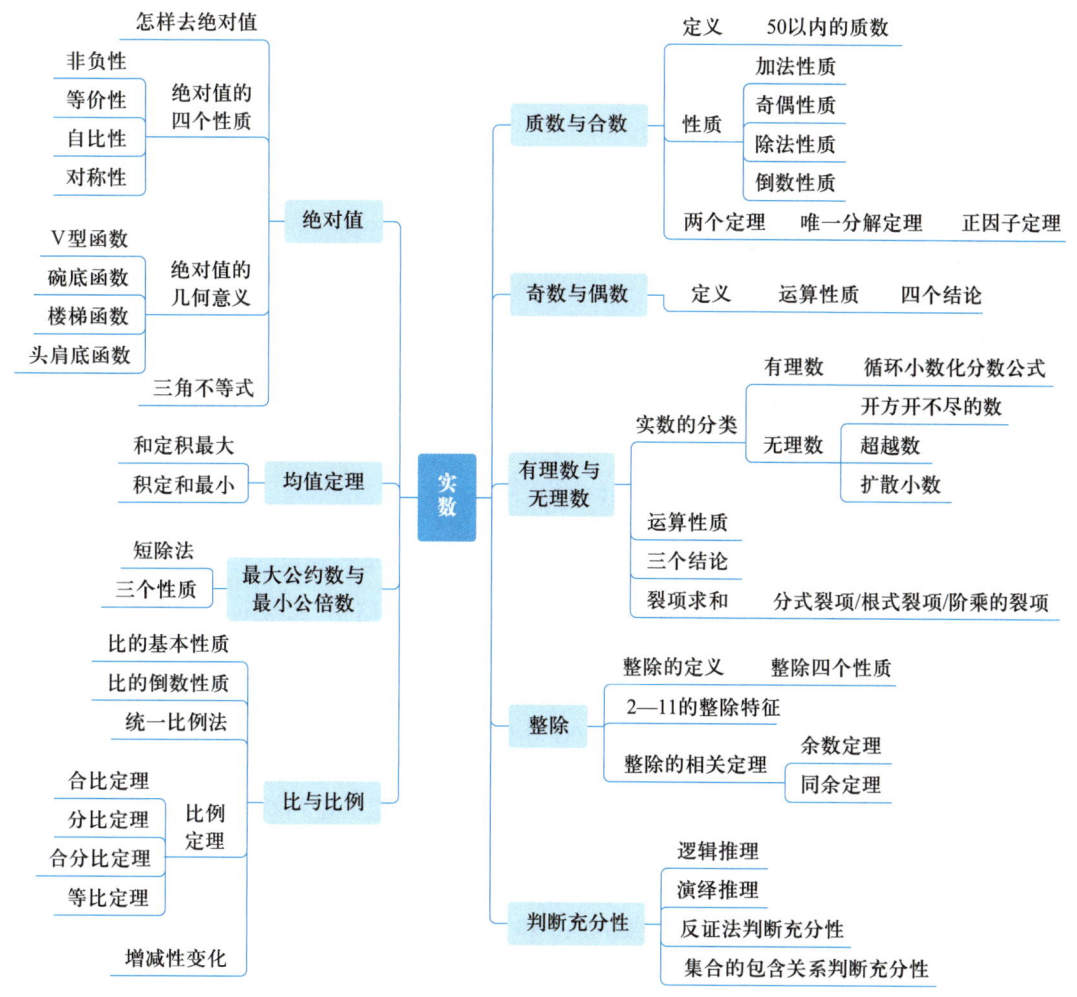

考试内容

考点 1：质数与合数	考点 4：怎样去绝对值
考点 2：奇数与偶数	考点 5：绝对值的非负性与自比性
考点 3：循环小数化分数	考点 6：绝对值的几何意义

续表

考点 7:绝对值三角不等式(闵可夫斯基不等式)	考点 13:取整
考点 8:比与比例	考点 14:最大公约数与最小公倍数
考点 9:平均值定理	考点 15:有理数与无理数
考点 10:等比定理	考点 16:集合的包含关系判断充分性
考点 11:余数定理	考点 17:反证法判断充分性
考点 12:整除的应用	考点 18:裂项求和

考点 1：质数与合数

质数:在大于 1 的正整数中,只能被 1 和本身整除(即只有 1 和其本身两个约数),那么这个正整数叫作质数(质数也称素数).

合数:在大于 1 的正整数中,除了能被 1 和本身整除以外,还能被其他的正整数整除,这样的正整数叫作合数.

注意:一个大于 1 的正整数,不是质数就是合数.

质数与合数的重要性质:

(1) 质数与合数都在正整数的范围,且有无数个,最小的质数为 2.

(2) 2 是唯一的既是质数又是偶数的整数,即是唯一的偶质数.大于 2 的质数必为奇数.

(3) 常见的质数有"2,3,5,7,11,13,17,19,23,29,31,37,41,43,47,53,59,61,67,71,73,79,83,89,97,…".

(4) 如果 a,b 为质数,且 $a+b=$ 奇数$(a<b)$,则 $a=2$.

(5) 如果 a,b,c 为质数,且 $a+b=c(a<b)$,则 $a=2$.

(6) 如果 a,b,c 为质数,且 a 能整除 b 与 c 的乘积,则 $a=b$ 或 $a=c$.

(7) 初等数学基本定理:任何合数都可以写成几个质数的积,能写成几个质数的积的正整数就是合数.

(8) 正因数定理:如果 A 是一个合数,且 $A=a_1^{m_1}a_2^{m_2}\cdots a_s^{m_s}$,其中 a_i 为不同的质数,m_i 为正整数,$i=1,2,3,\cdots,s$,则 A 一定有 $(m_1+1)(m_2+1)\cdots(m_s+1)$ 个正因子.

互质数:公约数只有 1 的两个正整数称为互质数.

根据互质数的定义,可总结出一些规律,利用这些规律能迅速判断一组数是否互质.

(1) 两个不相同的质数一定是互质数.如:7 和 11、17 和 31.

(2) 两个连续的正整数一定是互质数.如:4 和 5、13 和 14.

(3) 相邻的两个奇数一定是互质数.如:5 和 7、75 和 77.

(4) 1 和其他所有的正整数一定是互质数.如:1 和 4、1 和 13.

(5) 两个数中的较大一个是质数,这两个数一定是互质数.如:3 和 19、16 和 97.

(6) 两个数中的较小一个是质数,而较大数是合数且不是较小数的倍数,这两个数一定是互质数.如:2 和 15、7 和 54.

(7) 较大数比较小数的 2 倍多 1 或少 1,这两个数一定是互质数.如:13 和 27、13 和 25.

典型例题

1. a,b,c 是 20 以内的质数,且 a,b,c 之积是 a,b,c 之和的 7 倍,则 $a+b+c=$（　　）.

第一章　实数　平均值　绝对值（考点1-18）

A. 10　　　　B. 1　　　　C. 15　　　　D. 18　　　　E. 21

【答案】　C

【解析】　由题意可知 $abc=7(a+b+c)$，则 a,b,c 中必有一个为7，不妨设 $c=7$，则 $ab=a+b+7$，即 $ab-a-b+1=8$，$(a-1)(b-1)=8$，满足此式子的质数 a,b 只能是3和5，故 $a+b+c=3+5+7=15$.

2. 甲、乙两人的年龄之和是一个两位的质数，这个质数的各位数字之和等于13，甲比乙也刚好大13岁，那么乙的年龄是(　　).

A. 40岁　　B. 36岁　　C. 27岁　　D. 24岁　　E. 21岁

【答案】　C

【解析】　这个两位质数的数字之和等于13，$13=9+4=8+5=7+6$，则这个质数是67.

设甲有 x 岁，乙有 y 岁，而甲比乙大13岁，则 $\begin{cases}x+y=67,\\x-y=13\end{cases}\Rightarrow\begin{cases}x=40,\\y=27.\end{cases}$

3. A,B,C 为三个不同的质数，已知 $3A+2B+C=20$，则 $A+B+C=($　　$)$.

A. 12　　　B. 13　　　C. 11　　　D. 9　　　E. 14

【答案】　A

【解析】　先考虑 $A=2$，发现，$3A$ 为偶数，2无论与什么数相乘都是偶数，20为偶数，偶数减去偶数还是得偶数，而既是偶数又是质数的数只有2，又 $A=2$，C 就不能为2. 所以，A 不能为2! 同理 C 不能为2. 考虑 $B=2$ 时的情形，若 $A=3$，则 $C=7$；若 $A=5$，则 $C=1$（不为质数）；若 $A=7$，无解. 考虑 $B=3$ 时的情形，若 $A=5$，无解. 所以 $A+B+C=12$.

4. a,b,c 都是质数，则能确定 $b+c$ 的值.

（1）$a+b=33$

（2）$a+c=55$

【答案】　C

【解析】　条件（1）和条件（2）单独信息量不够，考虑条件（1）和（2）联合.

因为在所有的质数中只有一个偶质数2，

所以 $a+b=33$ 的和为奇数，可令 $a=2$，则 $b=33-2=31$；

$c=55-2=53$；那么 $b+c=31+53=84$. 故选C.

5. 集合 $\{2,3,x,y\}$ 是包含4个质数的集合，则 $x+y$ 的值可以确定.

（1）$x\leq10,y\leq10$　　　　（2）$y-x=2$

【答案】　A

【解析】　由于集合 $\{2,3,x,y\}$ 是表示4个质数的集合，则 x 和 y 都是不等于2或3的质数，且 x 和 y 互不相等. 对于条件（1），$x\leq10,y\leq10$，则 $x=5,y=7$ 或者 $x=7,y=5$，但和均是12，故 $x+y$ 可以确定. 对于条件（2），$x=5,y=7$ 满足 $y-x=2$，使得 $x+y=12$；$x=11,y=13$ 满足 $y-x=2$，使得 $x+y=24$，则 $x+y$ 的值不能确定.

6. 已知 p,q 都是质数，且满足 $5p^2+3q=59$，则以 $p+3,1-p+q,2p+q-4$ 为边长的三角形是（　　）.

A. 锐角三角形　B. 直角三角形　C. 钝角三角形　D. 等腰三角形　E. 等边三角形

【答案】　B

【解析】　已知 p,q 均为质数，且满足 $5p^2+3q=59$，因59为奇数，则 $5p^2$ 与 $3q$ 为一奇一偶. 只有 $p=2,q=13$ 符合题意，则 $p+3=5,1-p+q=12,2p+q-4=13$，又 $5^2+12^2=13^2$，根据勾股

定理可知该三角形为直角三角形.

7. 已知 m,n,p,q 都是质数,且 $mnpq$ 是连续 35 个正整数的和,则 $m+n+p+q$ 的最小值为（　　）.

  A. 21   B. 22   C. 23   D. 24   E. 25

【答案】　B

【解析】　设这 35 个连续正整数的中间的数为 a,35 个连续正整数的和为 $35a$,又 $mnpq=35a=7\times5\times a$.因 m,n,p,q 都是质数,故四个数中必有两个数相乘为 35,不妨设 $m=5,n=7$,且 $a\geqslant18$,即 $pq=a\geqslant18$,当 $p=3,q=7$ 或 $p=5,q=5$ 或 $p=7,q=3$ 时,$p+q$ 有最小值 10,所以,$m+n+p+q$ 的最小值为 22.

8. 关于 x 的方程 $x^2-13x+c=0$ 的两个不相等的根为 p,q,且均为质数,则 $\dfrac{p}{q}+\dfrac{q}{p}=$（　　）.

  A. $\dfrac{121}{22}$ B. $\dfrac{123}{22}$ C. $\dfrac{125}{22}$ D. $\dfrac{127}{22}$ E. $\dfrac{129}{22}$

【答案】　C

【解析】　由韦达定理,$p+q=13$,p,q 必一奇一偶,而唯一的偶质数为 2,不妨设 $p=2$,得 $q=11$,则 $\dfrac{p}{q}+\dfrac{q}{p}=\dfrac{2}{11}+\dfrac{11}{2}=\dfrac{125}{22}$.

9. 设 m,n 为正整数,则能确定 $|m-n|$ 的值.

 (1) 若 m,n 为质数,且满足 $5m+7n=129$.

 (2) m,n 的最大公因数为 15,且 $3m+2n=180$.

【答案】　B

【解析】　由条件(1),m,n 为一奇一偶,若 $m=2$,则 $n=17$;若 $n=2$,$m=23$,因此条件(1)不充分.

由条件(2),m 必为偶数,得 $m=30,n=45$.从而条件(2)是充分的.

10. 一个自然数的各位数字都是 105 的质因数,且每个质因数最多出现一次.这样的自然数有（　　）个.

  A. 6   B. 9   C. 12   D. 15   E. 27

【答案】　D

【解析】　先将 105 进行质因数分解,$105=3\times5\times7$,若自然数是一位数,有 P_3^1 种;若自然数是两位数,有 P_3^2 种;若自然数是三位数,有 P_3^3 种.共 15 种.

考点 2：奇数与偶数

奇数:不能被 2 整除的整数叫奇数,如 $-1,1,3,\cdots$,记为 $2n+1$（n 是整数）.

偶数:能被 2 整除的整数叫偶数,如 $-2,0,2,4,\cdots$,记为 $2n$（n 是整数）.

运算性质:奇数±奇数=偶数,奇数±偶数=奇数,偶数±偶数=偶数,

    奇数×奇数=奇数,奇数×偶数=偶数,偶数×偶数=偶数.

重要结论：

 (1) 有限个偶数相加是偶数,偶数个奇数相加是偶数.

 (2) 奇数个奇数相加是奇数,有限个奇数相乘是奇数.

 (3) 两个相邻整数必为一奇一偶.

(4) 两个自然数相加为奇数必定一奇一偶,两个自然数相加是偶数必然同奇或者同偶.

(5) 如果 a,b 是整数,则 $a+b,a-b$ 必然同为奇数或同为偶数.

(6) a 为整数,若 a^n 为偶数$(n\in \mathbf{Z}^*)$,则 a 为偶数;若 a^n 为奇数$(n\in \mathbf{Z}^*)$,则 a 为奇数.

(7) 如果 $m,n\in \mathbf{Z}, p\in \mathbf{N}^*$,则 $m+n$ 和 m^p+n^p 的奇偶性相同.

典型例题

1. 已知三个数 a,b,c 的和是奇数,并且 $a-b=3$,那么 a,b,c 的奇偶性适合(　　).

A. 三个都是奇数　　B. 两个奇数一个偶数　　C. 一个奇数两个偶数

D. 三个都是偶数　　E. 以上都不是

【答案】　C

【解析】　根据偶数、奇数的运算性质,因为 $a-b=3$(奇),所以 a,b 是一个奇数一个偶数,所以 $a+b$ 是奇数,又因为 $a+b+c$ 是奇数,所以 c 是偶数,所以 a,b,c 的奇偶性为一个奇数两个偶数.

2. 若 a,b,c 是任意给定的三个整数,那么乘积 $(a+b)(b+c)(c+a)$ 的奇偶性为(　　).

A. 奇数　　　　　　B. 偶数　　　　　　C. 不能确定,取决于 a,b,c 的奇偶性

D. 不能确定,取决于 a,b,c 的具体数值　　E. 以上均不是

【答案】　B

【解析】　a,b,c 是任意三个整数,根据整数非偶即奇的原理,三个整数不外乎以下四种组合:

① 三个偶数,② 两个偶数一个奇数,③ 一个偶数两个奇数,④ 三个奇数.

它们组成的 $a+b,b+c,c+a$ 中偶数的个数分别是:

第①种情况:3 个偶数.

第②种情况:1 个偶数.

第③种情况:1 个偶数.

第④种情况:3 个偶数.

三个数的乘积,仅当三个数都是奇数时,乘积才是奇数.其他情况,只要三个数中至少有一个偶数,它们的乘积将会是偶数.

3. 如果 a,b,c 是三个连续的奇数,则能确定 $a+b$ 的值.

(1) $10<a<b<c<20$

(2) b 和 c 为质数

【答案】　C

【解析】　条件(1)和条件(2)单独显然不充分,联合两个条件,由 $10<a<b<c<20, b$ 和 c 为质数,10 到 20 之间的质数为 11,13,17,19.故 $a=15, b=17, c=19$,则 $a+b=32$,联立起来充分.

4. 关于 x 的方程 $ax^2+bx+c=0$ 是没有整数根的一元二次方程.

(1) a,b 是偶数,c 是奇数

(2) $a\neq 0$

【答案】　C

【解析】　对于条件(1),若 $a=0, b=2, c=1$,则方程 $ax^2+bx+c=0$ 即 $2x+1=0$,不是一元二次方程,故条件(1)不充分.对于条件(2),若 $a=1, b=2, c=1$,则方程 $ax^2+bx+c=0$ 即 $x^2+2x+1=0$,可求得 $x=-1$,则方程是有整数根的方程,故条件(2)不充分.考虑联合,若 x 是整数,则方

程 $ax^2+bx+c=0$ 中 ax^2+bx 是偶数,c 是奇数,等号左边是奇数,但是等号右边为 0,是偶数,矛盾,故联合知方程 $ax^2+bx+c=0$ 是没有整数根的一元二次方程.

5. 已知 m,n,p 是三个不同的质数,则能确定 m,n,p 的乘积.
   (1) $m+n+p=16$
   (2) $m+n+p=20$

【答案】 A

【解析】 对于条件(1) $m+n+p=16$,则 m,n,p 只能是一偶二奇,所以设 $m=2$,则 $n+p=14$,只有一种可能,$n=3,p=11$;所以条件(1)单独充分.

对于条件(2),$m+n+p=20,m,n,p$ 只能是一偶二奇,所以设 $m=2$,则 $n+p=18$,有两种可能,$n=7,p=11;n=13,p=5$;所以条件(2)单独不充分.

6. 某班同学参加数学竞赛,每张试卷有 50 道试题,则这些同学的总得分是偶数.
   (1) 评分标准是:答对一道给 3 分;不答的题,每道给 1 分;答错一道扣 1 分
   (2) 评分标准是:答对一道给 2 分;不答的题,每道给 1 分;答错一道扣 1 分

【答案】 A

【解析】 要求出这些同学的总成绩是不可能的,所以应从每个人得分的情况入手分析.对于条件(1),因为每道题无论答对、不答或答错,得分或扣分都是奇数,共有 50 道题,50 个奇数相加减,结果是偶数,所以每个人的得分都是偶数.因为任意个偶数之和是偶数,所以这些同学的总分必是偶数.类似可知,条件(2)不充分.

7. 可确定 n 的值.
   (1) n 为正整数,若 n 加上 50 为一个完全平方数
   (2) n 为正整数,若 n 减去 31 为一个完全平方数

【答案】 E

【解析】 条件(1)取反例 $n=14$ 或 31,可知条件(1)不充分.

条件(2)取反例 $n=32$ 或 35,可知条件(2)不充分.

条件(1)和(2)联合有 $\begin{cases} n+50=k_1^2(k_1\in \mathbf{N}) \\ n-31=k_2^2(k_2\in \mathbf{N}) \end{cases}$,两式相减得 $k_1^2-k_2^2=81$,变形为 $(k_1+k_2)(k_1-k_2)=81$,可求得 $\begin{cases} k_1=15, \\ k_2=12 \end{cases}$ 或 $\begin{cases} k_1=41, \\ k_2=40 \end{cases}$ 或 $\begin{cases} k_1=9, \\ k_2=0 \end{cases}$ 为其中符合题意的解,则 $n=175$ 或 1631 或 31.

综上所述,答案选择 E.

考点 3:循环小数化分数

纯小数:整数部分是零的小数,如:0.807,0.99,0.015 都是纯小数,纯小数小于 1.

混小数:整数部分不是 0 的小数为"混小数",或称之为"带小数".例如,1.234.

纯循环小数:循环节从十分位开始的小数.

混循环小数:循环节不从十分位开始的小数.

纯循环小数化分数法则:分母——小数点后面有几位循环节分母上就先写几个 9;分子——用所有的小数数位数字作为分子.

纯循环小数化分数公式:$0.\dot{a}b\dot{c}=\dfrac{abc}{999}$;$0.\dot{a}bc\dot{d}=\dfrac{abcd}{9999}$.

混循环小数化分数法则:分母——小数点后面有几位循环节分母上就先写几个 9,剩下

的数位用 0 来补充;分子——用所有的小数数位数字减去不循环的部分作为分子.

混循环小数化分数公式: $0.a\dot{b}\dot{c} = \frac{abc-ab}{900}$; $0.a\dot{b}\dot{c} = \frac{abc-a}{990}$.

典型例题

1. 把整数部分是 0,循环节是 3 位的纯循环小数化成最简真分数后,分母是一个两位数的质数,这样的最简真分数有(　　)个.

   A. 31　　B. 32　　C. 33　　D. 34　　E. 36

   【答案】　E

   【解析】　整数部分是 0,循环节有 3 位数字的纯循环小数可以写为分母是 999 的真分数,$999 = 27 \times 37$,化成最简分数后,分母是一个两位数的质数,就只能是 37,作为分母是 37 的最简真分数,它的分子只能是 $1, 2, 3, \cdots, 36$. 因此这样的最简真分数有 36 个.

2. 某人在计算 $1.2\dot{3}$ 乘 a 时将 $1.2\dot{3}$ 看作 1.23,所得的结果比正确结果少 0.3,则正确结果应为(　　).

   A. 131　　B. 132　　C. 133　　D. 111　　E. 136

   【答案】　D

   【解析】　$1.2\dot{3} = 1.2 + 0.0\dot{3} = 1.2 + 0.1 \times 0.\dot{3} = 1.2 + 0.1 \times \frac{1}{3} = 1.2 + \frac{1}{30}$,因此

   $$a = 0.3 \div \left(1.2 + \frac{1}{30} - 1.23\right) = 90,$$

   故正确结果是 $\left(1.2 + \frac{1}{30}\right) \times 90 = 111$.

   练习:将 $\frac{3456}{9999}$ 化为小数,那么小数点后面 2024 位各数位数字之和为(　　).

   A. 9108　　B. 9106　　C. 9100　　D. 9072　　E. 9068

考点 4:怎样去绝对值

$|x| = \begin{cases} x, x \geq 0, \\ -x, x < 0, \end{cases}$　　$|x-y| = \begin{cases} x-y, x \geq y, \\ y-x, x < y. \end{cases}$

典型例题

1. 已知 a, b, c 在数轴上的位置如图 1-1,则代数式 $|a| - |a+b| + |c-a| + |b-c|$ 的值等于(　　).

   A. $-3a$　　B. $2c-a$　　C. $2a-2b$　　D. b　　E. $a+b+2c$

   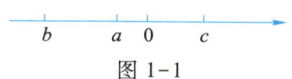

   图 1-1

   【答案】　B

   【解析】　由图 1-1 可知,$a < 0, a+b < 0, c-a > 0, b-c < 0$,

   $|a| - |a+b| + |c-a| + |b-c| = -a + (a+b) + (c-a) - (b-c)$

$$= -a+a+b+c-a-b+c$$
$$= 2c-a.$$

2. 已知 $x<0<z, xy>0$，且 $|y|>|z|>|x|$，那么 $|x+z|+|y+z|-|x-y|$ 的值（　　）.

A. 是正数　　　　B. 是负数　　　　C. 是零　　　　D. 不能确定符号

【答案】 C

【解析】 由 $x<0, xy>0$ 可知 $y<0$.
又 $|y|>|z|>|x|$，则
$$x+z>0, y+z<0, x-y>0,$$
所以 $|x+z|+|y+z|-|x-y| = x+z+[-(y+z)]-(x-y) = 0$.

3. $|a|+|b|+|c|-|a+b|+|b-c|-|c-a| = a+b-c$.

(1) 实数 a, b, c 在数轴上的位置如图 1-2 所示
(2) 实数 a, b, c 在数轴上的位置如图 1-3 所示

图 1-2　　　　　　　　　　　　图 1-3

【答案】 E

【解析】 条件(1)中 $a>0>b>c$ 且 $|a|>|b|$，则 $|a|+|b|+|c|-|a+b|+|b-c|-|c-a| = a-b-c-a-b+b-c+c-a = -a-b-c$，所以条件(1)不充分.

条件(2)中 $a<b<0<c$，则 $|a|+|b|+|c|-|a+b|+|b-c|-|c-a| = -a-b+c+a+b-b+c-c+a = a-b+c$，所以条件(2)不充分.

4. $|a+b|$ 的值可以确定.

(1) 已知 ab 和 a^2+b^2 的值
(2) 已知 ab 和 $a-b$ 的值

【答案】 D

【解析】 对于条件(1)，$|a+b| = \sqrt{(a+b)^2} = \sqrt{a^2+b^2+2ab}$，可以确定其值.

对于条件(2)，$|a+b| = \sqrt{(a+b)^2} = \sqrt{(a-b)^2+4ab}$，也可以确定其值.

考点5：绝对值的非负性与自比性

绝对值的性质：

(1) 非负性：$|a| \geq 0. A^2+|B|+\sqrt{C} = 0 \Leftrightarrow A=B=C=0$.
(2) 对称性：$|a| = |-a|$.
(3) 等价性：$\sqrt{a^2} = |a|, |a|^2 = a^2; |A|=A \Leftrightarrow A \geq 0; |A|=-A \Leftrightarrow A \leq 0$.
(4) 自比性：$-|a| \leq a \leq |a|$，推广：$\dfrac{|x|}{x} = \dfrac{x}{|x|} = \begin{cases} 1, x>0, \\ -1, x<0. \end{cases}$

典型例题

1. 实数 x, y, z 满足条件 $|x^2+2xy+2y^2|+\sqrt{z+1} = 2y-1$，则 $(x-y)^z = (\ \ \ \ )$.

A. 2　　　B. -2　　　C. 1　　　D. $\dfrac{1}{2}$　　　E. $-\dfrac{1}{2}$

【答案】 E

【解析】 注意到 $x^2+2xy+2y^2=(x+y)^2+y^2\geqslant 0$，则原式变成了 $x^2+2xy+2y^2+\sqrt{z+1}=2y-1$，将等式右边移到左边并配方得 $x^2+2xy+y^2+y^2-2y+1+\sqrt{z+1}=0\Rightarrow(x+y)^2+(y-1)^2+\sqrt{z+1}=0$，从而 $x+y=y-1=z+1=0\Rightarrow x=-1,y=1,z=-1$，代入 $(x-y)^z$ 得 $(x-y)^z=(-1-1)^{-1}=-\dfrac{1}{2}$.

2. 已知 $abc\neq 0$，则能确定 $\dfrac{a}{|a|}+\dfrac{b}{|b|}+\dfrac{c}{|c|}+\dfrac{abc}{|abc|}$ 的值.

（1）$a+b+c=0$

（2）$a+b+c<0$

【答案】 A

【解析】 由 $abc\neq 0$ 可知 a,b,c 均不等于 0. 对于条件（1），由 $a+b+c=0$ 可知 a,b,c 为两正一负或者两负一正，经验算，两种情况下均有 $\dfrac{a}{|a|}+\dfrac{b}{|b|}+\dfrac{c}{|c|}+\dfrac{abc}{|abc|}=0$，能确定 $\dfrac{a}{|a|}+\dfrac{b}{|b|}+\dfrac{c}{|c|}+\dfrac{abc}{|abc|}$ 的值，故条件（1）充分.

对于条件（2），不妨取 $a=b=c=-1$，此时 $\dfrac{a}{|a|}+\dfrac{b}{|b|}+\dfrac{c}{|c|}+\dfrac{abc}{|abc|}=-4$，取 $a=b=-1,c=1$，则此时 $\dfrac{a}{|a|}+\dfrac{b}{|b|}+\dfrac{c}{|c|}+\dfrac{abc}{|abc|}=0$，不能确定 $\dfrac{a}{|a|}+\dfrac{b}{|b|}+\dfrac{c}{|c|}+\dfrac{abc}{|abc|}$ 的值，故条件（2）不充分.

考点6：绝对值的几何意义

① $|x|>a(a>0)\Leftrightarrow x>a$ 或 $x<-a$.

② $|x|<a(a>0)\Leftrightarrow -a<x<a$.

③ $f(x)=|x-a|+|x-b|(a\leqslant b)$，则 $f(x)\geqslant|a-b|$（当 $x\in[a,b]$ 时，$f(x)$ 取最小值 $|a-b|$）.

④ $f(x)=|x-a|-|x-b|(a\leqslant b)$，则 $f(x)\in[-|a-b|,|a-b|]$（当 $x\leqslant a$ 时，$f(x)$ 取最小值 $-|a-b|$；当 $x\geqslant b$ 时，$f(x)$ 取最大值 $|a-b|$）.

⑤ $f(x)=|x-a|+|x-b|+|x-c|(a\leqslant b\leqslant c)$，则 $f(x)\geqslant|a-c|$（当 $x=b$ 时，$f(x)$ 取最小值）.

⑥ $f(x)=|x-x_1|+|x-x_2|+\cdots+|x-x_{2k}|(x_1\leqslant x_2\leqslant\cdots\leqslant x_{2k})$，则当 $x\in[x_k,x_{k+1}]$ 时，$f(x)$ 取最小值 $-x_1-x_2-\cdots-x_k+x_{k+1}+\cdots+x_{2k}$.

⑦ $f(x)=|x-x_1|+|x-x_2|+\cdots+|x-x_{2k+1}|(x_1\leqslant x_2\leqslant\cdots\leqslant x_{2k+1})$，则当 $x=x_{k+1}$ 时，$f(x)$ 取最小值 $f(x_{k+1})$.

⑧ $f(x)=|x-x_1|+|x-x_2|+\cdots+|x-x_{2k-1}|(x_1\leqslant x_2\leqslant\cdots\leqslant x_{2k-1})$，则当 $x=x_k$ 时，$f(x)$ 取最小值 $f(x_k)$.

注意：运用以上公式时须将 x 的系数化为 1. 下表中的含绝对值的函数的特征须熟记.

V 型函数 $y=\|x-a\|$	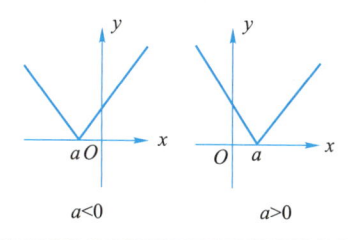	（1）定义域：**R** （2）值域：$[0,+\infty)$ （3）在零点 $(a,0)$ 转折

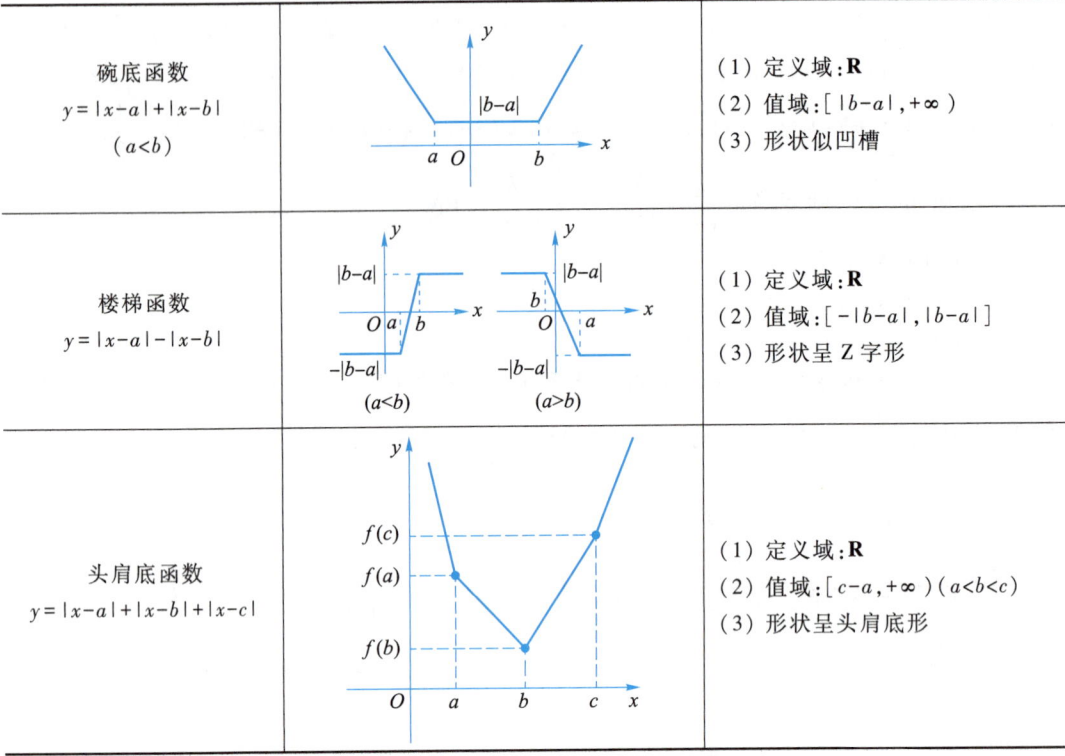

典型例题

1. $||x-2|-1|=a$ 有三个整数解.

   (1) $a=0$

   (2) $a=1$

   【答案】 B

   【解析】 对于条件(1)，$||x-2|-1|=0\Rightarrow|x-2|=1\Rightarrow x=3$ 或 1，则 $||x-2|-1|=a$ 有两个整数解，故条件(1)不充分.

   对于条件(2)，$||x-2|-1|=1\Rightarrow|x-2|=2$ 或 $0\Rightarrow x=4$ 或 0 或 2，则 $||x-2|-1|=a$ 有三个整数解，故条件(2)充分.

2. 关于实数 x 的不等式 $|x-1|+|x-2|\leqslant a^2-a+1(a\in\mathbf{R})$ 的解集是空集.

   (1) $0<a\leqslant 1$

   (2) $0\leqslant a<1$

   【答案】 C

   【解析】 $|x-1|+|x-2|\leqslant a^2-a+1(a\in\mathbf{R})$，因为 $|x-1|+|x-2|\geqslant 1$，所以结论等价于 $a^2-a+1<1$，即 $0<a<1$，条件(1)和(2)均单独不充分. 联合可得 $0<a<1$，为充分条件.

3. $|4-3x|-|3x-2|=2$ 的解集是空集.

   (1) $x>\dfrac{5}{3}$

   (2) $\dfrac{2}{3}<x<\dfrac{4}{3}$

第一章　实数　平均值　绝对值（考点1-18）

【答案】　D

【解析】　令 $f(x)=|4-3x|-|3x-2|=\begin{cases}2\left(x\leqslant\dfrac{2}{3}\right),\\-6x+6\left(\dfrac{2}{3}<x<\dfrac{4}{3}\right),\\-2\left(x\geqslant\dfrac{4}{3}\right),\end{cases}$ 若 $f(x)=2$ 的解集为空集，则

$x>\dfrac{2}{3}$，故条件（1）、条件（2）均充分.

4. 已知 x,y 为实数，则能确定 $x+y$ 的最大值和最小值.
   (1) $|x+2|+|1-x|=3$
   (2) $|y-5|+|1+y|=6$

【答案】　C

【解析】　条件（1）和条件（2）显然单独不充分.考虑联合，根据绝对值不等式等号成立的条件，由 $|x+2|+|1-x|=|x+2+1-x|=3$ 可知 $(x+2)(1-x)\geqslant 0$，即 $-2\leqslant x\leqslant 1$；同理，由 $|y-5|+|1+y|=|5-y+1+y|=6$ 可知 $(y-5)(1+y)\leqslant 0$，即 $-1\leqslant y\leqslant 5$.故 $x+y$ 的最大值和最小值分别为 $6,-3$.两条件联合充分.

5. 不等式 $|x+2|+|3x-6|\leqslant a$ 的解集非空.
   (1) $a=4$
   (2) $a>4$

【答案】　D

【解析】　先把结论进行化简，设 $f(x)=|x+2|+|3x-6|$，则有 $f(x)\leqslant a$ 能成立，即 $f(x)$ 的最小值小于或等于 a.由于 $f(x)\geqslant 4$，所以 $f(x)$ 的最小值是 4，即 $4\leqslant a$.显然，条件（1）充分，条件（2）也充分.

注意：$f(x)=|mx-n|+|px-q|$ 的最小值为 $\min\left\{f\left(\dfrac{n}{m}\right),f\left(\dfrac{q}{p}\right)\right\}$.

6. $|x-7|+|x-8|+|x-9|+|x-10|$ 的最小值为（　　）.
   A. 0　　B. 4　　C. 3　　D. 2　　E. 1

【答案】　B

【解析】　当 $|x-7|+|x-8|+|x-9|+|x-10|$ 取最小值时，应满足 $x\in[8,9]$，则
$$f(x)_{\min}=x-7+x-8+9-x+10-x=4.$$

考点7：绝对值三角不等式（闵可夫斯基不等式）

三角不等式：$||a|-|b||\leqslant|a+b|\leqslant|a|+|b|$（$a,b$ 是任意实数）.
$|a+b|=|a|+|b|$ 等价于 $ab\geqslant 0$；$|a+b|<|a|+|b|$ 等价于 $ab<0$.
推广：$|a_1+a_2+\cdots+a_n|\leqslant|a_1|+|a_2|+\cdots+|a_n|$.

典型例题

1. 等式 $|3x+5|=|2x-1|+|x+6|$ 成立，则实数 x 的取值范围是（　　）.
   A. $-6\leqslant x\leqslant\dfrac{1}{2}$　　B. $x\geqslant\dfrac{1}{2}$ 或 $x\leqslant-\dfrac{5}{3}$　　C. $x\leqslant-\dfrac{1}{3}$ 或 $x\geqslant\dfrac{1}{2}$

15

D. $x \geq -\dfrac{5}{3}$ 或 $x \leq -6$ E. $x \geq \dfrac{1}{2}$ 或 $x \leq -6$

【答案】 E

【解析】 根据三角不等式有 $|3x+5| = |2x-1+x+6| \leq |2x-1| + |x+6|$，而根据已知 $|3x+5| = |2x-1| + |x+6|$，故三角不等式中取到等号时应满足 $(2x-1)(x+6) \geq 0 \Rightarrow x \geq \dfrac{1}{2}$ 或 $x \leq -6$.

2. 已知 x_1, x_2, x_3 为实数，$\bar{x}$ 为 x_1, x_2, x_3 的平均值，且知 $|x_k| \leq 1 (k=1,2,3)$，$x_1 = 0$，则 $|x_k - \bar{x}|$ 的最大值为（　　）.

A. $\dfrac{1}{3}$ B. $\dfrac{1}{2}$ C. 1   D. $\dfrac{4}{3}$ E. $\dfrac{5}{3}$

【答案】 C

【解析】 $|x_1 - \bar{x}| = |0 - \bar{x}| = \left|\dfrac{x_2 + x_3}{3}\right| \leq \dfrac{|x_2| + |x_3|}{3} \leq \dfrac{2}{3}$，

$|x_2 - \bar{x}| = \left|x_2 - \dfrac{x_2 + x_3}{3}\right| = \left|\dfrac{2x_2 - x_3}{3}\right| \leq \dfrac{2|x_2| + |x_3|}{3} \leq 1$，

$|x_3 - \bar{x}| = \left|x_3 - \dfrac{x_2 + x_3}{3}\right| = \left|\dfrac{2x_3 - x_2}{3}\right| \leq \dfrac{2|x_3| + |x_2|}{3} \leq 1$.

故 $|x_k - \bar{x}|$ 的最大值为 1.

3. 已知 $|m-x| \leq 3$，$|n-x| \leq 3$，则 $|m-n|$ 的取值范围为（　　）.

A. $(0,9)$ B. $[0,3]$ C. $(0,+\infty)$ D. $(0,6)$ E. $[0,6]$

【答案】 E

【解析】 $|m-n| = |m-x+x-n| \leq |m-x| + |n-x|$. 当 $m=3, n=-3, x=0$ 时，$|m-x| \leq 3$，$|n-x| \leq 3$ 成立，有 $|m-n| = 6$，即 $|m-n|$ 可以取到最大值 6. 同样地，当 $m=n=3, x=0$ 时，$|m-x| \leq 3$，$|n-x| \leq 3$ 成立，有 $|m-n| = 0$，为最小值，故 $|m-n|$ 的取值范围为 $[0,6]$.

4. 对于实数 x, y，若 $|x-1| \leq 2$，$|y-2| \leq 1$，则 $|x-2y+1|$ 的最大值为（　　）.

A. 4   B. 6   C. 8   D. 10   E. 12

【答案】 B

【解析】 因为 $|x-2y+1| = |(x-1)-2(y-1)|$
$\leq |x-1| + 2|y-1| = |x-1| + 2|(y-2)+1|$
$\leq |x-1| + 2|y-2| + 2$，

又因为 $|x-1| \leq 2$，$|y-2| \leq 1$，可得
$|x-1| + 2|y-2| + 2 \leq 2 + 2 + 2 = 6$.

综上所述，答案选择 B.

5. 设 $a, b \in \mathbf{R}$，满足 $|a-2b| \leq 1$，则 $|a| > |b|$.

(1) $|b| > 1$ (2) $|b| < 1$

【答案】 A

【解析】 根据已知，$|a-2b| \leq 1 \Rightarrow 1 \geq |a-2b| \geq |2b| - |a| = |b| - (|a| - |b|)$
$\Rightarrow |a| - |b| \geq |b| - 1$.

由条件(1) $|b| > 1$，因此 $|a| - |b| > 0$，故条件(1)充分.

条件(2)可取 $b=\dfrac{1}{2}$,则由 $|a-1|\leqslant 1$,得 $a\in[0,2]$,当 $a=0$ 时,显然结论不成立,故条件(2)不充分.

练习:已知 a,b 是实数,则 $|a|\leqslant 1,|b|\leqslant 1$.
(1) $|a+b|\leqslant 1$
(2) $|a-b|\leqslant 1$

练习:设 a,b 为实数,则能确定 $|a|+|b|$ 的值.
(1) 已知 $|a+b|$ 的值
(2) 已知 $|a-b|$ 的值

考点8：比与比例

(1) 若 $bd\neq 0$,则 $a:b=c:d\Leftrightarrow ad=bc$.

(2) 若 $abcd\neq 0$,则 $a:b=c:d\Leftrightarrow b:a=d:c\Leftrightarrow b:d=a:c\Leftrightarrow d:b=c:a$.

(3) 若 $xyzabc\neq 0$,且 $x:y:z=a:b:c$,则 $\dfrac{1}{x}:\dfrac{1}{y}:\dfrac{1}{z}=\dfrac{1}{a}:\dfrac{1}{b}:\dfrac{1}{c}$.

典型例题

1. 学科竞赛设一等奖、二等奖和三等奖,比例为 $1:3:8$,获奖率为 30%.已知 10 人获得一等奖,则参加竞赛的人数为( ).

A. 300　　B. 400　　C. 500　　D. 550　　E. 600

【答案】 B

【解析】 本题按照份数来设,一等奖：k,二等奖：$3k$,三等奖：$8k$,所以获奖总人数是 120,则参赛总人数为 $120\div 30\%=400$.

2. 在某国股市上,某只股票首日上市上涨了 25%,第二天该股票的价格下跌至首日的开盘价,则第二天股价下跌了( ).

A. 18%　　B. 20%　　C. 22%　　D. 25%　　E. 30%

【答案】 B

【解析】 设该股票的开盘价为 x,所求下跌为 y,则 $x(1+25\%)(1-y)=x\Rightarrow y=20\%$.

3. 甲班 $\dfrac{2}{5}$ 的女生和 $\dfrac{1}{2}$ 的男生购买了保险,且全班 120 人中男生人数是女生人数的 $\dfrac{7}{5}$ 倍,那么甲班购买保险的人数约占全班人数的( ).

A. 40%　　B. 42%　　C. 44%　　D. 45%　　E. 46%

【答案】 E

【解析】 设男生和女生人数分别为 x,y,则有

$$\begin{cases} x+y=120, \\ x=\dfrac{7}{5}y \end{cases} \Rightarrow \begin{cases} x=70, \\ y=50, \end{cases}$$

因此所求为 $\dfrac{\dfrac{2}{5}\times 50+\dfrac{1}{2}\times 70}{120}=\dfrac{55}{120}\approx 46\%$.

4. 小芳读一本故事书,读了几天后,已读的页数与未读页数之比是3∶5,后来又读了27页,这时已读页数与未读页数之比是9∶7.
(1)此书共有140页   (2)此书共有144页

【答案】 B

【解析】 两次的总页数不变,则可将比例转化为6∶10和9∶7.可见27页对应3份,每份9页,所求为16份,即144页.

5. 若实数 a,b,c 满足 $a:b:c=1:2:5$,且 $a+b+c=24$,则 $a^2+b^2+c^2=(\quad)$.
A. 30   B. 90   C. 120   D. 240   E. 270

【答案】 E

【解析】 设 $a=k,b=2k,c=5k$,且 $8k=24$,则 $k=3$,所以 $a=3,b=6,c=15$,则 $a^2+b^2+c^2=270$.

6. 某团体有100名会员,男、女会员人数之比是14∶11,会员分成三组,甲组人数与乙、丙两组人数之和一样多,各组男、女会员人数之比依次为12∶13,5∶3,2∶1,那么丙组有(   )名男会员.
A. 23   B. 12   C. 13   D. 17   E. 16

【答案】 B

【解析】 会员总人数为100,男、女会员人数比例为14∶11,则可知男、女会员人数分别为56,44;又已知甲组人数与乙、丙两组人数之和一样多,则可知甲组人数为50,乙、丙两组人数之和为50,可设丙组人数为 x,则乙组人数为 $(50-x)$,又已知甲组男、女会员人数比为12∶13,则甲组男、女会员人数分别为24、26,又已知乙、丙两组男、女会员比例,则可由男会员人数得 $24+\dfrac{5}{8}(50-x)+\dfrac{2}{3}x=56$,解得 $x=18$.即丙组会员人数为18,又已知丙组男、女会员比例,可得丙组男会员人数为 $18\times\dfrac{2}{3}=12$.

7. 李先生投资2年期、3年期和5年期三种国债的投资额的比为5∶3∶2.后又以与前次相同的投资额全部购买3年期国债,则李先生两次对3年期国债的投资额占两次总投资额的(   ).
A. $\dfrac{3}{5}$ B. $\dfrac{13}{20}$ C. $\dfrac{7}{10}$ D. $\dfrac{3}{4}$ E. $\dfrac{5}{7}$

【答案】 B

【解析】 设2年期、3年期、5年期国债第一次的投资额分别为 $5x,3x,2x$,则总投资为 $5x+3x+2x=10x$,为第二年3年期国债投资额,两次总投资为 $20x$,则3年期国债投资额为 $10x+3x=13x$,所以李先生两次对3年期国债的投资额占两次总投资额的 $\dfrac{13x}{20x}=\dfrac{13}{20}$.

8. 一公司向银行借款34万元,欲按 $\dfrac{1}{2}:\dfrac{1}{3}:\dfrac{1}{9}$ 的比例分配给下属甲、乙、丙三个车间进行技术改造,则甲车间应得(   ).
A. 4万元   B. 8万元   C. 12万元   D. 18万元   E. 17万元

【答案】 D

【解析】 甲∶乙∶丙 $=\dfrac{1}{2}:\dfrac{1}{3}:\dfrac{1}{9}=9:6:2$,故甲车间应得 $\dfrac{9}{17}\times34=18$(万元).

9. 奖金发给甲、乙、丙、丁4人,其中 $\frac{1}{5}$ 发给甲,$\frac{1}{3}$ 发给乙,发给丙的奖金数正好是甲、乙奖金之差的3倍,已知发给丁的奖金为200元,则这批奖金应为(   ).

A. 1500元　　　B. 2000元　　　C. 2500元　　　D. 3000元　　　E. 3500元

【答案】　D

【解析】　总数 $=\dfrac{\text{部分量}}{\text{对应的比例}}$.

总奖金 $=\dfrac{200}{1-\left(\dfrac{1}{5}+\dfrac{1}{3}+\dfrac{6}{15}\right)}=3000$(元).

考点9：平均值定理

算术平均值:n 个实数 $x_1,x_2,\cdots,x_n$ 的算术平均值 $\bar{x}=\dfrac{x_1+x_2+\cdots+x_n}{n}$.

几何平均值:n 个正实数 $x_1,x_2,\cdots,x_n$ 的几何平均值 $G=\sqrt[n]{x_1 x_2 \cdots x_n}$.

平均值定理:对于 n 个正实数 $x_1,x_2,\cdots,x_n$,总有

$$\frac{x_1+x_2+\cdots+x_n}{n} \geqslant \sqrt[n]{x_1 x_2 \cdots x_n}（当且仅当 x_1=x_2=\cdots=x_n 时等号成立）,$$

也即

$$\left(\frac{x_1+x_2+\cdots+x_n}{n}\right)^n \geqslant x_1 x_2 \cdots x_n（当且仅当 x_1=x_2=\cdots=x_n 时等号成立）.$$

均值定理口诀:一正,二定,三相等.

(1) 对于 n 个变量 $x_1,x_2,\cdots,x_n$,如果乘积有定值,则和有最小值.此时,当 n 个变量 x_1, $x_2,\cdots,x_n$ 差异越小,和越小;当 n 个变量 $x_1,x_2,\cdots,x_n$ 差异越大,和越大.

示例(加深理解):

$ab=12\begin{cases}a=1,b=12 \Rightarrow a+b=13（越极端,和越大）,\\ a=2,b=6 \Rightarrow a+b=8,\\ a=3,b=4 \Rightarrow a+b=7（越接近,和越小）.\end{cases}$

$abc=12\begin{cases}a=1,b=1,c=12 \Rightarrow a+b+c=14（越极端,和越大）,\\ a=1,b=2,c=6 \Rightarrow a+b+c=9,\\ a=1,b=3,c=4 \Rightarrow a+b+c=8,\\ a=2,b=2,c=3 \Rightarrow a+b+c=7（越接近,和越小）.\end{cases}$

(2) 对于 n 个变量 $x_1,x_2,\cdots,x_n$,如果和有定值,则乘积有最大值.当 n 个变量 $x_1,x_2,\cdots$, x_n 差异越小,乘积越大;当 n 个变量 $x_1,x_2,\cdots,x_n$ 差异越大,乘积越小.

示例(加深理解):

$a+b=5\begin{cases}a=1,b=4 \Rightarrow ab=4（越极端,积越小）,\\ a=2,b=3 \Rightarrow ab=6（越接近,积越大）.\end{cases}$

$a+b+c=5\begin{cases}a=1,b=1,c=3 \Rightarrow abc=3（越极端,积越小）,\\ a=1,b=2,c=2 \Rightarrow abc=4（越接近,积越大）.\end{cases}$

典型例题

1. 若直线 $ax+2by-2=0(a,b>0)$ 平分圆 $x^2+y^2-4x-2y-8=0$ 的周长，则 $\dfrac{1}{a}+\dfrac{2}{b}$ 的最小值为（　　）.

A. 1　　　　B. 5　　　　C. $4\sqrt{2}$　　　　D. $3+2\sqrt{2}$　　　　E. 2

【答案】 D

【解析】 圆 $x^2+y^2-4x-2y-8=0 \Leftrightarrow (x-2)^2+(y-1)^2=13$，直线平分圆周长 $\Leftrightarrow$ 直线过圆心，所以圆心 $(2,1)$ 在直线 $ax+2by-2=0(a,b>0)$ 上，即 $2a+2b=2 \Rightarrow a+b=1$. $\dfrac{1}{a}+\dfrac{2}{b}=\dfrac{a+b}{a}+\dfrac{2a+2b}{b}=3+\dfrac{b}{a}+\dfrac{2a}{b}$. 因为 $a>0,b>0$，所以 $3+\dfrac{b}{a}+\dfrac{2a}{b} \geq 3+2\sqrt{2}$，故 $\dfrac{1}{a}+\dfrac{2}{b}$ 的最小值为 $3+2\sqrt{2}$.

2. 设 a,b 为正数，则 $a+b \geq 4$.

(1) $\dfrac{1}{a}+\dfrac{1}{b}=1$

(2) $ab=4$

【答案】 D

【解析】 条件 (1)：$a+b=(a+b)\left(\dfrac{1}{a}+\dfrac{1}{b}\right)=2+\dfrac{a}{b}+\dfrac{b}{a} \geq 2+2\sqrt{\dfrac{a}{b} \cdot \dfrac{b}{a}}=4$，充分；条件 (2)：$a+b \geq 2\sqrt{ab}=4$，充分. 两条件单独均充分，选择 D.

3. 已知 $x \geq \dfrac{5}{2}$，则 $f(x)=\dfrac{x^2-4x+5}{2x-4}$ 有（　　）.

A. 最大值 5　　B. 最小值 $\dfrac{5}{4}$　　C. 最大值 1　　D. 最小值 1　　E. 最小值 0

【答案】 D

【解析】 $f(x)=\dfrac{x^2-4x+5}{2x-4}=\dfrac{(x-2)^2+1}{2x-4}=\dfrac{x-2}{2}+\dfrac{1}{2x-4} \geq 2\sqrt{\dfrac{x-2}{2} \cdot \dfrac{1}{2x-4}}=1$. 要取得上述最小值，需 $\dfrac{x-2}{2}=\dfrac{1}{2x-4} \Rightarrow x=3$.

4. 某木匠要用一根 3 米长的木材制作一扇长方形窗户，窗户的大致形状如图 1-4，点 E、F、G、H 均为所在边的中点，记 $AB=a$，$BC=b$，若希望窗户的面积最大，则该木匠应令 $a:b=$（　　）.

A. 1:1　　B. 2:5　　C. 4:5

D. 5:6　　E. 7:8

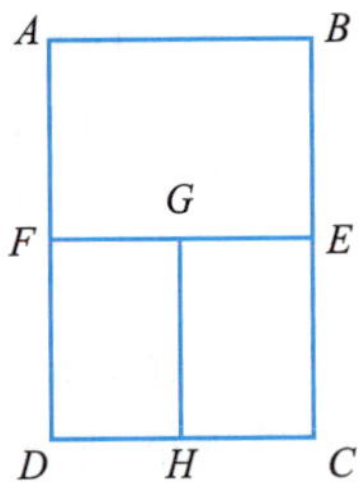

【答案】 D

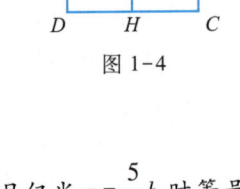

图 1-4

【解析】 根据门窗的周长固定，得到 $3a+2.5b=3 \Rightarrow a+\dfrac{5}{6}b=1$.

$S_{ABCD}=ab=\dfrac{6}{5} \cdot a \cdot \dfrac{5}{6}b$，根据均值不等式，$a \cdot \dfrac{5}{6}b \leq \left(\dfrac{a+\dfrac{5}{6}b}{2}\right)^2$. 当且仅当 $a=\dfrac{5}{6}b$ 时等号

成立,此时窗户面积取得最大值,即当 $a:b=5:6$ 时,窗户面积取得最大值.

5. 已知 $2x+3y=4$,且 $x>0,y>0$,则 $\dfrac{3}{x}+\dfrac{2}{y}$（　　）.

A. 有最小值 6　　　　　　B. 有最大值 6　　　　　　C. 有最小值 4

D. 有最大值 4　　　　　　E. 没有最小值与最大值

【答案】 A

【解析】 原式 $=\left(\dfrac{3}{x}+\dfrac{2}{y}\right)\left(\dfrac{2x+3y}{4}\right)=\left(\dfrac{3}{x}+\dfrac{2}{y}\right)\left(\dfrac{x}{2}+\dfrac{3y}{4}\right)=\dfrac{1}{4}\left(12+\dfrac{9y}{x}+\dfrac{4x}{y}\right)$,

而 $\dfrac{9y}{x}+\dfrac{4x}{y}\geqslant 2\sqrt{\dfrac{9y}{x}\cdot\dfrac{4x}{y}}=12$,

故 $\dfrac{3}{x}+\dfrac{2}{y}\geqslant \dfrac{1}{4}(12+12)=6$,

即原式的最小值为 6.

6. $\dfrac{1}{a^2}+\dfrac{1}{b^2}+\dfrac{1}{c^2}>a+b+c$.

（1）$abc=1$　　（2）a,b,c 为不全相等的正实数

【答案】 C

【解析】 显然条件（1）和（2）单独不充分,需要条件（1）和（2）联合推导:

$$2\left(\dfrac{1}{a^2}+\dfrac{1}{b^2}+\dfrac{1}{c^2}\right)=\left(\dfrac{1}{a^2}+\dfrac{1}{b^2}\right)+\left(\dfrac{1}{b^2}+\dfrac{1}{c^2}\right)+\left(\dfrac{1}{c^2}+\dfrac{1}{a^2}\right)$$

$$\geqslant 2\left(\dfrac{1}{ab}+\dfrac{1}{bc}+\dfrac{1}{ca}\right)=2(a+b+c)（"\geqslant"中等号不能取到）,$$

即 $\dfrac{1}{a^2}+\dfrac{1}{b^2}+\dfrac{1}{c^2}>a+b+c$.

综上所述,答案是 C.

7. 函数 $f(x)=\dfrac{x^4+5x^2+16}{x^2}$ 的最小值为（　　）.

A. 12　　　B. 13　　　C. 14　　　D. 15　　　E. 16

【答案】 B

【解析】 $f(x)=\dfrac{x^4+5x^2+16}{x^2}=x^2+\dfrac{16}{x^2}+5\geqslant 2\sqrt{x^2\cdot\dfrac{16}{x^2}}+5=13$.

8. $abcde$ 的最大值为 2000.

（1）a,b,c,d,e 是大于 1 的自然数,且 $a+b+c+d+e=24$

（2）a,b,c,d,e 是大于 1 的自然数,且 $a+b+c+d+e=23$

【答案】 B

【解析】 条件（1）的充分性判断:根据组合最值可知要使得 a,b,c,d,e 之积最大,则应尽可能让这 5 个参数接近,考虑到 a,b,c,d,e 是大于 1 的自然数,可组合得

$$a+b+c+d+e=24=5+5+5+5+4\Rightarrow abcde=5\times 5\times 5\times 5\times 4=2500.$$

即 $abcde$ 的最大值为 2500,故条件（1）不是充分条件.

条件（2）的充分性判断:根据组合最值可知要使得 a,b,c,d,e 之积最大,则应尽可能让

这 5 个参数接近,考虑到 a,b,c,d,e 是大于 1 的自然数,可组合得
$$a+b+c+d+e=23=5+5+5+4+4 \Rightarrow abcde=5\times5\times5\times4\times4=2000.$$
即 $abcde$ 的最大值为 2000,故条件(2)是充分条件.

综上所述,答案是 B.

9. 已知 $0<x<1$,a,b 均为正实数,则能确定 $\dfrac{a^2}{x}+\dfrac{b^2}{1-x}$ 的最小值.

(1) 已知 $a+b$ 的值

(2) 已知 a^2+b^2 的值

【答案】 A

【解析】 $\dfrac{a^2}{x}+\dfrac{b^2}{1-x}=[x+(1-x)]\left(\dfrac{a^2}{x}+\dfrac{b^2}{1-x}\right)=a^2+b^2+a^2\dfrac{1-x}{x}+b^2\dfrac{x}{1-x}\geq a^2+b^2+$

$2\sqrt{a^2\dfrac{1-x}{x}\cdot b^2\dfrac{x}{1-x}}=a^2+b^2+2ab=(a+b)^2$,故 $\dfrac{a^2}{x}+\dfrac{b^2}{1-x}$ 的最小值是 $(a+b)^2$,显然条件(1)充分,条件(2)不充分.

10. 若正数 a,b 满足 $\dfrac{1}{a}+\dfrac{1}{b}=1$,则 $\dfrac{1}{a-1}+\dfrac{9}{b-1}$ 的最小值为( ).

A. 1　　　　B. 3　　　　C. 6　　　　D. 9　　　　E. 16

【答案】 C

【解析】 正数 a,b 满足 $\dfrac{1}{a}+\dfrac{1}{b}=1$,故 $b=\dfrac{a}{a-1}>0$,解得 $a>1$.

所以 $\dfrac{1}{a-1}+\dfrac{9}{b-1}=\dfrac{1}{a-1}+\dfrac{9}{\dfrac{a}{a-1}-1}=\dfrac{1}{a-1}+9(a-1)\geq 2\sqrt{9(a-1)\cdot\dfrac{1}{a-1}}=6.$

当且仅当 $9(a-1)=\dfrac{1}{a-1}$,即 $a=\dfrac{4}{3}$ 时等号成立.

所以 $\dfrac{1}{a-1}+\dfrac{9}{b-1}$ 的最小值为 6.

考点 10：等比定理

若 $\dfrac{b_1}{a_1}=\dfrac{b_2}{a_2}=\cdots=\dfrac{b_n}{a_n}=k$,且 $a_1+a_2+\cdots+a_n\neq 0$,则

$$\dfrac{b_1+b_2+\cdots+b_n}{a_1+a_2+\cdots+a_n}=k,且\dfrac{p_1b_1+p_2b_2+\cdots+p_nb_n}{p_1a_1+p_2a_2+\cdots+p_na_n}=k(p_i\text{不全为}0).$$

典型例题

1. 若 $a+b+c\neq 0$,$\dfrac{a+2b-3c}{c}=\dfrac{b+2c-3a}{a}=\dfrac{c+2a-3b}{b}=k$,则 k 的值等于( ).

A. 1　　　　B. 0　　　　C. 0 或 2　　　　D. 1 或 0　　　　E. 1 或 2

【答案】 B

【解析】 因为 $a+b+c\neq 0$,则由等比定理得

第一章　实数　平均值　绝对值（考点 1—18）

$$\frac{(a+2b-3c)+(b+2c-3a)+(c+2a-3b)}{c+b+a}=k\Rightarrow k=\frac{0}{c+b+a}=0.$$

2. 非零实数 a,b,c,x,y,z 满足 $\frac{x}{a}=\frac{y}{b}=\frac{z}{c}$，则 $\frac{xyz(a+b)(b+c)(c+a)}{abc(x+y)(y+z)(z+x)}$ 的值为（　　）.

A. 1　　　　B. 2　　　　C. 0　　　　D. -2　　　　E. -1

【答案】　A

【解析】　$\frac{x}{a}=\frac{y}{b}=\frac{z}{c}\Rightarrow\frac{x}{a}=\frac{y}{b}=\frac{z}{c}=\frac{x+y}{a+b}=\frac{y+z}{b+c}=\frac{z+x}{c+a}\Rightarrow\frac{xyz(a+b)(b+c)(c+a)}{abc(x+y)(y+z)(z+x)}=1.$

考点 11：余数定理

若 a,b 是给定的两个整数，$b\neq 0$，则存在唯一的整数 q 和 r 与之对应，使得 $a=bq+r$，其中 $0\leqslant r<|b|$.

典型例题

1. 设 n 为正整数，则能确定 n 除以 5 的余数.

（1）已知 n 除以 2 的余数
（2）已知 n 除以 3 的余数

【答案】　E

【解析】　条件(1)单独不充分，如取 $n=6$ 或者 8，它们除以 2 的余数都是 0，但是除以 5 的余数不一样，同理对于条件(2)可以取 $n=6$ 或 9；联合可以取 $n=6$ 或者 12，所以选 E.

2. m^2 除以 8 的余数是 1.

（1）m 是奇数　　　（2）m 是偶数

【答案】　A

【解析】　由条件(1) $m=2k+1$ 可知，$m^2-1=4k(k+1)$，根据 $k(k+1)$ 是 2 的倍数，可知 m^2-1 是 8 的倍数，从而可得 m^2 除以 8 的余数是 1.

条件(2)推不出结论.反例：$m=2$，但是 m^2 除以 8 的余数不是 1.

3. 整数 x 除以 15 的余数为 2.

（1）整数 x 除以 3 的余数是 2　　　（2）整数 x 除以 5 的余数是 2

【答案】　C

【解析】　条件(1)和(2)单独不能推出结论，联合可以推出结论.推导：根据带余除法可设 $x-2$ 既是 3 的倍数，又是 5 的倍数.

可知 $x-2$ 是 15 的倍数 $\Rightarrow x-2=15k\Rightarrow x=15k+2\Rightarrow$ 整数 x 除以 15 的余数是 2.

4. 有一个四位数，它被 122 除余 109，被 121 除余 2，则此四位数的各位数字之和为（　　）.

A. 12　　　　B. 13　　　　C. 14　　　　D. 16　　　　E. 17

【答案】　E

【解析】　设这个四位数为 x，由带余除法，则有 $\begin{cases}x=122k_1+109,\\x=121k_2+2.\end{cases}$ 因为 k_1 与 k_2 为整数，设 $k_2=k_1+k(k\in\mathbf{Z})$，则有 $122k_1+109=121k_2+2=121(k_1+k)+2\Rightarrow 122k_1-121k_1=121k-107=k_1.$

又因为 x 是一个四位数，则只有 $k=1,k_1=14,k_2=15$ 符合题意，得 $x=1817.$

所以 1+8+1+7=17.

5. 某公司有甲、乙、丙三个部门,若从甲部门调 26 人到丙部门,则丙部门的人数是甲部门人数的 6 倍,若从乙部门调 5 人到丙部门,则丙部门人数与乙部门人数相等,甲、乙部门人数差除以 5 的余数为( ).

A. 0   B. 1   C. 2   D. 3   E. 4

【答案】C

【解析】设甲、乙、丙三部门的人数分别为 x,y,z,则 $\begin{cases} z+26=6(x-26), \\ z+5=y-5, \end{cases}$ 消去 z 得 $y=6x-172$,所以 $x-y=172-5x$,可知 $x-y$ 除以 5 的余数为 2.

注意:负数除以 5 的余数也是可以计算的,例如:-13 除以 5 的余数为 2.

同余定理小结:若 $m=k_1a+r=k_2b+r=k_3c+r$,则 $m=k[a,b,c]+r$,其中 $[a,b,c]$ 代表三个数的最小公倍数.这里的 $m,a,b,c,r,k_i(i=1,2,3)$ 均为自然数.

模型 1:同余类型

1. 有一箱书不超过 100 本,把它平均分给 6 个小朋友,多余 1 本;平均分给 8 个小朋友,也多余 1 本;平均分给 9 个小朋友,还是多余 1 本.这箱书有( )本.

A. 72   B. 73   C. 74   D. 75   E. 76

【答案】B

模型 2:差恒定

2. 一盒围棋子,4 枚 4 枚数多 3 枚,6 枚 6 枚数多 5 枚,15 枚 15 枚数多 14 枚,这盒围棋子在 150~200 枚之间,则这盒围棋子 11 枚的数,最后余( )枚.

A. 2   B. 3   C. 4   D. 5   E. 6

【答案】B

模型 3:和恒定

3. 一个三位数被 9 除后余 7,被 5 除后余 2,被 4 除后余 3,则这样的三位数有( )个.

A. 2   B. 3   C. 4   D. 5   E. 6

【答案】D

模型 4:整除类型

4. 有一个四位数,可以确定它的各位数字是 1978.

(1) 它被 131 除余 13.

(2) 它被 132 除余 130.

【答案】C

5. 已知 n 除以 3 余 2,则满足条件的最小的自然数 n 为 53.

(1) n 除以 5 余 3.

(2) n 除以 7 余 4.

【答案】C

考点 12:整除的应用

整除的定义:如果 a 除以非零整数 b 的商为整数,且余数为 0,我们称 a 能被 b 整除(或称 b 能整除 a),记作:$b \mid a$.其中 b 为除数,a 是被除数.

整除的性质:

(1) 如果 a,b 能被 c 整除,则它们的和、差也能被 c 整除.

(2) 如果 b,c 的乘积能整除 a,则 b 能整除 a,c 也能整除 a.

(3) 若 $a\mid b, b\mid a$,则 $|a|=|b|$.

(4) 如果 a 能整除 b,b 能整除 c,则 a 能整除 c.

(5) 常见数字的整除特征:

能被 2 整除的数:个位上的数能被 2 整除(偶数都能被 2 整除),那么这个数能被 2 整除.

能被 3 整除的数:各个数位上的数字和能被 3 整除,那么这个数能被 3 整除.

能被 4 整除的数:十位和个位所组成的两位数能被 4 整除,那么这个数能被 4 整除.

能被 5 整除的数:个位上的数都能被 5 整除(即个位为 0 或 5),那么这个数能被 5 整除.

能被 6 整除的数:如果一个数既能被 2 整除又能被 3 整除,那么这个数能被 6 整除.

能被 7 整除的数:若一个整数的个位数字截去,再从余下的数中,减去个位数的 2 倍,如果差是 7 的倍数,则原数能被 7 整除(割尾法).

能被 8 整除的数:百位、十位和个位所组成的三位数能被 8 整除,那么这个数能被 8 整除.

能被 9 整除的数:各个数位上的数字之和能被 9 整除,那么这个数能被 9 整除.

能被 10 整除的数:个位数为零.

能被 11 整除的数:奇数位(从左往右数)上的数字之和与偶数位上的数字之和的差(大数减小数)能被 11 整除,则该数就能被 11 整除.

能被 12 整除的数:若一个整数能被 3 和 4 整除,则这个数能被 12 整除.

(6) 重要结论:连续 k 个自然数相乘一定是 $k!$ 的倍数.

(7) 同余定理:若 $m=k_1 a+r=k_2 b+r=k_3 c+r$,则 $m=k[a,b,c]+r$,其中 $[a,b,c]$ 代表三个数的最小公倍数.这里的 m,a,b,c,r,k_i 均为自然数,$i=1,2,3$.

典型例题

1. 若 n 是一个大于 100 的正整数,则 $(n+1)(n+2)(n+3)(n+4)$ 一定有约数(　　).

A. 25　　　B. 24　　　C. 21　　　D. 18　　　E. 13

【答案】 B

【解析】 由于连续 k 个自然数相乘一定是 $k!$ 的倍数,则 $(n+1)(n+2)(n+3)(n+4)$ 表示四个连续自然数之积,是 24 的倍数.

2. 设 x,y 为整数,则 $4x^2+7xy-2y^2$ 是 9 的倍数.

(1) $4x-y$ 是 3 的倍数

(2) $x+2y$ 是 3 的倍数

【答案】 D

【解析】 $4x^2+7xy-2y^2$ 是 9 的倍数 $\Leftrightarrow (4x-y)(x+2y)$ 是 9 的倍数.

对于条件(1),$4x-y$ 是 3 的倍数,设 $4x-y=3k_1(k_1\in \mathbf{Z})$,则 $y=4x-3k_1$,从而 $x+2y=x+8x-6k_1=3(3x-2k_1)$,即 $x+2y$ 也是 3 的倍数,从而 $4x^2+7xy-2y^2$ 是 9 的倍数,条件(1)充分.

对于条件(2),$x+2y$ 是 3 的倍数,设 $x+2y=3k_2(k_2\in \mathbf{Z})$,则 $x=3k_2-2y$,从而 $4x-y=12k_2-8y-y=3(4k_2-3y)$,即 $4x-y$ 也是 3 的倍数,从而 $4x^2+7xy-2y^2$ 是 9 的倍数,条件(2)也充分.

3. 从 1 到 100 的整数中任取一个数,则该数能被 5 或 7 整除的概率为(　　).

A. 0.02　　　　B. 0.14　　　　C. 0.2　　　　D. 0.32　　　　E. 0.34

【答案】 D

【解析】 100 以内能被 5 整除的数一共有 20 个,100 以内能被 7 整除的数一共有 14 个,100 以内能被 35 整除的数一共有 2 个,根据容斥原理:100 以内能被 5 或 7 整除的数一共有 20+14-2＝32(个),所以选 D.

4. 用 $\overline{ab}$ 表示十位数和个位数分别是 a, b 的两位数,则 $\overline{ab} : \overline{ba} = \dfrac{a+1}{b+1}$ 成立.

(1) $\overline{ab}$ 是 3 的倍数

(2) $\overline{ab}$ 是 9 的倍数

【答案】 B

【解析】 先化简题干,$\overline{ab} : \overline{ba} = \dfrac{a+1}{b+1} \Leftrightarrow \dfrac{10a+b}{10b+a} = \dfrac{a+1}{b+1} \Leftrightarrow (a-b)(a+b-9) = 0.$

对条件(1),若 $a=1, b=2$,则 $\overline{ab}$ 是 3 的倍数,但 $(a-b)(a+b-9) \neq 0$,故条件(1)不充分.

对条件(2),$\overline{ab}$ 是 9 的倍数,则 $a+b=9$ 或 18.

$a+b=9 \Rightarrow (a-b)(a+b-9) = 0 \Rightarrow \overline{ab} : \overline{ba} = \dfrac{a+1}{b+1},$

$a+b=18 \Rightarrow a=b=9 \Rightarrow (a-b)(a+b-9) = 0 \Rightarrow \overline{ab} : \overline{ba} = \dfrac{a+1}{b+1}.$

5. 某正整数除以 5 余 1,除以 7 余 3,则可以确定该正整数的值.

(1) 该正整数除以 8 余 5

(2) 该正整数不大于 100

【答案】 E

【解析】 先求出满足"除以 5 余 1"的数,有 6,11,16,21,26,31,36,…,在上面的数中,再找满足"除以 7 余 3"的数,可以找到 31,同时满足"除以 5 余 1""除以 7 余 3"的数,彼此之间相差 5×7＝35 的倍数,有 31,66,101,136,171,206,…,在上面的数中,再找满足"除以 8 余 5"的数,可以找到 101,因为 101＜[5,7,8]＝280,所以所求的最小自然数是 101.

若仅有条件(1),符合条件的正整数有无穷多个,无法确定;若只有条件(2),符合题干的有 31 和 66,也无法确定;若条件(1)和(2)联合,则符合条件的正整数是不存在的.

6. $\dfrac{n}{14}$ 是一个整数.

(1) n 是一个整数,且 $\dfrac{3n}{14}$ 也是一个整数

(2) n 是一个整数,且 $\dfrac{n}{7}$ 也是一个整数

【答案】 A

【解析】 根据 $\dfrac{3n}{14}$ 是一个整数,可知 n 是 14 的倍数,则 $\dfrac{n}{14}$ 是整数.因此条件(1)充分.

条件(2)不是充分条件,如当 $n=7$ 时,满足条件(2),但 $\dfrac{n}{14} = \dfrac{1}{2}$ 不是一个整数.

7. 已知 a_1, a_2, a_3, a_4, a_5 是满足条件 $a_1+a_2+a_3+a_4+a_5=19$ 的五个不同的整数,如果 b 是关于 x 的一元五次方程 $(x-a_1)(x-a_2)(x-a_3)(x-a_4)(x-a_5)=1859$ 的整数根,则 $b=($).

A. 0   B. 2   C. 4   D. 6   E. 8

【答案】 D

【解析】 由题意可得 $b-a_1, b-a_2, b-a_3, b-a_4, b-a_5$ 均为整数.

因为 $(b-a_1)(b-a_2)(b-a_3)(b-a_4)(b-a_5)=1859=(-1)\times 1\times(-13)\times 13\times 11$,不妨设
$$b-a_1=-1, b-a_2=1, b-a_3=-13, b-a_4=13, b-a_5=11,$$
则 $5b-(a_1+a_2+a_3+a_4+a_5)=11$,解得 $b=6$.

8. 设 n 为自然数,被 10 除余数是 9,被 9 除余数是 8,被 8 除余数是 7,已知 $100<n<1000$,这样的数共有( )个.

A. 5   B. 4   C. 3   D. 2   E. 1

【答案】 D

【解析】 $n+1$ 能被 8,9,10 整除,故为 8,9,10 的公倍数,8,9,10 的最小公倍数为 360,又因为 $100<n<1000$,则 $n+1=360$ 或 $n+1=720$,求得 $n=359$ 或 719.

综上所述,答案选择 D.

9. 1—100 的自然数中,最多可以选出( )个数,使得选出的数中,每两个数的和都不是 3 的倍数.

A. 32   B. 33   C. 34   D. 35   E. 36

【答案】 D

【解析】 1—100 中余数为 1 的有 34 个,余数为 2 的有 33 个,能整除 3 的有 33 个.全选余数为 1 的有 34 个,所以最多可以选出 34 个数.此时还可以在能整除 3 的 33 个数中任意取出一个数,共 35 个数.

考点 13:取整

整数部分的表示方法:$[x]$ 表示 x 的整数部分,即不超过 x 的最大整数.

注意:任何实数都可以取整.

性质(1) 一个整数的整数部分是它本身.

性质(2) $x=[x] \Leftrightarrow x \in \mathbf{Z}; x>[x] \Leftrightarrow x \notin \mathbf{Z}$.

性质(3) 对任意 $x \in \mathbf{R}$,均有 $x-1<[x] \leqslant x<[x]+1$.

性质(4) 对任意 $x \in \mathbf{R}$,$[x]+[-x]=\begin{cases}0, & x \in \mathbf{Z}, \\ -1, & x \notin \mathbf{Z}.\end{cases}$

性质(5) 取整函数(高斯函数)是一个不减函数,即对任意 $x_1, x_2 \in \mathbf{R}$,若 $x_1 \leqslant x_2$,则 $[x_1] \leqslant [x_2]$.

性质(6) 若 $n \in \mathbf{Z}, x \in \mathbf{R}$,则有 $[x+n]=n+[x]$.

性质(7) 若 $x, y \in \mathbf{R}$,则 $[x]+[y] \leqslant [x+y] \leqslant [x]+[y]+1$.

典型例题

1. $[a], [b], [c]$ 分别表示不超过 a, b, c 的最大整数,则 $[a-b-c]$ 可以取值的个数是 3.

(1) $[a]=5, [b]=3, [c]=1$ (2) $[a]=5, [b]=-3, [c]=-1$

【答案】 D

【解析】 由条件(1)有 $5 \leqslant a < 6, 3 \leqslant b < 4, 1 \leqslant c < 2$，则
$$5 \leqslant a < 6, -4 < -b \leqslant -3, -2 < -c \leqslant -1,$$
从而 $-1 < a-b-c < 2$，即 $[a-b-c]$ 可以取值为 $-1, 0, 1$ 三个数，因此条件(1)是充分的.

同理可得条件(2)也是充分的.

综上所述，答案是 D.

2. 设 $x = \sqrt{2}+1$, a 是 x 的小数部分，b 是 $-x$ 的小数部分，则 $a^3 + b^3 + 3ab = ($ $)$.

A. 0 　　B. 1 　　C. 2 　　D. 3 　　E. 4

【答案】 B

【解析】
$$a = x - [x] = \sqrt{2}+1-2 = \sqrt{2}-1,$$
$$b = -x - [-x] = -\sqrt{2}-1-(-3) = 2-\sqrt{2},$$

则 $a+b=1$，因此 $a^3+b^3+3ab = (a+b)(a^2-ab+b^2)+3ab = a^2-ab+b^2+3ab = (a+b)^2 = 1$.

3. $M = 1$.

(1) $M = 2\sqrt{3-2\sqrt{2}} + \sqrt{17-12\sqrt{2}}$

(2) $\dfrac{\sqrt{5}+1}{\sqrt{5}-1}$ 的整数部分为 a，小数部分为 b，$M = ab - \sqrt{5}$

【答案】 A

【解析】 对于条件(1)，$2\sqrt{3-2\sqrt{2}} + \sqrt{17-12\sqrt{2}} = 2\sqrt{1^2-2\sqrt{2}+(\sqrt{2})^2} + \sqrt{(\sqrt{8})^2-2\sqrt{8 \times 9}+(\sqrt{9})^2} = 2\sqrt{(1-\sqrt{2})^2} + \sqrt{(\sqrt{8}-\sqrt{9})^2} = 2\sqrt{2}-2+\sqrt{9}-\sqrt{8} = 1$.

对于条件(2)，将 $\dfrac{\sqrt{5}+1}{\sqrt{5}-1}$ 分母有理化后得 $\dfrac{3+\sqrt{5}}{2}$，注意到 $\sqrt{5} \approx 2.236$，所以 $\dfrac{3+\sqrt{5}}{2}$ 的整数部分 $a = 2$；因此 $b = \dfrac{3+\sqrt{5}}{2}-2 = \dfrac{\sqrt{5}-1}{2}$. 代入计算得 $M = -1$.

4. 用 $[x]$ 表示不超过 x 的最大整数，把 $x-[x]$ 称为 x 的小数部分. 已知 $t = \dfrac{1}{2-\sqrt{3}}$，$a$ 是 t 的小数部分，b 是 $-t$ 的小数部分，则 $\dfrac{1}{2b} - \dfrac{1}{a} = ($ $)$.

A. $\dfrac{1}{2}$　　B. $\dfrac{\sqrt{3}}{2}$　　C. 1　　D. $\sqrt{3}$　　E. 以上都不是

【答案】 A

【解析】 $t = \dfrac{1}{2-\sqrt{3}} = 2+\sqrt{3}$，因为 $1<\sqrt{3}<2$，所以 $3<2+\sqrt{3}<4$，即 $3<t<4$，因此 $a = t-3 = \sqrt{3}-1$.

又 $-t = -2-\sqrt{3}$，因为 $-2<-\sqrt{3}<-1$，所以 $-4<-2-\sqrt{3}<-3$，因此 $b = -t-(-4) = 2-\sqrt{3}$.

则 $\dfrac{1}{2b} - \dfrac{1}{a} = \dfrac{1}{2(2-\sqrt{3})} - \dfrac{1}{\sqrt{3}-1} = \dfrac{2+\sqrt{3}}{2} - \dfrac{\sqrt{3}+1}{2} = \dfrac{1}{2}$，故选 A.

练习：正整数 n 小于 100，并且满足等式 $\left[\dfrac{n}{6}\right] + \left[\dfrac{n}{2}\right] + \left[\dfrac{n}{3}\right] = [n]$，则这样的正整数 n 有（ ）个.

A. 2　　　　B. 3　　　　C. 12　　　　D. 16　　　　E. 18

考点14：最大公约数与最小公倍数

最大公约数:也称最大公因数、最大公因子,指两个或多个整数共有约数中最大的一个. a,b 的最大公约数记为 (a,b) ,同样地, a,b,c 的最大公约数记为 (a,b,c) ,多个整数的最大公约数也有同样的记号.求最大公约数有多种方法,常见的有质因数分解法、短除法.与最大公约数相对应的概念是最小公倍数, a,b 的最小公倍数记为 $[a,b]$.

最大公约数的求法:短除法

(1) 必须每次都用 n 个数的公约数去除.

(2) 一直除到 n 个数的商互质(但不一定两两互质).

(3) n 个数的最大公约数即为短除式中所有除数的乘积.

最小公倍数的求法:短除法

(1) 必须先用(如果有) n 个数的公约数去除,除到 n 个数没有除1以外的公约数后,再用 $(n-1)$ 个数的公约数去除,除到 $(n-1)$ 个数没有除1以外的公约数后,再用 $(n-2)$ 个数的公约数去除,如此继续下去,为保证这一条,每次所用的除数均可选质数.

(2) 只要有两个数(被除数)能被同一数整除,就要继续除,一定要除到 n 个数的商两两互质为止.

(3) n 个数的最小公倍数即为短除式中,所有除数和最后两两互质的商的乘积.

性质: a,b 是任意两个正整数,则有

(1) a,b 的所有公倍数就是 $[a,b]$ 的所有倍数,即 $a\mid d,b\mid d \Rightarrow [a,b]\mid d$.

(2) $(a,b)[a,b]=ab$; $\left(\dfrac{a}{(a,b)},\dfrac{b}{(a,b)}\right)=1$.

(3) 如果 $a=(a,b)k_1,b=(a,b)k_2$,则 $(k_1,k_2)=1$,且 $[a,b]=(a,b)k_1k_2$.

典型例题

1. 将长、宽、高分别是12,9和6的长方体切割成正方体,且切割后无剩余,则能切割成相同正方体的最少个数为(　　).

A. 3　　　　B. 6　　　　C. 24　　　　D. 96　　　　E. 64

【答案】 C

【解析】 设正方体棱长是 a ,要想使得长方体切割成正方体无剩余,则 a 必然是12,9,6的公因数,并且正方体的个数最少, a 要尽可能大,所以 $a=3$.

此时正方体的个数 $N=\dfrac{12\times 9\times 6}{3\times 3\times 3}=24$.

2. 两个数的最大公约数是4,最小公倍数是252,其中一个数是28,则另一个数的各个数位的数字之和是(　　).

A. 11　　　　B. 10　　　　C. 9　　　　D. 8　　　　E. 7

【答案】 C

【解析】 直接套公式 $(a,b)[a,b]=ab$ 即可,求得另一个数为36,故所求为9.

3. 一次会餐供有三种饮料.餐后统计,三种饮料共用了65瓶;平均每2个人饮用一瓶A饮料,每3人饮用一瓶B饮料,每4人饮用一瓶C饮料.则参加会餐的人数是(　　).

A. 36   B. 40   C. 60   D. 72   E. 84

【答案】 C

【解析】 2,3,4 的最小公倍数是 12.可安排 12 人一桌,那么一桌共需要饮料 13 瓶,即 A 饮料 6 瓶,B 饮料 4 瓶,C 饮料 3 瓶.由于三种饮料共用了 65 瓶,一共 5 桌,共 60 人.

4. 已知不全相等的正整数 a,b,c 都是两位数,且它们的最小公倍数是 385,则 $a+b+c$ 的最大值是(   ).

A. 57   B. 81   C. 101   D. 143   E. 209

【答案】 E

【解析】 分解质因数,有 $385 = 5 \times 7 \times 11$,不全相等的正整数 a,b,c 都是两位数,则在 35,55,77 中取,所求为最大值,不妨设 $a=77,b=77,c=55$.此时,$a+b+c$ 的最大值是 $77+77+55=209$.

5. 存在正整数 a,b,使得 $ab = 750$.

  (1) a,b 的最大公约数是 35   (2) a,b 的最大公约数是 15

【答案】 E

【解析】 对结论进行等价转化:$[a,b] = \dfrac{ab}{(a,b)} = \dfrac{750}{(a,b)}$.

条件(1)和(2)单独推不出结论,推导:

条件(1),假设存在这样的正整数 a,b,而 $(a,b)=35$ 不能整除 750,矛盾,故推不出结论.

条件(2),假设存在这样的正整数 a,b,$(a,b)=15$,求得 $[a,b]=50$,而最小公倍数却不是最大公约数的倍数,矛盾,故推不出结论.

条件(1)和(2)联合矛盾,也推不出结论.

综上所述,答案是 E.

6. 互不相等的正整数 a,b,c 满足 $a+b+c=138$,则 a,b,c 的最大公约数的可能取值中最大的是(   ).

A. 45   B. 44   C. 37   D. 33   E. 23

【答案】 E

【解析】 设 a,b,c 的最大公约数中最大值是 x,则可设 $a=k_1 x,b=k_2 x,c=k_3 x$,其中 k_1, k_2, k_3 是三个正整数,则 $a+b+c=138=k_1 x+k_2 x+k_3 x=(k_1+k_2+k_3)x$,由此可知,$x$ 是 138 的约数,而 $138=2\times 3\times 23$,最大的约数是 23,故 $x=23$.

思考:请列举互不相等的正整数 a,b,c,满足 $a+b+c=138$ 且最大公约数是 23.

考点 15:有理数与无理数

数学上,有理数是一个整数 a 和一个正整数 b 的比,例如 $\dfrac{3}{8}$,记为 $\dfrac{a}{b}$,0 也是有理数.有理数是整数和分数的集合,整数也可看作是分母为 1 的分数.有理数的小数部分是有限或无限循环的数.不是有理数的实数称为无理数,即无理数的小数部分是无限不循环的数.

  (1) 实数包括有理数和无理数;有理数包括整数和分数.

  (2) 有理数的本质是有限小数和无限循环小数;无理数的本质是无限不循环小数.

  (3) 有理数+有理数=有理数;有理数+无理数=无理数;有理数×有理数=有理数;有理数×无理数=待定;无理数×无理数=待定,无理数+无理数=待定.

性质：若 a,b,c,d 是有理数，$\sqrt{c},\sqrt{d}$ 是无理数，且满足 $a+\sqrt{c}=b+\sqrt{d}$，则 $a=b,c=d$.

推论：若 a,b,c 是有理数，$\sqrt{c}$ 是无理数，且满足 $a+b\sqrt{c}=0$，则 $a=b=0$.

（4）若 $a\in \mathbf{Q}, a^n\in \mathbf{Z}(n\in \mathbf{Z}^*)$，则 $a\in \mathbf{Z}$.

典型例题

1. a,b 是两个整数，且 $\sqrt{7}<a<\sqrt{10}<b<\sqrt{17}$，则 $ab+a+b=(\qquad)$.
 A. 15　　　B. 17　　　C. 19　　　D. 21　　　E. 23

【答案】 C

【解析】 易知，$a=3, b=4$，则 $ab+a+b=19$.

2. 设正整数 a,m,n 满足 $\sqrt{a^2-4\sqrt{2}}=|\sqrt{m}-\sqrt{n}|$，则这样的 a,m,n 的值有（　　）.
 A. 1 组　　B. 2 组　　C. 3 组　　D. 4 组　　E. 5 组

【答案】 B

【解析】

$$\sqrt{a^2-4\sqrt{2}}=|\sqrt{m}-\sqrt{n}|$$
$$\Rightarrow a^2-4\sqrt{2}=m+n-2\sqrt{mn}$$
$$\Rightarrow m+n=a^2, 4\sqrt{2}=2\sqrt{mn}$$
$$\Rightarrow m+n=a^2, mn=8.$$

又 m,n,a 为正整数，则

$$\begin{cases}m=8,\\ n=1,\\ a=3\end{cases}\text{或}\begin{cases}m=1,\\ n=8,\\ a=3.\end{cases}$$

答案为 B.

3. a,b 为有理数，且满足等式 $a+b\sqrt{3}=\sqrt{6}\times\sqrt{1+\sqrt{4+2\sqrt{3}}}$，则 $a+b$ 的值为（　　）.
 A. 2　　　B. 4　　　C. 6　　　D. 8　　　E. 10

【答案】 B

【解析】 $\sqrt{4+2\sqrt{3}}=\sqrt{3+1+2\sqrt{3}}=\sqrt{(\sqrt{3}+\sqrt{1})^2}=\sqrt{3}+\sqrt{1}=\sqrt{3}+1$，

$\sqrt{1+\sqrt{4+2\sqrt{3}}}=\sqrt{1+\sqrt{3}+1}=\sqrt{2+\sqrt{3}}$，

$\sqrt{6}\times\sqrt{1+\sqrt{4+2\sqrt{3}}}=\sqrt{6}\times\sqrt{2+\sqrt{3}}=\sqrt{3}\times\sqrt{4+2\sqrt{3}}=\sqrt{3}\times(\sqrt{3}+1)=3+\sqrt{3}$，

$a+b\sqrt{3}=3+\sqrt{3}\Rightarrow\begin{cases}a=3,\\ b=1\end{cases}\Rightarrow a+b=4$.

综上所述，答案是 B.

4. a,b 为有理数，关于 x 的方程 $x^3+ax^2-ax+b=0$ 有一个无理数根 $-\sqrt{3}$，则此方程的唯一一个有理数根是（　　）.
 A. 3　　　B. 2　　　C. -3　　　D. -2　　　E. -1

【答案】 C

【解析】 设题中一元三次方程的三个根分别为 x_1,x_2,x_3，不妨设其中 $x_1=-\sqrt{3}$，则 x_2,x_3

中有一个为有理根,有一个为 $\sqrt{3}$,则 $\begin{cases} -3\sqrt{3}+3a+\sqrt{3}a+b=0 \\ 3\sqrt{3}+3a-\sqrt{3}a+b=0 \end{cases} \Rightarrow a=3$,再据一元三次方程的韦达定理有 $x_1+x_2+x_3=-a$,则有理数根为 -3.

5. 若 x,y 是有理数,且满足 $(1+2\sqrt{5})x+(2-\sqrt{5})y+5+5\sqrt{5}=0$,则 x,y 的值分别为( ).
   A. 1,3　　　　B. -1,2　　　　C. -1,3　　　　D. 1,2　　　　E. -3,-1

【答案】 E

【解析】 $(1+2\sqrt{5})x+(2-\sqrt{5})y+5+5\sqrt{5}=0 \Leftrightarrow (2x-y+5)\times\sqrt{5}+(x+2y+5)=0$,从而有
$$\begin{cases} 2x-y+5=0 \\ x+2y+5=0 \end{cases} \Leftrightarrow \begin{cases} x=-3, \\ y=-1. \end{cases}$$

考点 16:集合的包含关系判断充分性

原理:若条件 $p: x \in A$,结论 $q: x \in B$,则 $p \Rightarrow q$ 等价于 $A \subseteq B$(A 不是空集).
换言之,若 $A \not\subseteq B$ 或 $A = \varnothing$,则 $p \not\Rightarrow q$,即 p 对 q 不充分.

典型例题

1. $x \geq 2014$.
   (1) $x > 2014$　　　　(2) $x = 2014$

【答案】 D

【解析】 条件(1)和条件(2)都是 $x \geq 2014$ 的子集,所以都是充分的,选 D.

2. 设 x,y 为实数,则 $|x+y| \leq 2$.
   (1) $x^2+y^2 \leq 2$　　　　(2) $xy \leq 1$

【答案】 A

【解析】 条件(1) $x^2+y^2 \leq 2$ 充分,画图易知,如图 1-5.

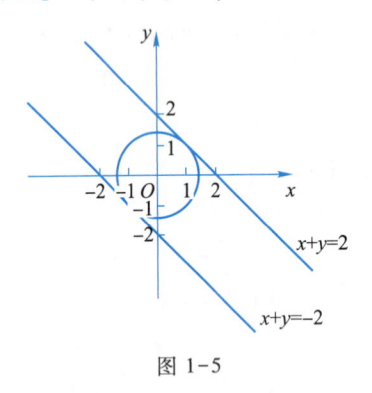

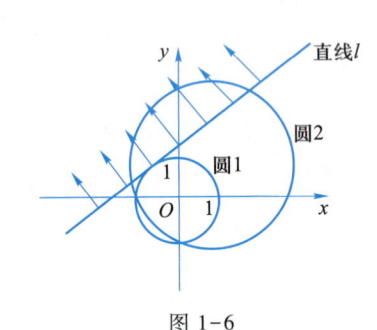

图 1-5

图 1-6

或者由 $x^2+y^2 \geq 2xy$ 可知 $2(x^2+y^2) \geq x^2+2xy+y^2 = (x+y)^2$,又 $x^2+y^2 \leq 2$,因此 $4 \geq 2(x^2+y^2) \geq (x+y)^2$,即 $|x+y| \leq 2$.

条件(2) $xy \leq 1$,取 $x=2, y=\dfrac{1}{2}$,可知不充分.

3. 已知 x,y 为实数,则 $x^2+y^2 \geq 1$.
   (1) $4y-3x \geq 5$　　　　(2) $(x-1)^2+(y-1)^2 \geq 5$

【答案】　A

【解析】　本题利用数形结合比较简单.题干要求点(x,y)在圆$1:x^2+y^2=1$上或圆1外.

满足条件(1)的点(x,y)在直线$4y-3x=5$(直线l)左上方(如图1-6),而圆心$(0,0)$到直线$4y-3x=5$的距离$d=\dfrac{|4\times 0-3\times 0-5|}{\sqrt{3^2+4^2}}=1$.

显然满足条件(1)的点都在圆1上或圆1外.所以条件(1)充分.

满足条件(2)的点(x,y)在圆$2:(x-1)^2+(y-1)^2=5$上或圆2外.而其圆心$(1,1)$与圆$x^2+y^2=1$的圆心$(0,0)$的距离$:d=\sqrt{(1-0)^2+(1-0)^2}=\sqrt{2}$,因为$\sqrt{5}-1<d<\sqrt{5}+1$,所以两圆相交,如图1-6.所以不能保证满足条件(2)的点都在圆1上或圆1外,所以条件(2)不充分.

4. 设x,y是实数,则$x\leqslant y$.

(1) $x^2\leqslant y-1$

(2) $x^2+(y-2)^2\leqslant 2$

【答案】　D

【解析】　条件(1),如图1-7,显然成立.

条件(2),如图1-8,显然也成立.选D.

练习:已知a,b是非负实数,则$a+b\leqslant\dfrac{5}{4}$.

(1) $ab\leqslant\dfrac{1}{16}$　　　(2) $a^2+b^2\leqslant 1$

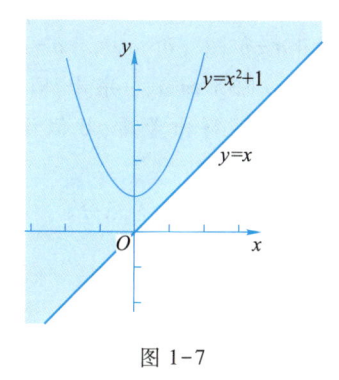

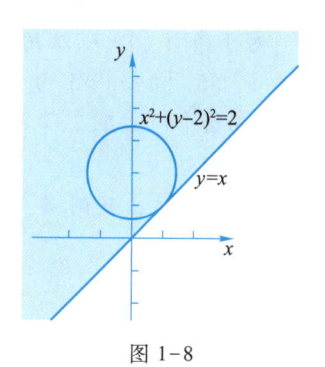

图 1-7

图 1-8

考点 17：反证法判断充分性

在判断充分性的时候,正面不好推导,就从反面入手.反证法的三个步骤：

(1) 假设命题不成立.

(2) 由假设出发经过推理论证得出矛盾.

(3) 由矛盾得出假设不成立,从而证明原命题正确.

典型例题

1. 已知a,b为实数,则$a\geqslant 2$或$b\geqslant 2$.

(1) $a+b\geqslant 4$

(2) $ab \geq 4$

【答案】 A

【解析】 对于条件(1)可以用反证法,假设 $a<2$ 且 $b<2$,则 $a+b<4$,这就与条件(1)矛盾,因此条件(1)充分.

对于条件(2)可以举出反例.令 $a=-5, b=-6$,则条件(2)不充分.

2. m 是一个整数.

(1) 若 $m=\dfrac{p}{q}$,其中 p,q 为非零整数,且 m^2 是一个整数

(2) 若 $m=\dfrac{p}{q}$,其中 p,q 为非零整数,且 $\dfrac{2m+4}{3}$ 是一个整数

【答案】 A

【解析】 条件(1)可以用反证法,假设 m 不是整数,但是若 $m=\dfrac{p}{q}$,其中 p,q 为非零整数,说明 m 是有理数,因此 m 只能是分数,而分数的平方只能是分数,这就矛盾了,所以 m 一定是整数.因此条件(1)充分.

对于条件(2)可以举出反例.令 $\dfrac{2m+4}{3}=1$,则 $m=-\dfrac{1}{2}$,因此条件(2)不充分.

3. 已知 a,b,c 是三个实数,则 $\min\{|a-b|, |b-c|, |a-c|\} \leq 5$.

(1) $|a| \leq 5, |b| \leq 5, |c| \leq 5$

(2) $a+b+c=15$

【答案】 A

【解析】 对于条件(1)可以用反证法.假设 $\min\{|a-b|, |b-c|, |a-c|\} > 5$,则 $|a-b|>5, |c-b|>5, |a-c|>5$.由 $|a| \leq 5, |b| \leq 5, |a-b|>5$ 知 a,b 异号,同理知 a,c 异号,则 b,c 同号,而由 $|b| \leq 5, |c| \leq 5, |b-c|>5$ 知 b,c 异号,得出矛盾,故假设不成立,因此条件(1)充分.

对于条件(2)可以举出反例.令 $a=45, b=0, c=-30$,可知条件(2)不充分.

考点18:裂项求和

(1) $\begin{cases} \dfrac{1}{n(n+k)} = \dfrac{1}{k}\left(\dfrac{1}{n} - \dfrac{1}{n+k}\right), \\ \dfrac{1}{1+2+\cdots+n} = 2\left(\dfrac{1}{n} - \dfrac{1}{n+1}\right), \\ \dfrac{1}{n(n+1)(n+2)} = \dfrac{1}{2}\left[\dfrac{1}{n(n+1)} - \dfrac{1}{(n+1)(n+2)}\right]. \end{cases}$

(2) 根式的裂项:$\dfrac{1}{\sqrt{n}+\sqrt{n+k}} = \dfrac{1}{k}(\sqrt{n+k} - \sqrt{n})$.

(3) 阶乘的裂项:$\dfrac{n-1}{n!} = \dfrac{1}{(n-1)!} - \dfrac{1}{n!}$.

(4) 平方的裂项:$a^2 - b^2 = (a+b)(a-b)$.

第一章　实数　平均值　绝对值（考点 1-18）

典型例题

1. 已知非零实数 a,b 满足 $\sqrt{(b-1)a^2}+|2b-2|+|a-2|+2=2b$，则 $\dfrac{1}{ab}+\dfrac{1}{(a+1)(b+1)}+\dfrac{1}{(a+2)(b+2)}+\cdots+\dfrac{1}{(a+2002)(b+2002)}=(\quad)$.

A. $\dfrac{2001}{2002}$　　B. $\dfrac{2003}{2002}$　　C. $\dfrac{2002}{2003}$　　D. $\dfrac{2003}{2004}$　　E. $\dfrac{2004}{2005}$

【答案】　D

【解析】　由题意可得 $b\geqslant 1$，则 $|2b-2|=2b-2$，条件可化为 $\sqrt{(b-1)a^2}+|a-2|=0$，由非负性可得 $b=1,a=2$. 则

原式 $=\dfrac{1}{1\times 2}+\dfrac{1}{2\times 3}+\dfrac{1}{3\times 4}+\cdots+\dfrac{1}{2003\times 2004}$

$=\left(1-\dfrac{1}{2}\right)+\left(\dfrac{1}{2}-\dfrac{1}{3}\right)+\left(\dfrac{1}{3}-\dfrac{1}{4}\right)+\cdots+\left(\dfrac{1}{2003}-\dfrac{1}{2004}\right)$

$=1-\dfrac{1}{2004}=\dfrac{2003}{2004}.$

2. 若 $\dfrac{1}{x^2+x}+\dfrac{1}{x^2+3x+2}+\dfrac{1}{x^2+5x+6}+\dfrac{1}{x^2+7x+12}=\dfrac{4}{21}$，则 $x=(\quad)$.

A. 3　　B. -7　　C. 3 或 -7　　D. 3 或 7　　E. 7

【答案】　C

【解析】　$\dfrac{1}{x^2+x}+\dfrac{1}{x^2+3x+2}+\dfrac{1}{x^2+5x+6}+\dfrac{1}{x^2+7x+12}$

$=\dfrac{1}{x(x+1)}+\dfrac{1}{(x+1)(x+2)}+\dfrac{1}{(x+2)(x+3)}+\dfrac{1}{(x+3)(x+4)}$

$=\left(\dfrac{1}{x}-\dfrac{1}{x+1}\right)+\left(\dfrac{1}{x+1}-\dfrac{1}{x+2}\right)+\left(\dfrac{1}{x+2}-\dfrac{1}{x+3}\right)+\left(\dfrac{1}{x+3}-\dfrac{1}{x+4}\right)$

$=\dfrac{1}{x}-\dfrac{1}{x+4},$

由于 $\dfrac{1}{x}-\dfrac{1}{x+4}=\dfrac{4}{21}$，解得 $x=-7$ 或 3.

3. $1-\dfrac{2}{1\times(1+2)}-\dfrac{3}{(1+2)\times(1+2+3)}-\cdots-\dfrac{10}{(1+2+\cdots+9)\times(1+2+\cdots+10)}=(\quad)$.

A. $\dfrac{1}{45}$　　B. $\dfrac{1}{55}$　　C. $\dfrac{1}{60}$　　D. $\dfrac{1}{65}$　　E. $\dfrac{1}{75}$

【答案】　B

【解析】　$1-\dfrac{2}{1\times(1+2)}-\dfrac{3}{(1+2)\times(1+2+3)}-\cdots-\dfrac{10}{(1+2+\cdots+9)\times(1+2+\cdots+10)}$

$=1-\left(\dfrac{1}{1}-\dfrac{1}{1+2}\right)-\left(\dfrac{1}{1+2}-\dfrac{1}{1+2+3}\right)-\cdots-\left(\dfrac{1}{1+2+\cdots+9}-\dfrac{1}{1+2+\cdots+10}\right)$

$=\dfrac{1}{1+2+\cdots+10}=\dfrac{1}{55}.$

4. 若 $\dfrac{1}{\sqrt{x}(\sqrt{x}+2)} + \dfrac{1}{(\sqrt{x}+2)(\sqrt{x}+4)} + \cdots + \dfrac{1}{(\sqrt{x}+8)(\sqrt{x}+10)} = \dfrac{5}{24}$,则 $x = ($ $)$.

A. 1　　　　　B. 3　　　　　C. 4　　　　　D. 5　　　　　E. 6

【答案】　C

【解析】　$\dfrac{1}{\sqrt{x}(\sqrt{x}+2)} + \dfrac{1}{(\sqrt{x}+2)(\sqrt{x}+4)} + \cdots + \dfrac{1}{(\sqrt{x}+8)(\sqrt{x}+10)} = \dfrac{5}{24}$

$\Rightarrow \dfrac{1}{2}\left(\dfrac{1}{\sqrt{x}} - \dfrac{1}{\sqrt{x}+2} + \dfrac{1}{\sqrt{x}+2} - \dfrac{1}{\sqrt{x}+4} + \cdots + \dfrac{1}{\sqrt{x}+8} - \dfrac{1}{\sqrt{x}+10}\right) = \dfrac{5}{24}$

$\Rightarrow \dfrac{1}{2}\left(\dfrac{1}{\sqrt{x}} - \dfrac{1}{\sqrt{x}+10}\right) = \dfrac{5}{24} \Rightarrow x = 4.$

第二章　应用题（考点19-63）

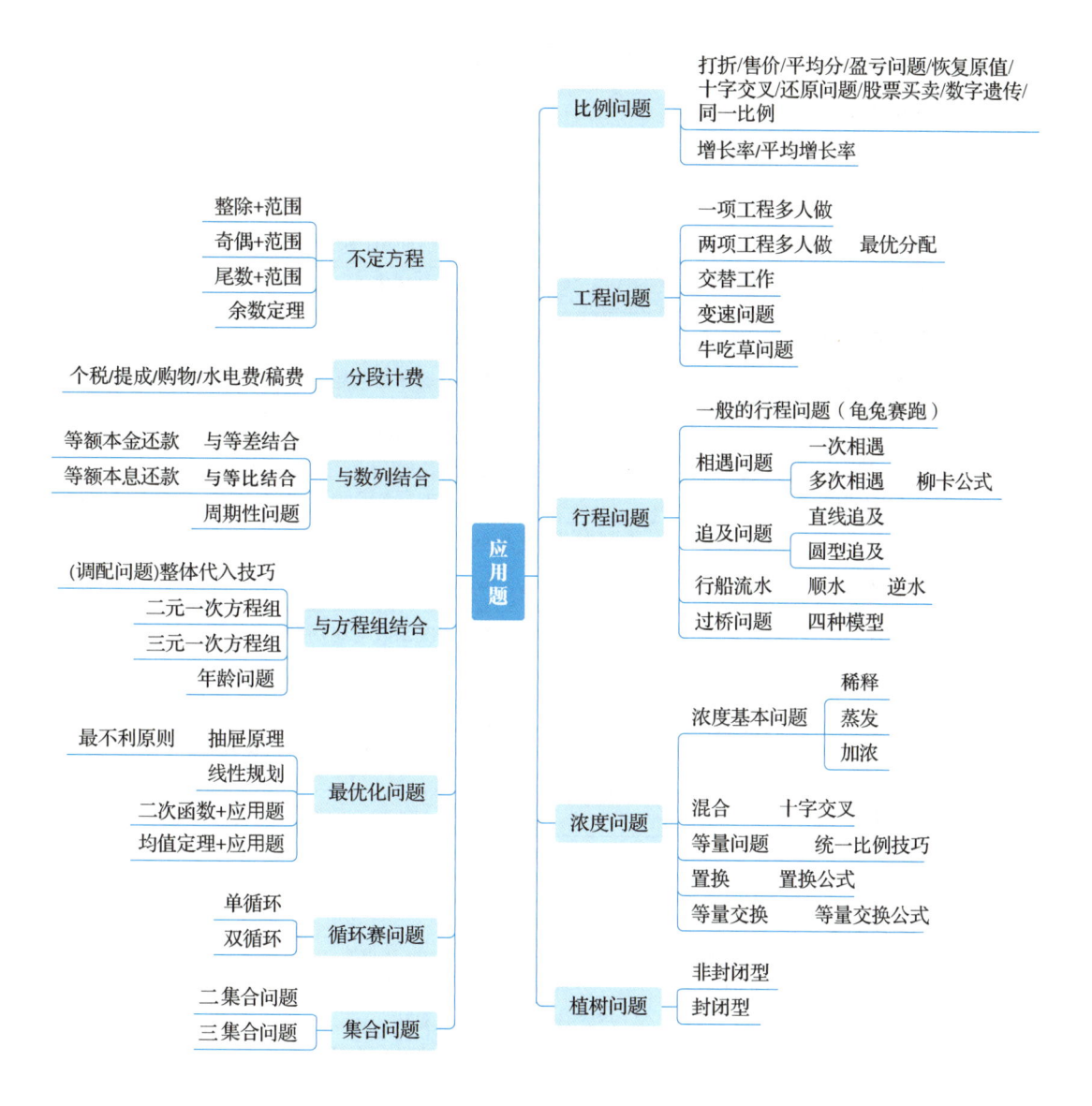

应用题

- **比例问题**
  - 打折/售价/平均分/盈亏问题/恢复原值/十字交叉/还原问题/股票买卖/数字遗传/同一比例
  - 增长率/平均增长率

- **不定方程**
  - 整除+范围
  - 奇偶+范围
  - 尾数+范围
  - 余数定理

- **工程问题**
  - 一项工程多人做
  - 两项工程多人做　最优分配
  - 交替工作
  - 变速问题
  - 牛吃草问题

- **分段计费**
  - 个税/提成/购物/水电费/稿费

- **与数列结合**
  - 等额本金还款　与等差结合
  - 等额本息还款　与等比结合
  - 周期性问题

- **行程问题**
  - 一般的行程问题（龟兔赛跑）
  - 相遇问题
    - 一次相遇
    - 多次相遇　柳卡公式
  - 追及问题
    - 直线追及
    - 圆型追及
  - 行船流水　顺水　逆水
  - 过桥问题　四种模型

- **与方程组结合**
  - （调配问题）整体代入技巧
  - 二元一次方程组
  - 三元一次方程组
  - 年龄问题

- **浓度问题**
  - 浓度基本问题
    - 稀释
    - 蒸发
    - 加浓
  - 混合　十字交叉
  - 等量问题　统一比例技巧
  - 置换　置换公式
  - 等量交换　等量交换公式

- **最优化问题**
  - 最不利原则　抽屉原理
  - 线性规划
  - 二次函数+应用题
  - 均值定理+应用题

- **循环赛问题**
  - 单循环
  - 双循环

- **集合问题**
  - 二集合问题
  - 三集合问题

- **植树问题**
  - 非封闭型
  - 封闭型

37

考试内容

考点 19：成本、利润、售价	考点 42：追及问题
考点 20：股票买卖问题	考点 43：行船流水问题
考点 21：称量问题	考点 44：过桥问题
考点 22：增长率与下降率问题	考点 45：浓度基本问题
考点 23：平均增长率	考点 46：十字交叉法
考点 24：整体代入法解应用题	考点 47：置换问题
考点 25：盈亏模型	考点 48：等量问题
考点 26：分期付款问题	考点 49：等量交换问题
考点 27：统一比例法	考点 50：溶液混合问题
考点 28：数字遗传法	考点 51：植树问题
考点 29：调配问题	考点 52：年龄问题（列方程）
考点 30：效率特值法	考点 53：分段计费问题
考点 31：交替工作问题	考点 54：集合问题
考点 32：牛吃草问题	考点 55：不定方程问题
考点 33：$V_1 \times V_2 = \dfrac{S \Delta V}{\Delta T}$	考点 56：与数列结合的应用题
考点 34：最优分配问题	考点 57：与方程结合的应用题
考点 35：抽屉原理	考点 58：线性规划
考点 36：调和平均值的应用	考点 59：最不利原则
考点 37：还原问题	考点 60：二次函数与应用题结合
考点 38：集合	考点 61：均值定理与应用题结合
考点 39：带余除法在应用题中的应用	考点 62：周期性问题
考点 40：龟兔赛跑	考点 63：循环赛问题
考点 41：相遇问题	

【题型一】 比例型应用题

一、求百分比型

1. 个体所占百分比 $= \dfrac{\text{个体数}}{\text{总体数}} \times 100\% \Rightarrow$ 个体数 $=$ 总体数 $\times$ 个体所占百分比

$$\Rightarrow \text{总体数} = \dfrac{\text{个体数}}{\text{个体所占百分比}}.$$

2. 甲比乙大 $p\% \Rightarrow p\% = \dfrac{\text{甲} - \text{乙}}{\text{乙}} \times 100\% \Rightarrow \text{甲} = \text{乙} \times (1+p\%)$；

   甲比乙小 $p\% \Rightarrow p\% = \dfrac{\text{乙} - \text{甲}}{\text{乙}} \times 100\% \Rightarrow \text{甲} = \text{乙} \times (1-p\%)$.

二、变化率型

变化率 = $\dfrac{\text{变后量}-\text{变前量}}{\text{变前量}}\times 100\%$ ⇒ 变后量 = 变前量×(1+变化率),

即原价为 a → $\begin{cases}\text{增长/上涨了}\ p\%,\\ \text{减少/下降了}\ p\%\end{cases}$ ⇒ 现价为 $\begin{cases}a(1+p\%),\\ a(1-p\%).\end{cases}$

注:(1) 若以同一比例"盈"和"亏",则结果必为"亏";

(2) 注意特值与统一比例方法的运用.

三、商家利润率型

利润=销售收入－总成本=单件利润×销量=(售价－成本)×销量;

利润率 = $\dfrac{\text{利润}}{\text{成本}}\times 100\%$.

注:(1) 数学中的利润是严格相对于成本的;

(2) 在解题中注意如下关系量的表格法运用:

进价/成本价	标价	售价	销量	利润

【题型二】 溶液浓度、平均值类型应用题

溶液总量=溶质量+溶剂量;溶液浓度 = $\dfrac{\text{溶质量}}{\text{溶液总量}}\times 100\%$.

【解题提示】注意"交叉法"的运用;当用数学方法求解时,注意把握溶质的来龙去脉,结合浓度变化求解即可.

当遇到"用清水加满"题型时,结论为

(1) 纯溶液 L 升(克),每次倒出 a 升(克)后均用清水加满,反复 n 次后,溶液的浓度为 $\left(\dfrac{L-a}{L}\right)^n\times 100\%$;

(2) 若每次倒出的量不一致时,若第一次倒出 a 后用清水加满,第二次倒出 b 后也用清水加满,则两次后的溶液浓度为 $\dfrac{(L-a)(L-b)}{L^2}\times 100\%$;

(3) 若原始溶液不是纯溶液,是浓度为 $p\%$ 的溶液,则上述两个公式的最终结果分别为 $\left(\dfrac{L-a}{L}\right)^n\times p\%$ 与 $\dfrac{(L-a)(L-b)}{L^2}\times p\%$.

【题型三】 行程问题

一、普通匀速直线运动问题:路程=速度×时间;平均速度=总路程÷总时间

【解题提示】根据题意画出简单的示意图,设未知数列方程求解,同时注意路程、时间、速度三者中的恒定量,将问题转化为比例关系求解.

注:行程问题中常用的比例关系:

① 时间相同时,速度比等于路程比;

② 速度相同时,时间比等于路程比;

③ 路程相同时,速度比等于时间的反比.

二、行程问题中的相遇、追赶题型

1. 直线型相遇、追赶问题

【解题提示】此类问题比较常见,根据题意画出简单示意图,抓住等量关系(一般是时间和路程),列方程求解.

(1) 同时相向而行

问题表述:甲、乙两人同时分别从 A、B 两地相向而行,在 C 点相遇会合,如图 2-1.

等量关系: $S_甲 + S_乙 = S_{AB} \Rightarrow (V_甲 + V_乙)t = S_{AB}, \dfrac{V_甲}{V_乙} = \dfrac{S_甲}{S_乙} = \dfrac{AC}{BC}$(时间相同).

(2) 追赶问题

问题表述:甲、乙相距 AC 时甲追赶乙,并最终在 B 点追上乙,如图 2-2.

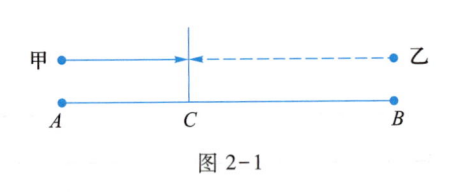

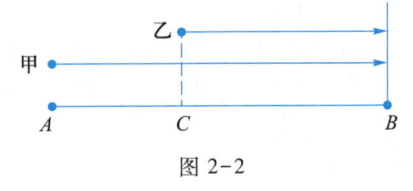

等量关系: $S_甲 - S_乙 = S_{AC} \Rightarrow (V_甲 - V_乙)t = S_{AC}, \dfrac{V_甲}{V_乙} = \dfrac{S_甲}{S_乙} = \dfrac{AB}{BC}$(时间相同).

图 2-1

图 2-2

2. 圆圈型(操场)相遇、追赶问题

(1) 同向(设圆周长为 S)

等量关系: $S_甲 - S_乙 = S$(假设甲的速度较快).

如图 2-3,甲、乙每相遇一次,甲比乙多跑一圈,若 n 次相遇,则有 $S_甲 - S_乙 = nS, \dfrac{V_甲}{V_乙} = \dfrac{S_甲}{S_乙} = \dfrac{S_乙 + nS}{S_乙}$.

(2) 逆向

等量关系: $S_甲 + S_乙 = S$.

如图 2-4,每次相遇,甲、乙的路程之和为一圈,若相遇 n 次,则有 $S_甲 + S_乙 = nS, \dfrac{V_甲}{V_乙} = \dfrac{S_甲}{S_乙} = \dfrac{nS - S_乙}{S_乙}$.

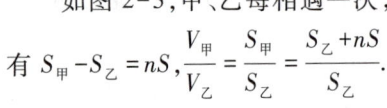

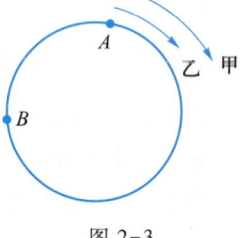

图 2-3

图 2-4

【解题技巧】在做圆圈型追及相遇问题时,求第 k 次相遇情况,可以将 $(k-1)$ 次相遇看成起点进行分析考虑.

三、船在水中航行问题

$V_{顺水} = V_船 + V_水$;$V_{逆水} = V_船 - V_水$;$V_船 = \dfrac{V_{顺水} + V_{逆水}}{2}$;$V_水 = \dfrac{V_{顺水} - V_{逆水}}{2}$.

【题型四】 工程类型应用题

【解题提示】遇到此类问题,通常将整个工程量看成单位 1,然后根据题干条件,抓住每个个体的工作量求解.

设总量 = 1.

$$\text{工作效率} = \dfrac{\text{工作量}}{\text{工作时间}}, \quad \text{总量} = \dfrac{\text{部分量}}{\text{其对应的比例}}.$$

若对于计算劳动报酬的题目:

(1) 若是以天数计算报酬,则求解出工作天数即可;

(2) 若是以工作量计算报酬,则算出每个个体的工作量,按百分比计算报酬即可.

【题型五】 年龄问题型应用题

【解题提示】解题的核心是:一、年龄的差值为固定不变的;二、随着时间的推移,年龄增加量相同.千万注意年龄的倍数关系是变化的.

【题型六】 植树问题型应用题

【解题提示】实际上为对最大公约数或最小公倍数的考查.注意细节是:直线型道路两端是否植树的数量区别:

(1) 直线型道路的两端都不植树,则株数 = 段数-1 = 全长÷株距-1;
(2) 直线型道路的一端植树,另一端不植树或封闭型线路植树,则株数 = 段数 = 全长÷株距;
(3) 如果在直线型道路的两端都植树,则株数 = 段数+1 = 全长÷株距+1.

【题型七】 容斥类型应用题(文氏图问题)

【解题提示】画出文氏图,理清每一部分的含义.

两个集合容斥型公式:

$A \cup B = A + B - A \cap B$(如图 2-5);

三个集合容斥型公式:

依据重复方式:$A+B+C = x_1 + 2x_2 + 3x_3$(其中 x_1 表示仅占用一个集合的个体数,x_2 表示仅占用两个集合的个体数,x_3 表示三个集合都占用的个体数),

整理可知下面计算公式:

$A \cup B \cup C = A+B+C - A \cap B - B \cap C - C \cap A + A \cap B \cap C$(如图 2-6).

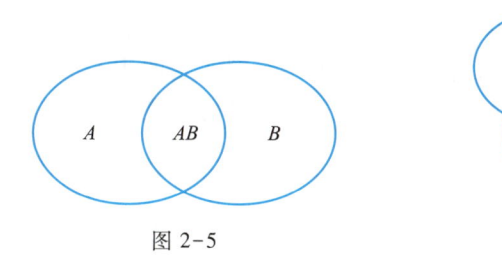

图 2-5

图 2-6

【题型八】 分段收费型应用题

【解题提示】对于这类题目的关键是先计算每一个阶段范围的临界值,然后与所给的数值进行比对,根据比对的结果确定所对应的范围再求解.

【题型九】 不定方程问题类型应用题

【解题提示】此类问题显著的特点是:方程个数少于未知数个数,数学解法则是采用定性分析,通过题目已知中的整数、自然数等生活实际的数字特征限制,对未知量进行枚举计算或整体"凑出"所求表达式的表示形式.

此种题型的另外一种出题策略是通过"至少""至多"等不确定词汇描述问题,此时解题的策略为:反向考虑,即考虑问题对立面情况的最大化求解.

【题型十】 求最值型应用题

【解题提示】找出自变量和因变量,建立适当的函数关系求解.转化途径方式有:

(1) 一元二次方程的最值问题;(2) 均值不等式;(3) 简单线性规划求最优解.

考点19:成本、利润、售价

公式:利润 = 售价 - 成本,利润率 = $\dfrac{利润}{成本}$ = $\dfrac{售价-成本}{成本}$,成本 = $\dfrac{售价}{1+利润率}$.

典型例题

1. 某精密仪表商降价5%售出一台仪器,获利5250元,而以七五折售出,商家将亏损1750元,则此商品的成本价是(　　)万元.

A. 2.8　　　B. 2.6　　　C. 2.4　　　D. 2.2　　　E. 2

【答案】 A

【解析】 设原价为x元,成本价为y元,则$\begin{cases}x(1-5\%)-y=5250,\\0.75x-y=-1750,\end{cases}$得$\begin{cases}x=35000,\\y=28000,\end{cases}$即此商品的成本价为2.8万元.

2. 某电子产品1月份按原定价的80%出售,能获利20%,2月份由于进价降低,按原定价的75%出售,却能获利25%,那么2月份进价是1月份进价的(　　).

A. 92%　　　B. 90%　　　C. 85%　　　D. 80%　　　E. 75%

【答案】 B

【解析】 根据成本的计算公式,设原定价为100,则1月份成本是$\dfrac{80}{1+20\%}$,2月份成本是$\dfrac{75}{1+25\%}$,所以2月份进价是1月份进价的$\dfrac{\dfrac{75}{1+25\%}}{\dfrac{80}{1+20\%}}=\dfrac{9}{10}$.

3. 某服装厂生产某种定型冬装,9月销售每件冬装的利润是出厂价的25%(每件服装的利润=出厂价-成本),10月将每件冬装的出厂价调低10%(每件冬装的成本不变),销售件数比9月增加80%,那么该厂10月销售这种冬装的利润总额比9月的利润总额增长了(　　).

A. 2%　　　B. 8%　　　C. 40.5%　　　D. 62%　　　E. 15%

【答案】 B

【解析】 利用赋值法和表格分析法来解决本题. 设9月的出厂价为100,销售件数为100,不难填全下表.

	9月	10月
成本	75	75
出厂价	100	90
单件利润	25	15
销售件数	100	180
总利润	2500	2700

最后,应注意比例的基数为"9月",所以所求为$\dfrac{2700-2500}{2500}\times100\%=8\%$.

4. 某网店对55元、75元、80元的三种商品进行促销,销售策略是每单满200元减m元. 如果每单满200元减m元后,实际售价均不低于原价的8折,那么m的最大值为(　　).

A. 40　　　B. 41　　　C. 43　　　D. 44　　　E. 48

【答案】 B

【解析】 找到满200元的组合,有$4\times55=220$,$3\times75=225$,$2\times75+55=205$,发现最接近200

的是 205,205 元这个组合满足题意,那么其他的组合也满足,所以 $205-m \geq 205 \times 0.8 \Rightarrow m \leq 41$.

考点 20:股票买卖问题

公式:收入 = 卖出总金额 - 购入总金额.

典型例题

1. 某投资者以 2 万元购买甲、乙两种股票,甲股票的价格为 8 元/股,乙股票的价格为 4 元/股,它们的投资额之比是 4:1,当甲、乙股票价格分别为 10 元/股和 3 元/股时,该投资者全部抛出这两种股票,他共获利( ).

A. 3000 元　　　B. 3889 元　　　C. 4000 元　　　D. 5000 元　　　E. 2300 元

【答案】 A

【解析】 总投资盈利率 = 赋权后盈利率之和(加权平均数).根据题干,可列表如下.

	甲	乙
投资比例	$\frac{4}{5}$	$\frac{1}{5}$
赋权前盈利率	$\frac{10-8}{8}=\frac{1}{4}$	$\frac{3-4}{4}=-\frac{1}{4}$
赋权后盈利率	$\frac{4}{5} \times \frac{1}{4} = 20\%$	$\frac{1}{5} \times \left(-\frac{1}{4}\right) = -5\%$

根据公式:　　　　总投资盈利率 = 赋权后盈利率之和,
可得　　　　　　　总投资盈利率 = 20% + (-5%) = 15%,
从而盈利额为　　　　20000 × 15% = 3000(元).

2. 甲花费 5 万元购买了股票,随后他将这些股票转卖给乙,获得 10% 利润,不久乙将这些股票又卖给甲,但乙损失了 10%,最后甲按乙卖给他的价格的 9 折把这些股票卖掉了.不计交易费,甲在上述股票交易中( ).

A. 不盈不亏　　B. 盈利 50 元　　C. 盈利 100 元　　D. 亏损 50 元　　E. 无法判断

【答案】 B

【解析】 假设最初 1 股的股价是 50000 元,则甲卖给乙时,股价变为 55000 元,此时甲完成了第一次交易,获利 5000 元,然后乙卖给甲时损失 10%,表明股价下跌 10%,甲收购的价格是 49500 元,随后甲卖出了股票,亏了 10%,也就是亏了 4950 元.综上可知,甲一共进行两次交易,第一次盈利 5000 元,第二次亏损 4950 元,最后一共盈利 50 元.

注意:本题的关键在于设最初 1 股 = 50000 元,不用考虑股数且不失一般性.

3. 已知 A 股票上涨的 0.16 元相当于该股票原价的 16%,B 股票上涨的 1.68 元也相当于其原价的 16%,则这种股票原价相差( ).

A. 8 元　　　B. 9.5 元　　　C. 10.5 元.　　　D. 10 元　　　E. 9 元

【答案】 B

【解析】 $\frac{1.68}{16\%} - \frac{0.16}{16\%} = 9.5$(元).

4. 小李两年前投资的股票上涨了 50%,为尽快出手,小李将该股票按市价的八折出售,扣除成交价 5% 的交易费用后,发现与买进时相比赚了 7 万元,则小李买进该股票花了( )万元.

A. 84　　　　B. 86　　　　C. 42　　　　D. 100　　　　E. 50

【答案】 E

【解析】 设小李买进该股票花了 x 万元,由题意可知,
$$x(1+50\%)\times 0.8\times(1-5\%)=x+7\Rightarrow x=50,$$
故小李买进该股票花了 50 万元.

考点 21：称量问题

公式:秤的系数 = $\dfrac{\text{显示的质量}}{\text{真实的质量}}$(只与秤的结构有关).

1 斤 = 10 两 = 500 克.

典型例题

某人在市场上买肉,商家称得肉重为 4 斤.但此人不放心,拿出一个自备的 100 克重的砝码,将肉和砝码放在一起让商家用原秤复称,结果质量为 4.25 斤.由此可知顾客应要求商家补肉( )两.

A. 3　　　　B. 6　　　　C. 4　　　　D. 7　　　　E. 8

【答案】 E

【解析】 砝码 100 克,肉称得 2000 克(4 斤),"肉+砝码"称得 2125 克,得出 125 克的肉含有 25 克的虚拟质量.设真实质量为 x 克,那么虚拟质量就是 $\dfrac{1}{4}x$ 克,列方程得出 $x+0.25x=2000$,得 $x=1600$(克),少了 $2000-1600=400$(克),要求商家补 400 克,就是 8 两肉.

技巧:设真实质量为 x.

$$\text{秤的系数} = \dfrac{4\times 500}{x} = \dfrac{4.25\times 500}{x+100},$$

则 $x=1\,600$ 克 $=3.2$ 斤.

练习:某手表每小时比准确时间慢 3 分钟,若在清晨 4 点 30 分与准确时间对准,则在当天上午手表指示时间为 10 点 50 分时,准确时间应该是( ).

A. 11 点 5 分　　B. 11 点 10 分　　C. 11 点 20 分　　D. 10 点 50 分　　E. 11 点

考点 22：增长率与下降率问题

公式:变化率 = $\dfrac{\text{变化量}}{\text{变前量}} = \dfrac{|\text{现值}-\text{原值}|}{\text{原值}}$(包含增长率,下降率).

注:在实际问题中,增长率 $\in(0,+\infty)$,下降率 $\in(0,1]$.

典型例题

1. 某公司今年第一季度和第二季度的产值分别比去年同期增长了 11% 和 9%,且这两个季度产值的同比绝对增加量相等.该公司今年上半年的产值同比增长了( ).

A. 9.5%　　　　B. 9.9%　　　　C. 10%　　　　D. 10.5%　　　　E. 10.9%

【答案】 B

【解析】 设去年第一、二季度的产值分别是 a,b,由题目知 $a\times11\%=b\times9\%$,则上半年同比增长 $\dfrac{11\%a+9\%b}{a+b}\times100\%=9.9\%$.

2. 某商品经过 8 月份与 9 月份连续两次降价,售价由 m 元降到了 n 元.则该商品的售价平均每次下降了 20%.

(1) $m-n=900$

(2) $m+n=4100$

【答案】 C

【解析】 设平均下降率是 x,单独考虑条件(1)和条件(2)显然无法求出 m,n 的值,联合起来可以得到 $m=2500,n=1600$.

则 $2500(1-x)^2=1600$,解得 $x=20\%$.

3. 一种货币贬值 20%,一年后需增值( )才能保持原币值.

A. 18%　　　　B. 20%　　　　C. 22%　　　　D. 24%　　　　E. 25%

【答案】 E

【解析】 设原币值是 100,贬值后为 80,再增 20 即可,而 $\dfrac{20}{80}\times100\%=25\%$,所以选 E.

4. 该股票上涨了.

(1) 某股票连续三天涨 10%,又连续三天跌 10%

(2) 某股票连续三天跌 10%,又连续三天涨 10%

【答案】 E

【解析】 由于一件商品原价为 a,先增长 $p\%$,再下降 $p\%$ 后价格必然下降.所以本题选 E.

考点 23:平均增长率

设 a 为基数,b 为增长后的结果,n 为增长次数,$x\%$ 为平均增长率,它们的关系是
$$b=a(1+x\%)^n.$$
注:$x\%=\sqrt[n]{\dfrac{b}{a}}-1$,只与 a,b,n 有关.

典型例题

1. 某商品价格在今年 1 月降低 10%,此后由于市场供求关系的影响,价格连续三次上涨,使商品目前售价与 1 月份降低前的价格相同,则这三次价格的平均回升率是( ).

A. $\sqrt[4]{\dfrac{10}{9}}-1$　　B. $\sqrt[3]{\dfrac{10}{9}}-1$　　C. $\sqrt[3]{\dfrac{10}{3}}-1$　　D. $\sqrt{\dfrac{10}{9}}-1$　　E. $3\dfrac{1}{3}\%$

【答案】 B

【解析】 设原值为 a,则根据题意有 $a(1-10\%)(1+x)^3=a$,解方程得 $x=\sqrt[3]{\dfrac{10}{9}}-1$.

2. 能确定某企业产值的月平均增长率.

(1) 已知 1 月份的产值

(2) 已知全年的总产值

【答案】　E

【解析】　根据平均增长率的定义，$x\% = \sqrt[11]{\dfrac{a_{12}}{a_1}} - 1$，条件(1)单独无法确定,条件(2)单独也无法确定,联合也确定不了,所以选 E.

3. 某市生产总值连续两年持续增长,第一年的增长率为 p,第二年的增长率为 q,两年生产总值的年平均增长率为(　　).

A. $\dfrac{p+q}{2}$　　　　B. $\dfrac{(p+1)(q+1)-1}{2}$　　　　C. $\sqrt{pq}$

D. $\sqrt{(p+1)(q+1)} - 1$　　　　E. 以上结论均不正确

【答案】　D

【解析】　设两年前该市的年生产总值为 a,则第二年的年生产总值为 $a(1+p)(1+q)$.设这两年生产总值的年平均增长率为 x,则

$$a(1+x)^2 = a(1+p)(1+q),$$

由于连续两年持续增长,所以 $x>0$,因此 $x = \sqrt{(1+p)(1+q)} - 1$.

4. A 公司 2012 年 6 月份的产值是 1 月份产值的 a 倍.

(1) 在 2012 年上半年,A 公司的月产值的平均增长率为 $\sqrt[5]{a}$.

(2) 在 2012 年上半年,A 公司的月产值的平均增长率为 $\sqrt[6]{a} - 1$.

【答案】　E

【解析】　本题目从结果入手,设平均增长率是 x,1 月份产值是 A,6 月份产值是 $A(1+x)^5$,则 $A(1+x)^5 = Aa$,得 $x = \sqrt[5]{a} - 1$.

条件(1) $x = \sqrt[5]{a}$ 不满足 $x = \sqrt[5]{a} - 1$,故不是充分条件.

条件(2) $x = \sqrt[6]{a} - 1$ 不满足 $x = \sqrt[5]{a} - 1$,故不是充分条件.

条件(1)和(2)联合也不满足 $x = \sqrt[5]{a} - 1$.

考点 24：整体代入法解应用题

根据题意建立方程组,把其中一部分看成整体进行消元.

典型例题

1. 某人驾车从 A 地赶往 B 地,前一半路程比计划多用时 45 分钟,平均速度只有计划的 80%,若后一半路程的平均速度为 120 千米/时,此人还能按原定时间到达 B 地,则 A, B 两地的距离为(　　)千米.

A. 450　　　B. 480　　　C. 520　　　D. 540　　　E. 600

【答案】　D

【解析】　设 A, B 两地的距离为 $2S$,原计划的平均速度为 v,则根据题意有

$$\begin{cases} \dfrac{S}{0.8v} - \dfrac{S}{v} = \dfrac{45}{60}, \\ \dfrac{S}{v} - \dfrac{S}{120} = \dfrac{45}{60} \end{cases} \Rightarrow \begin{cases} S = 270, \\ v = 90, \end{cases}$$

所以 A, B 两地的距离为 $2S = 540$(千米).

2. 甲、乙两人上午 8:00 分别自 A,B 两地出发相向而行,9:00 第一次相遇,之后速度均提高了 1.5 千米/时,甲到 B、乙到 A 后都立刻沿着原路返回,若两人在 10:30 第二次相遇,则 A,B 两地的距离是(　　)千米.

　　A. 5.6　　　　　B. 7　　　　　C. 8　　　　　D. 9　　　　　E. 9.5

【答案】　D

【解析】　设甲、乙速度分别为 x,y(千米/时),$A、B$ 两地的距离为 S 千米.由题意可知,甲、乙第一次相遇时共同走了 S 千米,从第一次相遇到第二次相遇甲、乙共同走了 $2S$ 千米.所以可列如下方程

$$\begin{cases}(x+y)\times 1=S,\\(x+1.5)\times 1.5+(y+1.5)\times 1.5=2S,\end{cases}$$

可求得 $S=9$(千米).

考点 25:盈亏模型

一个商店出售两件商品都以 a 元成交,其中一件盈利 $p\%$,另外一件亏损 $p\%$,则结果必亏.

典型例题

一家商店为回收资金,把甲、乙两件商品以 480 元一件卖出,已知甲商品赚了 20%,乙商品亏了 20%,则商店盈亏结果为(　　).

　　A. 不亏不赚　　B. 亏了 50 元　　C. 赚了 50 元　　D. 赚了 40 元　　E. 亏了 40 元

【答案】　E

【解析】　利润 $L=960-\left(\dfrac{480}{1+20\%}+\dfrac{480}{1-20\%}\right)=-40$(元).

练习:商店出售两套礼盒,均以 210 元售出,按进价计算,其中一套盈利 25%,而另一套亏损 25%,结果商店(　　).

　　A. 不赔不赚　　B. 赚了 24 元　　C. 亏了 28 元　　D. 亏了 24 元　　E. 无法判断

考点 26:分期付款问题

类型一:等额本金还款法,即借款人每月按相等的金额 $\left(\dfrac{贷款金额}{贷款月数}\right)$ 偿还贷款本金,每月贷款利息按月初剩余贷款本金计算并逐月结清.

类型二:等额本息还款法,即把按揭贷款的本金总额与利息总额相加,然后平均分摊到还款期限的每个月中,每个月的还款额是固定的,但每月还款额中的本金比重逐月递增、利息比重逐月递减.

典型例题

1. 某公司以分期付款的形式购买了一套造价 1100 万元的设备,首付 100 万元,之后每月付款 50 万元,并支付上期余款的利息,月利率为 1%,该公司为此设备实际支付了(　　)万元.

　　A. 1300　　　　B. 1215　　　　C. 1200　　　　D. 1195　　　　E. 1205

【答案】　E

【解析】　实付金额=本金+利息=$1100+(1000+950+\cdots+50)\times 1\%$

$$=1100+\frac{20}{2}(50+1000)\times 1\%=1205(万元).$$

2. 小李买了一套房子,向银行借得个人住房贷款本金 15 万元,还款期限 20 年,采用等额本金还款法(即,将待偿还本金平均分配到还款期的每个月份),截至上个还款期,已经归还 5 万本金,本月需归还本金和利息(利息＝剩余待还本金×月利率)共 1300 元,则当前的月利率是(　　).

A. 0.645%　　　B. 0.675%　　　C. 0.705%　　　D. 0.735%　　　E. 0.650%

【答案】 B

【解析】 根据等额本金还款法,每月需要偿还本金 $\frac{15}{12\times 20}=\frac{1}{16}$(万元). 设当前月利率为 x,则有 $\frac{1}{16}+(15-5)x=0.1300$,解得 $x=0.00675=0.675\%$.

3. 某人贷款买一套房子 22 万元,首付 2 万元,贷款年利率是 3%,分 15 年还完,贷款利息按照复利计算,每年还款额度相同,则他每年还款约(　　)元.

A. 13000　　　B. 12150　　　C. 16574　　　D. 11905　　　E. 12050

【答案】 C

【解析】 根据等额本息还款计算,设每年还款 x 元,则
$$200000(1+3\%)^{15}=x(1+3\%)^{14}+x(1+3\%)^{13}+x(1+3\%)^{12}+\cdots+x(1+3\%)+x,$$
解出 $x\approx 16574$(元).

考点 27：统一比例法

解法：用最小公倍数统一不变量,比较变化的部分,根据题目中条件求出每一份的量.

典型例题

1. 甲、乙两个仓库储存的粮食质量之比是 4∶3,现从甲仓库中调出 10 万吨粮食,则甲、乙两仓库存粮吨数之比是 7∶6,甲仓库原有粮食的万吨数为(　　).

A. 70　　　B. 78　　　C. 80　　　D. 85　　　E. 以上均不正确

【答案】 C

【解析】 调粮前：甲∶乙＝4∶3＝8∶6,

　　　　　调粮后：甲∶乙＝7∶6.

由此可知甲仓库少了 1 份粮食,已知甲仓库调出 10 万吨,所以 1 份为 10 万吨,甲仓库原有粮食是 8 份,即 80 万吨.

2. 某产品有一等品、二等品和不合格品三种,若在一批产品中一等品件数和二等品件数的比是 5∶3,二等品件数和不合格品件数的比是 4∶1,则该批产品的不合格率约为(　　).

A. 7.2%　　　B. 8%　　　C. 8.6%　　　D. 9.2%　　　E. 10%

【答案】 C

【解析】 一等品件数和二等品件数的比是 5∶3,二等品件数和不合格品件数的比是 4∶1,所以一等品∶二等品∶不合格品＝20∶12∶3,所以这批产品的不合格率是 $\frac{3}{20+12+3}\times 100\%\approx 8.6\%$.

3. 某家庭在一年的支出中,子女教育支出与生活资料支出的比为 3∶8,文化娱乐支出与子女教育支出的比为 1∶2.已知文化娱乐支出占家庭总支出的 10.5%,则生活资料支出占家庭总支出的( ).

A. 40%　　　　B. 42%　　　　C. 48%　　　　D. 56%　　　　E. 64%

【答案】 D

【解析】 从题目中已知

子女教育支出∶生活资料支出＝3∶8,文化娱乐支出∶子女教育支出＝1∶2,

$$\frac{文化娱乐支出}{家庭总支出}=10.5\%,$$

设 $\frac{生活资料支出}{家庭总支出}=x$,则有

文化娱乐支出∶生活资料支出＝10.5%∶x,

而　　　　　文化娱乐支出∶子女教育支出∶生活资料支出＝3∶6∶16,

从而可得 x＝56%.

4. 某单位原有男、女职工若干人,第一次机构调整,女职工人数减少 15,这时男、女职工人数比例为 2∶1.第二次调整,又调走 45 名男职工,这时男、女职工人数比例为 1∶5,则该单位原有男职工人数为( ).

A. 70　　　　B. 65　　　　C. 60　　　　D. 55　　　　E. 50

【答案】 E

【解析】 由于第二次调整女职工人数没变,因此可将第一次调整后的男、女职工人数比例 2∶1 变为 10∶5,由此知调走 45 名男职工相当于减少 9 份,1 份相当于 5 名,故该单位原有男职工人数有 10 份,即 50.

5. 一种溶液蒸发掉一定量的水后,溶液的浓度为 10%,再蒸发掉同样多的水,溶液的浓度变成 12%,第三次蒸发掉同样多的水,此时溶液的浓度是( ).

A. 7%　　　　B. 11%　　　　C. 12%　　　　D. 17%　　　　E. 15%

【答案】 E

【解析】 由于浓度为 10%,即溶质∶溶剂＝1∶9＝12∶108,浓度为 12%,即溶质∶溶剂＝12∶88,在蒸发的过程中溶质是不变的,因此水每次减少 20 份,当再蒸发掉同样多的水时,溶质∶溶剂＝12∶68,此时浓度是 15%.

考点 28:数字遗传法

方法:利用数字的整除特征与质数的不可约性解题.

典型例题

1. 甲、乙两车分别从 A,B 两地出发,相向而行.出发时,甲、乙的速度之比是 5∶4,相遇后,甲的速度减少 20%,乙的速度增长 20%,这样当甲到达 B 地时,乙离 A 地还有 10 千米,那么 A,B 两地之间的距离是( )千米.

A. 350　　　　B. 400　　　　C. 450　　　　D. 500　　　　E. 550

【答案】 C

【解析】 由于相遇时速度比等于路程比,所以全程一定是 9 的倍数,选 C.

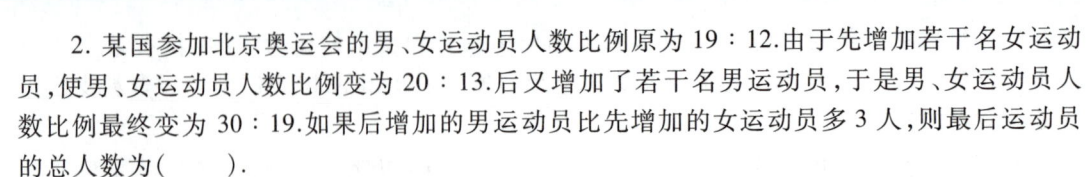

2. 某国参加北京奥运会的男、女运动员人数比例原为19∶12.由于先增加若干名女运动员,使男、女运动员人数比例变为20∶13.后又增加了若干名男运动员,于是男、女运动员人数比例最终变为 30∶19.如果后增加的男运动员比先增加的女运动员多 3 人,则最后运动员的总人数为(　　).

  A. 686　　　　　B. 637　　　　　C. 700　　　　　D. 661　　　　　E. 600

【答案】　B

【解析】　此题应用数字遗传法直接找49和13的倍数即可求解.

由于男、女运动员人数发生了变化,所以也可采取统一比例法求解.

注意到男、女运动员人数比例是从
$$19 : 12 = 380 : 240$$
变为
$$20 : 13 = 380 : 247$$
变为
$$30 : 19 = 390 : 247,$$

于是若设男运动员原有 $380x$ 人,则女运动员原有 $240x$ 人,后来男、女运动员人数分别变为 $390x$ 和 $247x$,依题意 $(390x - 380x) - (247x - 240x) = 3$,得 $x = 1$,故最后运动员的总人数为 $390 + 247 = 637$.

3. 甲、乙、丙三种货车的载重量成等差数列,2 辆甲种车和 1 辆乙种车满载量为 95 吨,1 辆甲种车和 3 辆丙种车满载量为 150 吨,则甲、乙、丙各 1 辆载满货物为(　　).

  A. 125 吨　　　B. 120 吨　　　C. 115 吨　　　D. 110 吨　　　E. 105 吨

【答案】　E

【解析】　设甲、乙、丙三种货车的载重量分别为 x, y, z(吨),根据题意,可知

$$\begin{cases} 2y = x + z, \\ 2x + y = 95, \\ x + 3z = 150 \end{cases} \Rightarrow \begin{cases} x = 30, \\ y = 35, \\ z = 40 \end{cases} \Rightarrow x + y + z = 105 \text{(吨)}.$$

注意:本题中 $x + y + z = 3y$,直接找 3 的倍数即可!然后根据 $2x + y = 95$ 可知 y 为奇数,所以选 E.

考点29:调配问题

特点:题目中出现几种事物数量的对调,一般采取列方程的方法求解.

典型例题

1. 某公司共有甲、乙两个部门,如果从甲部门调 10 人到乙部门,那么乙部门人数是甲部门的 2 倍,如果把乙部门员工的 $\dfrac{1}{5}$ 调到甲部门,那么两个部门的人数相等,则该公司的总人数为(　　).

  A. 150　　　　　B. 180　　　　　C. 200　　　　　D. 240　　　　　E. 250

【答案】　D

【解析】　设原来甲部门的人数为 x,乙部门的人数为 y,则 $\begin{cases} 2(x - 10) = y + 10, \\ x + \dfrac{y}{5} = \dfrac{4}{5}y, \end{cases}$ 求得 $x = 90$, $y = 150$,公司的总人数为 240.

2. 甲、乙、丙三个容器中装有盐水.现将甲容器中盐水的 $\dfrac{1}{3}$ 倒入乙容器,摇匀后将乙容器

中盐水的$\frac{1}{4}$倒入丙容器,摇匀后再将丙容器中盐水的$\frac{1}{10}$倒回甲容器,此时甲、乙、丙三个容器中盐水的含盐量都是9千克.则甲容器中原来的盐水含盐量是(　　)千克.

A. 13　　　　B. 12.5　　　　C. 12　　　　D. 10　　　　E. 9.5

【答案】　C

【解析】　假设原来甲,乙,丙中盐水的含盐量分别是x,y,z(千克).根据题意可知

$$\begin{cases} x \cdot \dfrac{2}{3} + \left[z + \left(y + x \cdot \dfrac{1}{3}\right) \cdot \dfrac{1}{4}\right] \cdot \dfrac{1}{10} = 9, \\ \left(y + x \cdot \dfrac{1}{3}\right) \cdot \dfrac{3}{4} = 9, \\ \left[z + \left(y + x \cdot \dfrac{1}{3}\right) \cdot \dfrac{1}{4}\right] \cdot \dfrac{9}{10} = 9, \end{cases}$$

从第三个式子中可得$z + \left(y + x \cdot \dfrac{1}{3}\right) \cdot \dfrac{1}{4} = 10$,代入第一个式子中,立即得到$x = 12$.

注意:本题用了整体代入解方程的方法.

3. 甲、乙、丙三人共有人民币168元,第一次甲拿出与乙相同的钱数给乙;第二次乙拿出与丙相同的钱数给丙;第三次丙拿出这时与甲相同的钱数给甲.这时甲、乙、丙三人的钱数恰好相等.原来甲比乙多(　　)元.

A. 26　　　　B. 27　　　　C. 25　　　　D. 28　　　　E. 23

【答案】　D

【解析】　设甲,乙,丙原有的钱数是x,y,z,则经过资金调配后甲变为$2(x-y)$,乙变为$2y-z$,丙变为$2z-(x-y)$,此时三人的资金数量相等,所以$2(x-y) = 2y-z = 2z-(x-y) = 56$,可得$x-y = 28$.

注意:本题中不管资金怎么调配,总量守恒,最后每个人都是56元.

考点30:效率特值法

类型一:设总量为时间的最小公倍数,定出效率.

类型二:寻找工作效率之比,设效率为特值,定出总量.

典型例题

1. 某单位要铺设草坪,若甲、乙两公司合作需要6天完成,工时费共计2.4万元;若甲公司单独做4天后,由乙公司接着做9天完成,工时费共计2.35万元.若由甲公司单独完成该项目,则工时费共计(　　)万元.

A. 2.25　　　　B. 2.35　　　　C. 2.4　　　　D. 2.45　　　　E. 2.5

【答案】　E

【解析】　先计算甲公司每天挣的工时费,设甲公司每天挣a万元,乙公司每天挣b万元,则

$$\begin{cases} 6(a+b) = 2.4, \\ 4a + 9b = 2.35, \end{cases}$$

得$a = 0.25$(万元).再用效率特值法计算甲公司单独完成的时间,设项目总量为S,甲公司的

效率为 $V_甲$，乙公司的效率为 $V_乙$，则
$$S = 6(V_甲 + V_乙) = 4V_甲 + 9V_乙,$$
有 $2V_甲 = 3V_乙$，不妨取 $V_甲 = 3$，则 $V_乙 = 2, S = 30$，则甲公司单独需 10 天完成项目，所以选 E.

2. 甲、乙、丙三人完成某件工作，若甲单独做，完成工作所用时间是乙、丙两人合作所需时间的 5 倍；若乙单独做，完成工作所用时间与甲、丙两人合作所需时间相等. 若丙单独做，完成工作所用时间是甲、乙两人合作所需时间的(　　).

A. $\dfrac{5}{3}$ 倍　　　　B. $\dfrac{7}{5}$ 倍　　　　C. 2 倍　　　　D. $\dfrac{11}{5}$ 倍　　　　E. 3 倍

【答案】 C

【解析】 设 S 是工程总量，三人的效率依次为 x, y, z，所求为 k，则可以列出方程

$$\begin{cases} \dfrac{S}{x} = 5 \cdot \dfrac{S}{y+z}, \\ \dfrac{S}{y} = \dfrac{S}{x+z}, \\ \dfrac{S}{z} = k \cdot \dfrac{S}{x+y}, \end{cases} \text{有} \begin{cases} 5x - y - z = 0, \\ x - y + z = 0, \\ x + y - kz = 0, \end{cases}$$

由 $5x - y - z - 3(x - y + z) = 0 \Rightarrow x + y = 2z$，代入第三个式子中，得 $k = 2$.

3. 一件工程要在规定时间内完成，若甲单独做要比规定时间推迟 4 天完成，若乙单独做要比规定时间提前 2 天完成，若甲、乙合作了 3 天之后，剩下的由甲单独做，恰好在规定的时间内完成，则规定时间为(　　)天.

A. 19　　　　B. 20　　　　C. 21　　　　D. 22　　　　E. 24

【答案】 B

【解析】 设 t 为规定时间，S 为工程总量，$V_甲, V_乙$ 分别为甲和乙的效率，则
$$S = (t+4)V_甲 = (t-2)V_乙 = 3(V_甲 + V_乙) + (t-3)V_甲,$$
由 $(t+4)V_甲 = 3(V_甲 + V_乙) + (t-3)V_甲 = tV_甲 + 3V_乙$ 可得 $4V_甲 = 3V_乙$，不妨取 $V_乙 = 4$，则 $V_甲 = 3$，代入 $(t+4)V_甲 = (t-2)V_乙$ 可得 $t = 20$.

4. 某市有甲、乙、丙三个工程队，工作效率比为 $3:4:5$，甲队单独完成 A 工程需要 25 天，丙队单独完成 B 工程需要 9 天. 现由甲队负责 B 工程，乙队负责 A 工程，而丙队先帮甲队工作若干天后转去帮乙队工作. 如希望两个工程同时开工同时竣工，则丙队要帮乙队工作(　　)天.

A. 6　　　　B. 7　　　　C. 8　　　　D. 9　　　　E. 10

【答案】 B

【解析】 设甲、乙、丙的工效分别是 3, 4, 5，则 A 工程量是 75，B 工程量是 45，由于这两项工程同时开工同时竣工，并且这两项工程是三个人合作完成的，因此合作时间是 $t = 120 \div (3+4+5) = 10$(天)，则乙 10 天做了 40，由于乙干 A 工程，总量为 75，剩下的 35 的工程量是丙帮乙做的，丙一天完成 5，所以用了 7 天.

考点 31：交替工作问题

本问题又称为轮换工作，采取效率特值法求解.

典型例题

1. 某项工程项目由 A 单独完成需要 15 天,由 B 单独完成需要 18 天,由 C 单独完成需要 12 天.现因某种原因改为:首先由 A 做 1 天,然后由 B 做 1 天,之后由 C 做 1 天,再由 A 做 1 天……如此循环往复,则完成该工程项目共需(　　)天.

A. $14\dfrac{1}{3}$　　　B. $14\dfrac{2}{3}$　　　C. $13\dfrac{1}{3}$　　　D. $13\dfrac{2}{3}$　　　E. $12\dfrac{2}{3}$

【答案】 B

【解析】 设工程总量为 180,则 A,B,C 的工作效率分别为 12,10,15,合做 1 轮可完成工程量 $12+10+15=37$,故合做 4 轮完成的工程量为 148,剩余工程量为 32.

故 A 再做 1 天,B 再做 1 天,C 再做 $\dfrac{32-12-10}{15}=\dfrac{2}{3}$(天)可完成全部工程.

所以共需 $3\times 4+1+1+\dfrac{2}{3}=14\dfrac{2}{3}$(天)完成.

2. 完成某项任务,甲单独做需 4 天,乙单独做需 6 天,丙单独做需 8 天.现甲、乙、丙三人依次一日一轮换地工作,则完成该项任务共需的天数为(　　).

A. 4　　　B. 6　　　C. $5\dfrac{1}{3}$　　　D. 3　　　E. 7

【答案】 C

【解析】 设任务总量是 24,则甲的效率是 6,乙的效率是 4,丙的效率为 3.

甲,乙,丙一轮能完成 13,第二轮甲完成 6,乙完成 4,丙完成 1 即可,所以完成该任务共用 $5\dfrac{1}{3}$ 天.

3. 某工程由一、二、三小队合干,需要 8 天完成;由二、三、四小队合干,需要 10 天完成;由一、四小队合干,需 15 天完成.如果按一、二、三、四、一、二、三、四……的顺序,每个小队干一天地轮流干,那么工程最后由(　　)完成.

A. 一小队　　　B. 二小队　　　C. 三小队　　　D. 四小队　　　E. 有多种可能

【答案】 C

【解析】 设一、二、三、四小队的效率分别是 x,y,z,w,则由题意可以列出以下方程:

$$\begin{cases} x+y+z=\dfrac{1}{8}, \\ y+z+w=\dfrac{1}{10}, \\ x+w=\dfrac{1}{15} \end{cases} \Rightarrow x+y+z+w=\dfrac{7}{48},$$

注意到 $\dfrac{7}{48}\times 6+\dfrac{1}{8}=1$,即 4 个队循环做 6 遍,然后让一、二、三队做一遍就刚好做完整个工程,工程最后由三队完成.

考点 32:牛吃草问题

牛吃草问题常用到四个基本公式,分别是:

(1) 草的生长速度 =(对应的牛头数×吃的较多天数-相应的牛头数×吃的较少天数)÷

（吃的较多天数-吃的较少天数）.

（2）原有草量=牛头数×吃的天数-草的生长速度×吃的天数.

（3）吃的天数=原有草量÷（牛头数-草的生长速度）.

（4）牛头数=原有草量÷吃的天数+草的生长速度.

这四个公式是解决牛吃草问题的基础.一般设每头牛每天吃草量不变,设为"1",解题关键是弄清楚已知条件,进行对比分析,从而求出每日新长草的数量,再求出草地里原有草的数量,进而解答题目所求的问题.

（5）牛吃草问题本质上体现了追及与相遇的思想.

典型例题

1. 牧场上一片青草,每天牧草都匀速生长.这片牧草可供 10 头牛吃 20 天,或者可供 15 头牛吃 10 天.则可供 25 头牛吃（　　）天.

A. 5　　　　B. 6　　　　C. 7　　　　D. 6.5　　　　E. 4.5

【答案】　A

【解析】　设草场上原来牧草量是 S,所以
$$S = 10V_1 \cdot 20 - 20V_2 = 15V_1 \cdot 10 - 10V_2 = 25V_1 \cdot n - nV_2,$$
其中 V_1,V_2 分别代表牛吃草的效率和草的生长速度,n 为所求天数,可得 $5V_1 = V_2$,不妨设 $V_1 = 1$,则 $V_2 = 5, S = 100$,所以 $n = 5$.

2. 一只船发现漏水时,已经进了一些水（匀速流进）,如果安排 10 人往外舀水,那么需 3 小时舀完;如果安排 5 人往外舀水,那么需 8 小时舀完.如果要求 2 小时舀完,则需要安排（　　）人.

A. 12　　　　B. 15　　　　C. 14　　　　D. 11　　　　E. 16

【答案】　C

【解析】　设船上原来的水量是 S,所以 $S = 10V_1 \cdot 3 - 3V_2 = 5V_1 \cdot 8 - 8V_2 = nV_1 \cdot 2 - 2V_2$,其中 V_1,V_2 分别代表一个人舀水的速度和水流进的速度,n 为所求人数,可得 $2V_1 = V_2$,不妨设 $V_1 = 1$,则 $V_2 = 2, S = 24$,所以 $n = 14$.

考点 33：$V_1 \times V_2 = \dfrac{S\Delta V}{\Delta T}$

特点:两种不同的效率完成同一件事情 S（总量）.$\Delta V = |V_1 - V_2|$ 代表效率差,$\Delta T = |t_1 - t_2|$ 代表以 V_1,V_2 完成 S 所用的时间差.

典型例题

1. 甲、乙两个工厂生产同一批零件共 960 个,甲单独生产比乙单独生产这批零件多用 20 天时间,乙每天比甲每天多生产 8 个零件,则甲每天能生产（　　）个零件.

A. 17　　　　B. 16　　　　C. 15　　　　D. 14　　　　E. 13

【答案】　B

【解析】　利用公式 $V_1 \times V_2 = \dfrac{S\Delta V}{\Delta T}$,两个工厂完成同一工程 S,时间差 ΔT,效率差 ΔV,V_1 是甲的效率,则

$$V_1 \cdot (V_1+8) = \frac{960 \times 8}{20},$$

所以 $V_1 = 16$.

2. 某施工队承担了开凿一条长为2400米的隧道的工程,在掘进了400米后,由于改进了施工工艺,每天比原计划多掘进2米,最后提前50天完成了施工任务,则原计划工期为( )天.

A. 140   B. 160   C. 300   D. 130   E. 200

【答案】 C

【解析】 设原计划效率为 V,则 $V(V+2) = \frac{2000 \times 2}{50} = 80$,则 $V=8$,所以原计划工期为300天.

3. 一辆大巴车从甲城以速度 v 行驶可按照预定时间到达乙城,但在距乙城还有150千米处因故障停留了半小时,因此需要平均每小时增加10千米才能按照预定时间到达乙城,则大巴车原来速度 v 为( )千米/时.

A. 40   B. 50   C. 30   D. 130   E. 20

【答案】 B

【解析】 此题相当于两种速度走完同一段150千米的路,速度差是10千米/时,时间差是0.5小时,则

$$v(v+10) = \frac{150 \times 10}{0.5},$$

从而 $v=50$ 千米/时,所以选B.

练习:一辆车从甲地开往乙地.如果把车速提高20%,可以比原定时间提前1小时到达.如果以原速行驶120千米后,再将速度提高25%,则可提前40分钟到达,那么甲、乙两地相距( )千米.

A. 260   B. 270   C. 146.5   D. 152.5   E. 137.5

考点34：最优分配问题

特点:两个人(张三,李四)分别完成两项不同的任务 A,B,张三擅长 A,李四擅长 B.

解法:能者多劳,每个人一开始就干自己擅长的工作,当一个人完成自己的工作后,协助另外一个人完成对应的工作.

典型例题

甲、乙两项工作,张单独完成甲工作要10天,单独完成乙工作要15天;李单独完成甲工作要8天,单独完成乙工作要20天.如果每项工作都可以由两人合作,那么这两项工作都完成最少需要( )天.

A. 12   B. 13   C. 14   D. 15   E. 16

【答案】 A

【解析】 依据题意可知 $S_甲 = 10 V_张 = 8 V_李$,其中 $S_甲$ 为甲的工作量,$V_张, V_李$ 分别为张和李做甲工作的效率,不妨设 $S_甲 = 40$,则 $V_张 = 4, V_李 = 5$.

同理可知 $S_乙 = 15 V'_张 = 20 V'_李$,其中 $S_乙$ 为乙的工作量,$V'_张, V'_李$ 分别为张和李做乙工作的

效率,不妨设 $S_乙=60$,则 $V'_张=4, V'_李=3$.

很显然李擅长甲工作,张擅长乙工作.开始安排李做甲工作,与此同时张做乙工作,8 天后,甲工作完成了,乙还剩 28 没有完工,因此让张和李合作剩下的 28,需要 $28÷(3+4)=4$（天）,所以完工最少需要 12 天.

考点 35：抽屉原理

抽屉原理一:如果把 $n+1$ 个物体放在 n 个抽屉里,那么必有一个抽屉中至少放有 2 个物体;抽屉原理二:如果把 n 个物体放在 m 个抽屉里,其中 $n>m$,那么必有一个抽屉至少有:

① $k=[n/m]+1$ 个物体:当 n 不能被 m 整除时.

② $k=\dfrac{n}{m}$ 个物体:当 n 能被 m 整除时.

解题思路分三步走:

第一步:构造抽屉,指出元素;

第二步:把元素放入(或取出)抽屉;

第三步:套公式或者原理,得出结论.

考法一:求抽屉所放元素的个数的"至少数"(2023 年考到)

抽屉原理的核心公式:(需要记住)

(1) 物体数÷抽屉数=商,则至少数=商.

(2) 物品数÷抽屉数=商……余数,则至少数=商+1.

典型例题

1. 五年级有 50 名学生,他们都选择订阅甲、乙、丙三种杂志中的一种、两种或三种,则至少(　　)名学生订阅的杂志完全相同.

A. 7　　　B. 6　　　C. 8　　　D. 9　　　E. 5

【答案】 C

【解析】 由于学生都选择订阅甲、乙、丙三种杂志中的一种、两种或三种,则抽屉的个数为 $3+3+1=7$(即订阅一种、两种和三种的抽屉个数相加),根据抽屉原理 $50÷7=7……1$.因此,至少有 8 名学生订阅的杂志完全相同.

2. 有体育、美术、音乐、舞蹈 4 个兴趣班,每名同学至少参加 2 个,则至少有 12 名同学参加的兴趣班完全相同.

(1) 参加兴趣班的同学共有 125 人

(2) 参加 2 个兴趣班的同学有 70 人

【答案】 D

【解析】 本题考查的是抽屉原理,对于条件(1)来说抽屉的个数为 $C_4^2+C_4^3+C_4^4=11$,$\dfrac{125}{11}=11……4$,所以要想每个抽屉元素尽可能最少就要平均分配,每个抽屉中分配 11 个元素,另外 4 个给其中的 4 个不同的抽屉,这样可以算出至少有 12 名同学参加的兴趣班完全相同.

对于条件(2)来说,参加 2 个兴趣班的同学有 70 人,抽屉的个数是 $C_4^2=6, \dfrac{70}{6}=11……4$,所以要想每个抽屉元素尽可能最少就要平均分配,每个抽屉中分配 11 个元素,另外 4 个给

其中的4个不同的抽屉,则至少有12名同学参加的兴趣班完全相同.

考法二:求抽屉个数的"至少数"或"至多数"

原理:

(1)元素总个数有限的情况下,要使得抽屉的个数尽可能多,每个抽屉放的元素要尽可能少.

(2)元素总个数有限的情况下,要使得抽屉的个数尽可能少,每个抽屉放的元素要尽可能多.

典型例题

1. 电视台要播放一部30集的电视连续剧.如果要求每天安排播出的集数互不相等,该电视剧最多可播放( )天.

A. 5　　　　B. 6　　　　C. 7　　　　D. 8　　　　E. 9

【答案】 C

【解析】 如果要求每天安排播出的集数互不相等,按照1,2,3,4,5,6,7集的顺序排下来,共播了:1+2+3+4+5+6+7=28(集),为了集数互不相同,剩余的两集不能单独播一天了,只能分别排在第六天和第七天或最后一天,即每天按照1,2,3,4,5,7,8 或 1,2,3,4,5,6,9集来播.所以就是7天,因此该电视剧最多可以播7天.

2. 有一群小孩,他们中任意5个孩子年龄之和比50少,所有孩子的年龄之和是202,则这群孩子至少有( )个.

A. 18　　　　B. 19　　　　C. 21　　　　D. 22　　　　E. 23

【答案】 D

【解析】 按条件任意5个孩子的年龄和比50少,所以最多有4个孩子是10岁,其他孩子的年龄和为202-4×10岁=162,极端地认为其余孩子都是9岁,162÷9正好等于18,所以孩子的个数最少为4+18=22.

3. 甲班共有30名同学,在一次满分为100分的考试中,全班的平均成绩为90,则成绩低于60分的同学至多有( )人.

A. 8　　　　B. 7　　　　C. 6　　　　D. 5　　　　E. 4

【答案】 B

【解析】 30名学生总共失分30×(100-90)=300(分),每个成绩低于60分的学生失分不低于40,300÷40=7……20,因此不及格的学生最多有7个,选B.

考点36:调和平均值的应用

$\bar{x} = \dfrac{n}{\dfrac{1}{x_1}+\dfrac{1}{x_2}+\cdots+\dfrac{1}{x_n}}$ 表示 $x_1, x_2, \cdots, x_n$ 的调和平均值.

典型例题

1. 甲、乙两人曾三次一同去买食盐,买法不同,由于市场波动,三次食盐价格不同,三次购买,甲购买的食盐平均价格要比乙低.

(1)甲每次购买一元钱的食盐,乙每次买1千克食盐

(2) 甲每次购买数量不等,乙每次购买数量一定

【答案】 A

【解析】 设三次食盐价格分别为 a,b,c 元/千克.

由条件(1),甲的食盐平均价格:$\dfrac{3}{\dfrac{1}{a}+\dfrac{1}{b}+\dfrac{1}{c}}$,乙的食盐平均价格:$\dfrac{a+b+c}{3}$,而 $\dfrac{3}{\dfrac{1}{a}+\dfrac{1}{b}+\dfrac{1}{c}}=$

$\dfrac{3abc}{ab+bc+ac}\leqslant \dfrac{3abc}{3\sqrt[3]{a^2b^2c^2}}=\sqrt[3]{abc}\leqslant\dfrac{a+b+c}{3}$,所以甲的食盐平均价格≤乙的食盐平均价格.故条件(1)充分.

注意:$\dfrac{3}{\dfrac{1}{a}+\dfrac{1}{b}+\dfrac{1}{c}}$ 表示 a,b,c 的调和平均值,有 $\dfrac{3}{\dfrac{1}{a}+\dfrac{1}{b}+\dfrac{1}{c}}\leqslant\sqrt[3]{abc}\leqslant\dfrac{a+b+c}{3}$.

由条件(2),设甲每次购买 m 千克,n 千克,k 千克食盐,则甲的食盐平均价格为 $\dfrac{ma+nb+kc}{m+n+k}$.

设乙每次购买 t 千克食盐,乙的食盐平均价格为 $\dfrac{t(a+b+c)}{3t}=\dfrac{a+b+c}{3}$.

固定参量比较是解决多参量比较问题的有效方法.取 $m=1, n=2, k=3$.

而平均价格差 $\dfrac{a+2b+3c}{6}-\dfrac{a+b+c}{3}=\dfrac{c-a}{6}$ 是不是大于 0 无法确定.故条件(2)不充分.

2. 公共汽车每隔 a 分钟发车一次,王先生在大街上行走,发现从背后每隔 6 分钟开过来一辆公共汽车,而每隔 $4\dfrac{2}{7}$ 分钟迎面开来一辆公共汽车,若公共汽车与王先生行进的速度都是均匀的,则 a 为(　　)分钟.

A. 6　　　B. 5　　　C. 5.5　　　D. 4.8　　　E. 5.4

【答案】 B

【解析】 直接套公式:发车间隔 $a=\dfrac{2}{\dfrac{1}{m}+\dfrac{1}{n}}$,其中每隔 m 分钟迎面开来一辆,每隔 n 分钟背后追上一辆.

3. 小王参加爬山活动,从山脚爬到山顶后,按原路下山,上山时每分钟走 20 米,下山时每分钟走 30 米,则小王上山和下山的平均速度是(　　)米/分钟.

A. 22　　　B. 23　　　C. 24　　　D. 25　　　E. 26

【答案】 C

【解析】 设山脚到山顶的路程是 s 米,则有小王上山时所用的时间是 $\dfrac{s}{20}$ 分钟,下山时所用的时间是 $\dfrac{s}{30}$ 分钟,所以小王上山和下山的平均速度是 $\dfrac{2s}{\dfrac{s}{20}+\dfrac{s}{30}}=24$(米/分钟).

4. 如图 2-7 所示,梯形 $ABCD$ 的上底与下底分别为 5,7,E 为 AC 和 BD 的交点,MN 过点 E 且平行于 AD,则 $MN=($　　$)$.

A. 6　　　　B. 5　　　　C. $\dfrac{35}{6}$　　　　D. 4.8　　　　E. 5.4

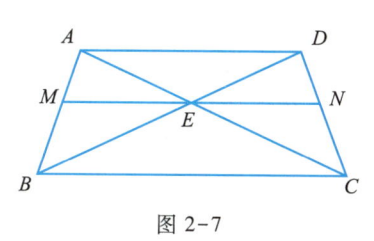

图 2-7

【答案】 C

【解析】 $AD \parallel BC \Rightarrow \triangle ADE \backsim \triangle BCE \Rightarrow \dfrac{AE}{EC} = \dfrac{DE}{EB} = \dfrac{AD}{BC} = \dfrac{5}{7} \Rightarrow \dfrac{AE}{AC} = \dfrac{DE}{DB} = \dfrac{5}{12}$,

又有 $MN \parallel BC \Rightarrow \begin{cases} \triangle AME \backsim \triangle ABC, \\ \triangle DEN \backsim \triangle DBC \end{cases} \Rightarrow \begin{cases} \dfrac{ME}{BC} = \dfrac{AE}{AC} = \dfrac{5}{12}, \\ \dfrac{EN}{BC} = \dfrac{DE}{DB} = \dfrac{5}{12} \end{cases} \Rightarrow ME = EN = \dfrac{5}{12}BC$,

所以 $MN = ME + EN = 2 \times \dfrac{5}{12}BC = \dfrac{35}{6}$.

注意:本题可以推广到任意的一个梯形,如果其上底和下底分别为 a, b,那么过其对角线交点且与两底平行的线段(本题中的 MN)长为 $\dfrac{2ab}{a+b}$.

考点 37：还原问题

特点:解决此类问题的关键是用倒推法,从后往前一步步推算,即可得出结果.

典型例题

24 千克水被分装在三个瓶子中,第一次把 A 瓶的水倒一部分给 B、C 两瓶,使 B、C 两瓶的水比原来增加 1 倍;第二次把 B 瓶的水倒一部分给 A、C 两瓶,也使 A、C 两瓶的水比瓶中已有的水增加 1 倍;第三次把 C 瓶的水倒一部分给 A、B 两瓶,使 A、B 两瓶的水比瓶中已有的水增加 1 倍.这样倒了三次后,三瓶水同样多.则 A 瓶中原来装水(　　)千克.

A. 6　　　　B. 5　　　　C. 4　　　　D. 13　　　　E. 5.4

【答案】 D

【解析】 列表分析：

	A 瓶水重(千克)	B 瓶水重(千克)	C 瓶水重(千克)
第 3 次倒后	$24 \div 3 = 8$	$24 \div 3 = 8$	$24 \div 3 = 8$
第 2 次倒后	$8 \div 2 = 4$	$8 \div 2 = 4$	$8 + 4 + 4 = 16$
第 1 次倒后	$4 \div 2 = 2$	$4 + 2 + 8 = 14$	$16 \div 2 = 8$
原来	$2 + 7 + 4 = 13$	$14 \div 2 = 7$	$8 \div 2 = 4$

考点38：集合

1. 集合的概念

集合：将能够确切指定的一些对象看成一个整体，这个整体就叫作集合，简称集.

元素：集合中各个对象叫作这个集合的元素.

2. 常用数集及记法

非负整数集（自然数集）：全体非负整数的集合，记作 $\mathbf{N}$.

正整数集：非负整数集内排除0的集合，记作 $\mathbf{N}^*$.

整数集：全体整数的集合，记作 $\mathbf{Z}$.

有理数集：全体有理数的集合，记作 $\mathbf{Q}$.

实数集：全体实数的集合，记作 $\mathbf{R}$.

注意：（1）自然数集与非负整数集是相同的，也就是说，自然数集包括数0.

（2）非负整数集内排除0的集合，记作 $\mathbf{N}^*$. $\mathbf{Q}$，$\mathbf{Z}$，$\mathbf{R}$ 等其他数集内排除0的集合，也是这样表示，例如，整数集内排除0的集合，表示成 $\mathbf{Z}^*$.

3. 集合的分类

有限集：含有有限个元素的集合.

无限集：含有无限个元素的集合.

规定：空集是不含任何元素的集合.

4. 元素与集合的关系

属于：如果 a 是集合 A 的元素，就说 a 属于 A，记作 $a \in A$.

不属于：如果 a 不是集合 A 的元素，就说 a 不属于 A，记作 $a \notin A$.

5. 集合中元素的特性

确定性：按照明确的判断标准给定一个元素或者在这个集合里或者不在，不能模棱两可.

互异性：集合中的元素不能重复.

无序性：集合中的元素没有一定的顺序（通常用正常的顺序写出）.

注意：（1）集合通常用大写的拉丁字母表示，如 A,B,C,P,Q 等，元素通常用小写的拉丁字母表示，如 a,b,c,p,q 等.

（2）注意"$\in$"的开口方向，不能把 $a \in A$ 颠倒过来写.

6. 集合之间的关系与运算

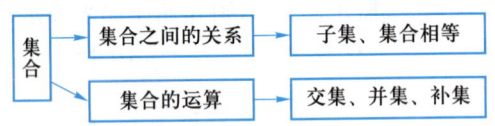

集合 → 集合之间的关系 → 子集、集合相等
集合 → 集合的运算 → 交集、并集、补集

子集：一般地，如果集合 A 中的任意一个元素都是集合 B 的元素，那么集合 A 叫作集合 B 的子集，记作 $A \subseteq B$（或 $B \supseteq A$），读作"A 包含于 B（或 B 包含 A）".

真子集：对于集合 A 是集合 B 的子集，并且 B 中至少有一个元素不属于 A，那么集合 A 叫作集合 B 的真子集，记作 $A \subsetneq B$（或 $B \supsetneq A$），读作"A 真包含于 B"（或"B 真包含 A"）.

文氏图：我们常用平面内一条封闭曲线的内部表示集合，用这种图形可以形象地表示出集合之间的关系，这种图形通常叫作文氏图，也叫 Venn 图.

集合 A 与集合 B 相等：对于两个集合 A 与 B，如果集合 A 中的每一个元素都是集合 B 中的元素，同时集合 B 中的每一个元素也都是集合 A 中的元素，就说集合 A 与集合 B 相等，记

作 $A = B$.

子集的有关性质：
(1) 任何一个集合是它本身的子集，即 $A \subseteq A$.
(2) 对于集合 A, B, C，如果 $A \subseteq B$，且 $B \subseteq C$，那么 $A \subseteq C$.
(3) 空集是任何一个集合的子集，即 $\varnothing \subseteq A$.
(4) 含有 n 个元素的集合的子集个数为 2^n.

交集：对于两个给定的集合 A, B，由既属于 A 又属于 B 的所有元素构成的集合，叫作 A, B 的交集，记作 $A \cap B$.

$A \cap B = B \cap A, A \cap A = A, A \cap \varnothing = \varnothing \cap A = \varnothing$.

如果 $A \subseteq B$，则 $A \cap B = A$.

并集：对于两个给定的集合 A, B，由两个集合的所有元素构成的集合，叫作 A 与 B 的并集，记作 $A \cup B$.

补集：在研究集合与集合的关系时，如果所要研究的集合都是某一给定集合的子集，那么称这个给定的集合为全集，用 U 表示. 如果给定集合 A 是 U 的一个子集，由 U 中不属于 A 的所有的元素构成的集合，叫作 A 在 U 中的补集，记作 $\complement_U A$.

典型例题

1. 集合 $A = \{1, 2, 3, 4, 5, 6, 7, 8, 9\}$，集合 $B = \{2, 4, 6, 8, 10\}$，则集合 $A \cap B$ 的子集个数为 （　　）.

A. 15　　　　B. 16　　　　C. 31　　　　D. 32　　　　E. 62

【答案】 B

【解析】 $A \cap B = \{2, 4, 6, 8\}$，$A \cap B$ 的子集可以分别由 0 个、1 个、2 个、3 个、4 个元素组成，分 5 类情况：(1) 由 0 个元素组成，则为空集；(2) 由 1 个元素组成，有 C_4^1 种方法；(3) 由 2 个元素组成，有 C_4^2 种方法；(4) 由 3 个元素组成，有 C_4^3 种方法；(5) 由 4 个元素组成，为 $\{2, 4, 6, 8\}$，总方法共有 $1 + C_4^1 + C_4^2 + C_4^3 + 1 = 16$（种）.

2. 设集合 $A = \{x \mid |x - a| < 1, x \in \mathbf{R}\}$，$B = \{x \mid |x - b| < 2, x \in \mathbf{R}\}$，则 $A \subseteq B$ 的充分必要条件是（　　）.

A. $|a - b| \leqslant 1$　　B. $|a - b| \geqslant 1$　　C. $|a - b| < 1$　　D. $|a - b| > 1$　　E. $|a - b| = 1$

【答案】 A

【解析】 $\begin{cases} -2 + b \leqslant -1 + a \\ 1 + a \leqslant 2 + b \end{cases} \Leftrightarrow -1 \leqslant a - b \leqslant 1 \Leftrightarrow |a - b| \leqslant 1$.

3. 若集合 $A = \{x \mid x < 5\}$，$B = \{x \mid x > 0\}$，$C = \{x \mid x > 10\}$，则 $A \cap B \cap C = $（　　）.

A. $\{x \mid x > 10\}$　　　　　　B. $\{x \mid 0 < x < 5\}$　　　　　　C. $\{x \mid x \leqslant 10\}$

D. $\{x \mid x < 5\}$　　　　　　E. $\varnothing$

【答案】 E

【解析】 $A \cap B = \{x \mid 0 < x < 5\}$，显然 $A \cap B$ 和 C 的交集为空，故 $A \cap B \cap C = \varnothing$.

考点 39：带余除法在应用题中的应用

典型例题

1. 纯循环小数 $0.\dot{a}\dot{b}\dot{c}$，已知小数点右边前 1000 位上各数字之和为 4664，且 a, b, c 中有两

个数相等,则 abc 是( ).
  A．74   B．72   C．87   D．88   E．89

【答案】 B

【解析】 根据题目的意思 $4664 = 333(a+b+c) + a$,我们可以把 4664 看成被除数,把 333 看成除数,商是 14,余数是 2,因此 $a+b+c = 14, a = 2$,则 $b+c = 12$,又因为 a,b,c 中有两个数相等,则 $b = c = 6$,所以答案是 B.

2. 在某次考试中,甲、乙、丙三个班的平均成绩分别为 80,81 和 81.5,三个班的学生得分之和为 6952,则三个班共有学生(　　)名.
  A．85   B．86   C．87   D．88   E．89

【答案】 B

【解析】 设甲班人数是 x,乙班人数是 y,丙班人数是 z,根据题意
$$6952 = 80x + 81y + 81.5z = 80(x+y+z) + y + 1.5z,$$
把 6952 看成被除数,把 80 看成除数,做带余除法后商是 86,所以答案选 B.

注意:假如把 81 看成除数就会发生矛盾.
$$6952 = 81(x+y+z) + 0.5z - x.$$
由于 $6952 = 81 \times 85 + 67$,故 $x+y+z = 85, 0.5z - x = 67$,则 $z = 2x + 134$,这与 $x+y+z = 85$ 矛盾.

考点 40：龟兔赛跑

常用关系:

(1) $s = vt, v = \dfrac{s}{t}, t = \dfrac{s}{v}$(常与比例的性质结合起来).

(2) 当时间一定时, $v_甲 : v_乙 = s_甲 : s_乙$.

(3) 如图 2-8.

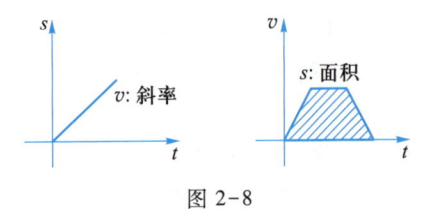

图 2-8

典型例题

1. 划船比赛前讨论了两个比赛方案,则甲方案比赛时间少于乙方案.

(1) 甲方案是在比赛中分别以 2.5 米/秒和 3.5 米/秒的速度各划行赛程的一半;乙方案是在比赛中分别以 2.5 米/秒和 3.5 米/秒的速度各划行比赛时间的一半

(2) 甲方案是在比赛中分别以 2.5 米/秒和 3.5 米/秒的速度各划行比赛时间的一半;乙方案是在比赛中分别以 2.5 米/秒和 3.5 米/秒的速度各划行赛程的一半

【答案】 B

【解析】 对于条件(1),设总路程为 $2s$ 米,则甲方案所用时间为 $t_1 = \dfrac{s}{2.5} + \dfrac{s}{3.5} = \dfrac{24s}{35}$;对于乙方案,设所用时间为 t_2,则 $\dfrac{t_2}{2} \times 2.5 + \dfrac{t_2}{2} \times 3.5 = 2s \Rightarrow t_2 = \dfrac{2s}{3}$,而 $t_1 = \dfrac{24s}{35} > \dfrac{2s}{3} = t_2$,故条件(1)不充分,从而条件(2)充分.

2. 已知小明与小强步行的速度比是 2∶3,小强与小刚步行的速度比是 4∶5.则小刚每 10 分钟比小明多走 420 米.

(1) 小明在 20 分钟里比小强少行走 480 米

(2) 小刚和小明的速度差是 42 米/分钟.

【答案】 D

【解析】 小明、小强、小刚三人的速度比为 8：12：15.从题干入手,题干意思即小刚和小明的速度差为 42 米/分钟,故条件(2)充分.从条件(1)知小明和小强的速度差为 24 米/分钟,则小刚与小明的速度差为 $\frac{24}{12-8}\times(15-8)=42$（米/分钟）,与条件(2)一致,也充分.

3. 一条公路全长 60 千米,分成上坡、平路、下坡三段,各段路程的长度之比是 1：2：3,张叔叔骑车经过各段路所用时间之比是 3：4：5.已知他在平路上骑车速度是每小时 25 千米,他行完全程用了 m 小时.

(1) $m=\frac{13}{5}$

(2) $m=\frac{12}{5}$

【答案】 B

【解析】 上坡路的长度：$60\times\frac{1}{1+2+3}=10$（千米）.平路的长度：$60\times\frac{2}{1+2+3}=20$（千米）.下坡路的长度：$60-10-20=30$（千米）.平路的时间：$20\div25=\frac{4}{5}$（小时）.他行完全程用的时间：$\frac{4}{5}\div\frac{4}{3+4+5}=\frac{12}{5}$（小时）.

4. 甲班和乙班的同学要去 2.4 千米外的展览馆参观,由于只有一辆车,他们决定先让甲班坐车,乙班步行,同时从学校出发,甲班中途下车步行,车辆返回接乙班同学.已知步行速度为 8 千米/时,车辆速度为 40 千米/时,若要两班同时到达展览馆,则甲班下车处应距离学校（　　）.

A. 2 千米　　　B. 1.8 千米　　　C. 1.4 千米　　　D. 1.2 千米　　　E. 1 千米

【答案】 B

【解析】 如图 2-9,实线表示车的行驶路线,虚线表示同学的行走路线,设车从 A 到 C 用时 t_1 小时,车从 C 到 B 用时 t_2 小时,车从 B 到 D 用时 t_3 小时,则 AC 的距离为 $40t_1=8(t_1+t_2)+40t_2\Rightarrow t_2=\frac{2}{3}t_1$,BD 的距离为 $40t_3=8(t_2+t_3)+40t_2\Rightarrow t_2=\frac{2}{3}t_3\Rightarrow t_3=t_1$,AD 的距离为 $40t_1+8(t_2+t_3)=2.4\Rightarrow 40t_1+8\left(\frac{2}{3}t_1+t_1\right)=2.4\Rightarrow t_1=0.045$（小时）,则 AC 的长为 $40t_1=1.8$（千米）.

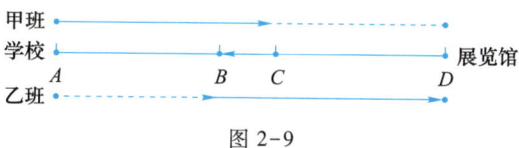

图 2-9

注意：路程问题最重要的就是把图画好,当图中对象比较多,过程比较复杂时,更是考验画图经验,这里,乙班同学从 A 到 B 行走时间等于车子从 A 到 C 再回到 B 点的时间,即 t_1+t_2；甲班同学从 C 到 D 的行走时间等于车子从 C 到 B 再回到 D 点的时间,即 t_2+t_3.

5. A、B 两地相距 208 千米,甲、乙从 A 出发,丙从 B 出发,相向而行,甲速度为 60 千米/

时,乙速度为 80 千米/时,丙速度为 90 千米/时,则(　　)分钟以后,甲、丙的距离和乙、丙的距离相等.

A. 70　　　　B. 75　　　　C. 78　　　　D. 80　　　　E. 86

【答案】　C

【解析】　如图 2-10.

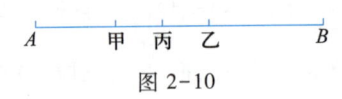

图 2-10

当丙车与甲、乙两车距离相等时,则丙一定在两车之间,甲、丙两车的距离为 $208-(60+90)t$,乙、丙两车的距离为 $(80+90)t-208$,则 $208-(60+90)t=(80+90)t-208$,则 $t=78$(分钟).

考点 41：相遇问题

相遇问题核心公式:一次相遇公式(如图 2-11,C 为相遇点):

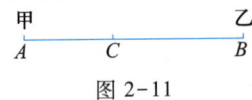

图 2-11

(1) $\dfrac{v_甲}{v_乙}=\dfrac{AC}{BC}$.　(2) $t=\dfrac{AB}{v_甲+v_乙}$.

二次相遇公式(如图 2-12,A_1,A_2 分别为第一次和第二次相遇点):

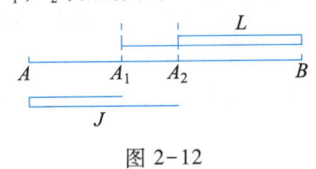

图 2-12

(1) $L+J=2AB$.　(2) $L=2AA_1$,$J=2A_1B$.

典型例题

1. 甲、乙两车车速之比为 5:3.上午 8 时,两车同时同向从 A 地出发,匀速驶向 B 地.甲车到达 B 地后立刻返回,在距离 B 地 100 千米处与乙车相遇,此时是下午 1 点,则乙车速度为(　　)千米/时.

A. 60　　　　B. 65　　　　C. 70　　　　D. 75　　　　E. 80

【答案】　A

【解析】　设 AB 之间的距离为 s 千米,根据结论:在时间一定的情况下,运动物体的行程之比等于速度之比,甲的行程为 $s+100$ 千米,乙的行程为 $s-100$ 千米,则 $\dfrac{s+100}{s-100}=\dfrac{v_甲}{v_乙}=\dfrac{5}{3}$.解得 $s=400$(千米),根据题意,乙的行驶时间为 5 小时,则乙车的速度为 $v_乙=\dfrac{s_乙}{t}=\dfrac{300}{5}=60$(千米/时).

2. 甲、乙二人从相距 100 千米的 A、B 两地同时出发相向而行,甲骑车,乙步行,在行进过程中,甲的车发生故障,修车用了 1 小时,在出发 4 小时后,甲、乙二人相遇,又已知甲的速度为乙的 2 倍,且相遇时甲的车已修好,那么甲的速度是(　　).

  A. 10 千米/时   B. 12 千米/时   C. 15 千米/时

  D. 18 千米/时   E. 20 千米/时

【答案】　E

【解析】　设乙的速度为 x 千米/时,则甲的速度为 $2x$ 千米/时,根据题意可列方程 $4x+(4-1)\cdot 2x=100$,解得 $x=10$,则甲的速度为 20 千米/时.

3. 图 2-13 是圆形操场跑道,甲、乙两人和一条小狗从 A 点同时出发,两人以相反方向沿着跑道奔跑,小狗可在操场上随意奔跑,结果两人与小狗同时在跑道上某点 B 相遇.已知甲、乙两人速度分别为 2 米/秒和 1 米/秒,则小狗速度至少为(　　).

  A. 1.5 米/秒   B. $\dfrac{3\sqrt{3}}{2\pi}$ 米/秒   C. 0.5 米/秒

  D. $\dfrac{\sqrt{3}}{2\pi}$ 米/秒   E. $\dfrac{3\sqrt{3}}{\pi}$ 米/秒

【答案】　B

【解析】　如图 2-14 所示,甲和乙的速度比为 2∶1,则甲跑了 $\dfrac{2}{3}$ 个圆圈,乙跑了 $\dfrac{1}{3}$ 个圆圈,设圆形跑道的半径为 r,则小狗所跑的最短路径为弦 $AB=\sqrt{3}r$,小狗和甲、乙两人所用时间相同,小狗和乙的路程比等于速度之比,即 $\sqrt{3}r:\dfrac{2\pi r}{3}=v_{狗}:1\Rightarrow v_{狗}=\dfrac{3\sqrt{3}}{2\pi}$,则小狗的速度至少为 $\dfrac{3\sqrt{3}}{2\pi}$ 米/秒.

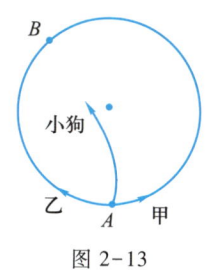

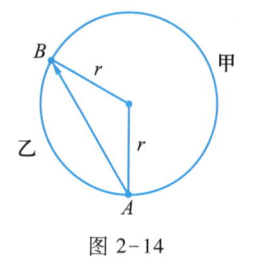

图 2-13

图 2-14

4. 甲、乙两车同时从东、西两城出发,甲车在超过中点 20 千米的地方与乙车相遇,则甲车与乙车所走的路程的比是 7∶6.

  (1) 东、西两城相距 500 千米

  (2) 东、西两城相距 520 千米

【答案】　B

【解析】　东、西两城相距的距离为 k 千米,甲车在超过中点 20 千米的地方,即甲走的路程为 $\dfrac{k}{2}+20$ 千米;又因甲车与乙车所走的路程的比是 7∶6,可知道甲车所走的路程占两城距离的 $\dfrac{7}{13}$,即 $\dfrac{7}{13}k$,由题意得 $\dfrac{k}{2}+20=\dfrac{7}{13}k$,解得 $k=520$.

5. 小明每天早晨按时从家出发上学,李大爷每天早晨也定时出门散步,两人相向而行,小明每分钟行 60 米,李大爷每分钟行 40 米,他们每天都在同一时刻相遇.有一天小明提前出门,因此比平时早 9 分钟与李大爷相遇,则这天小明比平时提前(　　)分钟出门.

A. 18.　　　　B. 9　　　　C. 20　　　　D. 15　　　　E. 12

【答案】　D

【解析】　因为提前9分钟相遇,说明李大爷出门时,小明已经比平时多走了两人9分钟合走的路,即多走了(60+40)×9＝900(米),所以小明比平时早出门900÷60＝15(分钟).

6. 甲、乙两列火车分别从 A 城、B 城相向而行,第一次相遇在离 A 地 500 千米处,相遇后,两列车继续前进,各自到达目的地后,又折回,第二次相遇在离 B 城 300 千米处,则 A 城、B 城相距(　　)千米.

A. 600　　　　B. 800　　　　C. 1000　　　　D. 1200　　　　E. 1500

【答案】　D

【解析】　第一次相遇的时候甲走了 500 千米,在第一次相遇后和第二次相遇之间甲、乙合走了两个全程,从而甲走了 1000 千米,因此可以推测出第一次相遇的地点和第二次相遇的地点相距 400 千米,全程是 1200 千米.

7. 两地相距 1800 米,甲的速度是 100 米/分钟,乙的速度是 80 米/分钟.甲、乙两人分别从两地相向而行,到另一地时再以原速折返,则两人第三次相遇时,甲距其出发点(　　)米.

A. 600　　　　B. 900　　　　C. 1000　　　　D. 1400　　　　E. 1600

【答案】　D

【解析】　相对速度来思考,假设乙不动,甲、乙第三次相遇,相当于走了 5×1800(米),相对速度为 180 米/分钟,所以总时间为 50 分钟,则甲走了 5000 米,所以距离出发点为 1400 米.

考点 42：追及问题

追及问题核心公式:直线型(如图 2-15)

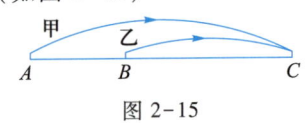

图 2-15

(1) $t=\dfrac{AB}{v_甲-v_乙}$(追及时间).(2) $\dfrac{v_甲}{v_乙}=\dfrac{AC}{BC}$.

圆型(如图 2-16)

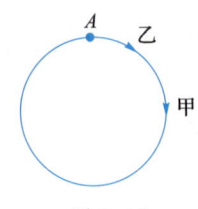

图 2-16

甲、乙同时同地同向出发.

(1) $t=\dfrac{ns}{v_甲-v_乙}$——代表甲追及乙 n 次所用时间,其中 s 代表跑道长度.

(2) $\dfrac{v_甲}{v_乙}=\dfrac{s_甲}{s_乙}$($t$ 一定).

(3) 在出发点追上时 $\dfrac{v_甲}{v_乙}=\dfrac{n_甲}{n_乙}$.

典型例题

1. 一辆客车、一辆货车和一辆小轿车在一条笔直的公路上朝同一方向匀速行驶.在某一时刻,客车在前,小轿车在后,货车在客车与小轿车的正中间.过了10分钟,小轿车追上了货车;又过了5分钟,小轿车追上了客车;再过 t 分钟,货车追上了客车,则 $t=$ (   ).

A. 12　　　　B. 13　　　　C. 10　　　　D. 14　　　　E. 15

【答案】　E

【解析】　设在某一时刻,货车与客车、小轿车的距离均为 s 千米,小轿车、货车、客车的速度分别为 a,b,c(千米/分钟),并设货车经 x 分钟追上客车,由题意得

$$10(a-b)=s, \quad ①$$
$$15(a-c)=2s, \quad ②$$
$$x(b-c)=s. \quad ③$$

由①②,得 $30(b-c)=s$,所以,$x=30$(分钟).

故 $t=30-10-5=15$(分钟).

2. 甲、乙两人同时从椭圆形跑道上同一起点出发沿着顺时针方向跑步,甲比乙快,可以确定乙的速度是甲的速度的 $\dfrac{2}{3}$ 倍.

(1) 当甲第一次从背后追上乙时,乙跑了2圈

(2) 当甲第一次从背后追上乙时,甲立即转身沿着逆时针跑去,当两人再次相遇时,乙又跑了0.4圈

【答案】　D

【解析】　设椭圆形跑道周长为 s.

条件(1)可列方程组 $\begin{cases} v_甲 t=3s, \\ v_乙 t=2s, \end{cases}$ 得 $\dfrac{v_甲}{v_乙}=\dfrac{3}{2}$,得 $v_乙=\dfrac{2}{3}v_甲$.故条件(1)充分.

条件(2)相遇之后到下次相遇,甲和乙的总行程为一圈,甲走了 $0.6s$,乙为 $0.4s$.

因为 $\dfrac{v_甲}{v_乙}=\dfrac{3}{2}$,得 $v_乙=\dfrac{2}{3}v_甲$.故条件(2)充分.

综上所述,答案是D.

3. 甲从 A 地出发往 B 地方向追乙,走了6个小时尚未追到,路旁店主称4小时前乙曾在此地,甲知此时距乙从 A 地出发已有12小时,于是甲以原速2倍的速度继续追乙,到 B 地追上乙,这样甲总共走了(   )小时.

A. 8　　　　B. 8.4　　　　C. 8.8　　　　D. 9　　　　E. 9.3

【答案】　B

【解析】　(1)由于甲从 A 地到店用了6个小时,而乙从 A 地到店用了 $12-4=8$(小时),所以甲、乙两人原来的速度之比是 $8:6=4:3$.(2)设甲加速之后,追上乙需要 x 个小时,甲原来的速度是每小时 $4k$,乙原来的速度是每小时 $3k$,由于甲到店时,已经离乙开,此时甲、乙两人之间的距离是 $3k\times 4=12k$,则有 $12k+3k\cdot x=2\cdot 4k\cdot x$,解得 $x=2.4$(小时),所以甲总共走了 $6+2.4=8.4$(小时).

4. 警察甲驾驶警车匀速行驶,乙匀速反向步行,警车与乙擦肩而过时,甲发现乙可疑,继续行驶1分钟后,甲停车,并立刻下车追赶乙,已知甲的追赶速度是乙步行速度的2倍,是警

车速度的 $\frac{1}{5}$，则自甲下车到追上乙所需时间为(　　)分钟.

A. 7　　　　B. 8　　　　C. 9　　　　D. 10　　　　E. 11

【答案】 E

【解析】 根据题意,警车与乙擦肩而过时,继续行驶1分钟后,警车与乙背道而驰后距离为 $s_0 = v_车 + v_乙$．甲下车后追赶乙,为追及问题,则 $s_0 = (v_甲 - v_乙)t$,由题干得 $\begin{cases} v_甲 = 2v_乙, \\ v_车 = 10v_乙, \end{cases}$ 联合后求得 $t = 11$ (分钟).

5. 甲跑11米所用的时间,乙只能跑9米,在400米标准田径场上,两人同时出发,依同一方向匀速跑离起点 A,当甲第三次追及乙时,乙离起点还有(　　)米.

A. 360　　　B. 240　　　C. 200　　　D. 180　　　E. 100

【答案】 C

【解析】 用特值法,设甲每秒跑11米,乙每秒跑9米,则 $11t - 9t = 3 \times 400 \Rightarrow t = 600$ (秒),乙的路程为 $9t = 5400$ (米),除以400余200(米).

考点43：行船流水问题

行船流水问题核心公式：顺水行船速度＝船速＋水速，逆水行船速度＝船速－水速.

典型例题

1. 甲、乙两码头相距100千米,一艘游轮从甲地顺流而下,到达乙地用了4小时,返回时游轮的静水速度增加了25%,用了5小时,则航道的水流速度为(　　)千米/时.

A. 3.5　　　B. 4　　　C. 4.5　　　D. 5　　　E. 5.5

【答案】 D

【解析】 设游轮的静水速度是 v,水速为 x,根据题目意思建立方程

$$\begin{cases} \dfrac{100}{4} = v + x, \\ \dfrac{100}{5} = 1.25v - x, \end{cases}$$

求得 $x = 5$ (千米/时).

2. 一艘轮船往返于甲、乙两码头之间,若船在静水中的速度不变,则当这条河的水流速度增加50%时,往返一次所需的时间比原来将(　　).

A. 增加　　　　　　B. 减少半小时　　　　　C. 不变

D. 减少1小时　　　E. 无法判断

【答案】 A

【解析】 设静水船速、水速分别为 v_1, v_0,甲、乙码头的距离为 s.可列下表.

	原来	后来
顺水船速	$v_1 + v_0$	$v_1 + 1.5v_0$
逆水船速	$v_1 - v_0$	$v_1 - 1.5v_0$
甲、乙码头距离	s	s
顺水时间	$\dfrac{s}{v_1 + v_0}$	$\dfrac{s}{v_1 + 1.5v_0}$

续表

	原来	后来
逆水时间	$\dfrac{s}{v_1-v_0}$	$\dfrac{s}{v_1-1.5v_0}$
往返总时间	$m=\dfrac{s}{v_1+v_0}+\dfrac{s}{v_1-v_0}=\dfrac{2v_1 s}{v_1^2-v_0^2}$	$n=\dfrac{s}{v_1+1.5v_0}+\dfrac{s}{v_1-1.5v_0}=\dfrac{2v_1 s}{v_1^2-2.25v_0^2}$

$$\dfrac{n-m}{m}=\dfrac{n}{m}-1=\dfrac{\dfrac{2v_1 s}{v_1^2-2.25v_0^2}}{\dfrac{2v_1 s}{v_1^2-v_0^2}}-1=\dfrac{1.25v_0^2}{v_1^2-2.25v_0^2}>0,$$

即往返一次所需时间比原来增加,但增加几小时求不出来,增加的百分比也求不出来.

综上所述,答案是 A.

3. 一艘小轮船上午 8:00 启航逆流而上(设船速和水流速度一定),中途船上一块木板落入水中,直到 8:50 船员才发现这块重要的木板丢失,立即调转船头去追,最终于 9:20 追上木板.由上述数据可以算出木板落水的时间是(　　).

A. 8:35　　　B. 8:30　　　C. 8:25　　　D. 8:20　　　E. 8:15

【答案】　D

【解析】　设水流的速度为 x,船速为 y,木板 t 分钟后落水,根据题意知当木板落水到船员发现木板丢失时,时间为 $50-t$(分钟),走过的距离为 $(50-t)(y-x)$,此时木板反向走了 $(50-t)x$,当船调头直至追上木板,木板走了 $30x$,列方程:

$$30(x+y)=(50-t)(y-x)+x(50-t)+30x,$$

解得 $t=20$(分钟).

因此木板落水的时间是 8:20.

4. 一艘轮船在甲、乙两城市之间,已知水速为 3 千米/时,则甲、乙两城市相距 180 千米.

(1) 轮船顺水需 3 小时行完全程

(2) 轮船逆水需 3 小时 20 分钟行完全程

【答案】　C

【解析】　单独任一条件显然都不成立,则联合两个条件.设静水时船速为 x,则 $3(x+3)=\dfrac{200}{60}(x-3)\Rightarrow x=57$(千米/时),全程即 $s=3\times(57+3)=180$(千米).

5. 甲、乙两艘轮船在静水中的速度分别为 v_1,v_2,水速是 v,已知 $v_1:v_2:v=4:2:1$,河流上游港口记为 A,下游港口记为 B,则 $AC=BC$.

(1) 若甲船从 A 港、乙船从 B 港同时出发相向航行,两船在途中的 C 点相遇

(2) 若乙船从 A 港、甲船从 B 港同时出发相向航行,两船在途中的 C 点相遇

【答案】　B

【解析】　设两船从出发到相遇所用时间为 t,A,B 两个港口之间的路程记为 s.对于条件(1),$t=\dfrac{s}{(v_1+v)+(v_2-v)}=\dfrac{s}{v_1+v_2}$,则 $AC=(v_1+v)t=(v_1+v)\cdot\dfrac{s}{v_1+v_2}=\dfrac{4v+v}{4v+2v}\cdot s=\dfrac{5}{6}s$,$BC=1-\dfrac{5}{6}s=\dfrac{1}{6}s$,则条件(1)不充分.

对于条件(2), $t = \dfrac{s}{(v_1-v)+(v_2+v)} = \dfrac{s}{v_1+v_2}$, 则 $AC = (v_2+v)t = (v_2+v) \cdot \dfrac{s}{v_1+v_2} = \dfrac{2v+v}{4v+2v} \cdot s = \dfrac{1}{2}s$, $BC = 1 - \dfrac{1}{2}s = \dfrac{1}{2}s$, 则条件(2)充分.

考点44：过桥问题

类型一：火车过桥（如图 2-17）

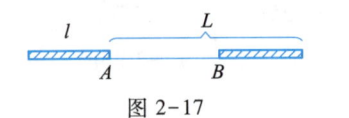

$$t = \dfrac{L+l}{v_{火}}$$

图 2-17

类型二：火车过"树"（如图 2-18）

$$t = \dfrac{l}{v_{火}}$$

图 2-18

类型三：火车过"人"（同向）（如图 2-19）

$$t = \dfrac{l}{v_{火} - v_{人}}$$

图 2-19

类型四：火车过"人"（反向）（如图 2-20）

$$t = \dfrac{l}{v_{火} + v_{人}}$$

图 2-20

类型五：火车错车（反向）（如图 2-21）

$$t = \dfrac{l_1 + l_2}{v_1 + v_2}$$

图 2-21

类型六：火车错车（同向）（如图 2-22）

$$t = \dfrac{l_1 + l_2}{v_1 - v_2}$$

图 2-22

典型例题

1. 小张在铁路旁边的公路上散步,他散步的速度是2米/秒,这时迎面开来一列火车,从车头到车尾经过他身旁共用 18 秒.已知火车全长 342 米,则火车的速度为( )米/秒.

A. 17　　　　B. 9　　　　C. 20　　　　D. 15　　　　E. 12

【答案】　A

【解析】　如图 2-23 所示,A 是小张与火车相遇的地点,B 是小张与火车离开的地点.由题意知,18 秒小张从 A 走到 B,火车头从 A 走到 C,因为 C 到 B 正好是火车的长度,所以 18 秒小张与火车共行了 342 米,推知小张与火车的速度和是 342÷18＝19(米/秒),从而求出火车的速度为 19－2＝17(米/秒).

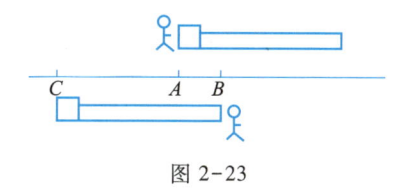

图 2-23

注意:本题实际就是相遇问题,利用公式即可算出结果.设火车速度为 v,则 $342=(v+2)\times 18 \Rightarrow v=17$(米/秒).

2. 一列火车途经两座桥梁和一个隧道,第一座桥梁长 600 米,火车通过用时 18 秒;第二座桥梁长 480 米,火车通过用时 15 秒;隧道长 800 米,火车通过时的速度为原来的一半.则火车通过隧道所需时间为( )秒.

A. 20　　　　B. 40　　　　C. 25　　　　D. 60　　　　E. 46

【答案】　E

【解析】　设火车的长度为 s,速度为 v.则由已知得

$$\begin{cases} \dfrac{s+600}{v}=18, \\ \dfrac{s+480}{v}=15 \end{cases} \Rightarrow \begin{cases} s=120, \\ v=40, \end{cases}$$

所以火车通过隧道的时间 $t=\dfrac{800+120}{40\times\dfrac{1}{2}}=46$(秒).

3. 相邻轨道上有两列火车匀速行驶,快车车身长 92 米,慢车车身长 80 米.若相向而行,相遇后经过 2 秒两车错过;若同向而行,两车相遇后经 4 秒两车错过,那么慢车的速度为( )米/秒.

A. 20　　　　B. 21.5　　　　C. 28　　　　D. 60　　　　E. 64.5

【答案】　B

【解析】　设快车、慢车车速分别为 v_1, v_2,则 $\begin{cases} 2(v_1+v_2)=172, \\ 4(v_1-v_2)=172, \end{cases}$ 解得 $v_2=21.5$(米/秒).

考点 45:浓度基本问题

对浓度问题,关键在于找准不变量.

(1)"稀释"问题:特点是增加"溶剂",解题关键是找到始终不变的量(溶质).

(2)"浓缩"问题:特点是减少"溶剂",解题关键是找到始终不变的量(溶质).

(3)"加浓"问题:特点是增加"溶质",解题关键是找到始终不变的量(溶剂).

(4)配制问题:是指两种或两种以上的不同浓度的溶液混合配制成新溶液(成品),解题关键是分析所取原溶液的溶质与成品溶质不变及溶液前后质量不变,找到两个等量关系.

常用公式:溶液=溶质+溶剂,浓度 = $\dfrac{溶质}{溶液} \times 100\% = \dfrac{溶质}{溶质+溶剂} \times 100\%$,

浓度 $a\% \Rightarrow \dfrac{溶质}{溶剂} = \dfrac{a}{100-a}$.

典型例题

1. 要制成浓度为20%的盐水,需要将40千克浓度为12.5%的盐水蒸发掉水(　　)千克.

A. 11　　B. 12　　C. 13　　D. 14　　E. 15

【答案】 E

【解析】 设蒸发掉 x 千克的水,根据题意知道盐的多少没发生变化,可列出方程 $12.5\% \times 40 = 20\% \times (40-x)$,解得 $x = 15$.

2. 有一瓶浓度为45%的盐水质量为800克,加入适量水后,浓度变为30%,则加了水(　　)克.

A. 400　　B. 350　　C. 180　　D. 80　　E. 100

【答案】 A

【解析】 设加水之后溶液共有 x 克,由溶质不变知 $800 \times 45\% = x \cdot 30\% \Rightarrow x = 1200$,则加了 $1200 - 800 = 400$(克)水.

3. 有甲、乙、丙三瓶酒精溶液,其浓度分别为10%,25%和30%,现将三瓶溶液完全混合在一起,则可以确定混合后的浓度.

(1)甲、乙、丙三瓶溶液的质量成等差数列,且公差为3

(2)甲、乙、丙三瓶溶液的质量成等比数列,且公比为3

【答案】 B

【解析】 对条件(1),若甲、乙、丙三瓶质量分别为2,5,8千克,满足条件(1),则混合后浓度为 $\dfrac{2 \times 10\% + 5 \times 25\% + 8 \times 30\%}{2+5+8} \approx 25.7\%$;若甲、乙、丙三瓶质量分别为1,4,7千克,也满足条件(1),则混合后浓度为 $\dfrac{1 \times 10\% + 4 \times 25\% + 7 \times 30\%}{1+4+7} \approx 26.7\%$,故条件(1)下混合后的浓度不能确定.

对条件(2),设甲、乙、丙三瓶质量分别为 $k, 3k, 9k$ 千克,则混合后浓度为 $\dfrac{k \times 10\% + 3k \times 25\% + 9k \times 30\%}{k+3k+9k} \approx 27.3\%$,故条件(2)充分.

4. 有甲、乙、丙三瓶质量相同的液体.甲瓶中为纯水,乙瓶中为纯酒精,丙瓶中为浓度为80%的酒精溶液.先将甲瓶中部分液体倒入乙瓶,再将乙瓶中部分液体倒入丙瓶,最后将丙瓶中部分液体倒入甲瓶.这时,甲、乙、丙三瓶液体的质量比为5∶6∶4,而乙、丙两瓶溶液的浓度均为80%,则这时甲瓶中液体的浓度为(　　).

A. 80%　　　　B. 5%　　　　C. 40%　　　　D. 20%　　　　E. 0

【答案】　D

【解析】　由最后"甲、乙、丙三瓶液体的质量比为5:6:4",而最初"甲、乙、丙三瓶质量相同的液体",可设最后甲、乙、丙三瓶液体的质量为5,6,4;最初甲、乙、丙三瓶质量均为5.最后"乙、丙两瓶溶液的浓度均为80%",可见甲瓶中的水倒入乙瓶后,乙瓶即为80%.由乙瓶中原有酒精5,则从甲瓶倒入乙的水应为1.25.而最后,甲瓶中仍为5,所以,丙瓶倒入甲瓶的应为1.25.则甲瓶的浓度为 $\frac{1.25 \times 80\%}{5} = 20\%$.

5. 在10千克浓度为20%的食盐水中加入5%的食盐水和白开水各若干千克,加入的食盐水是白开水质量的2倍,得到了浓度为10%的食盐水,则加入的白开水质量为(　　)千克.

A. 5　　　　B. 6　　　　C. 7　　　　D. 8　　　　E. 9

【答案】　A

【解析】　设加入白开水 x 千克,则加入的5%的食盐水是 $2x$ 千克,根据溶质守恒,则 $10 \times 20\% + 2x \times 5\% = (10 + 2x + x) \times 10\% \Rightarrow x = 5$(千克).

考点46：十字交叉法

当一个整体按照某个标准分为两类时,并知某混合后整体数值情况,即可根据交叉法来求解两者的比,即交叉法.该方法先上下分别列出每部分的数值,然后与整体数值相减,减得的两个数值的最简整数比就代表每部分的数量比.此方法可以用于已知两量、两量的比和混合值四个量中的三个,求另外一个.

公式：
$$\begin{matrix} 甲 & a \\ & \searrow \\ & & c \\ & \nearrow \\ 乙 & b \end{matrix} \quad \frac{c-b}{a-c} = \frac{N_甲}{N_乙}$$（混合前甲、乙的数量之比）.

典型例题

1. 公司有职工50人,理论知识考核平均成绩为81分,按成绩将公司职工分为优秀与非优秀两类,优秀职工的平均成绩为90分,非优秀职工的平均成绩是75分,则非优秀职工的人数为(　　).

A. 30　　　　B. 25　　　　C. 20　　　　D. 15　　　　E. 无法确认

【答案】　A

【解析】

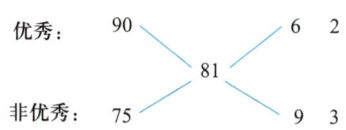

优秀：90　　　　6　　2
　　　　　　81
非优秀：75　　　9　　3

通过交叉法得到优秀职工人数：非优秀职工人数=2:3,从而得到非优秀职工为30人.

2. 某体育训练中心,教练员中男性占90%,运动员中男性占80%,在教练员和运动员中男性占82%,则教练员与运动员的人数之比是(　　).

A. 2:5　　　　B. 1:3　　　　C. 1:4　　　　D. 1:5　　　　E. 2:3

【答案】　C

【解析】 设教练员有 x 人,则教练员中有男性 $0.9x$ 人.运动员有 y 人,则运动员中有男性 $0.8y$ 人,根据题意有 $\dfrac{0.9x+0.8y}{x+y}=0.82$,所以 $x:y=1:4$.

3. 某市现有人口 70 万,如果 5 年后城镇人口增加 4%,农村人口增加 5.4%,则全市人口将增加 4.8%,那么这个市现有城镇人口(　　).
   A. 30 万　　B. 31.2 万　　C. 40 万　　D. 41.6 万　　E. 42.6 万

   【答案】 A

   【解析】 设现有城镇人口 x 万,则现有农村人口 $70-x$ 万,由于 $4\% \cdot x + (70-x) \cdot 5.4\% = 70 \cdot 4.8\%$,解得 $x=30$.

考点 47：置换问题

一桶溶液的质量为 m,浓度为 $a\%$,第一次倒出 m_1,再加满清水摇匀,第二次倒出 m_2,再加满清水摇匀……第 n 次倒出 m_n,再加满清水摇匀,此时浓度为 $b\%$,则满足

$$b\% = a\% \dfrac{(m-m_1)(m-m_2)\cdots(m-m_n)}{m^n}.$$

注意:本公式中的质量 m 可以用体积 V 替换.

典型例题

装满纯溶质的容器中有溶质 20 千克,从容器中倒出若干千克后,用水加至 20 千克,然后再倒出相同千克的溶液,再用水加至 20 千克,此时容器中溶液的浓度为 49%,那么上述操作中每次倒出溶液(　　)千克.
A. 9　　B. 8　　C. 7.5　　D. 7　　E. 6

【答案】 E

【解析】 套用公式,设每次倒出 b 千克,则 $0.49 = 1 \times \left(\dfrac{20-b}{20}\right)^2 \Rightarrow b = 6$.

考点 48：等量问题

技巧:可以进行统一比例法,用最小公倍数统一不变量.

典型例题

有一桶酒精,第一次加入一定量的水后,酒精浓度变为 20%,第二次加入同样多的水后,酒精浓度变为 15%,则第三次加入同样多的水后,桶中的酒精浓度为(　　).
A. 12%　　B. 11%　　C. 10%　　D. 9%　　E. 8%

【答案】 A

【解析】 第一次加入一定量的水后酒精浓度变为 20%,则纯酒精:溶液 $=20:100$;
第二次加入同样多的水后酒精浓度变为 15%,则纯酒精:溶液 $=15:100$.
在这个不断加水的过程中,纯酒精的量是不变的,统一溶质的份额,第一次加水后纯酒精:溶液 $=30:150$;第二次加水后纯酒精:溶液 $=30:200$.则第二次相比第一次,加入了 50 份的水,所以第三次加水后纯酒精:溶液 $=30:250$.
则这时桶中的酒精浓度为 $\dfrac{30}{250} \times 100\% = 12\%$.

注意:浓度问题中,当题干中给出的数据稀少且全为溶液浓度时,可以转为比例问题,统一不变量解决.

考点 49:等量交换问题

两杯浓度为 $a\%$ 和 $b\%$ 的酒精溶液分别有 m 升和 n 升,现在从两个杯中取出等量的酒精溶液倒入对方杯中,混合后两杯的浓度恰好相同,则交换的溶液的体积为 $\dfrac{mn}{m+n}$;等量交换后的浓度为 $\dfrac{a\%m+b\%n}{m+n}$.

典型例题

两杯浓度为 40% 和 60% 的酒精溶液分别有 3 升和 2 升,现在从两个杯中取出等量的酒精溶液倒入对方杯中,混合后两杯的浓度恰好相同,则混合后的浓度为(　　).

A. 45%　　　B. 48%　　　C. 50%　　　D. 54%　　　E. 56%

【答案】 B

【解析】 现将混合后的两杯溶液再次混合到一个大杯中,则浓度不变,于是混合后的浓度为 $\dfrac{3\times 40\%+2\times 60\%}{3+2}=48\%$.

考点 50:溶液混合问题

两杯浓度为 $a\%$ 和 $b\%$ 的酒精溶液分别有 m 升和 n 升,混合后的浓度为 $\dfrac{a\%m+b\%n}{m+n}$.

典型例题

甲杯中有纯酒精 12 克,乙杯中有水 15 克.第一次,将甲杯中部分酒精倒入乙杯中.第二次,将乙杯中部分溶液倒入甲杯中.这时,测得甲杯中溶液浓度为 50%,乙杯中溶液浓度为 25%.则第二次操作中,乙杯倒入甲杯的溶液为(　　)克.

A. 13　　　B. 14　　　C. 15　　　D. 16　　　E. 17

【答案】 B

【解析】 注意到,第一次倒完后,乙杯中的溶液的浓度就不再变化(就是最终的 25%).所以,第一次是用一些纯酒精和乙杯中的水混合成 25% 的溶液.容易求得,第一次之后,乙杯中溶液为 20 克,甲杯中溶液为 7 克.这样,第二次是用乙杯中的 25% 溶液(这是因为此时乙杯中的浓度已确定)若干,和甲杯中的 7 克纯酒精混合成 50% 的溶液,所需的量不难计算,答案为 14 克.

考点 51:植树问题

非封闭型公式:段数+1=棵数,段数 = $\dfrac{\text{马路长度}}{\text{间隔}}$.

封闭型公式:段数=棵数,段数 = $\dfrac{\text{马路长度}}{\text{间隔}}$.

典型例题

1. 运动场上两位同学相距95米,中间原本没有任何同学,现在这两个同学中间等距站立18位同学,则第1位同学到第14位同学之间的距离为( )米.
   A. 60   B. 65   C. 70   D. 75   E. 80

【答案】 B

【解析】 题干中给出两位同学之间的距离,也就相当于路的长度.现在往两人间等距离插入18位同学后,总共有20位同学,让求第1位同学到第14位同学的距离,本质是植树问题.20位同学会将这段路隔成20-1=19(个)间隔,那么根据植树问题中的基本公式,可知道95=19×间距,求得间距为5米,要求第1位同学到第14位同学之间的距离,第1位同学到第14位同学总共是14个人,会将这段路隔成14-1=13(个)间隔,那么第1位同学到第14位同学之间的距离为13×5=65(米).

2. 某单位两座办公楼之间有一条长204米的道路,在道路起点的两侧和终点的两侧已经各栽了一棵树.现在要将这条路的两侧栽种更多的树,使每一侧每两棵树之间的间隔不多于12米.如栽种每棵树需要50元人工费,则为完成栽种工作,在人工费这一项至少需要( )预算.
   A. 800元   B. 1600元   C. 1700元   D. 1800元   E. 2000元

【答案】 B

【解析】 题干中在描述要在道路两侧栽种树木,满足每两棵树之间间隔不多于12米的条件,最终要求人工费至少为多少.由题可知是一道很明显的两端植树问题.首先以一侧为研究对象,要让人工费最少,每棵树需要的人工费是固定的,为50元,那么只能让栽种的树的棵数最少,但是题目要求间隔不多于12米,在路的长度一定情况下,想要使种的树越少,那么两棵树之间的间隔需要尽可能大,最大只能为12米,那么一侧就有间隔204÷12=17(个),植树17+1=18(棵).原来道路起点和终点已经各自栽种一棵树,其实工人只需要再栽种18-2=16(棵)树即可,那么两侧就是16×2=32(棵)树,每棵树需要人工费50元,32棵树总计需要32×50=1600(元),故选B选项.

3. 一块三角地带,在三个边上种树,三个边的长度分别为189米、144米、213米,树与树之间的距离均为3米,三个角上都必须栽一棵树,则共需种树( )棵.
   A. 183   B. 185   C. 182   D. 188   E. 186

【答案】 C

【解析】 这是在闭合的三角形上种树,可以直接代入公式得到(189+144+213)÷3=182(棵).

4. 某道路一侧原有路灯106盏,相邻两盏灯的距离为36米,现计划全部换为新型节能灯,两灯距离变为70米,则道路一侧共需新型节能灯( )盏.
   A. 54   B. 55   C. 108   D. 110   E. 112

【答案】 B

【解析】 106盏灯共105个间距,道路两头路灯相距105×36=3780(米).现间距变为70米,则有 $\frac{3780}{70}$ =54(个)间距,54个间距共需新型节能灯54+1=55(盏).

考点52:年龄问题(列方程)

典型例题

1. 兄弟俩在讨论过去某一年发生的事情.哥哥现在的年龄是弟弟当年年龄的3倍,弟弟现在的年龄和哥哥当年的年龄相同,而现在兄弟俩年龄的和为30岁.则哥哥现在的年龄为( )岁.

A. 17   B. 18   C. 19   D. 20   E. 21

【答案】 B

【解析】 设哥现在是x岁,弟弟现在是y岁,则哥哥当年为y岁,弟弟当年是$\frac{x}{3}$岁.由于现在兄弟俩年龄的和为30岁,则$x+y=30$.又,无论现在还是当年,兄弟俩年龄差相等,$x-y=y-\frac{x}{3}$,解得$x=18$.

2. 在一家三口人中,父亲年龄最大,儿子年龄最小,每两个人的平均年龄加上另外那个人的年龄分别是47岁,61岁,60岁,则父亲与儿子的年龄之差为( )岁.

A. 25   B. 26   C. 27   D. 28   E. 30

【答案】 D

【解析】 设一家三口年龄分别为x,y,z,由题意可得

$$\begin{cases} \frac{x+y}{2}+z=61, \\ \frac{x+z}{2}+y=60, \\ \frac{y+z}{2}+x=47, \end{cases} 化简得 \begin{cases} x+y+2z=122, & ① \\ x+z+2y=120, & ② \\ y+z+2x=94, & ③ \end{cases}$$

①-②,①-③,②-③分别得 $\begin{cases} z-y=2, \\ z-x=28, \\ y-x=26, \end{cases}$ 则选 D 选项.

3. 三位年轻人的年龄成等差数列,且最大与最小的两人年龄差的10倍是另一人年龄,则三人年龄最大的人的年龄为( )岁.

A. 21   B. 26   C. 27   D. 28   E. 30

【答案】 A

【解析】 设三人年龄分别为$a-d, a, a+d$,则有$a=20d$,所以三人年龄分别为$19d, 20d, 21d$.当$d=1$时,年龄最大的是21.

考点53:分段计费问题

题目中涉及个人所得税、医疗报销、水电费换算、销售提成等计算要考虑分段计费.

典型例题

1. 某市电力公司为了鼓励居民用电,采用分段计费的方法计算电费,每月用电不超过100度,按每度0.57元计算,每月用电超过100度,其中的100度仍按原标准收费,超过部分按每度0.50元计费,小华家第一季度缴纳电费情况如下:1月份76元,2月份63元,3月份45.6元,合计184.6元,则小华家第一季度共用电( )度.

A. 300   B. 310   C. 320   D. 330   E. 340

【答案】 D

【解析】 假设x为每月用的电量,由题中条件可知当$x \leqslant 100$时,费用为$0.57x$,当$x>100$

时,前100度应缴的电费为 $100×0.57=57$(元),剩下的 $(x-100)$ 度应缴的电费为 $(x-100)×0.5$元.从缴费情况看,1、2月用电均超过100度,3月用电不足100度.1月: $57+(x_1-100)×0.5=76$,解得 $x_1=138$.2月: $57+(x_2-100)×0.5=63$,解得 $x_2=112$.3月: $0.57x_3=45.6$,解得 $x_3=80$.第一季度用电: $138+112+80=330$(度).

2. 国家规定个人稿费纳税办法是:不超过800元的不纳税,超过800而不超过4000元的按超过800元部分的14%纳税,超过4000元的按全部稿费的11%纳税.已知一人出书纳税660元,则此人的稿费为(　　)元.

A. 4500　　B. 4800　　C. 5000　　D. 5400　　E. 6000

【答案】 E

【解析】 先考虑4000元稿费的纳税金额: $4000-800=3200$(元), $3200×14\%=448$(元).因为 $660>448$,所以,此人的稿费超过4000元,设此人的稿费为 x 元,则 $11\%·x=660$,所以 $x=6000$(元),综上所述,答案是 E.

3. 某市自来水公司为鼓励居民节约用水,采取按月用水量分段收费的办法,居民应缴水费 y(元)与用水量 x(吨)的函数关系如图2-24所示,若某户居民2012年8月缴了42元钱,则该户居民共用水(　　)吨.

A. 19.5　　B. 20.5　　C. 21　　D. 21.5　　E. 22

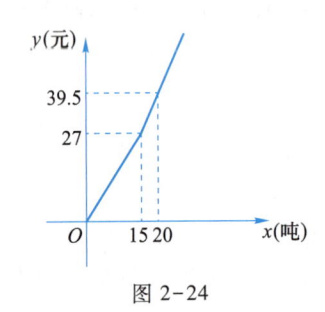

图 2-24

【答案】 C

【解析】 由图2-24知,前15吨水收费27元,另外的 $42-27=15$(元),对应用水为 $15×\dfrac{20-15}{39.5-27}=6$(吨),所以共用水 $15+6=21$(吨).

考点54:集合问题

常考二集合(如图2-25)和三集合(如图2-26)的问题,考查图像的画法和公式的掌握.

在计数时,为了使重叠部分不被重复计算,人们研究出一种新的计数方法,这种方法的基本思想是:先不考虑重叠的情况,把包含于某内容中的所有对象的数目先计算出来,然后再把计数时重复计算的数目排斥出去,使得计算的结果既无遗漏又无重复,这种计数的方法称为容斥原理.

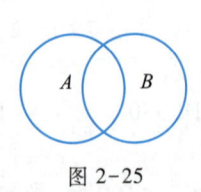

图 2-25 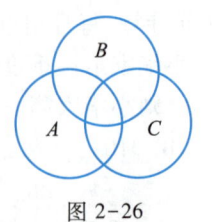　　图 2-26

二集合公式：$A \cup B = A + B - A \cap B$.

三集合公式：$A \cup B \cup C = A + B + C - (A \cap B + B \cap C + A \cap C) + A \cap B \cap C$.

典型例题

1. 某公司招聘员工，按规定每人至多可报考两个职位，结果共42人报名，甲、乙、丙三个职位报名人数分别是22,16,25,其中同时报甲、乙职位的人数为8,同时报甲、丙职位的人数为6,那么同时报乙、丙职位的人数为（　　）.

　　A. 7　　　　B. 8　　　　C. 5　　　　D. 6　　　　E. 10

【答案】　A

【解析】　设所求为 x,则根据容斥原理公式有 $42 = 22 + 16 + 25 - 8 - 6 - x + 0$（每个人最多报两个,没有三个职位都报的人,所以加0）,得到 $x = 7$.

2. 某校对五年级100名同学进行学习兴趣调查,结果有58人喜欢语文,有38人喜欢数学,有52人喜欢外语.而且喜欢语文和数学（但不喜欢外语）的有6人,喜欢数学和外语（但不喜欢语文）的有4人,三科都喜欢的有12人,而且每人至少喜欢一科.则有（　　）名同学只喜欢语文.

　　A. 27　　　　B. 34　　　　C. 14　　　　D. 26　　　　E. 30

【答案】　D

【解析】　设喜欢语文和外语（但不喜欢数学）的有 x 人.可得 $100 = 58 + 52 + 38 - (6 + 12 + 12 + x + 12 + 4) + 12$,解得 $x = 14$,故只喜欢语文的同学有 $58 - 6 - 12 - 14 = 26$（人）.

3. 从100人中调查对 A、B 两种2008年北京奥运会吉祥物的设计方案的意见,结果选中 A 方案的人数是全体接受调查人数的 $\dfrac{3}{5}$;选 B 方案的比选 A 方案的多6人,对两个方案都不喜欢的人数比对两个方案都喜欢的人数的 $\dfrac{1}{3}$ 只多2人,则两个方案都不喜欢的人数是（　　）.

　　A. 16　　　　B. 12　　　　C. 18　　　　D. 14　　　　E. 15

【答案】　A

【解析】　设 A、B 都选的有 x 人,则 $66 + 60 - x = 100 - \left(\dfrac{x}{3} + 2\right)$,$x = 42$;$A$、$B$ 都不选者：16人.

4. 某班级老师给同学们布置了3道作业题,结果有41人做对了第一题,有47人做对了第二题,有45人做对了第三题,其中有47人至少做对了2道题,有32人3道题全做对,则可确定有6人每道题都没做对.

　　(1) 该班有60名同学

　　(2) 该班有54名同学

【答案】　A

【解析】　恰好做对2道题的同学有 $47 - 32 = 15$（人）,则有 $41 + 47 + 45 - 15 - 2 \times 32 = 54$（人）至少做对1题,条件(1)每道题都没做对的同学有 $60 - 54 = 6$ 人,可确定有6人每道题都没做对,所以条件(1)充分,条件(2)不充分.

考点55：不定方程问题

如果题目中变量的个数大于方程的个数,就属于不定方程问题.

常用解法：(1)整除+范围.(2)奇偶性+范围.(3)尾数特征+范围.(4)估值法.

典型例题

1. 某单位向希望工程捐款,其中部门领导每人捐 50 元,普通员工每人捐 20 元,某部门所有人员共捐款 320 元,已知该部门总人数超过 10,则该部门可能有(　　)名部门领导.
   A. 1　　　　B. 2　　　　C. 3　　　　D. 4　　　　E. 5

【答案】　B

【解析】　领导数和员工数都未知,设领导数为 x,员工数为 y,则有方程 $50x+20y=320$,化简后得到 $5x+2y=32$,$2y$ 是偶数,32 是偶数,则 $5x$ 一定是偶数,5 是奇数,则 x 一定是偶数,结合选项,只能是 B 或者 D. 代入 B,当 $x=2$ 时,$y=11$,$x+y=13$,满足题意.当 $x=4$ 时,$y=6$,$x+y=10$,不符合题意.综合以上,答案为 B.

2. 某人购买了果汁、牛奶、咖啡三种物品,已知果汁每瓶 12 元,牛奶每袋 15 元,咖啡每盒 35 元.则能确定所买各种物品的数量.
   (1) 总花费为 104 元
   (2) 总花费为 215 元

【答案】　A

【解析】　设共买了果汁 x 瓶,牛奶 y 袋,咖啡 z 盒,总花费为 $12x+15y+35z$ 元.

由条件(1)有 $\begin{cases}12x+15y+35z=104\\x,y,z\in\mathbf{N}^*\end{cases}$,因为 $15y+35z$ 的尾数只能为 0 或 5,所以 $12x=104-(15y+35z)$ 的尾数为 4 或 9,而 $12x$ 的尾数不能为 9,则只能为 4,故 $x=2$,则 $15y+35z=80$,即 $3y+7z=16$,易得 $y=3,z=1$,充分.

由条件(2)有 $\begin{cases}12x+15y+35z=215\\x,y,z\in\mathbf{N}^*\end{cases}$,$12x=5(43-3y-7z)$,所以 $x=5$ 或 10.

当 $x=5$ 时,$3y+7z=31$,易得 $y=1,z=4$ 或 $y=8,z=1$;当 $x=10$ 时,$3y+7z=19$,易得 $y=4$,$z=1$,不充分.

故选 A.

3. 一群人要渡过一条河流,有大船和小船可供使用,已知大船和小船数量相同,若选择乘坐小船,每条小船可乘坐 5 人,那么有 9 人不能渡河,则可以确定总人数.
   (1) 若选择乘坐大船,每条大船可乘坐 6 人,则恰有一条船不空也不满
   (2) 若选择乘坐大船,每条大船可乘坐 10 人,则恰有一条船不空也不满

【答案】　E

【解析】　设有 x 条船,总共有 y 人,则 $y=5x+9$.

对于条件(1),有 $6(x-1)<y<6x$,将 $y=5x+9$ 代入并化简,有 $9<x<15$.当 $x=10$ 时,$y=59$ 满足题意;当 $x=11$ 时,$y=64$ 也满足题意.从而总人数不确定.对于条件(2),有 $10(x-1)<y<10x$,将 $y=5x+9$ 代入并化简,有 $9<5x<19$.当 $x=2$ 时,$y=19$ 满足题意;当 $x=3$ 时,$y=24$ 也满足题意.从而总人数不确定.两条件不能联合,故答案选择 E.

4. 共有 n 辆车,则能确定人数.
   (1) 若每辆车 20 座,则 1 车未满
   (2) 若每辆车 12 座,则少 10 个座

【答案】　E

【解析】 单独显然不充分,考虑联合,由条件(2)总人数是$12n+10$,由条件(1)$20(n-1)<12n+10<20n$,n是个整数,解得n的值只有2和3,不唯一确定,选E.

5. 已知甲、乙、丙三人共捐款3500元,能确定每人的捐款金额.
(1) 三人的捐款金额各不相同
(2) 三人捐款的金额都是500的倍数

【答案】 E

【解析】 设三人的捐款数分别为a,b,c,则$a+b+c=3500$.条件(1),三人金额不相等,无法确定金额数,不充分.

条件(2),$a=500x,b=500y,c=500z$,则$500(x+y+z)=3500$,

所以$x+y+z=7$,则可有$\begin{cases}x=1,\\y=1,\\z=5,\end{cases}\begin{cases}x=1,\\y=2,\\z=4,\end{cases}\begin{cases}x=1,\\y=3,\\z=3,\end{cases}\begin{cases}x=2,\\y=2,\\z=3\end{cases}$等,有很多组解,不充分.

两条件联合,x,y,z不相等,则有$\begin{cases}x=1,\\y=2,\\z=4\end{cases}$或$\begin{cases}x=2,\\y=1,\\z=4\end{cases}$等,共有6组解,不唯一,不充分.

注意:考虑联合的时候也可以举出反例.比如甲:2000元,乙:1000元,丙:500元或者甲:1000元,乙:2000元,丙:500元.

6. 三种图书的单价分别为10元、15元和20元,某学校计划恰好用500元购买上述图书30本,那么不同的购书方案有( )种.
A. 9　　　　B. 10　　　　C. 11　　　　D. 12　　　　E. 13

【答案】 C

【解析】 设购买三种图书的数量分别为x,y,z,则$\begin{cases}x+y+z=30,\\10x+15y+20z=500,\end{cases}$即$\begin{cases}y+z=30-x,\\3y+4z=100-2x,\end{cases}$解得$\begin{cases}y=20-2x,\\z=10+x,\end{cases}$依题意知,$x,y,z$为自然数(非负整数),故$0\le x\le 10$,$x$有11种可能的取值(分别为$0,1,2,\cdots,9,10$),对于每一个$x$值,$y$和$z$都有唯一的值(自然数)相对应. 即不同的购书方案共有11种,故选C.

考点56:与数列结合的应用题

利用等差数列和等比数列的求和公式解题.

(1) 若$\{a_n\}$是等差数列,则$S_n=a_1+a_2+\cdots+a_n=\dfrac{n(a_1+a_n)}{2}=\dfrac{d}{2}n^2+\left(a_1-\dfrac{d}{2}\right)n$.

(2) 若$\{a_n\}$是等比数列,则$S_n=\begin{cases}na_1,& q=1,\\ \dfrac{a_1(1-q^n)}{1-q},& q\ne 1.\end{cases}$

(3) $1+2+\cdots+n=\dfrac{n(n+1)}{2}$,$1^2+2^2+\cdots+n^2=\dfrac{1}{6}n(n+1)(2n+1)$.

典型例题

1. 某企业要购买一套设备用于生产,该设备单价为72万元,每年需缴纳保险费5000元.

由于老化等原因,第一年的维护费用为 1 万元,第二年为 2 万元,第三年为 3 万元,第四年为 4 万元,以此类推.若希望在年平均成本最低时报废该设备,则应共使用(　　)年.

A. 3　　　　B. 6　　　　C. 12　　　　D. 24　　　　E. 16

【答案】　C

【解析】　设使用 x 年后报废该设备,则年平均费用为 $\dfrac{72+0.5x+(1+2+3+\cdots+x)}{x}$ 元,化简并求最值,年平均成本为 $\dfrac{x}{2}+\dfrac{72}{x}+1 \geq 2\sqrt{\dfrac{x}{2}\cdot\dfrac{72}{x}}+1=13$ (元),当 $\dfrac{x}{2}=\dfrac{72}{x}$ 即 $x=12$ 时,年平均成本最少.

2. 某地震易发区居民住房总面积为 a 平方米,当地政府每年以 10% 的住房增长率建设新房,并决定每年拆除固定数量的危旧房,如果 10 年后该地的住房总面积正好比现有住房面积增加一倍,那么,每年应该拆除危旧房的面积是(　　)平方米.($1.1^9 \approx 2.4$,$1.1^{10} \approx 2.6$,$1.1^{11} \approx 2.9$)

A. $\dfrac{1}{80}a$　　B. $\dfrac{1}{40}a$　　C. $\dfrac{3}{80}a$　　D. $\dfrac{1}{20}a$　　E. 以上结论都不正确

【答案】　C

【解析】　设第 n 年住房总面积为 a_n 平方米,每年应拆除危旧房面积是 x 平方米,则 $a_{n+1}=1.1a_n-x$,$a_1=1.1a-x \Rightarrow a_n-10x=1.1(a_{n-1}-10x)$,

得到 $\{a_n-10x\}$ 是首项为 $1.1a-11x$,公比为 1.1 的等比数列,

故 $a_n-10x=(1.1a-11x)1.1^{n-1} \Rightarrow a_n=10x+(a-10x)1.1^n$,则 $a_{10}=2a \Rightarrow x=\dfrac{3}{80}a$.

注意:$\begin{cases}a_1\ \text{已知},\\ a_{n+1}=pa_n+q\end{cases}\xrightarrow{\text{取}\ c=\frac{q}{p-1}}$ 使 $\{a_n+c\}$ 是以 p 为公比,以 a_1+c 为首项的等比数列,这种方法称为"凑等比"的方法.

考点 57:与方程结合的应用题

在考试中有两种形式:

(1) 二元一次方程组.

(2) 三元一次方程组.

典型例题

1. 若干小朋友分糖,若每人分 4 颗则多 9 颗,若每人分 5 颗则少 6 颗,则总糖数为(　　).

A. 65　　　　B. 69　　　　C. 76　　　　D. 74　　　　E. 61

【答案】　B

【解析】　设共有 x 个小朋友,y 颗糖,则 $\begin{cases}4x+9=y,\\ 5x-6=y,\end{cases}$ 解得 $\begin{cases}x=15,\\ y=69.\end{cases}$

2. 某班同学植树,如果每人挖 5 个坑,那么还有 3 个坑无人挖;如果其中 2 人各挖 4 个坑,其余每人挖 6 个坑,那么恰好将坑挖完.则一共要挖(　　)个坑.

A. 64　　　　B. 36　　　　C. 26　　　　D. 38　　　　E. 20

【答案】　D

【解析】 设总共有 x 人,共要挖 y 个坑,则 $\begin{cases} 5x = y-3, \\ 8+6(x-2) = y, \end{cases}$ 解得 $y = 38$.

3. 某车间有一批工人去搬饮料,若每人搬 9 箱,那么最后一名工人需要搬 6 箱,则搬饮料的工人共有 23 人.

(1) 每人搬 k 箱,则有 20 箱无人搬运

(2) 每人搬 4 箱,则需要再派 28 人恰好搬完

【答案】 D

【解析】 设该车间共有 x 人,对条件(1)有 $kx+20 = 9(x-1)+6$,解得 $x = \dfrac{23}{9-k}$,因为人数是整数,所以 $9-k$ 只能是 23 的因数,则有 $k=8, x=23$,条件(1)充分;对条件(2)有 $4(x+28) = 9(x-1)+6$,解得 $x=23$,故条件(2)也充分.综上所述,答案选择 D.

4. 将 75 名学生分成 25 组,每组 3 人,则能确定女生人数.

(1) 已知全部是男生的组和全部是女生的组

(2) 只有一名男生的组与只有一名女生的组相等

【答案】 C

【解析】 设全是男生、只有一名女生、只有一名男生、全是女生的组数分别为 a, b, c, d,则 $a+b+c+d = 25$.女生总人数为 $0 \times a + 1 \times b + 2 \times c + 3 \times d$.条件(1)已知 a 和 d 不充分,条件(2) $b=c$ 也不充分.考虑联合,能确定 a, b, c, d.所以选 C.

考点 58:线性规划

解题步骤:(1) 设决策变量,写出目标函数.

(2) 列出约束条件.

(3) 寻找可行域边界的交点.

(4) 求出最优值.

线性规划原理:线性目标函数的最值一定在可行域边界的交点达到.

典型例题

1. 某旅行社租用 A、B 两种型号的客车安排 900 名客人旅行,A、B 两种车辆的载客量分别为 36 人和 60 人,租金分别为 1600 元/辆和 2400 元/辆,旅行社要求租车总数不超过 21 辆,且 B 型车比 A 型车不多出 7 辆,则租金最少为(　　)元.

A. 31200　　B. 36000　　C. 36800　　D. 38400　　E. 38000

【答案】 C

【解析】 设租用 A, B 两种型号的客车各 x, y 辆,则
$$\begin{cases} 36x+60y \geq 900, \\ x+y \leq 21, \\ y \leq x+7. \end{cases}$$

当 $x=5, y=12$ 时,$t = 1600x+2400y$ 取得最小值,此时 $t_{\min} = 1600 \times 5 + 2400 \times 12 = 36800$(元).

2. 某厂正在生产两种供不应求的热销产品甲和乙,生产数量受资金供应和生产工时的制约,而生产目标是使利润达到最大.已知每月资金供应最多为 300 万元,而每月生产工时最多为 1100 工时.其他数据如下表,则该厂每月可能获得的最大利润是(　　)万元.

	每件甲产品	每件乙产品
所需资金	30 万元	20 万元
所需工时	50 工时	100 工时
所得利润	6 万元	8 万元

A. 56　　B. 48　　C. 75　　D. 96　　E. 93

【答案】D

【解析】设生产甲产品 x 件，乙产品 y 件.则有如下不等式：
$$\begin{cases} x \geq 0, y \geq 0, \\ 30x+20y \leq 300, \\ 50x+100y \leq 1100, \end{cases}$$
而所求为 $6x+8y$ 的最大值.

如图 2-27，显然当动直线经过 P 点时取得最大值，以下求解略.答案为当经过 $P(4,9)$ 时，即每月生产甲产品 4 件、乙产品 9 件时，可得最大利润为 96 万元.

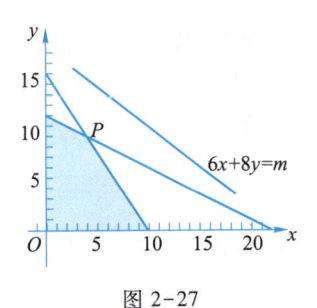

图 2-27

考点 59：最不利原则

我们可以用最不利原则解题."至少……才能保证一定……"考虑的是最坏，最糟糕的情况，如果最坏的情况都可以保证，那么任何一种情况都可以保证.而最坏的情况是让每一种情况都不能满足要求，再加一个就刚好满足要求，符合题意.

题目特点：出现"至少……才能保证一定……"，换言之是求解在"保证"前提下的最小值.

核心公式：

(1) 先尽可能让保证事件不发生.

(2) 保证数 = 最不利的情况数 + 1.

典型例题

1. 在一个口袋中有 10 个黑球、6 个白球、4 个红球，至少从中取出（　　）个球才能保证其中有白球.

A. 14　　B. 15　　C. 17　　D. 18　　E. 19

【答案】B

【解析】考虑最糟糕的情况，一开始只抽到了 10 个黑色和 4 个红色，只剩下白色.则定能摸到白球的情况为"最不利情况 + 1" = 10 + 4 + 1 = 15（次）.

2. 有软件设计专业学生90人,市场营销专业学生80人,财务管理专业学生20人及人力资源管理专业学生16人参加求职招聘会,则至少有(　　)人找到工作就一定保证有30名找到工作的人专业相同.

A. 59　　　B. 75　　　C. 79　　　D. 95　　　E. 97

【答案】 D

【解析】 考虑最糟糕的情况,即每一类专业找到工作的人都是29个.而题目中软件设计专业共有90人,市场营销专业80人,因此最不利的情形都是只有29个人都找到工作,而财务管理专业只有20人,人力资源管理专业只有16人,最不利的情况是这两个专业所有人都找到工作.则要保证有30名找到工作的人专业相同即"最不利情况+1"=29×2+20+16+1=95(人).

3. 有k个黑子和8个白子排成一列,要保证一定有8个连续黑子,则k的最小值为(　　).

A. 65　　　B. 64　　　C. 47　　　D. 58　　　E. 69

【答案】 B

【解析】 8个白子中间有9个空隙,考虑最糟糕的情况:每个空隙中放7个连续黑子,然后再随机地向9个空隙中再放一个黑子,无论放在何处都能保证一定有8个连续黑子.所以k的最小值是64.

4. 新年晚会上,老师让每位同学从一个装有许多玻璃球的口袋中取出两个球,这些球给人的手感相同,只有红、黄、白、蓝、绿五色之分,结果发现总有两个人取出的两个球颜色组合相同.由此可知,参加取球的至少有(　　)人.

A. 13　　　B. 14　　　C. 15　　　D. 16　　　E. 17

【答案】 D

【解析】 建立抽屉:五种颜色的球共有15种不同的组合方式,每种组合方式都是一个抽屉,共有15个抽屉,考虑最差情况:15个人取球,取出的球各不相同,分别放在15个抽屉,此时,再多一个人取球,取出的球无论放到哪个抽屉都会出现一个抽屉出现2个元素,即总有两人取的球相同,15+1=16(人),因此参加取球的至少有16人.

5. 把若干条金鱼放进8个鱼缸里,不管怎么放,要保证总有一个鱼缸里至少放进3条金鱼,那么金鱼的总数至少应该是(　　)条.

A. 13　　　B. 14　　　C. 15　　　D. 16　　　E. 17

【答案】 E

【解析】 因为有8个鱼缸,要保证总有一个鱼缸里至少放进3条金鱼,那么剩下的7个鱼缸最少都是2条金鱼,据此可得金鱼的总条数至少为8×2+1=17.

考点60：二次函数与应用题结合

二次函数 $y = ax^2 + bx + c = a\left(x + \dfrac{b}{2a}\right)^2 + \dfrac{4ac - b^2}{4a} = a(x - x_1)(x - x_2)$ 的最值在 $x = -\dfrac{b}{2a}$ $\left(\text{或} \dfrac{x_1 + x_2}{2}\right)$ 处达到.

典型例题

1. 某汽车租赁公司有200辆同型号的汽车,每辆汽车日租金为100元时,可全部租出,当每辆车的日租金增加 5 元，未租出的汽车就会多 4 辆．租出的车每天需要维护费 20 元，每辆车的日租金为（　　）元时，租赁公司的日收益最大．

A．175　　　B．190　　　C．180　　　D．195　　　E．185

【答案】 E

【解析】 设日租金增加了 $5x$ 元，则租出的车减少了 $4x$ 辆．

日收益 $=(100+5x-20)\times(200-4x)=-20x^2+680x+16000$.

故当 $x=-\dfrac{680}{-20\times 2}=17$ 时，即每辆车日租金为 185 元时，日收益取得最大值．

2．某商场将每台进价为 2000 元的冰箱以 2400 元销售时，每天销售 8 台，调研表明这种冰箱的售价每降低 50 元，每天就能多销售 4 台，若要每天销售利润最大，则该冰箱的定价应为（　　）元．

A．2200　　　B．2250　　　C．2300　　　D．2350　　　E．2400

【答案】 B

【解析】 设定价为 x 元，每天销售利润为 y 元，则

$$y=(x-2000)\left(8+\dfrac{2400-x}{50}\cdot 4\right)=-\dfrac{2}{25}x^2+360x-4\times 10^5,$$

当 $x=-\dfrac{b}{2a}=\dfrac{360}{2\times\left(-\dfrac{2}{25}\right)}=2250$ 时，利润 y 最大．

考点 61：均值定理与应用题结合

典型例题

某企业销售某产品所得利润 y（单位：元）与销售产品数 x（单位：个）之间的关系是 $y=2x^2-4x+1800$，按照销售指标，公司每月销售产品数不得低于 40 个，则该产品的平均利润至少为（　　）元．

A．121　　　B．116　　　C．120　　　D．125　　　E．128

【答案】 A

【解析】 平均利润为 $\dfrac{y}{x}=2x-4+\dfrac{1800}{x}=2\left(x+\dfrac{900}{x}\right)-4$，公司每月销售产品数不得低于 40 个，则 $x\geq 40$，这里 $z=x+\dfrac{900}{x}$ 是对勾函数，在区间 $(0,30]$ 上单调递减，在区间 $[30,+\infty)$ 上单调递增，故当 $x=40$ 时，平均利润为 $\dfrac{y}{x}=2\left(40+\dfrac{900}{40}\right)-4=121$，达到最小值．

考点 62：周期性问题

方法：周期性问题往往与数列相结合，找出规律即可．

典型例题

1．乒乓球的 577 个盒子从左到右排成一行，如果最左边的盒子里放了 6 个乒乓球，且每相邻的四个盒子里共有 32 个乒乓球，那么最右边盒子里的乒乓球个数为（　　）．

A．6　　　B．7　　　C．8　　　D．9　　　E．10

【答案】　A

【解析】　相邻的四个盒子的球的总数相等,则1,5,9,…,577号盒子中球的个数相等,则最右边有6个乒乓球.

2. 在一根长100厘米的木棍上,自左至右每隔6厘米染一个红点,同时自右至左每隔5厘米也染一个红点,然后沿红点处将木棍逐段锯开,那么长度是1厘米的短木棍有(　　)根.

A. 3　　　　B. 4　　　　C. 5　　　　D. 6　　　　E. 7

【答案】　E

【解析】　因为100能被5整除,所以自右至左染色也就是自左至右染色.于是我们可以看作是从同一端点染色.

6与5的最小公倍数是30,即在30厘米的地方,同时染上红色,这样染色就会出现循环,每一周期的长度是30厘米,如图2-28所示.

图2-28

由图示可知长1厘米的短木棍,每一周期中有两段,如第1周期中,6-5=1,5×5-6×4=1.剩余10厘米中有一段.所以锯开后长1厘米的短木棍共有7段.综合算式为

$$2×[(100-10)÷30]+1=2×3+1=7.$$

3. 如图2-29,在平面直角坐标系 xOy 中,等腰梯形 $ABCD$ 的顶点坐标分别为 $A(1,1)$, $B(2,-1)$, $C(-2,-1)$, $D(-1,1)$. y 轴上一点 $P(0,2)$ 绕点 A 旋转 $180°$ 得点 P_1,点 P_1 绕点 B 旋转 $180°$ 得点 P_2,点 P_2 绕点 C 旋转 $180°$ 得点 P_3,点 P_3 绕点 D 旋转 $180°$ 得点 P_4,……,重复操作依次得到点 $P_1,P_2,…$,则点 P_{2010} 的坐标是(　　).

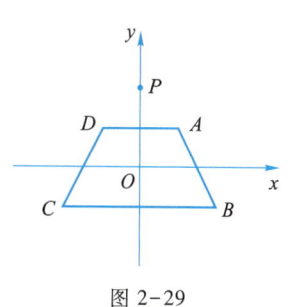

A. (2010,2)　　B. (2010,-2)　　C. (2012,-2)
D. (0,2)　　　E. (2012,2)

图2-29

【答案】　B

【解析】　由已知可以得到,点 P_1, P_2 的坐标分别为 $(2,0)$, $(2,-2)$.

记 $P_2(a_2,b_2)$,其中 $a_2=2$, $b_2=-2$.

根据对称关系,依次可以求得:

$P_3(-4-a_2,-2-b_2)$, $P_4(2+a_2,4+b_2)$, $P_5(-a_2,-2-b_2)$, $P_6(4+a_2,b_2)$.

令 $P_6(a_6,b_2)$,同样可以求得,点 P_{10} 的坐标为 $(4+a_6,b_2)$,即 $P_{10}(4×2+a_2,b_2)$,由于 $2010=4×502+2$,所以点 P_{2010} 的坐标为 $(2010,-2)$.

4. 某工厂流水线上生产小木球涂色的次序是:先5个红,再4个黄,再3个绿,再2个黑,再1个白,然后依次5红、4黄、3绿、2黑、1白……继续下去,那么,第1978个小球的颜色是(　　)色.

A. 黑　　　　B. 白　　　　C. 黄　　　　D. 红　　　　E. 绿

【答案】　A

【解析】　小木球涂色的次序是:"5红,4黄,3绿,2黑,1白",也就是每涂过"5红,4黄,

3绿,2黑,1白"循环一次,给小木球涂色的周期是 $5+4+3+2+1=15$.所以只要用 1978 除以 15,根据余数就可以判断球的颜色.

考点 63：循环赛问题

单循环：n 个队进行比赛,每两个队都要比赛,且只赛一次,共有 C_n^2 场比赛.
双循环：n 个队进行比赛,每两个队都要比赛,且只赛两次,共有 P_n^2 场比赛.

典型例题

1. 某次乒乓球单打比赛中,先将 8 名选手等分为 2 组进行小组单循环赛.若一位选手只打了 1 场比赛后因故退赛,则小组赛的实际比赛场数是( ).
   A. 24 B. 19 C. 12 D. 11 E. 10

【答案】 E

【解析】 不妨设甲、乙、丙、丁四人被分到一个小组,甲与乙只打了一场后,甲因故退赛,则这一小组共打了 $1+C_3^2=4$(场),而另一小组共打了 $C_4^2=6$(场),所以共比赛了 10 场.

2. 16 支球队进行单循环比赛,则能确定完成全部比赛少于 16 天.
   (1) 每天每队只比赛一场
   (2) 每天每队只比赛两场

【答案】 D

【解析】 16 支球队单循环比赛共有 $C_{16}^2=120$(场).

条件(1)每天每队比赛一场 16 支球队共 8 场比赛,故 $\frac{120}{8}=15<16$,则条件(1)充分.

条件(2)每天每队比赛两场,16 支球队共 16 场比赛 $\frac{120}{16}=\frac{15}{2}<16$,则条件(2)充分.

3. 有 x 名同学参加了单循环制的围棋比赛,其中有两人各比赛了 3 场后退出了比赛,且这两名同学间未进行比赛,这样该项比赛共进行了 84 场,则 x 的值为( ).
   A. 30 B. 25 C. 20 D. 15 E. 18

【答案】 D

【解析】 假设没有他们两个人参加,即进行了 $84-3\times2=78$(场)比赛,所以其余人两两各赛一场,共有 78 场.

设剩余 n 人参赛,则有 $C_n^2=78$,解得 $n=13$,故总共有 $13+2=15$(人)参赛.

4. 在一次足球预选赛中有 5 个球队进行双循环赛,规定胜一场得 3 分,平一场得 1 分,负一场得 0 分,赛完后一个球队的积分的不同情况为( ).
   A. 25 B. 24 C. 23 D. 22 E. 21

【答案】 B

【解析】 5 个球队进行双循环赛,每个球队都要跟其他 4 个球队分别比赛两场,所以每个球队要比赛 8 场,最坏的情况是 8 场全负得 0 分,最好的情况是 8 场全胜得 24 分,所以其得分应该是 0~24 共 25 种情况.运用枚举法,发现 23 分无法得到,其余的分数都可以得到,所以选 B.

注意：本题枚举可以根据如下思路：

设该球队在 8 场比赛中胜、平、负的场数分别为 x,y,z,则有 $x+y+z=8$,得分为 $3x+y+z\times$

$0 = 3x+y$,所以枚举时其限制条件为 $x+y \leq 8$,目标函数为 $3x+y$,具体情况如下表:

x	0	1	2	3	4	5	6	7	8
y	0—8	0—7	0—6	0—5	0—4	0—3	0—2	0—1	0
$3x+y$	0—8	3—10	6—12	9—14	12—16	15—18	18—20	21—22	24

所以 $3x+y$ 的值域中没有 23.

第三章　整式与分式(考点64-78)

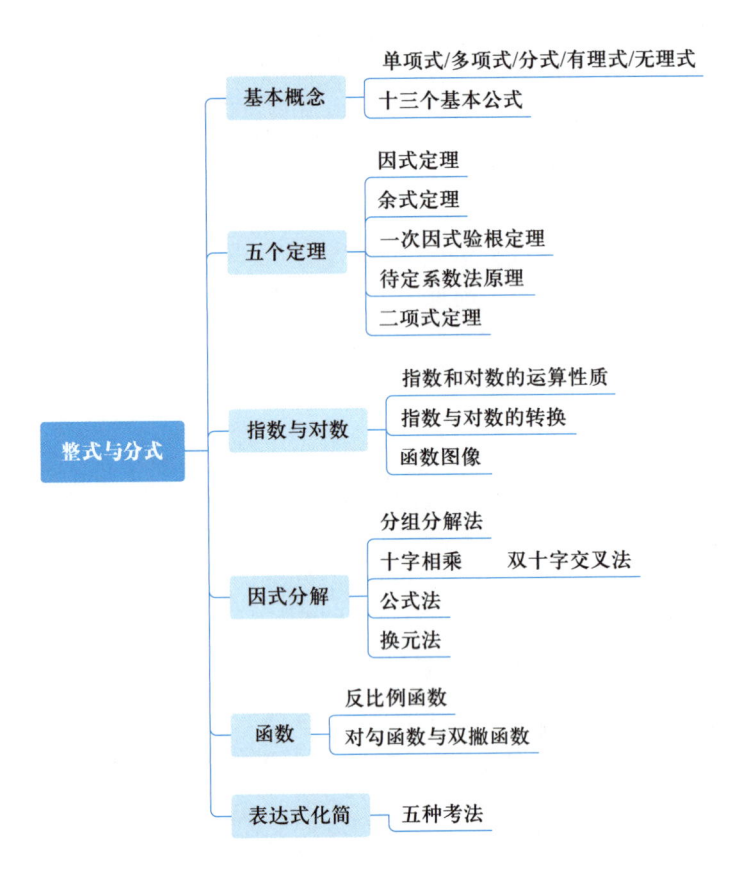

```
                        ┌─ 基本概念 ──┬─ 单项式/多项式/分式/有理式/无理式
                        │            └─ 十三个基本公式
                        │
                        │            ┌─ 因式定理
                        │            ├─ 余式定理
                        ├─ 五个定理 ─┼─ 一次因式验根定理
                        │            ├─ 待定系数法原理
                        │            └─ 二项式定理
                        │
                        │            ┌─ 指数和对数的运算性质
          整式与分式 ───┼─ 指数与对数 ┼─ 指数与对数的转换
                        │            └─ 函数图像
                        │
                        │            ┌─ 分组分解法
                        │            ├─ 十字相乘    双十字交叉法
                        ├─ 因式分解 ─┼─ 公式法
                        │            └─ 换元法
                        │
                        │            ┌─ 反比例函数
                        ├─ 函数 ─────┴─ 对勾函数与双撇函数
                        │
                        └─ 表达式化简 ── 五种考法
```

考试内容

考点64:单调性求最值问题	考点69:余式定理
考点65:非负性的应用(求最值,判断方程根的存在)	考点70:多项式求值
考点66:共轭方程求解技巧	考点71:一次因式验根定理
考点67:换元法分解因式	考点72:二项式定理
考点68:因式定理	考点73:待定系数法

续表

考点 74:双十字相乘法	考点 77:指数函数与对数函数
考点 75:乘法公式应用	考点 78:反比例函数
考点 76:表达式的化简	

一、基本概念

单项式:像$-2a$,πr^2,$-\dfrac{1}{3}x^2y$,$-abc$,$\dfrac{3x^2yz}{7}$,…这些代数式中,都是数字与字母的积,这样的代数式称为单项式.也就是说单项式中不存在数字与字母或字母与字母的加、减、除关系.特别地,单项式的分母中不含未知数.单独的一个字母或数也叫作单项式,例如:a,-3.

单项式的次数:是指单项式中所有字母的指数和.例如:单项式$-\dfrac{1}{2}ab^2c$,它的指数为$1+2+1=4$,是 4 次单项式.单独的一个数(零除外),它们的次数规定为零,叫作零次单项式.

单项式的系数:单项式中的数字因数叫作单项式的系数.例如:我们把$\dfrac{4}{7}$叫作单项式$\dfrac{4x^2y}{7}$的系数.

同类项:所含字母相同,并且相同字母的指数也分别相同的项叫作同类项.

多项式:几个单项式的和叫作多项式.例如:$\dfrac{7}{9}x^2-3x+1$ 是多项式.

多项式的项:其中每个单项式都是该多项式的一个项.多项式中的各项包括它前面的符号.多项式中不含字母的项叫作常数项.

多项数的次数:多项式里,次数最高项的次数就是这个多项式的次数.

整式:单项式和多项式统称为整式.

二、重要的定理

1. 带余除法定理

数	式子
$\underset{\text{被除数}}{a} = \underset{\text{除数}}{b}\underset{\text{商}}{c} + \underset{\text{余数}}{r}$	$\underset{\text{被除式}}{f(x)} = \underset{\text{除式}}{q(x)}\underset{\text{商式}}{g(x)} + \underset{\text{余式}}{r(x)}$
(1) $r < b$ (2) $r = 0$ 时,a 能被 b 整除,记为 $b \mid a$ (3) 整式除法 $\quad b\overline{)\begin{array}{c}c\\ a\\ bc\\ \hline r\end{array}}$	(1) $\partial r(x) < \partial q(x)$ (2) $r(x) = 0$ 时,$f(x)$ 能被 $q(x)$ 整除,记为 $q(x) \mid f(x)$ (3) 长除法 $\quad q(x)\overline{)\begin{array}{c}g(x)\\ f(x)\\ \hline q(x)g(x)\\ \hline r(x)\end{array}}$

2. 一次因式验根定理

若$f(x) = a_n x^n + a_{n-1} x^{n-1} + \cdots + a_1 x + a_0$ 为 x 的一元整系数多项式,且 $ax-b$ 也是一元整系数

多项式,同时 a,b 是互质的,且 $(ax-b)|f(x)$,则一定有 $a|a_n,b|a_0$.

3. 因式定理和余式定理

(1) $(ax-b)|f(x) \Leftrightarrow f(x)$ 含有因式 $(ax-b) \Leftrightarrow f\left(\dfrac{b}{a}\right)=0.$

(2) 多项式 $f(x)$ 除以 $(ax-b)$ 的余式为 $f\left(\dfrac{b}{a}\right).$

因式定理的推广:$(x-x_1)(x-x_2)\cdots(x-x_m)|f(x) \Leftrightarrow f(x_i)=0, i=1,2,\cdots,m.$

三、指数函数与对数函数

1. 指数与对数运算公式

	指数	对数
定义	$a^b=N$	$\log_a N=b$
关系式	\multicolumn{2}{c|}{$a^b=N \Leftrightarrow \log_a N=b$}
运算性质	(1) $a^r \cdot a^s = a^{s+r}$ (2) $(a^r)^s = a^{sr}$ (3) $(ab)^r = a^r b^r$ $(a>0, b>0, r\in \mathbf{Q})$ (4) $a^0=1, a^{-p}=\dfrac{1}{a^p}$ $(a\neq 0)$	(1) $\log_a(MN) = \log_a M + \log_a N$ (2) $\log_a\left(\dfrac{M}{N}\right) = \log_a M - \log_a N$ (3) $\log_a M^n = n\log_a M$ $(M>0, N>0, a>0, a\neq 1)$ (4) $\log_a N = \dfrac{\log_b N}{\log_b a}$

2. 指数函数 $y=a^x (a>0$ 且 $a\neq 1)$ 的图像和性质

	$a>1$	$0<a<1$
图像	(图像:过(0,1)的递增曲线)	(图像:过(0,1)的递减曲线)
性质	\multicolumn{2}{c|}{(1) 定义域:$\mathbf{R}$}
	\multicolumn{2}{c|}{(2) 值域:$(0,+\infty)$}
	\multicolumn{2}{c|}{(3) 过点 $(0,1)$,即 $x=0$ 时,$y=1$}
	当 $x\in(-\infty,0)$ 时 $y<1$, 当 $x\in(0,+\infty)$ 时 $y>1$	当 $x\in(-\infty,0)$ 时 $y>1$, 当 $x\in(0,+\infty)$ 时 $y<1$
	在 $(-\infty,+\infty)$ 上是增函数	在 $(-\infty,+\infty)$ 上是减函数

3. 对数函数 $y=\log_a x$ ($a>0$ 且 $a\neq 1$)的图像与性质

	$a>1$	$0<a<1$
图像		
性质	定义域:$(0,+\infty)$	
	值域:$\mathbf{R}$	
	过点$(1,0)$,即当$x=1$时,$y=0$	
	当$x\in(0,1)$时$y<0$, 当$x\in(1,+\infty)$时$y>0$	当$x\in(0,1)$时$y>0$, 当$x\in(1,+\infty)$时$y<0$
	在$(0,+\infty)$上是增函数	在$(0,+\infty)$上是减函数

注意:同底的指数函数 $y=a^x$ 与对数函数 $y=\log_a x$ 互为反函数.

四、基本公式

$xy+mx+ny+mn=(x+n)(y+m)$,$x^n-1=(x-1)(x^{n-1}+x^{n-2}+\cdots+1)$,
$a^2-b^2=(a-b)(a+b)$,$a^3-b^3=(a-b)(a^2+ab+b^2)$,
$a^3+b^3=(a+b)(a^2-ab+b^2)$,$(a+b+c)^2=a^2+b^2+c^2+2(ab+bc+ac)$,
$a^2+b^2+c^2+ab+bc+ac=\dfrac{1}{2}[(a+b)^2+(b+c)^2+(c+a)^2]$,
$a^2+b^2+c^2-ab-bc-ac=\dfrac{1}{2}[(a-b)^2+(b-c)^2+(c-a)^2]$,
$x^n-y^n=(x-y)(x^{n-1}+x^{n-2}y+x^{n-3}y^2+\cdots+y^{n-1})$,
$(a+b)^2=a^2+b^2+2ab$,$(a-b)^2=a^2+b^2-2ab$,$(a+b)^2-(a-b)^2=4ab$,
$a^3+b^3+3ab(a+b)=(a+b)^3$,$a^3+b^3+c^3-3abc=(a+b+c)(a^2+b^2+c^2-ab-bc-ac)$,
$\dfrac{a}{x}+\dfrac{b}{y}=1 \Leftrightarrow (x-a)(y-b)=ab(xy\neq 0)$.

五、二项式定理

$(a+b)^n=C_n^0 a^0 b^n+C_n^1 a^1 b^{n-1}+C_n^2 a^2 b^{n-2}+\cdots+C_n^n a^n b^0$,

以上展开式共$n+1$项,其中C_n^k叫作二项式系数,$T_{k+1}=C_n^k a^k b^{n-k}$($k=0,1,\cdots,n$)叫作二项展开式的通项.

二项式系数的性质:

(1)对称性:与首末两端等距离的两个二项式系数相等,即 $C_n^m=C_n^{n-m}$.

(2)二项式系数 C_n^k 的增减性与最大值:

当 $k<\dfrac{n+1}{2}$ 时,二项式系数是递增的;当 $k\geq\dfrac{n+1}{2}$ 时,二项式系数是递减的.

当 n 是偶数时,中间一项 $C_n^{\frac{n}{2}}$ 取得最大值.当 n 是奇数时,中间两项 $C_n^{\frac{n-1}{2}}$ 和 $C_n^{\frac{n+1}{2}}$ 相等,且同时取得最大值.

六、配方法恒等变形

将代数式进行恒等变形,化为几个完全平方式的运算叫作配方.配方法是解决非负零和与最值问题的有效工具.

联考数学常见配方法命题模式:

模式一: $a^2+b^2-2ab=(a-b)^2$(最基础).

模式二: $a^2+b^2+c^2-ab-bc-ca=\dfrac{1}{2}[(a-b)^2+(b-c)^2+(c-a)^2]$(最常考).

拓展一	拓展二
$a^4+b^4+c^4-a^2b^2-b^2c^2-c^2a^2$ $=\dfrac{1}{2}[(a^2-b^2)^2+(b^2-c^2)^2+(c^2-a^2)^2]$	$a^3+b^3+c^3-3abc$ $=(a+b+c)\times\dfrac{1}{2}[(a-b)^2+(b-c)^2+(c-a)^2]$

模式三: $a^2+b^2+c^2+d^2-ab-bc-cd-da=\dfrac{1}{2}[(a-b)^2+(b-c)^2+(c-d)^2+(d-a)^2]$.

模式四: $(a^2+b^2)(x^2+y^2)-(ax+by)^2=(ay-bx)^2$.

考点 64:单调性求最值问题

方法:研究函数表达式关于变量的单调性,从而求出函数的最值.

典型例题

a,b,x,y 是 10(包含 10) 以内的无重复的正整数,那么 $\dfrac{a-b}{x+y}$ 的最大值为( ).

A. 2　　　　B. 4　　　　C. $\dfrac{7}{3}$　　　　D. 7　　　　E. 无最大值

【答案】 C

【解析】 要使 $\dfrac{a-b}{x+y}$ 的值最大,则 a 要尽量大,取最大值为 10,即 $a=10$;b,x,y 要尽量小,取最小值为 1,2,3.

分情况讨论:

当 $b=1$ 时,$x+y=5$,$\dfrac{a-b}{x+y}=\dfrac{9}{5}$.

当 $b=2$ 时,$x+y=4$,$\dfrac{a-b}{x+y}=2$.

当 $b=3$ 时,$x+y=3$,$\dfrac{a-b}{x+y}=\dfrac{7}{3}$.

综上可得 $\dfrac{a-b}{x+y}$ 的最大值为 $\dfrac{7}{3}$.

考点 65：非负性的应用（求最值，判断方程根的存在）

方法：利用配方的手段,根据表达式中某一块的非负性求出最值.

典型例题

1. 函数 $f(x) = x^2 - 4x - 2|x-2|$ 的最小值为（　　）.
   A. -4　　B. -5　　C. -6　　D. -7　　E. -8

【答案】　B

【解析】　$f(x) = |x-2|^2 - 2|x-2| - 4$，令 $t = |x-2|$，则 $t \geq 0$，$f(x) = t^2 - 2t - 4$. 当 $t = 1$ 时，$f(x)_{\min} = -5$.

2. 方程 $(a^2+b^2)x^2 - 2(am+bn)x + (m^2+n^2) = 0$ 有实数根.
   (1) 非零实数 a, b, m, n 满足 $an = bm$
   (2) 非零实数 a, b, m, n 满足 $am = bn$

【答案】　A

【解析】　显然当 $a = b = 0$ 时，若 $m = n = 0$，方程有实数根，当 a, b 不同时为零时，方程 $(a^2+b^2)x^2 - 2(am+bn)x + (m^2+n^2) = 0$ 有实数根，则 $\Delta \geq 0$，即 $4(am+bn)^2 - 4(a^2+b^2)(m^2+n^2) \geq 0$，化简得 $(an-bm)^2 \leq 0$，从而 $an - bm = 0$，即 $an = bm$.

此时结论等价于 $an = bm$.

条件(1)可以推出结论,故条件(1)是充分条件.

条件(2)不能推出结论,故条件(2)不是充分条件.

综上所述,答案是 A.

3. $5x^2 - 4xy + 4y^2 + 12x + 25$ 的最小值是（　　）.
   A. 4　　B. 5　　C. 16　　D. 25　　E. 36

【答案】　C

【解析】　原式 $= (x^2 - 4xy + 4y^2) + (4x^2 + 12x + 25) = (x-2y)^2 + 4\left(x + \dfrac{3}{2}\right)^2 + 16$.

所以原式 ≥ 16，即最小值是 16.

4. 已知实数 a, b 满足 $2a^2 + 2ab + 7b^2 - 10a - 18b + 19 = 0$，则 $a^2 + b^2 = $（　　）.
   A. 5　　B. 10　　C. 15　　D. 20　　E. 25

【答案】　A

【解析】　将题目中 b 看成已知数，则条件可化为关于 a 的一元二次方程：
$$2a^2 + (2b-10)a + (7b^2 - 18b + 19) = 0.$$
因为 a 是实数，则方程必有实数根.所以 $\Delta \geq 0$，即
$$(2b-10)^2 - 4 \times 2 \times (7b^2 - 18b + 19) \geq 0,$$
可得 $(b-1)^2 \leq 0$，则 $b = 1$，从而 $a = 2$，$a^2 + b^2 = 5$.

考点 66：共轭方程求解技巧

利用公式：$\dfrac{a}{x} + \dfrac{b}{y} = 1 \Leftrightarrow (x-a)(y-b) = ab \ (xy \neq 0)$.

推广：若 $A \neq 0$，则 $\dfrac{a}{x} + \dfrac{b}{y} = A \Leftrightarrow \dfrac{a}{Ax} + \dfrac{b}{Ay} = 1 \Leftrightarrow (Ax-a)(Ay-b) = ab$.

典型例题

1. 设 m,n 是正整数,则能确定 $m+n$ 的值.

(1) $\dfrac{1}{m}+\dfrac{3}{n}=1$ (2) $\dfrac{1}{m}+\dfrac{2}{n}=1$

【答案】 D

【解析】 对于条件(1),$mn=n+3m$,从而 $mn-3m-n+3=3$,分解因式可以得到 $(m-1)\cdot(n-3)=3$,可求得 $m=2,n=6$ 或 $m=4,n=4$,因此条件(1)充分,同理条件(2)也充分,因此选 D.

2. 已知等式 $\dfrac{1}{15}=\dfrac{1}{x}+\dfrac{1}{y}$,其中 x,y 是正整数,则 $x+y$ 的最大值为(   ).

A. 244   B. 265   C. 256   D. 211   E. 213

【答案】 C

【解析】 根据条件 $\dfrac{15}{x}+\dfrac{15}{y}=1$,则可以得到 $(x-15)(y-15)=225$,两个变量乘积为定值,差异越大和越大,所以取 $x-15=225,y-15=1$,此时 $x+y$ 的最大值为 256.

考点 67：换元法分解因式

技巧:换掉表达式中相同的部分,进而分解因式.

典型例题

1. 在实数范围内,将多项式 $(x+1)(x+2)(x+3)(x+4)-120$ 分解因式,得(   ).

A. $(x+1)(x-6)(x^2-5x+16)$ B. $(x-1)(x+6)(x^2+5x+16)$

C. $(x+1)(x+6)(x^2-5x+16)$ D. $(x-1)(x+6)(x^2+5x-16)$

E. 以上答案均不正确

【答案】 B

【解析】 $(x+1)(x+2)(x+3)(x+4)-120=[(x+1)(x+4)][(x+2)(x+3)]-120$
$=(x^2+5x+4)(x^2+5x+6)-120$,

令 $y=x^2+5x$,则

原式 $=(y+4)(y+6)-120=y^2+10y-96=(y+16)(y-6)=(x^2+5x+16)(x^2+5x-6)$
$=(x^2+5x+16)(x+6)(x-1)$.

2. 方程 $(2a+5)(a^2-9)(2a-7)=91$ 的实数根的个数为(   ).

A. 0   B. 1   C. 2   D. 3   E. 4

【答案】 E

【解析】 原式 $=[(2a+5)(a-3)][(a+3)(2a-7)]-91=(2a^2-a-15)(2a^2-a-21)-91$,

设 $2a^2-a-15=x$,则

原式 $=x(x-6)-91=x^2-6x-91=(x-13)(x+7)=(2a^2-a-28)(2a^2-a-8)$
$=(a-4)(2a+7)(2a^2-a-8)$.

考点 68：因式定理

(1) $(ax-b)\mid f(x) \Leftrightarrow f(x)$ 含有因式 $(ax-b) \Leftrightarrow f\left(\dfrac{b}{a}\right)=0$.

(2) $(x-x_1)(x-x_2)\cdots(x-x_m) | f(x) \Leftrightarrow f(x_i) = 0 (i=1,2,3,\cdots,m)$.

(3) 若二次三项式 ax^2+bx+c 的系数和 $a+b+c=0$,那么 $ax^2+bx+c=(x-1)(ax-c)$.

典型例题

1. 若多项式 $f(x)=x^3+a^2x^2+x-3a$ 能被 $x-1$ 整除,则实数 $a=$ (　　).

   A. 0　　　　B. 1　　　　C. 0 或 1　　　　D. 2 或 -1　　　　E. 2 或 1

   【答案】 E

   【解析】 方法一：多项式 $f(x)=x^3+a^2x^2+x-3a$ 能被 $x-1$ 整除 $\Leftrightarrow f(x)$ 有因式 $x-1$.
   $$f(1)=1^3+a^2\times 1^2+1-3a=0,$$
   即 $a^2-3a+2=0, (a-1)(a-2)=0$,求得 $a=1$ 或 2.

   方法二：多项式除法.

   $$\begin{array}{r}
   x^2+(a^2+1)x+(a^2+2) \\
   x-1 \overline{\smash{\big)}\, x^3+a^2x^2+x-3a} \\
   \underline{x^3-x^2} \\
   (a^2+1)x^2+x-3a \\
   \underline{(a^2+1)x^2-(a^2+1)x} \\
   (a^2+2)x-3a \\
   \underline{(a^2+2)x-(a^2+2)} \\
   0
   \end{array}$$

   从而 $a^2+2=3a$,可求得 $a=1$ 或 2.

2. 二次多项式 x^2+x-2 是多项式 $x^4+x^3-ax^2+bx+a+b-1$ 的一个因式.

   (1) $a=\dfrac{5}{2}$　　　(2) $b=-\dfrac{1}{2}$

   【答案】 C

   【解析】 第一步,因式定理：
   由已知得 $x^4+x^3-ax^2+bx+a+b-1$ 有因式 x^2+x-2.
   第二步,带余除法：
   $f(x)=x^4+x^3-ax^2+bx+a+b-1=(x^2+x-2)p(x)$
   $=(x-1)(x+2)p(x)$.
   接下来用赋值法.
   在上面的恒等式中令 $x=1,-2$,得
   $$\begin{cases} f(1)=2b+1=0, \\ f(-2)=-3a-b+7=0 \end{cases} \Rightarrow \begin{cases} 2b+1=0, \\ 3a+b=7, \end{cases} 求得 \begin{cases} a=\dfrac{5}{2}, \\ b=-\dfrac{1}{2}. \end{cases}$$

   结论等价于 $a=\dfrac{5}{2}$ 且 $b=-\dfrac{1}{2}$.

   条件(1) $a=\dfrac{5}{2}$ 不能推出结论,故条件(1)不是充分条件.

条件(2)$b=-\dfrac{1}{2}$ 不能推出结论,故条件(2)也不是充分条件.

条件(1)和(2)联合能推出结论.

综上所述,答案是 C.

3. 若多项式 ax^3+bx^2+cx+d 能被 $x^2+h^2(h\neq 0)$ 整除,则 a,b,c,d 之间的关系为( ).

A. $ab=cd$ B. $ac=bd$ C. $ad=bc$ D. $a+b=cd$ E. $a+c=bd$

【答案】 C

【解析】 由带余除法可知,
$$ax^3+bx^2+cx+d=(x^2+h^2)(ax+b)+[(c-ah^2)x+(d-bh^2)].$$
由于 ax^3+bx^2+cx+d 能被 $x^2+h^2(h\neq 0)$ 整除,所以余式 $(c-ah^2)x+(d-bh^2)=0$,则有 $\begin{cases}c-ah^2=0,\\d-bh^2=0,\end{cases}$ 解得 $h^2=\dfrac{c}{a}=\dfrac{d}{b}$,所以 $ad=bc$.

4. 设曲线 $y=x^3-x^2-ax+b$ 与 x 轴有三个不同的交点 A、B、C,则 $|BC|=4$.

(1) 点 A 的坐标是 $(1,0)$ (2) $a=4$

【答案】 C

【解析】 条件(1)点 A 的坐标是 $(1,0)$,代入 $y=x^3-x^2-ax+b$,
可以得到 $a=b$,此时无法确定 B 和 C 点,因此(1)不充分.对于条件(2) $a=4$
缺少 b 的信息,因此条件(2)也不充分.考虑联合条件(1)和(2),
$y=x^3-x^2-ax+b=x^3-x^2-4x+4=(x-1)(x+2)(x-2)=0$,
得 $A(1,0)$,$B(-2,0)$,$C(2,0)$,所以 $|BC|=4$.

考点 69:余式定理

带余除法:若 $f(x)$ 除以 $g(x)$ 的商为 $h(x)$,余式为 $r(x)$,则称 $g(x)$ 为除式,$f(x)$ 为被除式,记为 $f(x)=g(x)h(x)+r(x)$,其中 $r(x)$ 的次数小于 $g(x)$ 的次数.

注意:碰到这一类题时不仅要把上面的式子写出来,还要记住 $r(x)$ 的次数小于 $g(x)$ 的次数,并根据 $g(x)$ 的次数设出 $r(x)$ 的次数.

整除:若 $g(x)$ 除 $f(x)$ 没有余数,则称 $g(x)$ 整除 $f(x)$.记为 $g(x)|f(x)$.

多项式整除性质:

(1) 传递性:若 $g_2(x)|g_1(x)$,且 $g_1(x)|f(x)$,则 $g_2(x)|f(x)$.

(2) 线性性质:若 $g(x)|f_1(x)$,且 $g(x)|f_2(x)$,则有 $g(x)|[f_1(x)\pm f_2(x)]$,一般地有 $g(x)|[u(x)f_1(x)\pm v(x)f_2(x)]$,其中 $u(x),v(x)$ 为任意多项式.

(3) 分块性质:若 $f(x)=p(x)+h(x)$ 且 $g(x)|p(x)$,则 $f(x)$ 除以 $g(x)$ 的余式等于 $h(x)$ 除以 $g(x)$ 的余式.

典型例题

1. 已知多项式 $f(x)=x^3+a^2x^2+ax-1$ 被 $x+1$ 除余 -2,则实数 a 的值为( ).

A. 1   B. 1 或 0   C. -1   D. -1 或 0   E. 2

【答案】 B

【解析】 由于 $f(x)=(x+1)\cdot g(x)-2$,则有 $f(-1)=-2$,即 $-1+a^2-a-1=-2$,解得 $a=0$ 或 1.

2. 关于 x 的多项式 $f(x)$ 除以 $3(x-1)$ 和 $2(x+2)$ 的余数分别是 1 和 -17,那么 $f(x)$ 除以 x^2+x-2 的余式是(　　).

A. $-5x+6$　　B. $-6x-5$　　C. $6x-5$　　D. $6x+11$　　E. $6x-7$

【答案】　C

【解析】　由题意可知,$f(1)=1,f(-2)=-17$,而 $x^2+x-2=(x-1)(x+2)$,将 $x=1$ 或 $x=-2$ 代入上面各式子发现只有 C 满足题意.

3. 已知多项式 ax^3+bx^2+cx+d 除以 $x-1$ 所得的余数是 1,除以 $x-2$ 所得的余数是 3,那么 ax^3+bx^2+cx+d 除以 $(x-1)(x-2)$ 所得的余式是(　　).

A. $x+1$　　B. $x-1$　　C. $2x-1$　　D. $2x+1$　　E. $2x+3$

【答案】　C

【解析】　ax^3+bx^2+cx+d 除以 $(x-1)(x-2)$ 所得余式是一个最高次数小于 2 的因式,所以设这个因式为 $mx+n$,则 $ax^3+bx^2+cx+d=g_1(x)(x-1)(x-2)+mx+n$.由余式定理,上式当 $x=1$ 时值为 1,当 $x=2$ 时值为 3,分别代入求解得 $m=2,n=-1$.

4. 多项式 $f(x)$ 除以 $x-1$ 所得的余数为 2,除以 (x^2-2x+3) 所得的余式为 $4x+6$.则 $f(x)$ 除以 $(x^2-2x+3)(x-1)$ 所得的余式为(　　).

A. $-2x^2+6x-3$　B. $2x^2+6x+3$　C. $-4x^2+12x-6$　D. $x+4$　　E. $2x+1$

【答案】　C

【解析】　注意"$f(x)$ 除以 (x^2-2x+3),余式为 $4x+6$",则 $f(x)=g(x)(x^2-2x+3)(x-1)+k(x^2-2x+3)+4x+6$.其中 $k(x^2-2x+3)+4x+6$ 即为所求.以下将"当 $x=1$ 时值为 2"代入求解得 $k=-4$,则所求余式为 $-4(x^2-2x+3)+4x+6=-4x^2+12x-6$.

5. 多项式 $f(x)$ 除以 $x+1$ 所得余数为 2.

(1) 多项式 $f(x)$ 除以 x^2-x-2 所得的余式是 $x+5$

(2) 多项式 $f(x)$ 除以 x^2-2x-3 所得的余式是 $x+3$

【答案】　B

【解析】　先把结论进行化简,令 $f(x)=(x+1)\cdot g(x)+2$,则有 $f(-1)=2$.条件(1):由于 $f(x)=(x^2-x-2)\cdot m(x)+(x+5)$,所以 $f(-1)=4$,不充分.条件(2):由于 $f(x)=(x^2-2x-3)\cdot n(x)+(x+3)$,所以 $f(-1)=2$,充分.

注意:对条件(1),$f(x)=(x+1)(x-2)\cdot g_1(x)+(x+1)+4$,$(x+1)(x-2)\cdot g_1(x)+(x+1)$ 能被 $x+1$ 整除,故 $f(x)$ 除以 $x+1$ 的余数为 4,条件(1)不充分;对于条件(2),$f(x)=(x-3)(x+1)\cdot g_2(x)+(x+1)+2$,故 $(x-3)(x+1)\cdot g_2(x)+(x+1)$ 能被 $x+1$ 整除,故 $f(x)$ 除以 $x+1$ 的余数为 2,条件(2)充分.

考点 70:多项式求值

若 $f(x)$ 为三次多项式,a,b,c 互不相等,且 $f(a)=f(b)=f(c)=m$,则一定有
$$f(x)=A(x-a)(x-b)(x-c)+m.$$

若 $f(x)$ 为二次多项式,a,b,c 互不相等,且 $f(a)=f(b)=f(c)=m$,则一定有 $f(x)=m$ 恒成立.

推广:若 $f(x)$ 为 n 次多项式,$f(x_1)=f(x_2)=\cdots=f(x_n)=m$,则
$$f(x)=A(x-x_1)(x-x_2)\cdots(x-x_n)+m;$$

若 $f(x)$ 为 n 次多项式,$f(x_1)=f(x_2)=\cdots=f(x_{n+1})=m$,则 $f(x)\equiv m$.

典型例题

1. 设 $f(x)$ 是三次多项式,且 $f(2)=f(-1)=f(4)=3, f(1)=-9$,则 $f(5)=$ ( ).

   A. -13   B. -23   C. -33   D. -43   E. -3

   【答案】 C

   【解析】 根据 $f(2)=f(-1)=f(4)=3$,可设 $f(x)=a(x-2)(x+1)(x-4)+3$.将 $x=1$ 代入,

   $$f(1)=a\times(-1)\times2\times(-3)+3=-9\Rightarrow a=-2,$$

   得 $f(x)=-2(x-2)(x+1)(x-4)+3$,故 $f(5)=-33$.

2. 已知整系数多项式 $f(x)=2x^3+ax^2+bx+1$,又 $f(1)=f(-1)=0$,则以下为 $f(x)$ 的一个因式的是( ).

   A. $x+2$ B. $2x-1$ C. $x-2$ D. $2x+1$ E. $3x+1$

   【答案】 B

   【解析】 由 $f(1)=f(-1)=0$ 知,

   $$\begin{cases}2+a+b+1=0,\\-2+a-b+1=0\end{cases}\Rightarrow\begin{cases}a=-1,\\b=-2,\end{cases}$$

   则 $f(x)=2x^3-x^2-2x+1=(2x^3-2x)-(x^2-1)=2x(x^2-1)-(x^2-1)=(2x-1)(x+1)(x-1)$.

3. 若多项式 $f(x)=x^3+px^2+qx+6$ 含有一次因式 $x+1$ 和 $x-\dfrac{3}{2}$,则 $f(x)$ 的另一个一次因式是( ).

   A. $x-2$ B. $x+2$ C. $x-4$ D. $x+4$ E. $x-6$

   【答案】 C

   【解析】 由于 $x^3+px^2+qx+6=(x+1)\left(x-\dfrac{3}{2}\right)(x+a)$,则有等号两端常数项相等,即 $6=1\times\left(-\dfrac{3}{2}\right)\times a$,解得 $a=-4$,所以 $f(x)$ 的另一个一次因式是 $x-4$.

考点71:一次因式验根定理

一次因式验根定理:若 $f(x)=a_nx^n+a_{n-1}x^{n-1}+\cdots+a_1x+a_0$ 为 x 的一元整系数多项式,且 $ax-b$ 也是一元整系数多项式,同时 a,b 是互质的,且 $ax-b\,|\,f(x)$,则一定有 $a\,|\,a_n, b\,|\,a_0$.

典型例题

若 a,b,c 为整数,函数 $f(x)=3x^4+ax^3+bx^2+cx+7$ 可能有下列哪个因式( ).

A. $x-5$ B. $x+2$ C. $2x-11$ D. $3x+7$ E. $2x-8$

【答案】 D

【解析】 根据一次因式验根定理,函数所含有的一次因式的一次项系数必须是3的因数,常数必须是7的因数才可以,所以选D.

考点72:二项式定理

二项式定理:$(a+b)^n=C_n^0a^nb^0+C_n^1a^{n-1}b^1+\cdots+C_n^na^0b^n$.

特别地,常考两个:

(1) $(a+b)^3 = a^3 + 3a^2b + 3ab^2 + b^3$.

(2) $(a+b)^2 = a^2 + 2ab + b^2$.

典型例题

1. $\left(x - \dfrac{1}{\sqrt{x}}\right)^8$ 的展开式中,x^5 的系数为( ).

A. 5　　　　B. 0　　　　C. -5　　　　D. -28　　　　E. 28

【答案】　E

【解析】　$\left(x - \dfrac{1}{\sqrt{x}}\right)^8$ 的展开式中第 $r+1$ 项 $T_{r+1} = C_8^r x^{8-r}(-x^{-\frac{1}{2}})^r = (-1)^r C_8^r x^{8-\frac{3r}{2}}$,$x^5$ 的系数为 $(-1)^2 C_8^2 = 28$.

2. $(1 - 2x + 3x^2)^7$ 的展开式中,所有项系数之和为( ).

A. 2^7　　　　B. 2^6　　　　C. 2^5　　　　D. 2^4　　　　E. 2^3

【答案】　A

【解析】　令 $x = 1$ 可得 $(1 - 2 + 3)^7 = 2^7 = a_0 + a_1 + a_2 + \cdots + a_7$,即各项系数之和为 2^7.

3. 若 $\left(ax^2 + \dfrac{b}{x}\right)^6$ 的展开式中 x^3 项的系数为 20,则 $a^2 + b^2$ 的最小值为( ).

A. 5　　　　B. 4　　　　C. 3　　　　D. 2　　　　E. 1

【答案】　D

【解析】　$\left(ax^2 + \dfrac{b}{x}\right)^6$ 的二项式展开式的通项为

$$T_{r+1} = C_6^r \cdot (ax^2)^{6-r} \cdot \left(\dfrac{b}{x}\right)^r = C_6^r \cdot a^{6-r} \cdot b^r \cdot x^{12-3r}.$$

令 $12 - 3r = 3$,解得 $r = 3$,则 $C_6^3 \cdot a^{6-3} \cdot b^3 = 20$,得 $ab = 1$.

因为 $a^2 + b^2 \geq 2ab$,当且仅当 $a = b$ 时取等号,即 $a^2 + b^2$ 的最小值为 2.

考点 73:待定系数法

待定系数法原理:若 $f(x) = a_n x^n + a_{n-1} x^{n-1} + \cdots + a_1 x + a_0$,$g(x) = b_n x^n + b_{n-1} x^{n-1} + \cdots + b_1 x + b_0$,则 $f(x) \equiv g(x) \Leftrightarrow a_i = b_i (i = 0, 1, \cdots, n) \Leftrightarrow$ 对任意 $x_0 \in \mathbf{R}$,$f(x_0) = g(x_0)$.

典型例题

1. $(x^2 + px + q)(x^2 - 3x + q)$ 的结果中不含有二次项与三次项.

(1) $p = 3$　　　(2) $q = \dfrac{9}{2}$

【答案】　C

【解析】　先对结论等价转化:

$(x^2 + px + q)(x^2 - 3x + q) = x^4 + (p-3)x^3 + (2q - 3p)x^2 + \cdots \Rightarrow \begin{cases} p - 3 = 0, \\ 2q - 3p = 0 \end{cases} \Rightarrow p = 3, q = \dfrac{9}{2}$.

故条件(1)不能推出结论,条件(2)也不能推出结论.

但条件(1)与(2)联合起来充分.

综上所述,答案是 C.

2. 已知 $(x^2-x+1)^6 = a_0+a_1x+a_2x^2+\cdots+a_{12}x^{12}$,则 $a_1+a_3+a_5+\cdots+a_{11} = ($).

A. 1　　　　B. -729　　　　C. 365　　　　D. 366　　　　E. -364

【答案】 E

【解析】 在 $(x^2-x+1)^6 = a_0+a_1x+a_2x^2+\cdots+a_{12}x^{12}$ 中,

令 $x=1 \Rightarrow a_0+a_1+a_2+\cdots+a_{12}=1$;

令 $x=-1 \Rightarrow a_0-a_1+a_2-\cdots+a_{12}=729$;

两式相减再除以 2 可得 $a_1+a_3+\cdots+a_{11}=-364$.

3. 已知 $x^4-6x^3+mx^2+nx+4$ 是一个二次三项式的平方,则以下选项可能为真的是( ).

A. $m=6, n=1$　　B. $m=-6, n=4$　　C. $m=-12, n=8$

D. $m=13, n=-12$　　E. $m=n=-12$

【答案】 D

【解析】 利用待定系数法,并注意最高次项和常数项,则

$x^4-6x^3+mx^2+nx+4 = (x^2+sx+2)^2$ 或者 $x^4-6x^3+mx^2+nx+4 = (x^2+tx-2)^2$,

这里 s 和 t 是待定的系数.将括号展开,由 x^3 项系数可得 $s=t=-3$.当 $x^4-6x^3+mx^2+nx+4 = (x^2-3x+2)^2$ 时,解得 $m=13, n=-12$.当 $x^4-6x^3+mx^2+nx+4 = (x^2-3x-2)^2$ 时,解得 $m=5, n=12$.只有 D 选项满足已知条件.

4. 如果 $x^4-x^3+mx^2-2mx-2$ 能分解成两个整数系数的二次因式的积,则 m 的值为( ).

A. 1 或 2　　B. -1 或 2　　C. 1 或 -2　　D. ±1　　E. ±2

【答案】 D

【解析】 (1) 设原式分解为 $(x^2+ax-1)(x^2+bx+2)$,其中 a,b 为整数,去括号,得

$$x^4+(a+b)x^3+(1+ab)x^2+(2a-b)x-2,$$

将它与原式的各项系数进行对比,得

$$a+b=-1, m=1+ab, 2a-b=-2m,$$

解得 $a=-1, b=0, m=1$.

此时,原式 $= (x^2+2)(x^2-x-1)$.

(2) 设原式分解为 $(x^2+cx-2)(x^2+dx+1)$,其中 c,d 为整数,去括号,得

$$x^4+(c+d)x^3+(cd-1)x^2+(c-2d)x-2,$$

将它与原式的各项系数进行对比,得

$$c+d=-1, m=cd-1, c-2d=-2m,$$

解得 $c=0, d=-1, m=-1$.

此时,原式 $= (x^2-2)(x^2-x+1)$.

考点 74:双十字相乘法

将 $Ax^2+Bxy+Cy^2+Dx+Ey+F$ 分解为两个一次因式乘积的形式,若

$$Ax^2+Bxy+Cy^2+Dx+Ey+F = (A_1x+C_1y+F_1)(A_2x+C_2y+F_2),$$

则系数应满足以下三式:

$Ax^2+Bxy+Cy^2$　　　　　Ax^2+Dx+F　　　　　Cy^2+Ey+F

$A_1 \diagdown C_1$　　　　　　　$A_1 \diagdown F_1$　　　　　　　$C_1 \diagdown F_1$
$A_2 \diagup C_2$　　　　　　　$A_2 \diagup F_2$　　　　　　　$C_2 \diagup F_2$

$B=A_1C_2+A_2C_1$　　　$D=A_1F_2+A_2F_1$　　　$E=C_1F_2+C_2F_1$

典型例题

1. 多项式 $x^2+7xy-my^2-5x+43y-24$ 可以分解为两个一次因式的乘积,则 $m=$ (　　).

A. -18　　　B. 9　　　C. 18　　　D. -9　　　E. 27

【答案】C

【解析】第一步,画出"双十字".

$$x^2+7xy-my^2-5x+43y-24$$

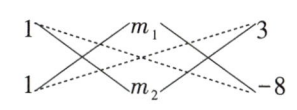

第二步,根据"双叉检验"得方程 $\begin{cases} m_1+m_2=7, \\ -8m_1+3m_2=43, \end{cases}$ 解得 $\begin{cases} m_1=-2, \\ m_2=9, \end{cases}$

故 $m=-m_1m_2=18$.

2. $kx^2-2xy-3y^2+3x-5y+2$ 可分解为两个一次因式的乘积,则 $k=$ (　　).

A. 1　　　B. 0　　　C. -4　　　D. 8　　　E. 9

【答案】A

【解析】$kx^2-2xy-3y^2+3x-5y+2=(ax-3y+1)(bx+y+2)$,则 $a-3b=-2$,$2a+b=3$,解之得 $a=b=1$,所以 $k=ab=1$.

练习:分解因式:(1) $x^2+2xy+y^2+3x+3y+2$.

(2) $4x^2-14xy+6y^2-7x+y-2$.

(3) $6x^2-5xy-6y^2+2x+23y-20$.

考点75:乘法公式应用

典型例题

1. 已知 $x^2-3x+1=0$,则 $\sqrt{x^2+\dfrac{1}{x^2}-2}=$ (　　).

A. $\dfrac{1}{5}$　　　B. 5　　　C. $\sqrt{5}$　　　D. $\sqrt{15}$　　　E. 1

【答案】C

【解析】$x^2-3x+1=0 \Rightarrow x+\dfrac{1}{x}=3$,则 $\sqrt{x^2+\dfrac{1}{x^2}-2}=\sqrt{\left(x+\dfrac{1}{x}\right)^2-4}=\sqrt{3^2-4}=\sqrt{5}$.

2. 已知 $x^2+1=3x$,则 $\dfrac{x^2}{x^4-x^2+1}=$ (　　).

A. $\dfrac{1}{6}$ B. 6   C. $\sqrt{6}$ D. $\sqrt{15}$ E. $\sqrt{3}$

【答案】　A

【解析】　$x^2+1=3x \Rightarrow x+\dfrac{1}{x}=3$，则 $\dfrac{x^2}{x^4-x^2+1}=\dfrac{1}{x^2-1+\dfrac{1}{x^2}}=\dfrac{1}{6}$．

3. 已知 $a=2005x+2009, b=2005x+2010, c=2005x+2011$，那么 $a^2+b^2+c^2-ab-bc-ca=(\quad)$．

A. 3   B. 4   C. 5   D. 6   E. 7

【答案】　A

【解析】　$a^2+b^2+c^2-ab-bc-ca=\dfrac{1}{2}[(a-b)^2+(b-c)^2+(a-c)^2]$

$=\dfrac{1}{2}[(-1)^2+(-1)^2+(-2)^2]=3.$

4. 若 $xy=-6$，则可以确定 $xy(x+y)$ 的值．

(1) $x-y=5$ (2) $xy^2=18$

【答案】　B

【解析】　条件(1)：由于 $xy=-6, x-y=5$，则有 $(x+y)^2=(x-y)^2+4xy=1$，所以 $x+y=\pm 1$，显然 $xy(x+y)$ 的值不唯一，不充分．条件(2)：由于 $xy=-6, xy^2=18$，解得 $y=-3, x=2$，显然 $xy(x+y)$ 的值唯一，充分．

5. $|a+b|$ 的值可以确定．

(1) 已知 ab 和 a^2+b^2 的值

(2) 已知 ab 和 $a-b$ 的值

【答案】　D

【解析】　对于条件(1)，$|a+b|=\sqrt{(a+b)^2}=\sqrt{a^2+b^2+2ab}$，则其值可以确定；对于条件(2)，$|a+b|=\sqrt{(a+b)^2}=\sqrt{(a-b)^2+4ab}$，则其值也可以确定．

6. $(a+1)^2+(b+2)^2+(c+3)^2=36.$

(1) $a+b+c=0$ (2) $\dfrac{1}{a+1}+\dfrac{1}{b+2}+\dfrac{1}{c+3}=0$

【答案】　C

【解析】　显然两条件单独不充分，考虑联合，有

$\dfrac{1}{a+1}+\dfrac{1}{b+2}+\dfrac{1}{c+3}=0 \Rightarrow \dfrac{(a+1)(b+2)+(a+1)(c+3)+(b+2)(c+3)}{(a+1)(b+2)(c+3)}=0,$

则 $(a+1)(b+2)+(a+1)(c+3)+(b+2)(c+3)=0$，注意到括号内要看作整体，从而 $a+b+c=0 \Rightarrow (a+1)+(b+2)+(c+3)=6$，两端平方有

$(a+1)^2+(b+2)^2+(c+3)^2+2[(a+1)(b+2)+(a+1)(c+3)+(b+2)(c+3)]=36,$

从而 $(a+1)^2+(b+2)^2+(c+3)^2=36.$

7. 若 $a+b=4, a^3+b^3=28$，则 $a^2+b^2=(\quad)$．

A. 10   B. 9   C. 8   D. 7   E. 6

【答案】　A

【解析】 由题意可得 $\begin{cases} a^2+2ab+b^2=16, \\ (a+b)(a^2-ab+b^2)=28, \end{cases}$ 则 $\begin{cases} (a^2+b^2)+2ab=16, \\ (a^2+b^2)-ab=7, \end{cases}$ 得
$\begin{cases} ab=3, \\ a^2+b^2=10. \end{cases}$

8. 设 $a,b,c \in \mathbf{R}$,则 $a=b=c$.
(1) $a^4+b^4+c^4=a^2b^2+b^2c^2+c^2a^2$
(2) $a^3+b^3+c^3=3abc$

【答案】 C

【解析】 条件(1):$2a^4+2b^4+2c^4-2a^2b^2-2b^2c^2-2c^2a^2=0$,
则 $(a^2-b^2)^2+(b^2-c^2)^2+(c^2-a^2)^2=0$.
得 $a^2=b^2=c^2$,条件(1)不充分.
条件(2):取反例,$a=0,b=-1,c=1$,故条件(2)不充分.
条件(1)和(2)联合,条件(1)可以推出 $|a|=|b|=|c|$,条件(2)可以推出 $(a+b+c)(a^2+b^2+c^2-ab-bc-ac)=0$,进而 $a+b+c=0$ 或 $a^2+b^2+c^2=ab+bc+ac$,也就是 $a+b+c=0$ 或 $a=b=c$.
若考虑 $\begin{cases} a+b+c=0, \\ |a|=|b|=|c|, \end{cases}$ 则只能 $a=b=c=0$,否则,若 a,b,c 至少有一个不是 0,比如 $a \neq 0$,因为 $|a|=|b|=|c|$,则 b,c 也不是 0,所以 a,b,c 只能一正二负,或者一负二正,假设 $a>0,b<0,c<0$,由于 $|a|=|b|=|c|$,所以 $b=-a,c=-a$ 代入 $a+b+c=0$,则 $a=0$ 矛盾!因此 $a=b=c=0$.
若考虑 $\begin{cases} a=b=c, \\ |a|=|b|=|c|, \end{cases}$ 结论显然成立!
综上所述,选 C.

9. 设 $x<y<0, x^2+y^2=4xy$,则 $\dfrac{(x+y)^3}{x^3-y^3}=(\quad)$.

A. 2　　　　B. $3\sqrt{3}$　　　　C. 1　　　　D. $\sqrt{3}$　　　　E. $\dfrac{6}{5}\sqrt{3}$

【答案】 E

【解析】 由题意可得 $\begin{cases} (x+y)^2=6xy, \\ (x-y)^2=2xy, \end{cases}$ 因为 $x<y<0$,则
$\begin{cases} x+y=-\sqrt{6xy}, \\ x-y=-\sqrt{2xy}, \end{cases}$
所以 $\dfrac{(x+y)^3}{x^3-y^3}=\dfrac{(-\sqrt{6xy})^3}{-\sqrt{2xy} \cdot 5xy}=\dfrac{6}{5}\sqrt{3}$.

10. 若 x,y 均为正数,则可以确定 $x+y$ 的最大值.
(1) $x^3+y^3=2$
(2) $x^2+y^2=2$

【答案】 D

【解析】 条件(1):$x^3+y^3=(x+y)(x^2-xy+y^2)$
$=(x+y)[(x+y)^2-3xy]$
$\geq (x+y)\left[(x+y)^2-\dfrac{3}{4}(x+y)^2\right]$

$$= \frac{1}{4}(x+y)^3,$$

故 $2 = x^3+y^3 \geq \frac{1}{4}(x+y)^3 \Rightarrow x+y \leq 2$,当且仅当 $x=y=1$ 时取等号,条件(1)充分.

条件(2):$2(x^2+y^2) \geq (x+y)^2 \Rightarrow (x+y)^2 \leq 4 \Rightarrow x+y \leq 2$,当且仅当 $x=y=1$ 时取等号,条件(2)充分.

综上所述,答案选择 D.

11. $a^3+a^2c+b^2c-abc+b^3=0$.

(1) $abc=0$

(2) $a+b+c=0$

【答案】 B

【解析】 $a^3+a^2c+b^2c-abc+b^3=0 \Leftrightarrow a^2(a+c)+b^2(b+c)-abc=0$.

条件(1)取反例 $a=1,b=0,c=0$,满足条件(1),但无法推出题干结论,条件(1)不充分.

条件(2) $a+b+c=0 \Rightarrow a^2(a+c)+b^2(b+c)-abc = a^2 \cdot (-b)+b^2 \cdot (-a)-abc = -a^2b-ab^2-abc = (a+b+c) \cdot (-ab) = 0$,条件(2)充分.

综上所述,答案选择 B.

12. 已知 x 为正实数,则能确定 $x-\frac{1}{x}$ 的值.

(1) 已知 $\sqrt{x}+\frac{1}{\sqrt{x}}$ 的值 (2) 已知 $x^2-\frac{1}{x^2}$ 的值

【答案】 B

【解析】 方法一(代数):对于条件(1),设 $\sqrt{x}+\frac{1}{\sqrt{x}}=k(k \in \mathbf{R}^*)$,则 $x+\frac{1}{x}=k^2-2$,由于 $\left(x+\frac{1}{x}\right)^2-\left(x-\frac{1}{x}\right)^2=4$,从而 $x-\frac{1}{x}=\pm\sqrt{(k^2-2)^2-4}$,因此条件(1)不充分.

对于条件(2),设 $x^2-\frac{1}{x^2}=u(u \in \mathbf{R})$,则 $x^4-ux^2-1=0$,根据求根公式 $x^2=\frac{u \pm \sqrt{u^2+4}}{2}$,舍负值则 $x^2=\frac{u+\sqrt{u^2+4}}{2}$,故 $x=\sqrt{\frac{u+\sqrt{u^2+4}}{2}}$,则能确定 $x-\frac{1}{x}$ 的值.

方法二(几何):从函数单调性入手.

条件(1)设 $\sqrt{x}+\frac{1}{\sqrt{x}}=t(t \in \mathbf{R}^*)$ ①.

$y=\sqrt{x}+\frac{1}{\sqrt{x}}$ 不是 x 的单调函数,如图 3-1 所示.

则方程 $\sqrt{x}+\frac{1}{\sqrt{x}}=t$ 有两根 x_1,x_2,所以

方程①有两个解,从而 $x-\frac{1}{x}$ 不是唯一确定的.条件(1)不充分.

条件(2)设 $x^2-\frac{1}{x^2}=u(u \in \mathbf{R}^*)$.

由于函数 $y=x^2-\dfrac{1}{x^2}$ 是 x 的增函数$\left(\text{可以求一阶导数 } y'=2x+\dfrac{2}{x^3}>0\right)$,$y=u$ 是常数函数,如图 3-2 所示.所以方程 $x^2-\dfrac{1}{x^2}=u$ 有唯一解,则 x 可唯一确定,进而 $x-\dfrac{1}{x}$ 的值可确定,条件(2)充分.

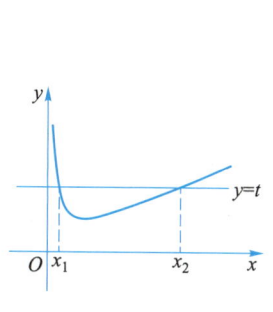

图 3-1

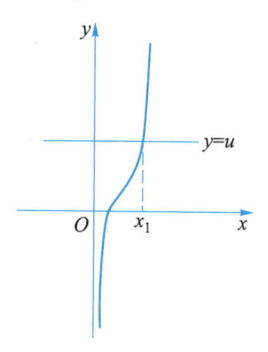

图 3-2

13. 设 a,b,c 是实数,则 $a^2+b^2+c^2 \leqslant 1$.

(1) $|a|+|b|+|c| \leqslant 1$ (2) $ab+bc+ac=0$

【答案】 A

【解析】 条件(2)显然不充分,可以举出反例 $a=2,b=0,c=0$.

对于条件(1) $|a|+|b|+|c| \leqslant 1$ 可以进行放缩,

$a^2+b^2+c^2=|a||a|+|b||b|+|c||c| \leqslant |a|+|b|+|c| \leqslant 1$,所以条件(1)充分,选 A.

【技巧】 两边平方:$|a|+|b|+|c| \leqslant 1 \Rightarrow a^2+b^2+c^2+2|ab|+2|ac|+2|bc| \leqslant 1$,

所以 $a^2+b^2+c^2 \leqslant 1$.

考点 76:表达式的化简

典型例题

1. 对于使 $\dfrac{ax^2+bx+7}{7x^2+ax+11}$ 有意义的一切 x 的值,这个分式为一定值.

(1) $7a-11b=0$ (2) $11a-7b=0$

【答案】 E

【解析】 结论等价于 $\dfrac{a}{7}=\dfrac{b}{a}=\dfrac{7}{11}$,即 $a=\dfrac{49}{11},b=\dfrac{343}{121}$.

条件(1) $7a-11b=0$ 不能推出结论,故条件(1)不是充分条件.

条件(2) $11a-7b=0$ 不能推出结论,故条件(2)也不是充分条件.

条件(1)和(2)联合也推不出结论.

综上所述,答案是 E.

2. 若 $a+\dfrac{1}{b}=4$.则可确定 abc 的值.

(1) $b+\dfrac{1}{c}=1$ (2) $c+\dfrac{1}{a}=\dfrac{7}{3}$

【答案】 C

【解析】 条件(1):取反例 $a=0, b=\dfrac{1}{4}, c=\dfrac{4}{3}$,不充分.

条件(2):取反例 $a=1, b=\dfrac{1}{3}, c=\dfrac{4}{3}$,不充分.

条件(1)和(2)联合,

$$\left(a+\dfrac{1}{b}\right)\left(b+\dfrac{1}{c}\right)\left(c+\dfrac{1}{a}\right)=abc+\dfrac{1}{abc}+\left(\dfrac{1}{a}+\dfrac{1}{b}+\dfrac{1}{c}\right)+(a+b+c)=\dfrac{28}{3},$$

因为 $(a+b+c)+\left(\dfrac{1}{a}+\dfrac{1}{b}+\dfrac{1}{c}\right)=4+1+\dfrac{7}{3}$,

所以 $abc+\dfrac{1}{abc}=2$,得 $abc=1$.

3. $\dfrac{2x-3xy-2y}{x-2xy-y}=3$.

(1) $\dfrac{1}{x}-\dfrac{1}{y}=3\ (x\neq 0, y\neq 0)$ (2) $\dfrac{1}{y}-\dfrac{1}{x}=3\ (x\neq 0, y\neq 0)$

【答案】 B

【解析】 对于条件(1),$\dfrac{1}{x}-\dfrac{1}{y}=3 \Rightarrow \dfrac{y-x}{xy}=3 \Rightarrow x-y=-3xy$,则

$$\dfrac{2x-3xy-2y}{x-2xy-y}=\dfrac{2(x-y)-3xy}{(x-y)-2xy}=\dfrac{-6xy-3xy}{-3xy-2xy}=\dfrac{9}{5}.$$

对于条件(2),$\dfrac{1}{y}-\dfrac{1}{x}=3 \Rightarrow \dfrac{x-y}{xy}=3 \Rightarrow x-y=3xy$,则

$$\dfrac{2x-3xy-2y}{x-2xy-y}=\dfrac{2(x-y)-3xy}{(x-y)-2xy}=\dfrac{6xy-3xy}{3xy-2xy}=3.$$

4. $2a^2-5a-2+\dfrac{3}{a^2+1}=-1$.

(1) a 是方程 $x^2-3x+1=0$ 的根   (2) $|a|=1$

【答案】 A

【解析】 条件(1):a 是方程 $x^2-3x+1=0$ 的根,故 $a^2-3a+1=0$.

$2a^2-5a-2+\dfrac{3}{a^2+1}=2(a^2-3a+1)+a+\dfrac{3}{3a}-4=a+\dfrac{1}{a}-4=\dfrac{a^2+1}{a}-4=\dfrac{3a}{a}-4=-1$,

故充分.

条件(2):举反例,当 $a=1$ 时,$2a^2-5a-2+\dfrac{3}{a^2+1}\neq -1$,故不充分.

故条件(1)充分,条件(2)不充分.

5. $x^5-3x^4+2x^3-3x^2+x+2$ 的值为 2.

(1) $x^2+1=3x$ (2) $x^2-1=3x$

【答案】 A

【解析】 对于条件(1),将条件变为 $x^2-3x+1=0$,由多项式除法可以得到 $x^5-3x^4+2x^3-3x^2+x+2=(x^2-3x+1)(x^3+x)+2$,当 $x^2+1-3x=0$ 时,得到多项式数值为 2.所以是充分的;同理可以验证条件(2)不充分.

6. x, y, z 为两两不等的三个实数,且满足 $x+\dfrac{1}{y}=y+\dfrac{1}{z}=z+\dfrac{1}{x}$,则 $(xyz)^2=($ 　　).

A. 0　　　　　B. 1　　　　　C. 0 或 1　　　　　D. -1　　　　　E. 5

【答案】　B

【解析】　$x+\dfrac{1}{y}=y+\dfrac{1}{z}\Rightarrow x-y=\dfrac{y-z}{yz}\Rightarrow yz=\dfrac{y-z}{x-y}$. 同理,$xz=\dfrac{x-z}{z-y}$, $xy=\dfrac{x-y}{z-x}$.

因此,$(xyz)^2=\dfrac{x-z}{z-y}\cdot\dfrac{x-y}{z-x}\cdot\dfrac{y-z}{x-y}=1$.

7. 已知 $\begin{cases}x-2y+3z=3,\\4x+3y-z=10,\end{cases}$ 则 $7x-3y+8z=($ 　　).

A. 10　　　　　B. 12　　　　　C. 19　　　　　D. -10　　　　　E. 13

【答案】　C

【解析】　$\begin{cases}x-2y+3z=3,①\\4x+3y-z=10,②\end{cases}$ ①式的 4 倍减去②式,得 $-11y+13z=2$,从而 $y=\dfrac{13z-2}{11}$;①式的 3 倍加上②式的 2 倍,得 $11x+7z=29$,从而 $x=\dfrac{29-7z}{11}$. 故 $7x-3y+8z=7\times\dfrac{29-7z}{11}-3\times\dfrac{13z-2}{11}+8z$,经化简结果为 19.

8. 设 m, n 是实数,$\dfrac{1}{1+m}-\dfrac{1}{1+n}=\dfrac{1}{n-m}$,则 $\dfrac{1+n}{1+m}=($ 　　).

A. $\dfrac{1\pm\sqrt{5}}{2}$　　　B. $\pm\dfrac{1+\sqrt{5}}{2}$　　　C. $\pm\dfrac{3-\sqrt{5}}{2}$　　　D. $\dfrac{3\pm\sqrt{5}}{2}$　　　E. 以上都不对

【答案】　D

【解析】　$\dfrac{1}{1+m}-\dfrac{1}{1+n}=\dfrac{1}{(1+n)-(1+m)}$.

令 $1+m=x$, $1+n=y\Rightarrow\dfrac{1}{x}-\dfrac{1}{y}=\dfrac{y-x}{xy}=\dfrac{1}{y-x}\Rightarrow(y-x)^2=xy\Rightarrow x^2+y^2-3xy=0$

$\Rightarrow 1+\left(\dfrac{y}{x}\right)^2-3\left(\dfrac{y}{x}\right)=0.$

令 $\dfrac{y}{x}=t$,得 $t^2-3t+1=0\Rightarrow t=\dfrac{3\pm\sqrt{5}}{2}\Rightarrow\dfrac{1+n}{1+m}=\dfrac{3\pm\sqrt{5}}{2}$.

9. 若 x, y 为正偶数,则可以确定 x^2+y^2 的值.

(1) $x^2-y^2=12$

(2) $x^2y+xy^2=96$

【答案】　D

【解析】　条件(1):$x^2-y^2=(x+y)(x-y)=12=1\times 12=2\times 6=3\times 4$, x, y 均为偶数,故 $x+y$ 与 $x-y$ 均为偶数,即 $\begin{cases}x+y=6,\\x-y=2,\end{cases}\Rightarrow\begin{cases}x=4,\\y=2,\end{cases}$ 故 $x^2+y^2=16+4=20$,条件(1)充分.

条件(2):$xy(x+y)=96$, x, y 为正偶数,故 $xy\geq 4$, $x+y\geq 4$.

即 $xy(x+y)=96=24\times 4=16\times 6=12\times 8.$

若 $\begin{cases} xy=24, \\ x+y=4 \end{cases}$ 或 $\begin{cases} xy=16, \\ x+y=6, \end{cases}$ 则 x,y 无解.

若 $\begin{cases} xy=12, \\ x+y=8, \end{cases}$ 则 $\begin{cases} x=2, \\ y=6 \end{cases}$ 或 $\begin{cases} x=6, \\ y=2, \end{cases}$

故 $x^2+y^2=36+4=40$,条件(2)充分.

综上所述,答案选择 D.

10. 已知 $a=\sqrt{5}-1$,则 $2a^3+7a^2-2a-12$ 的值等于( ).

A. 0　　　　B. 12　　　　C. 19　　　　D. -10　　　　E. 13

【答案】 A

【解析】 由已知得 $(a+1)^2=5$,所以 $a^2+2a=4$,于是
$$2a^3+7a^2-2a-12=2a^3+4a^2+3a^2-2a-12=3a^2+6a-12=0.$$

11. 已知 $a+b+c=5$,$a^2+b^2+c^2=15$,$a^3+b^3+c^3=47$,则 $(a^2+ab+b^2)(b^2+bc+c^2)(c^2+ca+a^2)$ 的值为( ).

A. 600　　　　B. 412　　　　C. 419　　　　D. 625　　　　E. 313

【答案】 D

【解析】 由已知得 $ab+bc+ca=\dfrac{1}{2}[(a+b+c)^2-(a^2+b^2+c^2)]=5$,由恒等式
$$a^3+b^3+c^3-3abc=(a+b+c)(a^2+b^2+c^2-ab-bc-ca)$$

得 $47-3abc=5\times(15-5)$,所以 $abc=-1$.

又 $a^2+ab+b^2=(a+b+c)(a+b)-(ab+bc+ca)=5(5-c)-5=5(4-c)$.

同理可得 $b^2+bc+c^2=5(4-a)$,$c^2+ca+a^2=5(4-b)$.

因此原式 $=5^3(4-a)(4-b)(4-c)=125[64-16(a+b+c)+4(ab+bc+ca)-abc]$
$=125\times[64-16\times5+4\times5-(-1)]=625.$

考点 77:指数函数与对数函数

典型例题

1. 已知 $a=6^{0.7}$,$b=0.7^6$,$c=\log_{0.7}6$,则( ).

A. $a<b<c$　　　B. $b<c<a$　　　C. $c<b<a$　　　D. $b<a<c$　　　E. $a>c>b$

【答案】 C

【解析】 对于指数函数 $y=6^x$,因为 $6>1$,当 $x>0$ 时 $y>1$,所以 $a>1$.对于指数函数 $y=0.7^x$,因为 $0.7<1$,当 $x>0$ 时,$y<1$,所以 $0<b<1$.对于对数函数 $y=\log_{0.7}x$,因为 $0.7<1$,当 $x>1$ 时,$y<0$,所以 $c<0$.综上知 C 正确.

2. $a>b>c$.

(1) $a=\log_3 6$,$b=\log_5 10$,$c=\log_7 14$

(2) $a=\left(\dfrac{3}{4}\right)^{-\frac{1}{3}}$,$b=\left(\dfrac{3}{4}\right)^{-\frac{1}{4}}$,$c=\left(\dfrac{3}{2}\right)^{-\frac{1}{4}}$

【答案】 D

【解析】 条件(1):$a=\log_3 6=\log_3(2\times3)=\log_3 2+\log_3 3=\dfrac{1}{\log_2 3}+1$,同理可以得到 $b=\log_5 10=$

$\dfrac{1}{\log_2 5}+1$，$c=\log_7 14=\dfrac{1}{\log_2 7}+1$，由于 $\log_2 3<\log_2 5<\log_2 7$，则 $a>b>c$．

条件(2)：对于指数函数 $y=\left(\dfrac{3}{4}\right)^x$，因为 $\dfrac{3}{4}<1$，当 $x<0$ 时 $y>1$，且为减函数，所以 $1<b<a$．

对于指数函数 $y=\left(\dfrac{3}{2}\right)^x$，因为 $\dfrac{3}{2}>1$，当 $x<0$ 时，$y<1$，所以 $c<1<b<a$．

3. 已知 $\lg(x+y)+\lg(2x+3y)-\lg 3=\lg 4+\lg x+\lg y$，则 $x:y$ 的值为（　　）．
A. 2 或 $\dfrac{1}{3}$　　　B. $\dfrac{1}{2}$ 或 3　　　C. $\dfrac{1}{2}$　　　D. $\dfrac{3}{2}$　　　E. 3

【答案】　B

【解析】　$\lg(x+y)+\lg(2x+3y)=(\lg 3+\lg 4)+(\lg x+\lg y)$，
$\lg(x+y)(2x+3y)=\lg 12+\lg(xy)=\lg(12xy)$，

则 $(x+y)(2x+3y)=12xy$，即 $2x^2+3y^2-7xy=0$，等式左右同时除以 y^2 可得

$$2\left(\dfrac{x}{y}\right)^2+3-7\left(\dfrac{x}{y}\right)=0,$$

令 $\dfrac{x}{y}=\lambda$，则 $2\lambda^2-7\lambda+3=0$，解得 $\lambda_1=\dfrac{1}{2}$，$\lambda_2=3$．

故 $x:y$ 的值为 $\dfrac{1}{2}$ 或 3．

4. 方程 $(x^2+x-1)^{x+4}=1$ 的所有整数解的个数是（　　）．
A. 2　　　B. 3　　　C. 4　　　D. 5　　　E. 6

【答案】　C

【解析】　分以下几种情况讨论．
（1）$x^2+x-1\neq 0$，$x+4=0$，则 $x=-4$；
（2）$x^2+x-1=1$，则 $x=1$ 或 $x=-2$；
（3）$x^2+x-1=-1$，$x+4$ 为偶数，则 $x=0$．
故方程的所有整数解为 $-4,-2,0,1$．
综上所述，答案选择 C．

5. 已知函数 $f(x)=\log_a(-x^2-2x+3)$，若 $f(0)<0$，则此函数的单调递增区间是（　　）．
A. $(-\infty,-1]$　　B. $[-1,+\infty)$　　C. $[-1,1)$　　D. $(-3,-1]$　　E. $(-\infty,1]$

【答案】　C

【解析】　由题意得函数的定义域为 $(-3,1)$．
由 $f(0)=\log_a 3<0$，得 $0<a<1$，所以若求函数 $f(x)$ 的单调递增区间，只需求二次函数 $y=-x^2-2x+3$ 在区间 $(-3,1)$ 上的单调递减区间即可．结合二次函数的图像可得 $y=-x^2-2x+3$ 在区间 $[-1,1)$ 上单调递减，故 $f(x)$ 的单调递增区间是 $[-1,1)$．

综上所述，答案选择 C．

6. 如果函数 $f(x)=(a^2-1)^x$ 在 $\mathbf{R}$ 上是增函数，那么实数 a 的取值范围是（　　）．
A. $|a|>1$　　B. $|a|<2$　　C. $|a|>3$　　D. $1<|a|<\sqrt{2}$　　E. 以上都不对

【答案】　E

【解析】　$f(x)=(a^2-1)^x$ 在 $\mathbf{R}$ 上是增函数 $\Rightarrow a^2-1>1 \Rightarrow a^2>2 \Rightarrow |a|>\sqrt{2}$．

综上所述,答案是 E.

7. 关于 x 的方程 $\log_4 x^{-2}+\log_2(x+4)+a=0$ 的根在区间 $(-2,-1)$ 时,实数 a 的取值范围为( ).

A. $-\log_2 3<a<0$ B. $-\log_2 3<a<1$ C. $0<a<\log_2 3$ D. $1<a<\log_2 3$ E. $0<a<1$

【答案】 A

【解析】 原方程可化为 $-\log_2|x|+\log_2(x+4)+a=0$,即
$$a=\log_2\frac{|x|}{x+4}.$$

因为 $x\in(-2,-1)$,则 $\frac{1}{3}<\frac{|x|}{x+4}<1$.

由对数函数的单调性,可得 $\log_2\frac{1}{3}<a<\log_2 1$,即
$$-\log_2 3<a<0.$$

综上所述,答案是 A.

练习:已知 $25^x=2000,80^y=2000$,则 $\frac{1}{x}+\frac{1}{y}$ 等于( ).

A. 2   B. 1   C. $\frac{1}{2}$ D. $\frac{3}{2}$ E. 3

考点 78:反比例函数

反比例函数 $y=\frac{1}{x}$(如图 3-3):

(1) 定义域:$x\neq 0$.
(2) 值域:$y\neq 0$.
(3) 单调性:一、三象限各自为减.
(4) 特殊性质:过定点 $(1,1),(-1,-1)$.
(5) 图像关于 $(0,0)$ 中心对称,关于 $y=\pm x$ 轴对称.

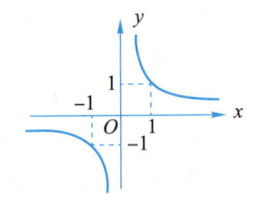

图 3-3

典型例题

1. 如图 3-4,在直角坐标系 xOy 中,一次函数 $y=k_1 x+b$ 的图像与反比例函数 $y=\frac{k_2}{x}$ 的图像交于 $A(1,4),B(3,m)$ 两点.则 $\triangle AOB$ 的面积为( ).

A. 2   B. 3   C. 1
D. $\frac{16}{3}$ E. 11

【答案】 D

【解析】 如图 3-5,过点 A 作 x 轴的垂线,交 BO 于点 F. 因为 $B\left(3,\frac{4}{3}\right)$,所以直线 BO 对应的正比例函数的解析式

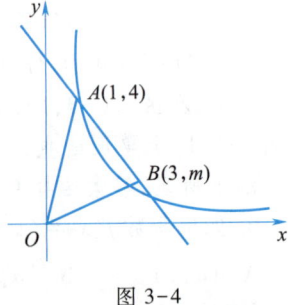

图 3-4

为 $y=\dfrac{4}{9}x$.

当 $x=1$ 时,$y=\dfrac{4}{9}$,即点 F 的坐标为 $\left(1,\dfrac{4}{9}\right)$,

所以 $AF=4-\dfrac{4}{9}=\dfrac{32}{9}$,

所以 $S_{\triangle AOB}=S_{\triangle OAF}+S_{\triangle ABF}=\dfrac{1}{2}\times 1\times\dfrac{32}{9}+\dfrac{1}{2}\times(3-1)\times\dfrac{32}{9}=\dfrac{16}{3}$,

即 $\triangle AOB$ 的面积为 $\dfrac{16}{3}$.

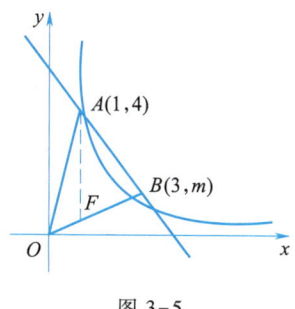

图 3-5

2. 设直线 $y=x+b$ 分别在第一和第三象限与曲线 $y=\dfrac{4}{x}$ 相交于点 A、点 B.则能确定 b 的值.

（1）已知以 AB 为对角线的正方形的面积
（2）点 A 的横坐标小于纵坐标

【答案】 C

【解析】 条件（1）由直线 $y=x+b$ 和曲线 $y=\dfrac{4}{x}$ 相交可得 $x+b=\dfrac{4}{x}\Rightarrow x^2+bx-4=0$.

设方程的两个根分别为 x_1,x_2,则 $|AB|=\sqrt{2}\,|x_1-x_2|=\sqrt{2}\dfrac{\sqrt{\Delta}}{|a|}=\sqrt{2}\dfrac{\sqrt{b^2+16}}{1}$,当 $|AB|$ 已知时,b 有正负,所以不能确定 b 的值.条件（1）不充分.

条件（2）$y_A=x_A+b$,$y_A-x_A=b>0$,显然不充分.

联合条件（1）和（2）,取 $b>0$ 的那个根,充分.

3. 已知实数 x,y 满足关系式 $xy-x-y=1$,则 x^2+y^2 的最小值为（　　）.

　　A. $3-2\sqrt{2}$　　B. $6-4\sqrt{2}$　　C. 1　　D. $6+4\sqrt{2}$　　E. $3+2\sqrt{2}$

【答案】 B

【解析】 由 $xy-x-y=1$ 可得 $xy=1+x+y$,令 $x+y=t$,则 $y=t-x$,代入已知关系式可得 $x(t-x)=1+t$,整理可得 $x^2-tx+t+1=0$.

由 $\Delta=(-t)^2-4(t+1)\geq 0$ 可得 $t\geq 2+2\sqrt{2}$ 或 $t\leq 2-2\sqrt{2}$,因此
$$x^2+y^2=(x+y)^2-2xy=(x+y)^2-2(x+y)-2=t^2-2t-2=(t-1)^2-3.$$

由二次函数的知识可知当 $t=2-2\sqrt{2}$ 时,函数取最小值 $6-4\sqrt{2}$.

技巧：$xy-x-y=1 \Leftrightarrow (x-1)(y-1)=2$.

令 $\begin{cases} u=x-1, \\ v=y-1, \end{cases}$ 则 $uv=2$.

$x^2+y^2=(u+1)^2+(v+1)^2$ 代表 (u,v) 到 $A(-1,-1)$ 的距离的平方.

而 (u,v) 在曲线 $y=\dfrac{2}{x}$ 上运动.如图 3-6 所示，显然 AB 的距离最小.

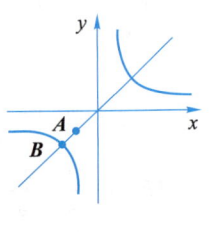

图 3-6

而 B 点是由 $y=x$ 与 $y=\dfrac{2}{x}$ 相交得到，B 点坐标为 $(-\sqrt{2},-\sqrt{2})$，则

$(x^2+y^2)_{\min}=6-4\sqrt{2}$.

4. 设非负实数 x,y 满足 $\begin{cases} 2 \leqslant xy \leqslant 8, \\ \dfrac{x}{2} \leqslant y \leqslant 2x, \end{cases}$ 则 $x+2y$ 的最大值为（   ）.

A. 3　　　　　B. 4　　　　　C. 5　　　　　D. 8　　　　　E. 10

【答案】 E

【解析】 线性目标函数的最值一定在交点处达到，如图 3-7，直接求出 A、B、C、D 的坐标逐个验证大小即可.

$\begin{cases} xy=8, \\ y=2x \end{cases} \Rightarrow A(2,4)$，　　$\begin{cases} xy=8, \\ 2y=x \end{cases} \Rightarrow B(4,2)$，

$\begin{cases} xy=2, \\ y=2x \end{cases} \Rightarrow D(1,2)$，　　$\begin{cases} xy=2, \\ 2y=x \end{cases} \Rightarrow C(2,1)$.

最后发现 A 点是最值点，把 $A(2,4)$ 代入目标函数，最大值是 10，选 E.

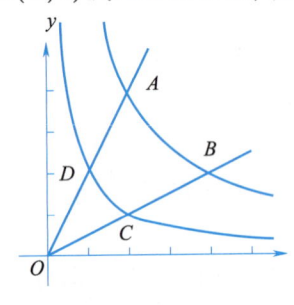

图 3-7

第四章 方程与不等式(考点79-96)

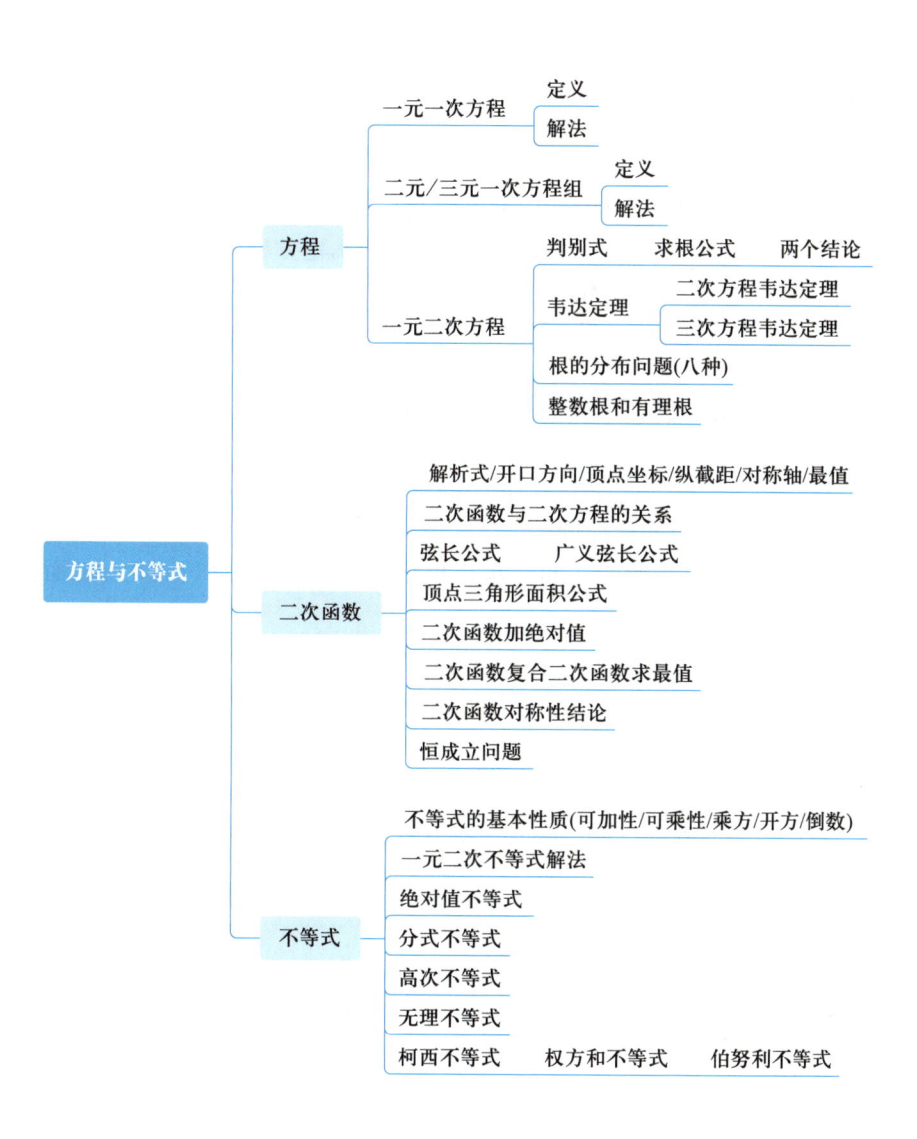

```
                                            ┌─ 定义
                          ┌─ 一元一次方程 ─┤
                          │                  └─ 解法
                          │
                          │                      ┌─ 定义
                          ├─ 二元/三元一次方程组 ─┤
                          │                      └─ 解法
              ┌─ 方程 ─┤
              │          │                ┌─ 判别式   求根公式   两个结论
              │          │                │
              │          │                │                ┌─ 二次方程韦达定理
              │          └─ 一元二次方程 ─┼─ 韦达定理 ─┤
              │                           │                └─ 三次方程韦达定理
              │                           │
              │                           ├─ 根的分布问题(八种)
              │                           │
              │                           └─ 整数根和有理根
              │
              │                 ┌─ 解析式/开口方向/顶点坐标/纵截距/对称轴/最值
              │                 │
              │                 ├─ 二次函数与二次方程的关系
              │                 │
              │                 ├─ 弦长公式    广义弦长公式
              │                 │
方程与不等式 ─┼─ 二次函数 ─┼─ 顶点三角形面积公式
              │                 │
              │                 ├─ 二次函数加绝对值
              │                 │
              │                 ├─ 二次函数复合二次函数求最值
              │                 │
              │                 ├─ 二次函数对称性结论
              │                 │
              │                 └─ 恒成立问题
              │
              │             ┌─ 不等式的基本性质(可加性/可乘性/乘方/开方/倒数)
              │             │
              │             ├─ 一元二次不等式解法
              │             │
              │             ├─ 绝对值不等式
              │             │
              └─ 不等式 ─┼─ 分式不等式
                            │
                            ├─ 高次不等式
                            │
                            ├─ 无理不等式
                            │
                            └─ 柯西不等式   权方和不等式   伯努利不等式
```

考试内容

考点79:二次方程判别式	考点81:二次方程根的分布问题
考点80:韦达定理	考点82:整数根与有理根

115

续表

考点 83:恒成立问题	考点 90:分式方程
考点 84:公共根问题	考点 91:分式不等式
考点 85:二次函数	考点 92:柯西不等式
考点 86:二次方程与二次不等式关系	考点 93:无理不等式
考点 87:复合函数	考点 94:含有绝对值的方程与不等式
考点 88:超越方程的解法	考点 95:高次不等式(穿线法)
考点 89:二次函数加绝对值	考点 96:不等式的基本性质

一、方程的定义

含有未知数的等式称为方程,方程中的未知数称为元,使方程成立的未知数的值,叫作方程的解(一元方程的解也叫作方程的根).求方程解或确定方程无解的过程叫作解方程.组成方程组的所有方程的公共解,叫作方程组的解.

二、一元一次方程和它的解法

任何一个含一个未知数且未知数最高次数为 1 的方程均可通过同解变换化为如下形式:
$$ax+b=0(a\neq 0),$$
称这种形式为一元一次方程的标准形.

一元一次方程的解法:将所给一元一次方程化简,得到 $ax=-b(a\neq 0)$,进而得出方程的解
$$x=-\frac{b}{a}.$$

三、二元一次方程组

形如 $\begin{cases} a_1x+b_1y=c_1 \\ a_2x+b_2y=c_2 \end{cases}$,的方程组称为二元一次方程组,二元一次方程组是由两个二元一次方程组成的.这两个二元一次方程的公共解就是这个二元一次方程组的解.

二元一次方程组的解法:

二元一次方程组的形式是 $\begin{cases} a_1x+b_1y=c_1 \\ a_2x+b_2y=c_2 \end{cases}$,有三种解的情况:

如果 $\dfrac{a_1}{a_2} \neq \dfrac{b_1}{b_2}$,则方程组有唯一解 (x,y);

如果 $\dfrac{a_1}{a_2} = \dfrac{b_1}{b_2} = \dfrac{c_1}{c_2}$,则方程组有无穷多解;

如果 $\dfrac{a_1}{a_2} = \dfrac{b_1}{b_2} \neq \dfrac{c_1}{c_2}$,则方程组无解.

其中当方程中有唯一解时,可以通过消元法,将其转换为一元一次方程来求解.

四、不等式的基本性质

(1) 传递性：$a>b, b>c \Rightarrow a>c$.

(2) 同向相加性：$\left.\begin{array}{l}a>b \\ c>d\end{array}\right\} \Rightarrow a+c>b+d$.

(3) 同向皆正相乘性：$\left.\begin{array}{l}a>b>0 \\ c>d>0\end{array}\right\} \Rightarrow ac>bd$.

(4) 皆正倒数性：$a>b>0 \Leftrightarrow \dfrac{1}{b} > \dfrac{1}{a} > 0$.

(5) 皆正乘（开）方性：$a>b>0 \Rightarrow a^n > b^n > 0 (n \in \mathbf{Z}^*)$.

五、一元二次方程

只含有一个未知数，最高次为二次的方程叫作一元二次方程，标准形为 $ax^2+bx+c=0$ $(a \neq 0)$.

其解的情况有如下几种：

(1) 当 $\Delta = b^2-4ac > 0$ 时，方程有两个不相等的实根：$x_{1,2} = \dfrac{-b \pm \sqrt{b^2-4ac}}{2a}$.

(2) 当 $\Delta = b^2-4ac = 0$ 时，方程有两个相等的实根：$x_{1,2} = -\dfrac{b}{2a}$.

(3) 当 $\Delta = b^2-4ac < 0$ 时，方程没有实根.

六、根与系数的关系（韦达定理）

(1) 如果一元二次方程 $ax^2+bx+c=0(a \neq 0)$ 的两个根为 x_1, x_2，那么

$$x_1+x_2 = -\dfrac{b}{a}, \quad x_1 x_2 = \dfrac{c}{a}.$$

韦达定理的拓展：

$$x_1^2 + x_2^2 = (x_1+x_2)^2 - 2x_1 x_2, \quad \dfrac{1}{x_1} + \dfrac{1}{x_2} = \dfrac{x_1+x_2}{x_1 x_2},$$

$$(x_1-x_2)^2 = (x_1+x_2)^2 - 4x_1 x_2, \quad |x_1-x_2| = \sqrt{(x_1+x_2)^2 - 4x_1 x_2}.$$

(2) 如果一元三次方程 $ax^3+bx^2+cx+d=0$ 的三个根为 x_1, x_2, x_3，那么

$$x_1+x_2+x_3 = -\dfrac{b}{a}, \quad x_1 x_2 x_3 = -\dfrac{d}{a}, \quad x_1 x_2 + x_2 x_3 + x_1 x_3 = \dfrac{c}{a}.$$

七、一元二次方程与抛物线

(1) $y = ax^2+bx+c = a\left(x+\dfrac{b}{2a}\right)^2 + \dfrac{4ac-b^2}{4a}$.

(2) 上述一元二次函数的图像是抛物线，顶点是 $\left(-\dfrac{b}{2a}, \dfrac{4ac-b^2}{4a}\right)$；对称轴是直线 $x = -\dfrac{b}{2a}$；y 轴截距为 c.

(3) 最值：当 $a<0$ 时，有最大值 $\dfrac{4ac-b^2}{4a}$；$a>0$ 时，有最小值 $\dfrac{4ac-b^2}{4a}$.

(4) 函数 $y=ax^2+bx+c$ 的图像与 x 轴有两个交点 A,B，则 $|AB|=\dfrac{\sqrt{\Delta}}{|a|}$，其中 $\Delta=b^2-4ac$.

(5) 函数 $f(x)=ax^2+bx+c$ 的图像与 x 轴有两个交点 A,B，抛物线的顶点为 P，则三角形 ABP 的面积是 $\dfrac{(\sqrt{\Delta})^3}{8a^2}$.

(6) 对称性：若函数 $f(x)=ax^2+bx+c$ 满足 $f(x_1)=f(x_2)$，则 $f(x_1+x_2)=c$.

八、整数根与有理根

(1) 有理系数一元二次方程 $ax^2+bx+c=0(a\neq 0)$ 的两个根为有理数 $\Leftrightarrow \Delta=m^2(m\in \mathbf{Q})$.

(2) 整数系数一元二次方程 $ax^2+bx+c=0(a\neq 0)$ 的两个根为整数 $\Rightarrow \Delta=m^2(m\in \mathbf{Z})$.

九、一元二次方程实根的分布

四种常考经典分布：
有两正根 $\Leftrightarrow \Delta\geq 0, ab<0, ac>0$；
有两负根 $\Leftrightarrow \Delta\geq 0$ 且 a,b,c 同号；
有异号根 $\Leftrightarrow ac<0$；
两根满足 $x_1<m<x_2 \Leftrightarrow af(m)<0$.

几种非经典分布：设 $f(x)=ax^2+bx+c(a>0)$，则方程 $f(x)=0$ 的实根分布的基本类型及相应方法如下表：

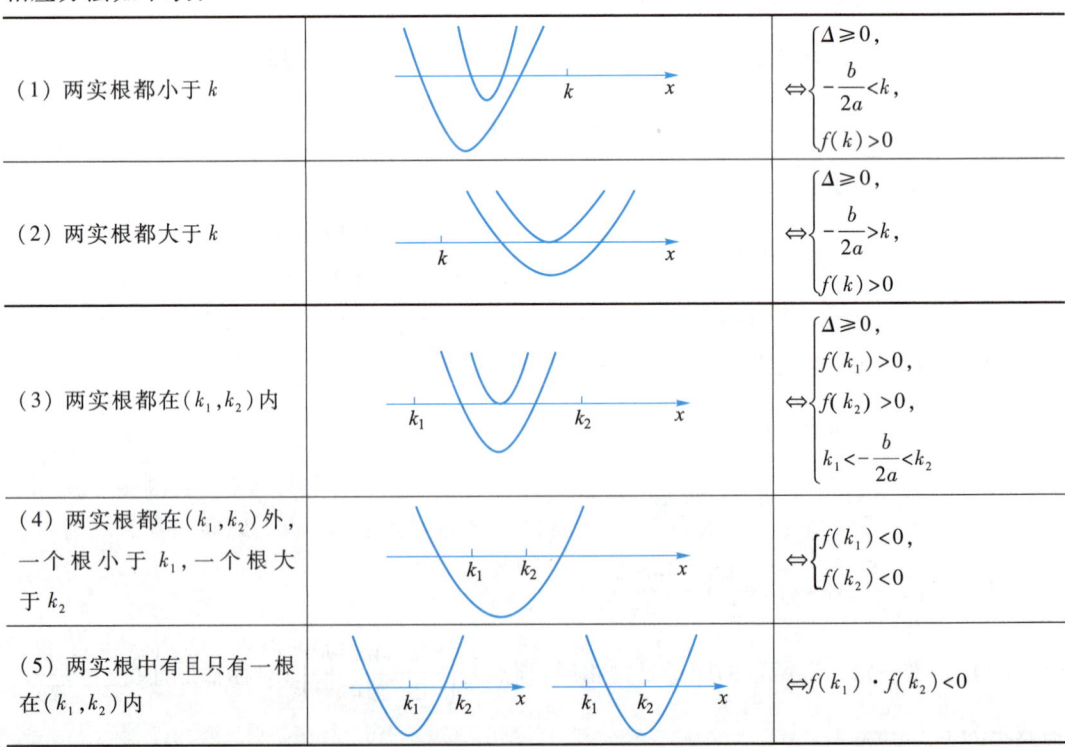

(1) 两实根都小于 k		$\Leftrightarrow \begin{cases} \Delta\geq 0, \\ -\dfrac{b}{2a}<k, \\ f(k)>0 \end{cases}$
(2) 两实根都大于 k		$\Leftrightarrow \begin{cases} \Delta\geq 0, \\ -\dfrac{b}{2a}>k, \\ f(k)>0 \end{cases}$
(3) 两实根都在 (k_1,k_2) 内		$\Leftrightarrow \begin{cases} \Delta\geq 0, \\ f(k_1)>0, \\ f(k_2)>0, \\ k_1<-\dfrac{b}{2a}<k_2 \end{cases}$
(4) 两实根都在 (k_1,k_2) 外，一个根小于 k_1，一个根大于 k_2		$\Leftrightarrow \begin{cases} f(k_1)<0, \\ f(k_2)<0 \end{cases}$
(5) 两实根中有且只有一根在 (k_1,k_2) 内		$\Leftrightarrow f(k_1)\cdot f(k_2)<0$

十、一元二次不等式及其解法

（1）一元二次不等式的标准形为
$ax^2+bx+c>0(a>0)$ 或 $ax^2+bx+c<0(a>0)$.
注意：一元二次不等式的标准形中，二次项系数为正.

（2）一元二次不等式的图像解法：将所给一元一次不等式化为标准形后，依下表最后一行，即开口向上的抛物线 $y=ax^2+bx+c(a>0)$ 的不同位置求解.

一元二次不等式的解集	$\Delta=b^2-4ac$	$\Delta>0$	$\Delta=0$	$\Delta<0$
	一元二次方程 $ax^2+bx+c=0$ （$a>0$）的根	有两个相异实根 $x_{1,2}=\dfrac{-b\pm\sqrt{b^2-4ac}}{2a}$ （取 $x_1<x_2$）	有两个相等实根 $x_1=x_2=-\dfrac{b}{2a}$	没有实根
	$ax^2+bx+c>0$ （$a>0$）	$(-\infty,x_1)\cup(x_2,+\infty)$ （$x<x_1$ 或 $x>x_2$）	$\left(-\infty,-\dfrac{b}{2a}\right)\cup\left(-\dfrac{b}{2a},+\infty\right)$ （$x\in\mathbf{R}$ 且 $x\neq-\dfrac{b}{2a}$）	$(-\infty,+\infty)$ （实数集）
	$ax^2+bx+c<0$ （$a>0$）	(x_1,x_2) $x_1<x<x_2$	无解	无解
	二次函数 $y=ax^2+bx+c(a>0)$ 的图像			

十一、含绝对值不等式的解法

① 形如 $|f(x)|<a$, $|f(x)|>a(a\in\mathbf{R})$ 型不等式.
② 形如 $|f(x)|<g(x)$, $|f(x)|>g(x)$ 型不等式.
这类不等式的简捷解法是等价命题法，即
$|f(x)|<g(x)\Leftrightarrow -g(x)<f(x)<g(x)$.
$|f(x)|>g(x)$ 转化为求 $|f(x)|\leq g(x)$ 的补集（相对于定义域）.
③ 形如 $|f(x)|<|g(x)|$ 型不等式.
此类不等式的简捷解法是利用平方法，即
$|f(x)|<|g(x)|\Leftrightarrow f^2(x)<g^2(x)\Leftrightarrow [f(x)+g(x)][f(x)-g(x)]<0$.

十二、分式不等式

① $\dfrac{F(x)}{G(x)}<0\Leftrightarrow F(x)G(x)<0$；② $\dfrac{F(x)}{G(x)}\leq 0\Leftrightarrow F(x)G(x)\leq 0,G(x)\neq 0$.

十三、高次可分解因式不等式的巧解

"数轴穿线法"用于解一元高次不等式非常方便，其解题步骤如下：

(1) 分解因式,化成若干个因式的乘积(分解到不能再分解为止);
(2) 作等价变形,保证因式最高项符号为正,例如 x^2+1, x^2+x+1, x^2-3x+5 等;
(3) 由小到大、从左到右标出与不等式对应的方程的根;
(4) 从右上角起,"穿针引线";
(5) 重根的处理,依"奇穿偶不穿"原则;
(6) 画出解集的示意区域,从左到右写出解集.

例如:

高次不等式 $f(x)=(x-x_1)(x-x_2)(x-x_3)\cdots(x-x_n)>0$ 的解集可以用穿线法.

穿线法的解题口诀:"奇穿偶不穿,符号定区间".

例如,求 $(x-1)(x-2)(x-3)>0$ 的解集.

第一步,如图 4-1 所示,穿线.

第二步,定区间:原不等式的解集为 $1<x<2$ 或 $x>3$.

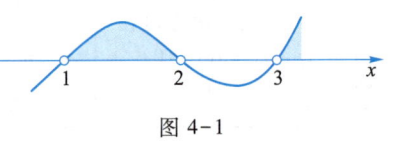

图 4-1

十四、柯西不等式

对任意的 $a,b,c,d \in \mathbf{R}$,则 $|ac+bd| \leqslant \sqrt{a^2+b^2}\sqrt{c^2+d^2}$,当且仅当 $\dfrac{a}{c}=\dfrac{b}{d}$ 时取等号.

十五、恒成立相关结论

(1) $F(x)>A$ 恒成立等价于 $F(x)_{\min}>A$.

(2) $F(x)<A$ 恒成立等价于 $F(x)_{\max}<A$.

(3) $F(x)>A$ 有解等价于 $F(x)_{\max}>A$.

(4) $F(x)<A$ 有解等价于 $F(x)_{\min}<A$.

(5) $ax^2+bx+c>0$ 恒成立等价于 $\begin{cases} a>0, \\ \Delta<0. \end{cases}$

(6) $ax^2+bx+c<0$ 恒成立等价于 $\begin{cases} a<0, \\ \Delta<0. \end{cases}$

考点79:二次方程判别式

只含有一个未知数,最高次为二次的方程叫作一元二次方程,标准形式为 $ax^2+bx+c=0$ ($a \neq 0$).

其解的情况有如下几种:

① 当 $\Delta=b^2-4ac>0$ 时,方程有两个不相等的实根: $x_{1,2}=\dfrac{-b \pm \sqrt{b^2-4ac}}{2a}$.

② 当 $\Delta=b^2-4ac=0$ 时,方程有两个相等的实根: $x_{1,2}=-\dfrac{b}{2a}$.

③ 当 $\Delta=b^2-4ac<0$ 时,方程没有实根.

典型例题

1. 关于 x 的方程 $x^2+ax+b-1=0$ 有实数解.

(1) $a+b=0$

(2) $a=b$

【答案】 D

【解析】 方程有实根,则 $a^2-4(b-1)\geq 0$,由条件(1)得 $a=-b$,即 $a^2+4a+4=(a+2)^2\geq 0$,故条件(1)充分,由条件(2)得 $a=b$,即 $a^2-4a+4=(a-2)^2\geq 0$,故条件(2)也充分.选 D.

2. 一元二次方程 $ax^2+bx+c=0$ 无实数根.

(1) a,b,c 成等比数列且 $b\neq 0$ (2) a,b,c 成等差数列

【答案】 A

【解析】 条件(1) $\Delta=b^2-4ac=-3b^2<0\Rightarrow$ 一元二次方程 $ax^2+bx+c=0$ 无实数根.

条件(2) $\Delta=b^2-4ac=\left(\dfrac{a+c}{2}\right)^2-4ac=\dfrac{a^2+c^2-14ac}{4}$,

无法判断 Δ 与 0 的大小关系,故条件(2)不充分.

综上所述,答案是 A.

考点 80:韦达定理

如果一元二次方程 $ax^2+bx+c=0(a\neq 0)$ 的两个根为 x_1,x_2,那么

$$x_1+x_2=-\dfrac{b}{a},x_1x_2=\dfrac{c}{a}.$$

如果一元三次方程 $ax^3+bx^2+cx+d=0(a\neq 0)$ 的三个根为 x_1,x_2,x_3,那么

$$x_1+x_2+x_3=-\dfrac{b}{a},x_1x_2x_3=-\dfrac{d}{a},x_1x_2+x_2x_3+x_1x_3=\dfrac{c}{a}.$$

典型例题

1. $3x^2+bx+c=0(c\neq 0)$ 的两个根为 α,β,如果又以 $\alpha+\beta,\alpha\beta$ 为根的一元二次方程是 $3x^2-bx+c=0$,则 b 和 c 分别为( ).

A. 2,6   B. 3,4   C. -2,-6   D. -3,-6   E. 以上都不对

【答案】 D

【解析】 由韦达定理,$\begin{cases}\alpha+\beta=-\dfrac{b}{3},\\ \alpha\beta=\dfrac{c}{3}\end{cases}$ 且 $\begin{cases}(\alpha+\beta)+(\alpha\beta)=\dfrac{b}{3},\\ (\alpha+\beta)(\alpha\beta)=\dfrac{c}{3},\end{cases}$ 解方程组

$\begin{cases}\alpha\beta=\dfrac{c}{3},\\ (\alpha+\beta)(\alpha\beta)=\dfrac{c}{3},\\ c\neq 0\end{cases}\Rightarrow(\alpha+\beta-1)(\alpha\beta)=0$ 且 $\alpha\beta\neq 0\Rightarrow\alpha+\beta=1=-\dfrac{b}{3}\Rightarrow b=-3$,

从而由 $\begin{cases}\alpha+\beta=-\dfrac{b}{3},\\ (\alpha+\beta)+(\alpha\beta)=\dfrac{b}{3}\end{cases}\Rightarrow\dfrac{c}{3}=\alpha\beta=\dfrac{2b}{3}=-2\Rightarrow c=-6$.

2. 若关于 x 的方程 $x^2+5x+m=0$ 的两根之差为 3,则 $m=$( ).

A. 0   B. 4   C. 3   D. -2   E. 2

【答案】 B

【解析】 设方程的两根是 x_1, x_2，则有 $x_1 - x_2 = 3$，$(x_1 - x_2)^2 = 9$。由于 $(x_1 - x_2)^2 = (x_1 + x_2)^2 - 4x_1 x_2$，所以 $25 - 4m = 9$，解得 $m = 4$。经检验，合理。

注意：也可用公式 $|x_1 - x_2| = \dfrac{\sqrt{\Delta}}{|a|} = \dfrac{\sqrt{25-4m}}{|1|} = 3 \Rightarrow m = 4$。

3. 关于 x 的方程 $4x^2 - 4mx + m + 2 = 0$ 的两个实根为 α, β，则 $\alpha^2 + \beta^2$ 的最小值是（　　）.

A. $\dfrac{1}{2}$　　B. 1　　C. $\dfrac{3}{2}$　　D. 2　　E. 3

【答案】 A

【解析】 由于 $\begin{cases} \alpha + \beta = m, \\ \alpha\beta = \dfrac{m+2}{4}, \end{cases}$ 则有 $\alpha^2 + \beta^2 = (\alpha+\beta)^2 - 2\alpha\beta = m^2 - \dfrac{1}{2}m - 1$。由于 $\Delta = 16m^2 - 16(m+2) \geq 0$，解得 $m \leq -1$ 或 $m \geq 2$。

(1) 若 $m \leq -1$，根据二次函数的图像可知：当 $m = -1$ 时，$m^2 - \dfrac{1}{2}m - 1$ 有最小值 $\dfrac{1}{2}$。

(2) 若 $m \geq 2$，根据二次函数的图像可知：当 $m = 2$ 时，$m^2 - \dfrac{1}{2}m - 1$ 有最小值 2。

综上所述，$\alpha^2 + \beta^2$ 的最小值是 $\dfrac{1}{2}$。

4. 若关于 x 的一元二次方程 $x^2 + kx + 4k^2 - 3 = 0$ 的两个不相等的实数根分别是 x_1, x_2，且满足 $x_1 + x_2 = x_1 x_2$，则 k 的值为（　　）.

A. -1 或 $\dfrac{3}{4}$　　B. -1　　C. $\dfrac{3}{4}$　　D. $-\dfrac{3}{4}$　　E. 0

【答案】 C

【解析】 由韦达定理，$x_1 + x_2 = -k$，$x_1 x_2 = 4k^2 - 3$。由题意，$x_1 + x_2 = x_1 x_2 \Rightarrow -k = 4k^2 - 3 \Rightarrow k = -1$ 或 $k = \dfrac{3}{4}$。这里很多人误选 A。但注意，上述计算仅在此方程有两个不相等的实数根的情况下有意义，所以，应验证判别式，$\Delta = k^2 - 4(4k^2 - 3) > 0 \Rightarrow -\dfrac{2}{5}\sqrt{5} < k < \dfrac{2}{5}\sqrt{5}$。

所以答案为 C。

5. 实数 s, t 满足 $19s^2 + 99s + 1 = 0$，$t^2 + 99t + 19 = 0$，且 $st \neq 1$，则 $\dfrac{st + 4s + 1}{t} = (\quad)$.

A. 0　　B. -3　　C. -5　　D. 3　　E. 5

【答案】 C

【解析】 $t^2 + 99t + 19 = 0 \Rightarrow \dfrac{19}{t^2} + \dfrac{99}{t} + 1 = 0$，可见 $s, \dfrac{1}{t}$ 是方程 $19x^2 + 99x + 1 = 0$ 的两个不相等的实数根（因为 $st \neq 1$，所以不相等）。由韦达定理 $s + \dfrac{1}{t} = -\dfrac{99}{19}$，$\dfrac{s}{t} = \dfrac{1}{19}$，所以

$$\dfrac{st + 4s + 1}{t} = s + \dfrac{4s}{t} + \dfrac{1}{t} = -\dfrac{99}{19} + \dfrac{4}{19} = -5.$$

考点81：二次方程根的分布问题

四种常考经典分布：
（1）有两正根$\Leftrightarrow \Delta \geq 0, ab<0, ac>0$.
（2）有两负根$\Leftrightarrow \Delta \geq 0$ 且 a, b, c 同号.
（3）有异号根$\Leftrightarrow ac<0$.
（4）两根满足 $x_1<m<x_2 \Leftrightarrow af(m)<0$.

几种非经典分布：设 $f(x) = ax^2 + bx + c (a \neq 0)$，则方程 $f(x) = 0$ 的实根分布的基本类型及相应方法如下表：

一元二次方程根的分布类型	示意图（$a>0$）	相应方法（$a>0$）
（1）两实根都小于 k		$\begin{cases} \Delta \geq 0, \\ -\dfrac{b}{2a} < k, \\ f(k) > 0 \end{cases}$
（2）两实根都大于 k		$\begin{cases} \Delta \geq 0, \\ -\dfrac{b}{2a} > k, \\ f(k) > 0 \end{cases}$
（3）两实根都在 (k_1, k_2) 内		$\begin{cases} \Delta \geq 0, \\ f(k_1) > 0, \\ f(k_2) > 0, \\ k_1 < -\dfrac{b}{2a} < k_2 \end{cases}$
（4）两实根都在 (k_1, k_2) 外，一个根小于 k_1，一个根大于 k_2		$\begin{cases} f(k_1) < 0, \\ f(k_2) < 0 \end{cases}$
（5）两根中有且只有一根在 (k_1, k_2) 内		$f(k_1) \cdot f(k_2) < 0$

典型例题

1. 已知方程 $2x^2 - (m+1)x + m = 0$ 有两个不等正实根，则实数 m 的取值范围为（　　）．

A. $0<m<3-2\sqrt{2}$ 或 $m>3+2\sqrt{2}$　　B. $0<m<3-2\sqrt{2}$　　C. $m>3+2\sqrt{2}$
D. $0<m<3-2\sqrt{2}$ 或 $m>3$　　E. 以上都不是

【答案】　A

【解析】　转化为二次函数 $f(x) = 2x^2 - (m+1)x + m$，显然有两个不同的根，且都大于 0，依次考虑四个方面：显然开口向上；函数有两个零点，所以 $\Delta>0$；考虑对称轴，显然在端点 0 的右侧，所以 $\dfrac{m+1}{4}>0$；最后观察端点函数值，显然大于 0，所以 $f(0)>0$．整理可得 $\begin{cases} (m+1)^2 - 8m > 0, \\ \dfrac{m+1}{4} > 0, \\ f(0) > 0, \end{cases}$

可得 $0<m<3-2\sqrt{2}$ 或 $m>3+2\sqrt{2}$.

2. 方程 $2ax^2-2x-3a+5=0$ 的一个根大于 1,另一个根小于 1.
(1) $a>3$ (2) $a<0$

【答案】 D

【解析】 一元二次方程 $ax^2+bx+c=0(a\neq 0)$ 有一个根大于 m,有一个根小于 m,则有 $af(m)<0$.

则该题结论 $\Leftrightarrow 2af(1)<0 \Leftrightarrow a(3-a)<0 \Leftrightarrow a<0$ 或 $a>3$,则条件(1)充分,条件(2)充分.

3. 若关于 x 的一元二次方程 $mx^2-(m-1)x+m-5=0$ 有两个实根 α,β,且满足: $-1<\alpha<0$ 和 $0<\beta<1$,则实数 m 的取值范围是( ).

A. $3<m<4$ B. $4<m<5$ C. $5<m<6$ D. $m>6$ 或 $m<5$ E. $m>5$ 或 $m<4$

【答案】 B

【解析】 先将方程二次项系数化为 1,得 $x^2-\dfrac{m-1}{m}x+\dfrac{m-5}{m}=0(m\neq 0)$,具体解析如下:

第一步,画示意图,如图 4-2.

第二步,写不等式组:

$$\begin{cases} f(-1)>0, \\ f(0)<0, \\ f(1)>0 \end{cases}$$

$$\Rightarrow \begin{cases} 1+\dfrac{m-1}{m}+\dfrac{m-5}{m}>0 \Rightarrow m>2 \text{ 或 } m<0, \\ \dfrac{m-5}{m}<0 \Rightarrow 0<m<5, \\ 1-\dfrac{m-1}{m}+\dfrac{m-5}{m}>0 \Rightarrow m>4 \text{ 或 } m<0 \end{cases}$$

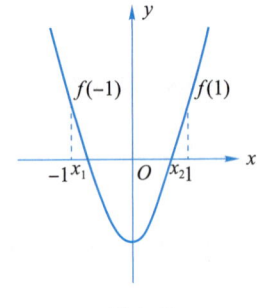

图 4-2

$\Rightarrow 4<m<5$.

4. $k<2$.

(1) 方程 $x^2+(k-1)x+k=0$ 的两根 x_1 和 x_2,满足 $0<x_1<x_2<1$.

(2) 不等式 $\dfrac{3x^2+2x+2}{x^2+x+1}>k$,$k$ 对任意实数 x 恒成立.

【答案】 D

【解析】 条件(1):令 $f(x)=x^2+(k-1)x+k$,方程有两个实数根,则

$$\begin{cases} \Delta>0, \\ 0<\dfrac{1-k}{2}<1, \\ f(1)>0, \\ f(0)>0 \end{cases} \Rightarrow \begin{cases} k>0, \\ -1<k<1, \\ k<3-2\sqrt{2} \text{ 或 } k>3+2\sqrt{2}, \end{cases}$$

故 $0<k<3-2\sqrt{2}$.条件(1)充分.

条件(2): $k < \dfrac{3x^2+2x+2}{x^2+x+1} = 2 + \dfrac{x^2}{x^2+x+1}$ 恒成立,则只需 k 小于 $2+\dfrac{x^2}{x^2+x+1}$ 的最小值2.故 $k<2$,条件(2)充分.

综上所述,答案是 D.

5. 若实数 a,b 满足 $\dfrac{1}{2}a-ab+b^2+2=0$,则 a 的取值范围是(　　).

A. $a \leqslant -2$　　　　　B. $a \geqslant 4$　　　　　C. $a \leqslant -2$ 或 $a \geqslant 4$

D. $-2 \leqslant a \leqslant 4$　　　E. 以上均不是

【答案】　C

【解析】　因为 b 是实数,所以关于 b 的一元二次方程 $b^2-ab+\dfrac{1}{2}a+2=0$ 的判别式 $\Delta = (-a)^2 - 4 \times 1 \times (\dfrac{1}{2}a+2) \geqslant 0$,解得 $a \leqslant -2$ 或 $a \geqslant 4$.

考点82：整数根与有理根

有理系数一元二次方程 $ax^2+bx+c=0(a \neq 0)$ 的两个根为有理数 $\Leftrightarrow \Delta = m^2 (m \in \mathbf{Q})$.

整数系数一元二次方程 $ax^2+bx+c=0(a \neq 0)$ 的两个根为整数 $\Rightarrow \Delta = m^2 (m \in \mathbf{Z})$.

典型例题

1. 已知关于 x 的方程 $x^2-(n+1)x+2n-1=0$ 的两根为整数,则整数 n 为(　　).

A. 1 或 2　　　B. 1 或 5　　　C. 1 或 3　　　D. 2 或 5　　　E. 3 或 5

【答案】　B

【解析】　因为两根为整数,所以 $\begin{cases} \Delta = (n+1)^2-4(2n-1) \text{ 为完全平方数,} \\ x_1+x_2 = n+1 \text{ 为整数,} \\ x_1 x_2 = 2n-1 \text{ 为整数,} \end{cases}$ 故 n 为整数,设 $\Delta = (n+1)^2 - 4(2n-1) = k^2$($k$ 为非负整数),即

$$(n-3)^2 - k^2 = 4 \Rightarrow (n-3+k)(n-3-k) = 4.$$

所以 $\begin{cases} n-3+k=4 \\ n-3-k=1 \end{cases}$ 或 $\begin{cases} n-3+k=-1 \\ n-3-k=-4 \end{cases}$ 或 $\begin{cases} n-3+k=2 \\ n-3-k=2 \end{cases}$ 或 $\begin{cases} n-3+k=-2 \\ n-3-k=-2 \end{cases}$ 故 $n=1$ 或 5.

2. 设 m 为自然数,且 $12<m<40$,若方程 $x^2-2(2m-3)x+4m^2-14m+8=0$ 的两根均为整数根,则 $m=$(　　).

A. 7　　　　　B. 12　　　　　C. 24　　　　　D. 31　　　　　E. 40

【答案】　C

【解析】　方程判别式 $\Delta = 4(2m-3)^2 - 4(4m^2-14m+8) = 4(2m+1)$.

因为方程两根均为整数,所以 $2m+1$ 必为完全平方数,且必为奇数的平方.

而 $12<m<40$,得 $25<2m+1<81$,在此范围内的奇完全平方数只有49.

所以 $2m+1=49$,所以 $m=24$.

考点83：恒成立问题

① 一元二次不等式 $ax^2+bx+c<($ 或 $)0$ 的解集为任意实数的充要条件是：$\begin{cases} a<(或>)0, \\ \Delta<0. \end{cases}$

② $F(x)>A$ 恒成立 $\Leftrightarrow F(x)_{\min}>A$.

③ $F(x)<A$ 恒成立 $\Leftrightarrow F(x)_{\max}<A$.

④ $F(x)>A$ 有解 $\Leftrightarrow F(x)_{\max}>A$.

⑤ $F(x)<A$ 有解 $\Leftrightarrow F(x)_{\min}<A$.

典型例题

1. 不等式 $(k+3)x^2-2(k+3)x+k-1<0$ 对任意的实数 x 恒成立.

(1) $k=0$ (2) $k=-3$

【答案】 B

【解析】 $(k+3)x^2-2(k+3)x+k-1<0$ 对任意的实数 x 恒成立,解题时分两种情况.

情况一：$k+3=0$ 时,$k=-3$,原不等式变为 $-4<0$,恒成立.

情况二：$k+3\neq 0$ 时,$k\neq -3$,原不等式等价于

$$\begin{cases} k+3<0, \\ \Delta=4(k+3)^2-4(k+3)(k-1)<0 \end{cases} \Rightarrow k<-3.$$

结论等价于 $k\leq -3$.

条件(1) $k=0$ 不是结论的子集,故条件(1)不是充分条件.

条件(2) $k=-3$ 是结论的子集,故条件(2)是充分条件.

2. 若对任意 $x>0$, $\dfrac{x}{x^2+3x+1}\leq a$ 恒成立,则 a 的取值范围是( ).

A. $a>\dfrac{1}{6}$ B. $a\geq 5$ C. $a>\dfrac{1}{5}$ D. $a<5$ E. $a\geq \dfrac{1}{5}$

【答案】 E

【解析】 $a\geq \dfrac{x}{x^2+3x+1}=\dfrac{1}{x+\dfrac{1}{x}+3}$,由 $x>0$ 可知 $x+\dfrac{1}{x}\geq 2$,则 $\dfrac{1}{x+\dfrac{1}{x}+3}\leq \dfrac{1}{5}$,原不等式恒成立

只需 a 大于或等于 $\dfrac{1}{x+\dfrac{1}{x}+3}$ 的最大值就可以了,于是 $a\geq \dfrac{1}{5}$.

3. 若函数 $y=\dfrac{kx+5}{kx^2+4kx+3}$ 中的自变量的取值范围是一切实数,则实数 k 的取值范围是( ).

A. $0<k<\dfrac{3}{4}$ B. $k<\dfrac{3}{4}$ C. $0\leq k$ D. $k>\dfrac{3}{4}$ E. $0\leq k<\dfrac{3}{4}$

【答案】 E

【解析】 由题可知,$kx^2+4kx+3\neq 0$ 在定义域 **R** 上恒成立.

(1) 若 $k=0$,则 $y=\dfrac{5}{3}$ 是常量函数,与 x 无关,故 $k=0$ 符合已知条件.

(2)若 $k\neq 0$,$f(x)=kx^2+4kx+3$,只需 $\Delta=(4k)^2-12k<0$,即 $16k^2-12k<0$,则 $0<k<\dfrac{3}{4}$.

故实数 k 的取值范围是 $0\leqslant k<\dfrac{3}{4}$.

4. 关于 x 的不等式 $\left|x+\dfrac{a}{x}\right|\leqslant 2\sqrt{3}$ 的解集为空集.

(1) $a>4$

(2) $a=3$

【答案】 A

【解析】 不等式 $\left|x+\dfrac{a}{x}\right|\leqslant 2\sqrt{3}$ 的解集为空集等价于不等式 $\left|x+\dfrac{a}{x}\right|>2\sqrt{3}$ 恒成立 $\Rightarrow f(x)=\left|x+\dfrac{a}{x}\right|$ 的最小值大于 $2\sqrt{3}$.

对勾函数 $f(x)=\left|x+\dfrac{a}{x}\right|$ 的最小值为 $|2\sqrt{a}|$,则 $|2\sqrt{a}|>2\sqrt{3}\Rightarrow a>3$,所以条件(1)充分,但是条件(2)不充分.

考点 84：公共根问题

方法：两个步骤.

① 设公共根,代入原方程(两个以上).

② 通过恒等变形求出参数的值和公共根.

典型例题

1. 方程 $x^2+kx-3=0$ 和方程 $x^2-4x-(k-1)=0$ 有一个公共解,则 $k=(\quad)$.

A. 2　　　　　B. 1　　　　　C. -1　　　　　D. -2　　　　　E. -3

【答案】 D

【解析】 设两方程的公共根为 x_0,则

$$\begin{cases}x_0^2+kx_0-3=0,①\\ x_0^2-4x_0-(k-1)=0,②\end{cases}$$

由②得 $k=x_0^2-4x_0+1$.

代入①,得 $x_0^2+(x_0^2-4x_0+1)x_0-3=0$.

整理,得 $x_0^3-3x_0^2+x_0-3=0$,所以

$$(x_0^2+1)(x_0-3)=0.$$

因为 $x_0^2+1\neq 0$,所以 $x_0-3=0$,即 $x_0=3$.

把 x_0 代入①或②中,得 $k=-2$.

2. $\triangle ABC$ 是直角三角形.

(1) a,b,c 是 $\triangle ABC$ 的三边,且 $(a-b)(a^2+b^2-c^2)=0$

(2) a,b,c 是 $\triangle ABC$ 的三边,$x^2+2ax+b^2=0$ 和 $x^2+2cx-b^2=0$ 有一个相同的根

【答案】 B

【解析】 对于条件(1),$(a-b)(a^2+b^2-c^2)=0\Rightarrow a=b$ 或 $a^2+b^2=c^2\Rightarrow \triangle ABC$ 为等腰三角

形或直角三角形,则条件(1)不充分.

对于条件(2),

$\begin{cases} x^2+2ax+b^2=0, \\ x^2+2cx-b^2=0 \end{cases} \Rightarrow 2x^2+2(a+c)x=0 \Rightarrow x=0$ 或 $x=-a-c, x=0$(舍,因 $b\neq 0$),

则 $x=-a-c \Rightarrow a^2=b^2+c^2 \Rightarrow \triangle ABC$ 为直角三角形,则条件(2)充分.

3. 若方程 $x^2+bx+c=0$ 和 $x^2+cx+b=0$ 有一公共根,且 $b\neq c$,则 $(b+c)^{2010}=$ (　　).

A. 1　　　B. 2　　　C. 3　　　D. 4　　　E. 5

【答案】A

【解析】设公共根为 k,则 $\begin{cases} k^2+bk+c=0, \\ k^2+ck+b=0, \end{cases}$ 两式相减得 $k=1$,代入方程有 $b+c=-1$,所以 $(b+c)^{2010}=1$.

考点85：二次函数

① $y=ax^2+bx+c=a\left(x+\dfrac{b}{2a}\right)^2+\dfrac{4ac-b^2}{4a}$.

② 顶点为 $\left(-\dfrac{b}{2a}, \dfrac{4ac-b^2}{4a}\right)$,对称轴为直线 $x=-\dfrac{b}{2a}$,y 轴截距为 c.

③ 最值：当 $a<0$ 时,有最大值 $\dfrac{4ac-b^2}{4a}$；当 $a>0$ 时,有最小值 $\dfrac{4ac-b^2}{4a}$.

④ 弦长公式：若 $y=ax^2+bx+c$ 与 x 轴有两个交点 A,B,则 $|AB|=\dfrac{\sqrt{\Delta}}{|a|}$,其中 $\Delta=b^2-4ac$.

⑤ 顶点三角形面积公式：若 $y=ax^2+bx+c$ 与 x 轴有两个交点 A,B,顶点为 P,则 $S_{\triangle ABP}=\dfrac{(\sqrt{\Delta})^3}{8a^2}$.

⑥ $y=|ax^2+bx+c|$,其中 $a>0$,图像与 $\Delta=b^2-4ac$ 有关,如图 4-3.

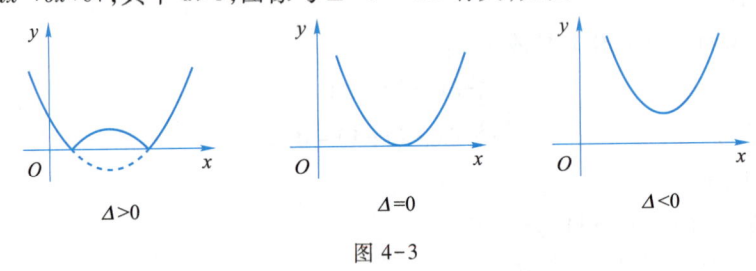

图 4-3

典型例题

1. 如图 4-4,已知抛物线 $y=x^2+bx+c$ 的对称轴为 $x=2$,点 A,B 均在抛物线上,且直线 AB 与 x 轴平行,点 A 的坐标为 $(0,3)$,则点 B 的坐标为(　　).

A. (2, 3)　　　B. (3, 2)　　　C. (3, 3)

D. (4, 3)　　　E. (4, 4)

图 4-4

【答案】D

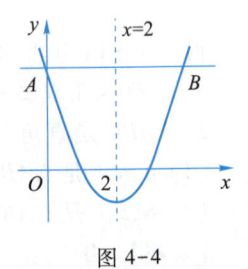

【解析】 点 B 是点 A 关于直线 $x=2$ 的对称点,则点 B 的坐标是 $(4,3)$.

2. 点 $(x_1,2012),(x_2,2012)(x_1\neq x_2)$ 是曲线 $y=ax^2+bx+7(a\neq 0)$ 图像上的两个点,则曲线上点 (x_1+x_2,y) 的纵坐标 y 为( ).

A. 1　　　B. 5　　　C. 7　　　D. 0　　　E. 1 或 73

【答案】 C

【解析】 所求为
$$y=a(x_1+x_2)^2+b(x_1+x_2)+7=ax_1^2+ax_2^2+2ax_1x_2+bx_1+bx_2+7$$
$$=(ax_1^2+bx_1+7)+(ax_2^2+bx_2+7)+2ax_1x_2-7.$$

由已知,$ax_1^2+bx_1+7=ax_2^2+bx_2+7=2012$. 又由题意,$x_1,x_2$ 可以看作方程 $ax^2+bx+7-2012=0$ 的两个根,则由韦达定理知 $x_1x_2=\dfrac{7-2012}{a}$,代入前式得 $y=(ax_1^2+bx_1+7)+(ax_2^2+bx_2+7)+2ax_1x_2-7=2012+2012+2a\times\dfrac{7-2012}{a}-7=7.$

3. 二次函数 $y=x^2-2x-3$ 的图像与 x 轴交于 A,B 两点,则线段 AB 的长度是( ).

A. 2　　　B. $\dfrac{5}{2}$　　　C. 3　　　D. 4　　　E. 6

【答案】 D

【解析】 设 $A(x_1,0),B(x_2,0)$,则有 $|AB|=|x_1-x_2|=\sqrt{(x_1+x_2)^2-4x_1x_2}$. 由于 $x_1+x_2=2$,$x_1x_2=-3$,所以 $|AB|=4$.

4. 已知二次函数 $y=2x^2-4mx+m^2$ 的图像与 x 轴有两个交点 A 和 B,图像的顶点为 C,$\triangle ABC$ 的面积为 $4\sqrt{2}$,则 m 的值为( ).

A. ± 2　　　B. 1　　　C. $\pm\sqrt{2}$　　　D. $\pm 2\sqrt{2}$　　　E. 0

【答案】 A

【解析】 首先,判别式 $\Delta=(4m)^2-4\times 2m^2=8m^2$. 所以当 $m\neq 0$ 时,曲线与 x 轴一定会有两个不同的交点.

如图 4-5 所示,设 A,B 两点横坐标为 x_1,x_2,由韦达定理,$|AB|=|x_1-x_2|=\sqrt{(x_1+x_2)^2-4x_1x_2}=\sqrt{2}|m|$.

点 C 的纵坐标的绝对值为 $\left|\dfrac{4\times 2m^2-(4m)^2}{8}\right|=m^2$.

所以,由三角形面积为 $\dfrac{1}{2}\times m^2\times\sqrt{2}|m|=4\sqrt{2}\Rightarrow m=\pm 2$.

图 4-5

5. 已知二次函数 $y=ax^2+bx+1(a\neq 0)$ 的图像的顶点在第二象限,且过点 $(1,0)$. 当 $a-b$ 为整数时,$ab=$( ).

A. 0　　　B. $\dfrac{1}{4}$　　　C. $-\dfrac{3}{4}$　　　D. -2　　　E. $\dfrac{1}{2}$

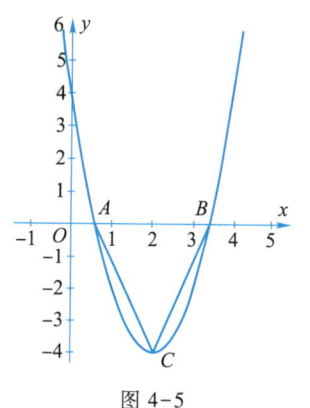

【答案】 B

【解析】 依题意知 $a<0,-\dfrac{b}{2a}<0,a+b+1=0$,故 $b<0$,且 $b=-a-1$.

$a-b=a-(-a-1)=2a+1$,于是 $-1<a<0$,得 $-1<2a+1<1$.

又 $a-b$ 为整数,因此 $2a+1=0$,故 $a=-\dfrac{1}{2}=b$,$ab=\dfrac{1}{4}$,故选 B.

6. 设二次函数 $f(x)=ax^2+bx+1$,则能确定 $a<b$.
(1) 曲线 $y=f(x)$ 关于直线 $x=1$ 对称　　(2) 曲线 $y=f(x)$ 与直线 $y=2$ 相切

【答案】 C

【解析】 对于条件(1)对称轴是 $x=-\dfrac{b}{2a}=1$,无法确定 a 和 b 的大小.比如:$a=1,b=-2$;$a=-\dfrac{1}{2},b=1$,所以条件(1)不充分.

对于条件(2)曲线 $y=f(x)$ 与直线 $y=2$ 相切,联立方程
$\begin{cases} f(x)=ax^2+bx+1, \\ y=2 \end{cases} \Rightarrow ax^2+bx-1=0 \Rightarrow \Delta=b^2+4a=0$,也无法确定 a 和 b 的大小.比如:$a=-1,b=\pm 2$,所以条件(2)不充分.

考虑条件(1)和(2)联合,$\begin{cases} b^2+4a=0, \\ b+2a=0 \end{cases} \Rightarrow b^2-2b=0 \Rightarrow b=0(舍)$ 或 $2,a=-1$,从而确定 $a<b$.选 C.

考点86:二次方程与二次不等式关系

(1) 将一元二次不等式化简为 $x^2+bx+c>0(或<0)$.
(2) 判断对应方程根的情况.
(3) 当其对应的方程存在两个根 $x_1,x_2(x_1<x_2)$ 时有
一元二次不等式 $x^2+bx+c>0$ 的解集为 $\{x|x<x_1, 或 x>x_2\}$,
一元二次不等式 $x^2+bx+c<0$ 的解集为 $\{x|x_1<x<x_2\}$.

典型例题

已知关于 x 的不等式 $ax^2+bx+a>0$ 的解集是 $\left(-2,-\dfrac{1}{2}\right)$,则 a,b 应满足(　　).

A. $a>0,b>0,5a=2b$　　　　B. $a<0,b<0,5a=2b$　　　　C. $a<0,b<0,2a=5b$
D. $a>0,b>0,2a=5b$　　　　E. $a>0,b<0,2a=-5b$

【答案】 B

【解析】 从解集形式看,显然 $a<0$.$-2,-\dfrac{1}{2}$ 应为方程 $ax^2+bx+a=0$ 的两个根,由韦达定理 $-2+\left(-\dfrac{1}{2}\right)=-\dfrac{b}{a} \Rightarrow 5a=2b$.

考点87:复合函数

复合函数通俗地说就是把 n 个简单的函数复合成为一个较为复杂的函数.
技巧:数形结合或者采取换元法.

典型例题

1. 设 $f(x)=ax+b$,满足 $f[f(x)]=x$ 且 $f(2)=-1$,则 $f(x)=(\quad)$.

A. $-x+1$ B. $x+3$ C. $x+1$ D. x E. $-x+3$

【答案】 A

【解析】

因为 $f(x)=ax+b$,

所以 $f[f(x)]=a(ax+b)+b=a^2x+ab+b$,

由 $f[f(x)]=x$, 可得 $a^2x+ab+b=x$,

则 $\begin{cases} a^2=1, \\ ab+b=0, \end{cases}$ 解得 $\begin{cases} a=1, \\ b=0 \end{cases}$ 或 $\begin{cases} a=-1, \\ b\in\mathbf{R}. \end{cases}$

又 $f(2)=2a+b=-1$, 所以 $\begin{cases} a=1 \\ b=0 \end{cases}$ 舍去,

当 $a=-1$ 时, $b=-2a-1=1$,

所以 $f(x)=-x+1$.

2. 用 $\min\{a,b\}$ 表示 a,b 两数中的最小值,若函数 $f(x)=\min\{|x|,|x+t|\}$ 的图像关于直线 $x=-\dfrac{1}{2}$ 对称,则 $t=($).

A. -2 B. -1 C. 0   D. 1   E. 2

【答案】 D

【解析】 若图像关于 $x=-\dfrac{1}{2}$ 对称, 由 $f(0)=f(-t)$, 则有 $-t+0=\left(-\dfrac{1}{2}\right)\times 2\Rightarrow t=1$.

3. 函数 $y=(x^2-x)^2+4(x^2-x)+3$ 的最小值为( ).

A. 0   B. $\dfrac{15}{16}$ C. 1   D. $\dfrac{33}{16}$ E. 3

【答案】 D

【解析】 $y=(x^2-x)^2+4(x^2-x)+4-1=(x^2-x+2)^2-1$, 又

$$x^2-x+2=\left(x-\dfrac{1}{2}\right)^2+\dfrac{7}{4}\geqslant\dfrac{7}{4},$$

故函数的最小值为 $\left(\dfrac{7}{4}\right)^2-1=\dfrac{33}{16}$.

4. 已知函数 $f(x)=ax^2+2x+1$, 若对任意 $x\in\mathbf{R}$, $f(f(x))\geqslant 0$ 恒成立, 则实数 a 的取值范围是( ).

A. $a\geqslant\dfrac{\sqrt{5}}{2}$ B. $a\leqslant\dfrac{\sqrt{5}+1}{2}$ C. $a\leqslant\dfrac{\sqrt{5}-1}{2}$ D. $a\geqslant\dfrac{\sqrt{5}+1}{2}$ E. $a\geqslant\dfrac{\sqrt{5}-1}{2}$

【答案】 E

【解析】 当 $a=0$ 时, $f(x)=2x+1$, $f(f(x))=4x+3$ 不可能恒大于等于 0, 舍去.

当 $a<0$ 时, $f(x)=a\left(x+\dfrac{1}{a}\right)^2+1-\dfrac{1}{a}\leqslant 1-\dfrac{1}{a}$, 令 $t=f(x)\leqslant 1-\dfrac{1}{a}$, 所以 $f(f(x))=f(t)$ 一定有负值, 不可能恒大于等于 0, 舍去.

当 $a>0$ 时, $f(x)=a\left(x+\dfrac{1}{a}\right)^2+1-\dfrac{1}{a}\geqslant 1-\dfrac{1}{a}$, 令 $t=f(x)\geqslant 1-\dfrac{1}{a}$, 所以 $f(f(x))=f(t)$.

对称轴为 $t=-\dfrac{1}{a}<1-\dfrac{1}{a}$,所以 $f(t)$ 在 $t\in\left[1-\dfrac{1}{a},+\infty\right)$ 上单调递增,即 $f(t)_{\min}=f\left(1-\dfrac{1}{a}\right)=a+1-\dfrac{1}{a}\geqslant 0$ 即可,解得 $a\geqslant\dfrac{\sqrt{5}-1}{2}$.

综上所述,答案为 E.

考点88：超越方程的解法

方法：含有指数或者对数的方程往往采取换元法求解.

典型例题

1. 若函数 $y=4^x-2^{x+1}+b$ 在 $[-1,1]$ 上的最大值是 3,则实数 $b=(\quad)$.

A. 4　　B. 3　　C. 2　　D. 1　　E. 0

【答案】 B

【解析】 $y=4^x-2^{x+1}+b=(2^x)^2-2\cdot 2^x+b$.

设 $2^x=t$,则 $y=t^2-2t+b=(t-1)^2+b-1$.

因为 $x\in[-1,1]$,所以 $t\in\left[\dfrac{1}{2},2\right]$.

所以当 $t=2$ 时,$y_{\max}=3$,即 $1+b-1=3$,$b=3$.

2. 已知 x,y 满足 $\begin{cases}2^{x+3}+9^{y+1}=35\\ 8^{\frac{x}{3}}+3^{2y+1}=5\end{cases}$,则 xy 的值为( ).

A. $-\dfrac{3}{4}$　　B. $\dfrac{3}{4}$　　C. 1　　D. $\dfrac{4}{3}$　　E. -1

【答案】 E

【解析】 由题意知 $\begin{cases}8\times 2^x+9\times 9^y=35\\ 2^x+3\times 9^y=5\end{cases}\Rightarrow\begin{cases}2^x=4\\ 9^y=\dfrac{1}{3}\end{cases}\Rightarrow\begin{cases}x=2\\ y=-\dfrac{1}{2}\end{cases}$,故

$$xy=2\times\left(-\dfrac{1}{2}\right)=-1.$$

3. $|\log_a x|>1$.

(1) $x\in[3,6]$,$\dfrac{1}{3}<a<1$

(2) $x\in[6,9]$,$1<a<2$

【答案】 D

【解析】 条件(1) $x\in[3,6]$,则 $\dfrac{1}{x}\in\left[\dfrac{1}{6},\dfrac{1}{3}\right]$,$1>a>\dfrac{1}{x}\Rightarrow\log_a\dfrac{1}{x}>\log_a a\Rightarrow|\log_a x|>1$.

条件(2) $x\in[6,9]$,$1<a<2$,所以 $a<x\Rightarrow\log_a x>\log_a a\Rightarrow|\log_a x|>1$.

条件(1)充分,条件(2)也充分.

4. 设 $f(x)=|\lg(x-1)|$,则 $a+b>4$.

(1) $f(a)\neq f(b)$

(2) $f(a)=f(b)$,$a\neq b$

【答案】 B

【解析】 条件(1):举反例 $a=\frac{3}{2},b=2$,可知 $f(a)\neq f(b)$,但 $a+b<4$,故条件(1)不充分.

条件(2):$y=|\lg(x-1)|$ 的图像,如图 4-6 所示,故 a,b 一个在 $(1,2)$ 之间,另一个大于 2,不妨设 $1<a<2,b>2$.

若 $f(a)=f(b)$,则 $-\lg(a-1)=\lg(b-1)$,即 $\frac{1}{a-1}=b-1$.

故 $a=1+\frac{1}{b-1}$,所以 $a+b=b+\frac{1}{b-1}+1=b-1+\frac{1}{b-1}+2\geqslant 2+2=4$.

当且仅当 $b-1=\frac{1}{b-1}$ 时取等号,又 $b\neq 2$,故 $a+b>4$.

综上所述,答案为 B.

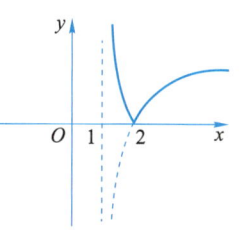

考点 89:二次函数加绝对值

$y=|ax^2+bx+c|$ 的图像有三种情况(如图 4-7).

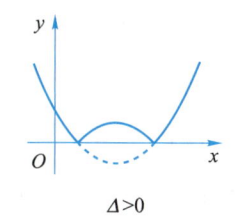

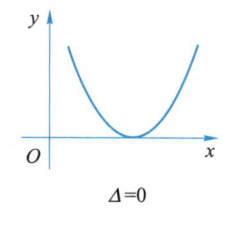

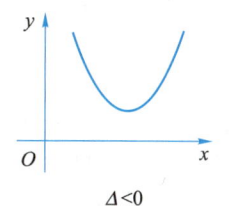

图 4-7

典型例题

关于 x 的方程有四个不同的实数解,则 $k>0$.

(1) $\frac{|x|}{x+4}=kx^2$

(2) $|x^2-4x+3|=k$

【答案】 D

【解析】 条件(1):方程 $\frac{|x|}{x+4}=kx^2$ 必有一实数根 $x=0$.

若 $x\neq 0$,则 $\frac{1}{x+4}=k|x|$,原方程有四个不同的解,则 $\frac{1}{x+4}=k|x|$ 必有三个不同的解,如图 4-8(a)所示,则 $\frac{1}{x+4}=-kx$ 必有两个不同负根,即 $kx^2+4kx+1=0$ 有两个不同负根,即

$$\Delta=16k^2-4k>0,且 k>0,$$

故 $k>\frac{1}{4}$,条件(1)充分.

条件(2):$y=|x^2-4x+3|$ 的图像如图 4-8(b)所示,若方程有四个不同的根,则 $0<k<1$,条件(2)充分.

综上所述,答案为 D.

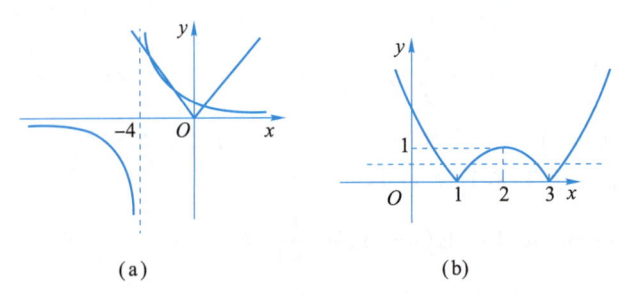

图 4-8

考点 90：分式方程

形如 $\dfrac{F(x)}{x-a}+\dfrac{G(x)}{x-b}=H(x)$ 的方程为分式方程.

增根：若 x_0 为方程 $F(x)(x-b)+(x-a)G(x)=H(x)(x-a)(x-b)$ 的根，但 $x_0=a$ 或 b，则称 x_0 为方程 $\dfrac{F(x)}{x-a}+\dfrac{G(x)}{x-b}=H(x)$ 的增根.

增根为多余的根，需要舍去.

典型例题

1. 若方程 $\dfrac{x}{x-2}+\dfrac{x-2}{x}+\dfrac{2x-a}{x(x-2)}=0$ 只有一个实数根，则整数 $a=$ (   ).

A. 2　　　　B. 4　　　　C. 8　　　　D. 2 或 4　　　　E. 4 或 8

【答案】　E

【解析】　将原式化简为整式方程，得 $2x^2-2x+4-a=0$. ①

若方程①有两个相等实数根，则 $\Delta=4-8(4-a)=0$，此时 a 无整数解.

若方程①有两个不等实数根，则其中必有一根是原分式方程的增根.

当 $x=0$ 时，由①得 $a=4$，此时 $x_1=1,x_2=0$（增根）；

当 $x=2$ 时，由①得 $a=8$，此时 $x_3=-1,x_4=2$（增根）.

故 a 的值为 4 或 8.

2. 可以确定 m 的值.

(1) 关于 x 的方程 $\dfrac{m}{x-1}+\dfrac{3}{1-x}=1$ 有增根.

(2) 关于 x 的方程 $\dfrac{7}{x-1}+3=-\dfrac{mx}{1-x}$ 无解.

【答案】　A

【解析】　条件 (1)：$\dfrac{m}{x-1}+\dfrac{3}{1-x}=1(x\neq 1)\Rightarrow m-3=x-1\Rightarrow x=m-2$，

若方程有增根，则 $m-2=1\Rightarrow m=3$，故可以确定 m，条件 (1) 充分.

条件 (2)：$\dfrac{7}{x-1}+3=-\dfrac{mx}{1-x}(x\neq 1)\Rightarrow 7+3(x-1)=mx\Rightarrow (m-3)x=4$.

若 $m=3$，则 $0\neq 4$，方程无解；若 $m\neq 3$，则 $x=\dfrac{4}{m-3}=1\Rightarrow m=7$.

故 $m=3$ 或 7，即 m 无法确定，条件(2)不充分.
综上所述，答案为 A.

拓展：
权方和不等式（柯西不等式的特殊情况）
(1)（二维）若 $a,b\in\mathbf{R},x,y\in\mathbf{R}^*$，
则 $\dfrac{a^2}{x}+\dfrac{b^2}{y}\geqslant\dfrac{(a+b)^2}{x+y}$，当且仅当 $\dfrac{a}{x}=\dfrac{b}{y}$ 时等号成立.
(2)（三维）若 $a,b,c\in\mathbf{R},x,y,z\in\mathbf{R}^*$，
则 $\dfrac{a^2}{x}+\dfrac{b^2}{y}+\dfrac{c^2}{z}\geqslant\dfrac{(a+b+c)^2}{x+y+z}$，当且仅当 $\dfrac{a}{x}=\dfrac{b}{y}=\dfrac{c}{z}$ 时等号成立.
(3)（n 维）若 $x_i\in\mathbf{R},y_i\in\mathbf{R}^*(i=1,2,3,\cdots)$，
则 $\dfrac{x_1^2}{y_1}+\dfrac{x_2^2}{y_2}+\dfrac{x_3^2}{y_3}+\cdots+\dfrac{x_n^2}{y_n}\geqslant\dfrac{(x_1+x_2+\cdots+x_n)^2}{y_1+y_2+\cdots+y_n}$，当且仅当 $\dfrac{x_1}{y_1}=\dfrac{x_2}{y_2}=\dfrac{x_3}{y_3}=\cdots=\dfrac{x_n}{y_n}$ 时等号成立.

典型例题

3. 若 $a>1,b\in\mathbf{R}^*$，且 $a+b=2$，则 $\dfrac{1}{a-1}+\dfrac{2}{b}$ 的最小值为（　　）.

A. 1　　　B. 2　　　C. 3　　　D. $3+2\sqrt{2}$　　　E. $2\sqrt{2}$

【答案】　D

【解析】　$\dfrac{1}{a-1}+\dfrac{2}{b}=\dfrac{1^2}{a-1}+\dfrac{\sqrt{2}^2}{b}\geqslant\dfrac{(1+\sqrt{2})^2}{a+b-1}=3+2\sqrt{2}$，所以选 D.

4. 若 $a,b\in\mathbf{R}$，且 $a^2+b^2=1$，则 $\dfrac{1}{a^2+1}+\dfrac{4}{b^2+1}$ 的最小值为（　　）.

A. 1　　　B. 2　　　C. 3　　　D. $3+2\sqrt{2}$　　　E. 4

【答案】　C

【解析】　$\dfrac{1}{a^2+1}+\dfrac{4}{b^2+1}=\dfrac{1^2}{a^2+1}+\dfrac{2^2}{b^2+1}\geqslant\dfrac{(1+2)^2}{a^2+b^2+2}=3$，所以选 C.

5. 若 $x,y,z\in\mathbf{R}^*$，且 $x+y+z=1$，则 $\dfrac{1}{x}+\dfrac{4}{y}+\dfrac{9}{z}$ 的最小值为（　　）.

A. 12　　　B. 24　　　C. 36　　　D. 48　　　E. 54

【答案】　C

【解析】　$\dfrac{1}{x}+\dfrac{4}{y}+\dfrac{9}{z}=\dfrac{1^2}{x}+\dfrac{2^2}{y}+\dfrac{3^2}{z}\geqslant\dfrac{(1+2+3)^2}{x+y+z}=36$，所以选 C.

考点 91：分式不等式

$\dfrac{F(x)}{G(x)}<0\Leftrightarrow F(x)G(x)<0;\dfrac{F(x)}{G(x)}\leqslant 0\Leftrightarrow F(x)G(x)\leqslant 0,G(x)\neq 0.$

典型例题

1. 对于任意实数 x，$\dfrac{3x^2+2x+2}{x^2+x+1}>k$ 恒成立，则正整数 k 的值是（　　）.

A. 1　　　　B. 2　　　　C. 3　　　　D. 4　　　　E. 5

【答案】 A

【解析】 $\dfrac{3x^2+2x+2}{x^2+x+1}>k \Rightarrow \dfrac{2(x^2+x+1)}{x^2+x+1}+\dfrac{x^2}{x^2+x+1}>k \Rightarrow 2+\dfrac{x^2}{x^2+x+1}>k$,又因为

$$f(x)=2+\dfrac{x^2}{x^2+x+1}\geqslant 2,$$

所以可知 $k<2$,又因为 $k\in \mathbf{Z}^* \Rightarrow k=1$.

2. 不等式 $\dfrac{3+2x-x^2}{|x+1|}\geqslant 0$ 的解集为(　　).

A. $0\leqslant x\leqslant 2$　　B. $0\leqslant x\leqslant 4$　　C. $-1<x\leqslant 3$　　D. $x<5$　　E. $-1<x<2$

【答案】 C

【解析】 由于分母是非负的,原不等式等价于 $\begin{cases}3+2x-x^2\geqslant 0\\ |x+1|\neq 0\end{cases}$,从而 $-1\leqslant x\leqslant 3, x\neq -1$,所以解集为 $-1<x\leqslant 3$.

考点92：柯西不等式

定理：(柯西不等式的代数形式)设 a,b,c,d 均为实数,则

$$(a^2+b^2)(c^2+d^2)\geqslant (ac+bd)^2,$$

其中等号当且仅当 $ad=bc$ 时成立.

推论：

若 a,b,c,d 是实数,则 $\sqrt{a^2+c^2}+\sqrt{b^2+d^2}\geqslant \sqrt{(a+b)^2+(c+d)^2}$.

典型例题

1. 函数 $y=5\sqrt{x-1}+\sqrt{10-2x}$ 的最大值为(　　).

A. 11　　B. 12　　C. $4\sqrt{3}$　　D. 14　　E. $6\sqrt{3}$

【答案】 E

【解析】 函数的定义域为 $[1,5]$,且 $y>0$,

$$y=5\cdot \sqrt{x-1}+\sqrt{2}\cdot \sqrt{5-x}$$
$$\leqslant \sqrt{5^2+(\sqrt{2})^2}\cdot \sqrt{(\sqrt{x-1})^2+(\sqrt{5-x})^2}$$
$$=\sqrt{27\times 4}=6\sqrt{3},$$

当且仅当 $\sqrt{2}\cdot \sqrt{x-1}=5\cdot \sqrt{5-x}$ 时,等号成立,即 $x=\dfrac{127}{27}$ 时,函数取最大值 $6\sqrt{3}$.

2. 设 $x,y,z\in \mathbf{R}, x^2+y^2+z^2=25$,则 $x-2y+2z$ 的最大值为(　　).

A. 11　　B. 12　　C. 15　　D. 14　　E. $6\sqrt{3}$

【答案】 C

【解析】 根据柯西不等式,

$$(1\cdot x-2\cdot y+2\cdot z)^2\leqslant [1^2+(-2)^2+2^2](x^2+y^2+z^2),$$

即 $(x-2y+2z)^2\leqslant 9\cdot 25$,则

$$-15\leqslant x-2y+2z\leqslant 15,$$

故 $x-2y+2z$ 的最大值为 15.

3. 已知 $a+b=4$,则 $\sqrt{a^2+1}+\sqrt{b^2+4}$ 的最小值为( ).
A. 3　　　　B. 4　　　　C. 5　　　　D. 6　　　　E. 7

【答案】 C

【解析】 根据柯西不等式,则
$$\sqrt{a^2+1}+\sqrt{b^2+4} \geqslant \sqrt{(a+b)^2+(1+2)^2}=5.$$

考点 93：无理不等式

(1) $\sqrt{g(x)}<f(x) \Leftrightarrow \begin{cases} g(x) \geqslant 0, \\ f(x)>0, \\ g(x)<f^2(x). \end{cases}$

(2) $\sqrt{g(x)}>f(x)$ 转化为 $\sqrt{g(x)} \leqslant f(x)$ 相对于定义域求补集.

(3) $\sqrt{g(x)}<\sqrt{f(x)} \Leftrightarrow \begin{cases} g(x) \geqslant 0, \\ f(x)>0, \\ g(x)<f(x). \end{cases}$

典型例题

1. 不等式 $\sqrt{2x^2+1} \leqslant x+1$ 的解集是( ).
A. $0 \leqslant x \leqslant 2$　　B. $0 \leqslant x \leqslant 4$　　C. $-1<x<4$　　D. $x<5$　　E. $-1<x<2$

【答案】 A

【解析】 $\sqrt{2x^2+1} \leqslant x+1 \Rightarrow \begin{cases} 1+x \geqslant 0, \\ 2x^2+1 \leqslant (1+x)^2 \end{cases} \Rightarrow 0 \leqslant x \leqslant 2.$

2. $\sqrt{2-x}<x-1.$

(1) $\dfrac{1+\sqrt{5}}{2}<x<2$　　　　(2) $x<\dfrac{1-\sqrt{5}}{2}$

【答案】 A

【解析】 由题意可知 $\begin{cases} 2-x \geqslant 0, \\ x-1>0, \\ 2-x<(x-1)^2, \end{cases}$ 则 $\dfrac{1+\sqrt{5}}{2}<x \leqslant 2$,所以选 A.

考点 94：含有绝对值的方程与不等式

形如 $|f(x)|<g(x)$, $|f(x)|>g(x)$ 型不等式：这类不等式的简捷解法是等价命题法,即 $|f(x)|<g(x) \Leftrightarrow -g(x)<f(x)<g(x)$, $|f(x)|>g(x)$ 转化为 $|f(x)| \leqslant g(x)$ 相对于 **R** 求补集即可.

形如 $|f(x)|<|g(x)|$ 型不等式：此类不等式的简捷解法是利用平方法,即 $|f(x)|<|g(x)| \Leftrightarrow f^2(x)<g^2(x) \Leftrightarrow [f(x)+g(x)][f(x)-g(x)]<0.$

$|ax+b| \pm |cx+d| \leqslant A(\geqslant A)$ 型不等式往往采取数形结合求解.

典型例题

1. 不等式 $|2x-1|<2-3x$ 的解集为( ).

A. $\left(-\infty, \dfrac{3}{5}\right) \cup (1, +\infty)$　　　　B. $\left(-\infty, \dfrac{3}{5}\right)$

C. $\left\{x \mid -\infty < x < \dfrac{1}{2}\text{ 或 }\dfrac{1}{2} < x < \dfrac{3}{5}\right\}$　　D. $\left\{x \mid -3 < x < \dfrac{1}{3}\right\}$

E. 以上都不是

【答案】 B

【解析】 原不等式等价于 $3x-2 < 2x-1 < 2-3x$. 即 $\begin{cases} 2x-1 < 2-3x, \\ 2x-1 > 3x-2, \end{cases}$ 解得 $x < \dfrac{3}{5}$,

所以原不等式的解集为 $\left\{x \mid x < \dfrac{3}{5}\right\}$.

2. 绝对值不等式 $|x+3| > |x-5|$ 的解集为（　　）.

A. $\{x \mid x>1\}$　　B. $\{x \mid x>2\}$　　C. $\{x \mid x>3\}$　　D. $\{x \mid x \leqslant 1\}$　　E. 以上都不是

【答案】 A

【解析】 由不等式 $|x+3| > |x-5|$ 两边平方得

$|x+3|^2 > |x-5|^2$.

即 $(x+3)^2 > (x-5)^2$.

$x>1$.

所以原不等式的解集为 $\{x \mid x>1\}$.

3. 不等式 $(1+x)(1-|x|) > 0$ 的解集是（　　）.

A. $x<1$ 且 $x \neq -1$　　　　B. $x<1$ 且 $x \neq -2$　　　　C. $x<1$ 且 $x \neq -3$

D. $x<1$　　　　E. 以上结论不正确

【答案】 A

【解析】 $(1+x)(1-|x|) > 0 \Rightarrow \begin{cases} 1+x>0, \\ 1-|x|>0 \end{cases}$ 或 $\begin{cases} 1+x<0, \\ 1-|x|<0 \end{cases}$

$\Rightarrow \begin{cases} x>-1, \\ |x|<1 \end{cases}$ 或 $\begin{cases} x<-1, \\ |x|>1 \end{cases}$

$\Rightarrow \begin{cases} x>-1, \\ -1<x<1 \end{cases}$ 或 $\begin{cases} x<-1, \\ x>1 \text{ 或 } x<-1, \end{cases}$

故原不等式的解集为 $x<1$ 且 $x \neq -1$.

4. $|x-2| - |2x+4| > 1$.

(1) $-4 < x < -3$

(2) $-3 < x < -2$

【答案】 D

【解析】 条件(1) $-4 < x < -3 \Rightarrow |x-2| - |2x+4| = 2-x+2x+4 = x+6$,

又 $-4 < x < -3 \Rightarrow 2 < x+6 < 3 \Rightarrow |x-2| - |2x+4| > 1$, 则条件(1)充分.

条件(2) $-3 < x < -2 \Rightarrow |x-2| - |2x+4| = 2-x+2x+4 = x+6$,

又 $-3 < x < -2 \Rightarrow 3 < x+6 < 4 \Rightarrow |x-2| - |2x+4| > 1$, 则条件(2)充分.

综上所述, 答案选择 D.

5. $|x^2-3x+2| > x^2-3|x|+2$.

(1) $x=-2$　　　　(2) $1<x<2$

【答案】 D

【解析】 对于条件(1),将 $x=-2$ 代入原不等式,发现条件(1)显然充分.对于条件(2),当 x 为正时,显然有 $x^2-3|x|+2=x^2-3x+2$,当 $1<x<2$ 时,$x^2-3x+2<0$,故该不等式成立,所以条件(2)充分.

考点 95：高次不等式（穿线法）

"数轴穿线法"用于解一元高次不等式非常方便,其解题步骤如下：
(1) 分解因式,化成若干个因式的乘积(分解到不能再分解为止).
(2) 作等价变形,保证因式最高项符号为正,例如 x^2+1, x^2+x+1, x^2-3x+5 等.
(3) 由小到大、从左到右标出与不等式对应的方程的根.
(4) 从右上角起,"穿针引线".
(5) 重根的处理,依"奇穿偶不穿"原则.
(6) 画出解集的示意区域,从左到右写出解集.
穿线法的解题口诀："奇穿偶不穿,符号定区间".
例如,求 $(x-1)(x-2)(x-3)>0$ 的解集.
第一步,如图 4-9 所示,穿线.
第二步,定区间：原不等式的解集为 $1<x<2$ 或 $x>3$.

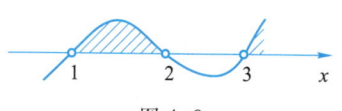

图 4-9

典型例题

1. 不等式 $\dfrac{x(x+2)}{x-3} \leqslant 0$ 的解集是（   ）.

A. $\{x \mid x \leqslant -2 \text{ 或 } 0 \leqslant x \leqslant 3\}$
B. $\{x \mid x \leqslant -2 \text{ 或 } 0 \leqslant x < 3\}$
C. $\{x \mid -2 \leqslant x \leqslant 0 \text{ 或 } x \geqslant 3\}$
D. $\{x \mid -2 \leqslant x \leqslant 0 \text{ 或 } x > 3\}$
E. 以上结论均不正确

【答案】 B

【解析】 $\dfrac{x(x+2)}{x-3} \leqslant 0 \Leftrightarrow \begin{cases} x(x+2)(x-3) \leqslant 0, \\ x-3 \neq 0, \end{cases}$
则由图 4-10 可知不等式的解集为 $\{x \mid x \leqslant -2 \text{ 或 } 0 \leqslant x<3\}$.

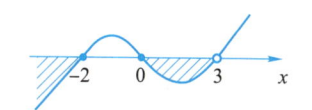

2. 不等式 $\dfrac{(2x+3)(x-2)}{(x+2)(2x-1)} \leqslant 0$ 的解集是（   ）.

图 4-10

A. $\left(-2, -\dfrac{3}{2}\right] \cup \left(\dfrac{1}{2}, 2\right]$
B. $\left[-2, -\dfrac{3}{2}\right] \cup \left[\dfrac{1}{2}, 2\right]$
C. $\left(-\dfrac{1}{2}, 0\right) \cup (2, +\infty)$
D. $\left[-\dfrac{3}{2}, \dfrac{1}{2}\right) \cup [2, +\infty)$
E. $\left[-\dfrac{3}{2}, \dfrac{1}{2}\right] \cup [2, +\infty)$

【答案】 A

【解析】 $\dfrac{(2x+3)(x-2)}{(x+2)(2x-1)} \leqslant 0 \Leftrightarrow (2x+3)(x-2)(x+2)(2x-1) \leqslant 0$ 且 $x \neq -2$ 且 $x \neq \dfrac{1}{2}$.
用穿线法,如图 4-11 所示,
故 $x \in \left(-2, -\dfrac{3}{2}\right] \cup \left(\dfrac{1}{2}, 2\right]$.

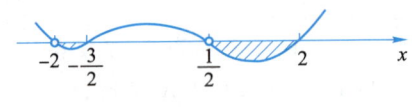

考点 96：不等式的基本性质

（1）传递性：$a>b, b>c \Rightarrow a>c$.

（2）同向相加性：$\left.\begin{array}{l}a>b \\ c>d\end{array}\right\} \Rightarrow a+c>b+d$.

（3）同向皆正相乘性：$\left.\begin{array}{l}a>b>0 \\ c>d>0\end{array}\right\} \Rightarrow ac>bd$.

（4）皆正倒数性：$a>b>0 \Leftrightarrow \dfrac{1}{b}>\dfrac{1}{a}>0$.

（5）皆正乘（开）方性：$a>b>0 \Rightarrow a^n>b^n>0 (n \in \mathbf{Z}^*)$.

典型例题

1. 设 x, y 是实数，则 $x \leqslant 6, y \leqslant 4$.

（1）$x \leqslant y+2$

（2）$2y \leqslant x+2$

【答案】 C

【解析】 对于条件（1）：举反例 $x=8, y=6$，满足条件（1）但不充分.

对于条件（2）：举反例 $x=10, y=6$，满足条件（2）但不充分.

条件（1）与（2）联合起来有 $\begin{cases}x \leqslant y+2 \\ 2y \leqslant x+2\end{cases} \Rightarrow \begin{cases}x \leqslant 6 \\ y \leqslant 4\end{cases}$，故联合充分.

综上所述，答案是 C.

2. $a>0>b$.

（1）$a<b$ 且 $\dfrac{1}{a}>\dfrac{1}{b}$

（2）$a>b$ 且 $\dfrac{1}{a}>\dfrac{1}{b}$

【答案】 B

【解析】 条件（1）：举反例 $a=1, b=2$，故不充分.

条件（2）：$a-b>0$，又 $\dfrac{1}{a}-\dfrac{1}{b}=\dfrac{b-a}{ab}>0$，故 $ab<0$.

又 $a>b$，所以 $a>0>b$，故充分.

综上所述，答案选择 B.

3. 已知 $a, b \in \mathbf{R}$，则 $a>b$.

（1）$a^2>b^2$ （2）$a^2>b$

【答案】 E

【解析】 取 $a=-2, b=1$，既满足条件（1），也满足条件（2）. 所以选 E.

第五章　数列（考点97-103）

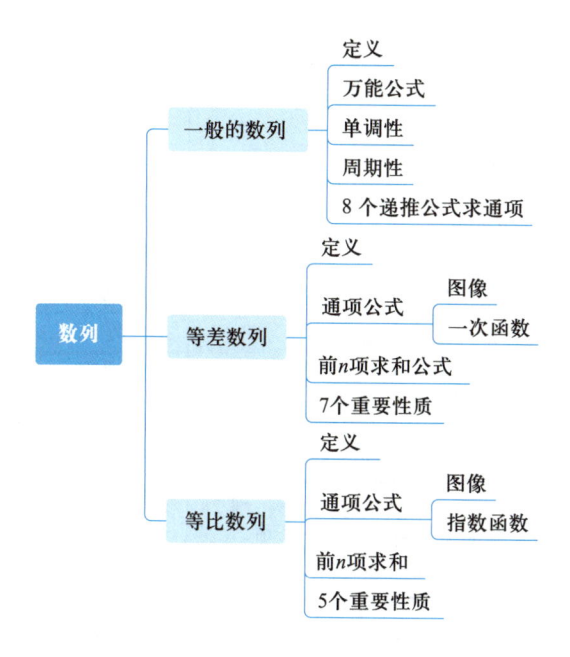

考试内容

考点97:等差数列的公式与性质	考点101:万能公式
考点98:等比数列的公式与性质	考点102:数列的周期性
考点99:错位相减法	考点103:数列中的最值问题
考点100:递推公式求数列通项公式	

一、数列的基本概念

1. 定义

依一定顺序排列的一列数叫做数列.数列中的每一个数都叫作这个数列的项.

数列的一般表达形式为 $a_1, a_2, a_3, \cdots, a_n, a_{n+1}, \cdots$，或简记为 $\{a_n\}$.

其中 a_n 叫作数列 $\{a_n\}$ 的通项，下标 n 为自然数，叫作数列的项数.

如果通项 a_n 与项数 n 之间的函数关系可以用一个关于 n 的关系式 $f(n)$ 表示，则称 $a_n = f(n)$ 为数列 $\{a_n\}$ 的通项公式.

2. 数列的前 n 项和 S_n

即 $S_n = a_1 + a_2 + \cdots + a_n$，显然有 $a_n = \begin{cases} a_1, & n=1, \\ S_n - S_{n-1}, & n \geq 2. \end{cases}$

二、等差、等比数列性质对比记忆

对比方面	等差数列	等比数列
定义	$a_n - a_{n-1} = d$	$\dfrac{a_n}{a_{n-1}} = q\,(q \neq 0)$
通项公式	$a_n = a_1 + (n-1)d$	$a_n = a_1 q^{n-1}$
前 n 项和公式	(1) $S_n = \dfrac{a_1 + a_n}{2} \cdot n$. (2) $S_n = n \cdot a_1 + \dfrac{n \cdot (n-1)}{2} \cdot d$ $= \dfrac{d}{2} n^2 + \left(a_1 - \dfrac{d}{2}\right) n$	(1) $S_n = \dfrac{a_1 - a_n \cdot q}{1-q}$ $= \dfrac{a_1(1-q^n)}{1-q}\,(q \neq 1)$. (2) $S_n = n a_1\,(q=1)$
公差/公比性质	$d = \dfrac{a_n - a_m}{n-m}$ 或 $a_n = a_m + (n-m)d$	$q^{n-m} = \dfrac{a_n}{a_m}$ 或 $a_n = a_m q^{n-m}$
项数性质	若项数 m, n, p, q 满足 $m+n=p+q$， 则 $a_m + a_n = a_p + a_q$. 特例： $a_1 + a_n = a_2 + a_{n-1} = a_3 + a_{n-2} = \cdots$	若项数 m, n, p, q 满足 $m+n=p+q$， 则 $a_m \cdot a_n = a_p \cdot a_q$. 特例： $a_1 \cdot a_n = a_2 \cdot a_{n-1} = a_3 \cdot a_{n-2} = \cdots$
中项性质	如果 a, b, c 三个数成等差数列，则 $2b = a+c$，称 b 为 a 与 c 的等差中项： (1) $2a_r = a_{r-1} + a_{r+1} = a_{r-s} + a_{r+s}$. (2) 如果等差数列项数 $2r = m+n$，则 $2a_r = a_m + a_n$	如果 a, b, c 三个非零数成等比数列，则 $b^2 = ac$，称 b 为 a 与 c 的等比中项： (1) $a_r^2 = a_{r-1} a_{r+1} = a_{r-s} a_{r+s}$. (2) 如果等比数列项数 $2r = m+n$，则 $a_r^2 = a_m \cdot a_n$
部分和性质	常用： $S_n = \dfrac{n(a_1+a_n)}{2} = \dfrac{n(a_r + a_{n-r+1})}{2}$. 当项数满足： $m+n, p+q, s+t, \cdots$ 成等差数列， 则 $a_m + a_n, a_p + a_q, a_s + a_t, \cdots$ 仍成等差数列	当项数满足： $m+n, p+q, s+t, \cdots$ 成等差数列，则 $a_m a_n, a_p a_q, a_s a_t, \cdots$ 仍成等比数列
阶段和性质	$a_1 + a_2 + \cdots + a_n$， $a_{n+1} + a_{n+2} + \cdots + a_{2n}$， $a_{2n+1} + a_{2n+2} + \cdots + a_{3n}$，…即 $S_n, S_{2n} - S_n, S_{3n} - S_{2n}, \cdots$ 也是等差数列 （公差为 $n^2 d$）	$a_1 + a_2 + \cdots + a_n$， $a_{n+1} + a_{n+2} + \cdots + a_{2n}$， $a_{2n+1} + a_{2n+2} + \cdots + a_{3n}$，… 即 $S_n, S_{2n} - S_n, S_{3n} - S_{2n}, \cdots$ 也是等比数列 （公比为 q^n）
补充性质	(1) a, b, c 既成等差又成等比，则 $a = b = c \neq 0$. (2) 已知数列 $\{a_n\}$ 为等差数列，则数列 $\{b^{a_n}\}$ 是等比数列，且其首项为 b^{a_1}，公比为 b^d. (3) 已知数列 $\{a_n\}$ 为各项为正的等比数列，则数列 $\{\log_a a_n\}$ 为等差数列，且其首项为 $\log_a a_1$，公差为 $\log_a q$		

考点 97：等差数列的公式与性质

如果在数列 $\{a_n\}$ 中 $a_{n+1}-a_n=d$（常数）（$n\in \mathbf{N}^*$），则称数列 $\{a_n\}$ 为等差数列，d 为公差.

（1）通项公式：
$$a_n=a_1+(n-1)d=a_k+(n-k)d=nd+(a_1-d).$$

（2）前 n 项和公式：
$$S_n=\frac{(a_1+a_n)n}{2}=na_1+\frac{n(n-1)}{2}d=\left(\frac{d}{2}\right)n^2+\left(a_1-\frac{d}{2}\right)n.$$

等差数列的性质：

（1）$a_n=a_m+(n-m)d, d=\dfrac{a_n-a_m}{n-m}$.

（2）基于等差数列的等差数列：

若等差数列 $\{a_n\}$ 的公差为 d，则数列 $\{\lambda a_n+b\}$（λ,b 为常数）是公差为 λd 的等差数列.

若 $\{b_n\}$ 也是公差为 d 的等差数列，则 $\{\lambda_1 a_n+\lambda_2 b_n\}$（$\lambda_1,\lambda_2$ 为常数）也是等差数列，且公差为 $\lambda_1 d+\lambda_2 d$.

下标成等差数列且公差为 m 的项 $a_k,a_{k+m},a_{k+2m},\cdots$ 组成的数列仍是等差数列，公差为 md.

若 S_n 为等差数列的前 n 项和，则 $S_n,S_{2n}-S_n,S_{3n}-S_{2n},\cdots$ 仍为等差数列，其公差为 $n^2 d$.

（3）若 $m,n,l,k\in \mathbf{Z}^*, m+n=l+k$，则 $a_m+a_n=a_l+a_k$（若项数相等，项和相等，则可扩展到多项）.

（4）已知 A_n,B_n 分别为等差数列 $\{a_n\},\{b_n\}$ 的前 n 项和，则 $A_{2n-1}=(2n-1)a_n, B_{2n-1}=(2n-1)b_n$，进而有 $\dfrac{A_{2n-1}}{B_{2n-1}}=\dfrac{a_n}{b_n}$.

（5）若等差数列 $\{a_n\}$ 的项数为 $2n$（$n\in \mathbf{Z}^*$），则 $S_{偶}-S_{奇}=nd, \dfrac{S_{偶}}{S_{奇}}=\dfrac{a_{n+1}}{a_n}, S_{2n}=n(a_n+a_{n+1})$（$a_n,a_{n+1}$ 为中间两项）.

若等差数列 $\{a_n\}$ 的项数为 $2n-1$（$n\in \mathbf{Z}^*$），则 $S_{奇}-S_{偶}=a_n, \dfrac{S_{偶}}{S_{奇}}=\dfrac{n-1}{n}, S_{2n-1}=(2n-1)a_n$（$a_n$ 为中间数）.

（6）$S_n=An^2+Bn\Leftrightarrow \{a_n\}$ 为等差数列，首项 $a_1=A+B$，公差 $d=2A$.

（7）若 $\{a_n\}$ 为等差数列，则 $a_n=pn+q$（$p,q\in \mathbf{R}$）.

（8）$S_n=An^2+Bn+c$（$c\ne 0$）$\Leftrightarrow \{a_n\}$ 去掉 a_1 后为等差数列.

典型例题

1. 下列数列的通项公式表示的数列为等差数列的是（　　）.

A. $a_n=\dfrac{n}{n+1}$　　B. $a_n=n^2-1$　　C. $a_n=5n+(-1)^n$　　D. $a_n=3n-1$　　E. $a_n=\sqrt{n}-\sqrt[3]{n}$

【答案】　D

【解析】　等差数列的通项公式为 $a_n=An+B$.

2. 已知数列 $\{a_n\}$ 是等差数列，若 $a_{10}=30, a_{20}=50, S_n=242$，则 $n=($　　$)$.

A. 11   B. 10   C. 12   D. 13   E. 14

【答案】 A

【解析】 根据等差数列的通项公式可得 $\begin{cases} a_1+9d=30, \\ a_1+19d=50 \end{cases} \Rightarrow \begin{cases} a_1=12, \\ d=2. \end{cases}$

根据求和公式可得 $S_n = 12n + \dfrac{n(n-1)}{2} \times 2 = 242 \Rightarrow (n-11)(n+22)=0 \Rightarrow n=11.$

3. 已知 $\{a_n\}$ 为等差数列，$a_m = n, a_n = m$，那么 $a_{m+n} = (\quad)$.

A. 0   B. m C. n

D. $m+n$ E. 条件不足，不能确定

【答案】 A

【解析】 根据等差数列的性质可得 $d = \dfrac{a_m - a_n}{m-n} = \dfrac{n-m}{m-n} = -1,$

$$d = \dfrac{a_{m+n} - a_n}{m+n-n} = \dfrac{a_{m+n} - m}{m} = -1 \Rightarrow a_{m+n} = 0.$$

4. 实数 x, y, z 成等差数列.

（1） $(z-x)^2 - 4(x-y)(y-z) = 0$

（2） $\dfrac{1}{x}, \dfrac{1}{y}, \dfrac{1}{z}$ 成等差数列

【答案】 A

【解析】 对于条件（1），

$(z-x)^2 - 4(x-y)(y-z) = [(x-y)+(y-z)]^2 - 4(x-y)(y-z) = [(x-y)-(y-z)]^2 = 0,$
故 $x-y = y-z,$ 即 $x+z = 2y.$

故实数 x, y, z 成等差数列，故条件（1）充分.

对于条件（2），$\dfrac{1}{x}, \dfrac{1}{y}, \dfrac{1}{z}$ 成等差数列，则 $\dfrac{1}{x} + \dfrac{1}{z} = \dfrac{2}{y}$ 无法推出 $x+z=2y,$ 故条件（2）不充分.

5. 在数列 $\{a_n\}$ 中，$a_1 = 1$, $a_{n+1} = a_n + \sqrt{a_n} + \dfrac{1}{4}$，则 $a_{99} = (\quad)$.

A. 1500   B. 2000   C. 2500   D. 5000   E. 7500

【答案】 C

【解析】 $a_{n+1} = a_n + \sqrt{a_n} + \dfrac{1}{4} = \left(\sqrt{a_n} + \dfrac{1}{2}\right)^2,$ 所以

$$\sqrt{a_{n+1}} - \sqrt{a_n} = \dfrac{1}{2}, \text{且} \sqrt{a_1} = 1,$$

所以 $\{\sqrt{a_n}\}$ 是以 1 为首项，$\dfrac{1}{2}$ 为公差的等差数列，可得 $a_n = \dfrac{1}{4}(n+1)^2$，故

$$a_{99} = \dfrac{100^2}{4} = 2500.$$

6. 已知等差数列 $\{a_n\}$ 的前 n 项和为 S_n，等差数列 $\{b_n\}$ 的前 n 项和为 T_n，且 $\dfrac{a_4}{b_6} = \dfrac{5}{3}$，则 $\dfrac{S_7}{T_{11}}$ =（ ）.

A. $\dfrac{7}{11}$ B. $\dfrac{11}{7}$ C. $\dfrac{35}{33}$ D. $\dfrac{33}{35}$ E. $\dfrac{11}{35}$

【答案】 C

【解析】 $\dfrac{S_7}{T_{11}} = \dfrac{\dfrac{7(a_1+a_7)}{2}}{\dfrac{11(b_1+b_{11})}{2}} = \dfrac{7}{11} \cdot \dfrac{a_4}{b_6} = \dfrac{7}{11} \cdot \dfrac{5}{3} = \dfrac{35}{33}$.

7. 如果数列 $x, a_1, a_2, \cdots, a_m, y$ 和数列 $x, b_1, b_2, \cdots, b_n, y$ 都是等差数列,则 (a_2-a_1) 与 (b_4-b_2) 的比值为( ).

A. $\dfrac{n}{2m}$ B. $\dfrac{n+1}{2m}$ C. $\dfrac{n+1}{2(m+1)}$

D. $\dfrac{n+1}{m+1}$ E. 以上结论均不正确

【答案】 C

【解析】 设数列 $x, a_1, a_2, \cdots, a_m, y$ 的公差为 d_1,数列 $x, b_1, b_2, \cdots, b_n, y$ 的公差为 d_2,

则有 $d_1 = \dfrac{y-x}{m+1}, d_2 = \dfrac{y-x}{n+1} \Rightarrow \dfrac{a_2-a_1}{b_4-b_2} = \dfrac{d_1}{2d_2} = \dfrac{\dfrac{y-x}{m+1}}{2\left(\dfrac{y-x}{n+1}\right)} = \dfrac{n+1}{2(m+1)}$.

8. 等差数列前 m 项的和是 30,前 $2m$ 项的和是 100,则它的前 $3m$ 项的和是( ).

A. 170   B. 190   C. 210   D. 230   E. 145

【答案】 C

【解析】 设所求和为 S,则 $30, 100-30, S-100$ 为等差数列,所以 $2 \times (100-30) = 30 + S - 100 \Rightarrow S = 210$.

9. 等差数列 $\{a_n\}$ 的前 n 项和为 S_n,若 $a_6 = S_3 = 12$,则 $a_{18} = ($).

A. 13   B. 36   C. 49   D. 35   E. 16

【答案】 B

【解析】 由 $a_6 = S_3 = 12 \Rightarrow a_2 = 4, d = \dfrac{a_6-a_2}{6-2} = 2$,则首项 $a_1 = 2$,故易得 $a_n = 2n, a_{18} = 2 \times 18 = 36$.

10. 数列 $\{a_n\}$ 为等差数列,则 $S_9 = 50$.
(1) $a_3 + a_4 + a_5 + a_6 + a_7 = 25$
(2) $a_1 + a_2 = 10$, $a_4 - a_3 = 2$

【答案】 E

【解析】 条件(1):由等差数列的性质可知 $a_3 + a_4 + a_5 + a_6 + a_7 = 5a_5 = 25 \Rightarrow a_5 = 5$,

$$S_9 = \dfrac{a_1+a_9}{2} \times 9 = \dfrac{2a_5}{2} \times 9 = 45,$$

故条件(1)不充分.

条件(2):设等差数列的公差为 d,即 $d = a_4 - a_3 = 2$,又 $a_1 + a_2 = 2a_1 + d = 10 \Rightarrow a_1 = 4$,

$$S_9 = \dfrac{d}{2}n^2 + \left(a_1 - \dfrac{d}{2}\right)n = 9^2 + 3 \times 9 = 108,$$

故条件(2)不充分.

所以条件(1)不充分,条件(2)不充分,条件(1)与条件(2)无法联合.
综上所述,答案选择 E.

11. 若关于 x 的方程 $x^2-x+a=0$ 和 $x^2-x+b=0$ ($a \neq b$) 的 4 个根组成首项为 $\dfrac{1}{4}$ 的等差数列,则 $a+b$ 的值是( ).

A. $\dfrac{3}{8}$ B. $\dfrac{11}{24}$ C. $\dfrac{13}{24}$ D. $\dfrac{31}{72}$ E. $\dfrac{7}{8}$

【答案】 D

【解析】 设这 4 个根分别为 x_1, x_2, x_3, x_4,且 $x_1+x_4=1$,$x_2+x_3=1$,由于首项为 $\dfrac{1}{4}$,且成等差数列,故 4 个根分别为 $\dfrac{1}{4}, \dfrac{5}{12}, \dfrac{7}{12}, \dfrac{3}{4}$.

则 a 与 b 分别为 $\dfrac{1}{4} \times \dfrac{3}{4} = \dfrac{3}{16}$,$\dfrac{5}{12} \times \dfrac{7}{12} = \dfrac{35}{144}$ 中的一个.

故 $a+b = \dfrac{3}{16} + \dfrac{35}{144} = \dfrac{31}{72}$.

12. 已知正项数列 $\{a_n\}$,则 $\{a_n\}$ 为等差数列.
(1) $a_{n+1}^2 - a_n^2 = 2n$, $n=1, 2, \cdots$
(2) $a_1 + a_3 = 2a_2$

【答案】 C

【解析】 条件(1) $a_2^2 - a_1^2 = 2$,$a_3^2 - a_2^2 = 4$,$\cdots$,$a_n^2 - a_{n-1}^2 = 2(n-1)$,累加可以得到
$$a_n^2 - a_1^2 = 2+4+\cdots+2(n-1) = n(n-1).$$

则 $a_n^2 = n^2 - n + a_1^2$,通项公式未必为 n 的一次函数.所以条件(1)不充分.显然条件(2)也不充分.考虑联合.设公差为 d(前三项)

$$\begin{cases} a_2^2 - a_1^2 = (a_1+d)^2 - a_1^2 = 2 \\ a_3^2 - a_2^2 = (a_1+2d)^2 - (a_1+d)^2 = 4 \end{cases} \Rightarrow \begin{cases} a_1 = \dfrac{1}{2} \\ d = 1 \end{cases}$$

则 $a_n^2 = n^2 - n + a_1^2 = \left(n - \dfrac{1}{2}\right)^2$.而 $a_n > 0$,所以 $a_n = n - \dfrac{1}{2}$,选 C.

13. 甲、乙两人参加健步运动.第一天两人走的步数相同,此后甲每天都比前一天多走 700 步,乙每天走的步数保持不变.若乙前 7 天走的总步数与甲前 6 天走的总步数相同,则甲第 7 天走了( )步.

A. 10500   B. 13300   C. 14000   D. 14700   E. 15400

【答案】 D

【解析】 设甲、乙第 1 天走的步数为 x,根据题意,甲前 6 天走的步数依次为
$$x, x+700, x+1400, x+2100, x+2800, x+3500,$$
乙前 7 天走的步数依次为 x, x, x, x, x, x, x,
从而得到方程 $x+x+700+x+1400+x+2100+x+2800+x+3500 = 7x$,
求得 $x = 10500$,所以甲第 7 天走 $10500+4200 = 14700$.

【技巧】 把甲、乙走的步数分别看成首项为 x 的等差数列 $\{a_n\}$,$\{b_n\}$,$\{a_n\}$ 是以 700 为

公差，$\{b_n\}$ 是常数列，则 $a_1+a_2+\cdots+a_6=7b_1$，也就是
$$a_1+a_2+\cdots+a_6=(a_1+a_6)+(a_2+a_5)+(a_3+a_4)=3(a_1+a_6)=3(x+x+3500)=7b_1=7x$$，所以 $x=10500$，则甲第 7 天走的步数是 $a_7=x+6d=10500+4200=14700$。

14. 已知等差数列 $\{a_n\}$ 满足 $a_2a_3=a_1a_4+50$，且 $a_2+a_3<a_1+a_5$，则公差为（　　）.

A. 2 B. -2 C. 5 D. -5 E. 10

【答案】 C

【解析】 $a_2a_3=a_1a_4+50$，则 $(a_1+d)(a_1+2d)=a_1(a_1+3d)+50$，$a_1^2+3da_1+2d^2=a_1^2+3da_1+50$，则 $2d^2=50$，得 $d=\pm 5$，且 $a_2+a_3<a_1+a_5$，可以得到 $2a_1+3d<2a_1+4d$，从而 $d>0$，所以选 C.

考点 98：等比数列的公式与性质

若在数列 $\{a_n\}$ 中后一项除以前一项恒等于定值 q，即 $\dfrac{a_{n+1}}{a_n}=q$（定值），则称数列 $\{a_n\}$ 为等比数列，q 为公比.

（1）通项：
$$a_n=a_1q^{n-1}=a_kq^{n-k}=\dfrac{a_1}{q}q^n.$$

（2）前 n 项和公式：
$$S_n=\begin{cases}na_1,\ q=1,\\ \dfrac{a_1(1-q^n)}{1-q}=\dfrac{a_1-a_nq}{1-q},\ q\neq 0.\end{cases}$$

（3）所有项和 S：

对于无穷递减等比数列（$|q|<1,q\neq 0$），存在所有项和为 $S=\dfrac{a_1}{1-q}$.

等比数列的性质：

（1）$a_n=a_mq^{n-m}$.

（2）基于等比数列的等比数列：若数列 $\{a_n\}$ 是公比为 q_1 的等比数列，$\{b_n\}$ 是公比为 q_2 的等比数列，则 $\{\lambda_1 a_n\cdot\lambda_2 b_n\}$（$\lambda_1,\lambda_2$ 为常数）也是等比数列且公比为 $q_1\cdot q_2$.

下标成等差数列且公差为 m 的项 $a_k,a_{k+m},a_{k+2m},\cdots$ 组成的数列仍是等比数列，公比为 q^m.

若 S_n 为等比数列的前 n 项和，则 $S_n,S_{2n}-S_n,S_{3n}-S_{2n},\cdots$ 仍为等比数列，其公比为 q^n.

（3）若 $m,n,l,k\in\mathbb{Z}^*$，$m+n=l+k$，则 $a_m\cdot a_n=a_l\cdot a_k$（若项数相等，项和相等，则可扩展到多项）.

（4）当 $q\neq 1$ 时，$\dfrac{S_m}{S_n}=\dfrac{1-q^m}{1-q^n}$.

注意：等比数列任一个元素均不能为零，不为零的常数列既成等差数列，也成等比数列.

（5）当 $q\neq 1$ 时，$S_n=A+Bq^n(A+B=0)\Leftrightarrow\{a_n\}$ 为等比数列.
$S_n=A+Bq^n(A+B\neq 0)\Leftrightarrow\{a_n\}$ 去掉 a_1 后为等比数列.

典型例题

1. $a_1^2+a_2^2+a_3^2+\cdots+a_n^2=\dfrac{4^n-1}{3}$.

(1) 数列 $\{a_n\}$ 的通项公式为 $a_n = 2^n$.

(2) 在数列 $\{a_n\}$ 中,对任意的正整数 n,有 $a_1 + a_2 + a_3 + \cdots + a_n = 2^n - 1$.

【答案】 B

【解析】 条件(1)数列 $\{a_n\}$ 的通项公式为 $a_n = 2^n$,则

$a_n^2 = (2^n)^2 = 4^n \Rightarrow$ 数列 $\{a_n^2\}$ 是首项为 4,公比为 4 的等比数列

$$\Rightarrow S_n = \frac{4(1-4^n)}{1-4} = \frac{4(4^n-1)}{3}.$$

条件(2) $a_1 + a_2 + a_3 + \cdots + a_{n-1} + a_n = 2^n - 1$,则

$$a_1 + a_2 + a_3 + \cdots + a_{n-1} = 2^{n-1} - 1,$$

两式相减得 $a_n = (2^n - 1) - (2^{n-1} - 1) = 2^{n-1}$

$\Rightarrow a_n^2 = (2^{n-1})^2 = 4^{n-1} \Rightarrow$ 数列 $\{a_n^2\}$ 是首项为 1,公比为 4 的等比数列

$$\Rightarrow S_n = \frac{1 \times (1-4^n)}{1-4} = \frac{4^n - 1}{3}.$$

条件(1)不能推出结论,故条件(1)不是充分条件.

条件(2)能推出结论,故条件(2)是充分条件.

综上所述,答案是 B.

2. 在 $\frac{8}{3}$ 和 $\frac{27}{2}$ 之间插入 3 个数,使这 5 个数成为一个等比数列,则插入的 3 个数的乘积为 ( ).

A. 36   B. -216   C. 72   D. 324   E. 216

【答案】 E

【解析】 $\frac{8}{3}, a_1, a_2, a_3, \frac{27}{2}$ 成一个等比数列 $\Rightarrow \begin{cases} a_2^2 = a_1 a_3 = \frac{8}{3} \times \frac{27}{2} = 36, \\ a_2^2 = \frac{8}{3} a_2 > 0 \Rightarrow a_2 > 0 \end{cases} \Rightarrow a_2 = 6.$

故插入的 3 个数的乘积为 $a_1 a_2 a_3 = 216.$

3. 等比数列 $\{a_n\}$ 的公比 $q = \frac{1}{2}$,且 $a_1 + a_3 + a_5 + \cdots + a_{99} = 60$,则前 100 项和为( ).

A. 120   B. 100   C. 90   D. 30   E. 50

【答案】 C

【解析】 $a_2 + a_4 + a_6 + \cdots + a_{100} = q(a_1 + a_3 + a_5 + \cdots + a_{99}) = \frac{1}{2} \times 60 = 30$,所以

$$S_{100} = (a_1 + a_3 + a_5 + \cdots + a_{99}) + (a_2 + a_4 + a_6 + \cdots + a_{100}) = 60 + 30 = 90.$$

4. 在各项均为正数的等比数列 $\{a_n\}$ 中,$a_5 a_6 = 9$,则 $\log_3 a_1 + \log_3 a_2 + \cdots + \log_3 a_{10} = ($).

A. 10   B. 14   C. 18   D. 12   E. 16

【答案】 A

【解析】 $\log_3 a_1 + \log_3 a_2 + \cdots + \log_3 a_{10} = \log_3 [(a_1 a_{10})(a_2 a_9) \cdots (a_5 a_6)] = \log_3 (a_5 a_6)^5 = \log_3 9^5 = 10.$

5. 在等比数列 $\{a_n\}$ 中,$a_2 + a_4 = 180$,前 4 项的和 $S_4 = 240$,则公比 q 等于( ).

A. 1   B. 3   C. 1 或 3   D. -3   E. -1

【答案】 B

【解析】 $a_2=a_1q, a_4=a_3q$,则 $a_2+a_4=(a_1+a_3)q \Rightarrow a_1+a_3=\dfrac{1}{q}(a_2+a_4)=\dfrac{180}{q}$,从而

$$S_4=a_1+a_3+a_2+a_4=\dfrac{180}{q}+180=240 \Rightarrow q=3.$$

6. 如果将 20,50,100 各加上同一个常数后成等比数列,那么这个等比数列的公比是( ).

A. $\dfrac{1}{2}$ B. $\dfrac{3}{2}$ C. $\dfrac{4}{3}$ D. $\dfrac{5}{3}$ E. 1

【答案】 D

【解析】 设加上的同一个常数是 x,则 $(50+x)^2=(20+x)(100+x) \Rightarrow x=25$,所以 $q=\dfrac{50+25}{20+25}=\dfrac{5}{3}$.

7. 等比数列 $\{a_n\}$ 的前 n 项和为 S_n,已知 $S_n=36$,$S_{2n}=54$,则 S_{3n} 的值为( ).

A. 63 B. 68 C. 76 D. 89 E. 92

【答案】 A

【解析】 对于等比数列,$S_n, S_{2n}-S_n, S_{3n}-S_{2n}$ 仍为等比数列,即 $(S_{3n}-S_{2n})S_n=(S_{2n}-S_n)^2$.

故 $S_{3n}=\dfrac{(S_{2n}-S_n)^2}{S_n}+S_{2n}=\dfrac{(54-36)^2}{36}+54=63.$

8. 若正项等比数列 $\{a_n\}$ 的公比 $q \neq 1$,且 a_3, a_5, a_6 成等差数列,则 $\dfrac{a_3+a_5}{a_4+a_6}=$( ).

A. $\dfrac{1+\sqrt{5}}{2}$ B. $\dfrac{\sqrt{5}-1}{2}$ C. $-\dfrac{1}{2}$ D. $\dfrac{1\pm\sqrt{5}}{2}$ E. $\dfrac{1}{2}$

【答案】 B

【解析】 由于 $2a_5=a_3+a_6$,则有 $2a_3 \cdot q^2=a_3+a_3 \cdot q^3$,即 $2q^2=1+q^3$,所以 $q^2-1=q^3-q^2$,即 $(q+1)(q-1)=q^2(q-1)$,且 $q>0, q \neq 1$,解得 $q=\dfrac{1+\sqrt{5}}{2}$,则 $\dfrac{a_3+a_5}{a_4+a_6}=\dfrac{a_3+a_5}{a_3 \cdot q+a_5 \cdot q}=\dfrac{1}{q}=\dfrac{\sqrt{5}-1}{2}$.

9. 无穷等比数列 $\{a_n\}$ 的首项为 $\dfrac{72}{5}$.

(1) 无穷等比数列 $\{a_n\}$ 的所有奇数项之和为 15

(2) 无穷等比数列 $\{a_n\}$ 的所有偶数项之和为 -3

【答案】 C

【解析】 条件(1)、(2)单独显然都不充分,两者联合,所有奇数项之和 $S_奇=a_1+a_3+a_5+\cdots=a_1+a_1q^2+a_1q^4+\cdots=\dfrac{a_1}{1-q^2}=15$,所有偶数项之和 $S_偶=a_2+a_4+a_6+\cdots=\dfrac{a_2}{1-q^2}=\dfrac{a_1q}{1-q^2}=-3$.解得 $a_1=\dfrac{72}{5}$,所以联合起来是充分的.

考点99:错位相减法

若数列 $\{a_n \cdot b_n\}$(其中 $\{a_n\}$ 为等差数列,公差为 d,$\{b_n\}$ 为等比数列,公比为 q),S_n 为 $\{a_n \cdot b_n\}$ 的前 n 项和,求 S_n.

错位相减法：

第一步：在 S_n 上乘以 q，则得到 S_n 与 qS_n。

第二步：错位相消用 $S_n - qS_n$。

第三步：利用等比数列的前 n 项和求出 $S_n - qS_n$，进而求出 S_n。

典型例题

在数列 $\{a_n\}$ 中，若 $a_n = \dfrac{2n-3}{3^n}$，则该数列的前 n 项和为（ ）.

A. $S_n = -\dfrac{n}{3^n}$ B. $S_n = 1 - \dfrac{n}{3^n}$ C. $S_n = -\dfrac{n}{3^{n-1}}$ D. $S_n = -\dfrac{n}{3^{n+1}}$ E. $S_n = -\dfrac{n+1}{3^{n+1}}$

【答案】A

【解析】$S_n = a_1 + a_2 + \cdots + a_n = -\dfrac{1}{3} + \dfrac{1}{3^2} + \cdots + \dfrac{2n-5}{3^{n-1}} + \dfrac{2n-3}{3^n}$，$3S_n = -1 + \dfrac{1}{3} + \cdots + \dfrac{2n-3}{3^{n-1}}$，

两者相减，有

$$2S_n = -1 + \dfrac{2}{3} + \dfrac{2}{3^2} + \cdots + \dfrac{2}{3^{n-1}} - \dfrac{2n-3}{3^n} = \dfrac{2}{3} \cdot \dfrac{1-\left(\dfrac{1}{3}\right)^{n-1}}{1-\dfrac{1}{3}} - 1 - \dfrac{2n-3}{3^n} = -\dfrac{2n}{3^n},$$

即 $S_n = -\dfrac{n}{3^n}$。

考点100：递推公式求数列通项公式

类型一：$a_{n+1} = pa_n + q\,(p \neq 1)$

思路1（递推法）：$a_n = pa_{n-1} + q = p(pa_{n-2}+q) + q = p[p(pa_{n-3}+q)+q] + q = \cdots = p^{n-1}a_1 + q(1+p+p^2+\cdots+p^{n-2}) = \left(a_1 + \dfrac{q}{p-1}\right) \cdot p^{n-1} + \dfrac{q}{1-p}$.

思路2（构造法）：设 $a_{n+1} + \mu = p(a_n + \mu)$，即 $\mu(p-1) = q$ 得 $\mu = \dfrac{q}{p-1}$，数列 $\{a_n + \mu\}$ 是以 $a_1 + \mu$ 为首项、p 为公比的等比数列，则 $a_n + \dfrac{q}{p-1} = \left(a_1 + \dfrac{q}{p-1}\right)p^{n-1}$，即 $a_n = \left(a_1 + \dfrac{q}{p-1}\right)p^{n-1} + \dfrac{q}{1-p}$.

典型例题

1. 已知数列 $\{a_n\}$ 满足 $a_n = 2a_{n-1} + 3$ 且 $a_1 = 1$，求数列 $\{a_n\}$ 的通项公式.

【解析】方法一（递推法）：$a_n = 2a_{n-1} + 3 = 2(2a_{n-2}+3) + 3 = 2[2(2a_{n-3}+3)+3] + 3 = \cdots = 2^{n-1} + 3(1+2+2^2+\cdots+2^{n-2}) = \left(1 + \dfrac{3}{2-1}\right) \cdot 2^{n-1} + \dfrac{3}{1-2} = 2^{n+1} - 3$.

方法二（构造法）：设 $a_{n+1} + \mu = 2(a_n + \mu)$，即 $\mu = 3$，则数列 $\{a_n + 3\}$ 是以 $a_1 + 3 = 4$ 为首项、2 为公比的等比数列，则 $a_n + 3 = 4 \cdot 2^{n-1} = 2^{n+1}$，即 $a_n = 2^{n+1} - 3$.

类型二：$a_{n+1} = a_n + f(n)$

思路1（递推法）：$a_n = a_{n-1} + f(n-1) = a_{n-2} + f(n-2) + f(n-1) = a_{n-3} + f(n-3) + f(n-2) + f(n-1)$

$= \cdots = a_1 + \sum_{i=1}^{n-1} f(i).$

思路2(叠加法)：$a_n - a_{n-1} = f(n-1)$，依次类推有：$a_{n-1} - a_{n-2} = f(n-2)$，$a_{n-2} - a_{n-3} = f(n-3)$，$\cdots$，$a_2 - a_1 = f(1)$，将各式叠加并整理得 $a_n - a_1 = \sum_{i=1}^{n-1} f(i)$，即 $a_n = a_1 + \sum_{i=1}^{n-1} f(i).$

典型例题

2. 已知 $a_1 = 1, a_n = a_{n-1} + n$，求 a_n.

【解析】 方法一(递推法)：$a_n = a_{n-1} + n = a_{n-2} + (n-1) + n = a_{n-3} + (n-2) + (n-1) + n = \cdots = a_1 + [2 + 3 + \cdots + (n-2) + (n-1) + n] = \sum_{i=1}^{n} i = \dfrac{n(n+1)}{2}.$

方法二(叠加法)：$a_n - a_{n-1} = n$，依次类推有：$a_{n-1} - a_{n-2} = n-1$，$a_{n-2} - a_{n-3} = n-2$，$\cdots$，$a_2 - a_1 = 2$，将各式叠加并整理得 $a_n - a_1 = \sum_{i=2}^{n} i$，$a_n = a_1 + \sum_{i=2}^{n} i = \sum_{i=1}^{n} i = \dfrac{n(n+1)}{2}.$

类型三：$a_{n+1} = f(n) \cdot a_n$

思路1(递推法)：$a_n = f(n-1) \cdot a_{n-1} = f(n-1) \cdot f(n-2) \cdot a_{n-2} = f(n-1) \cdot f(n-2) \cdot f(n-3) \cdot a_{n-3} = \cdots = f(1) \cdot f(2) \cdot f(3) \cdot \cdots \cdot f(n-2) \cdot f(n-1) \cdot a_1.$

思路2(叠乘法)：$\dfrac{a_n}{a_{n-1}} = f(n-1)$，依次类推有：$\dfrac{a_{n-1}}{a_{n-2}} = f(n-2)$，$\dfrac{a_{n-2}}{a_{n-3}} = f(n-3)$，$\cdots$，$\dfrac{a_2}{a_1} = f(1)$，将各式叠乘并整理得 $\dfrac{a_n}{a_1} = f(1) \cdot f(2) \cdot f(3) \cdot \cdots \cdot f(n-2) \cdot f(n-1)$，即

$$a_n = f(1) \cdot f(2) \cdot f(3) \cdot \cdots \cdot f(n-2) \cdot f(n-1) \cdot a_1.$$

典型例题

3. 已知 $a_1 = 1, a_n = \dfrac{n-1}{n+1} a_{n-1}$，求 a_n.

【解析】 方法一(递推法)：

$$a_n = \dfrac{n-1}{n+1} a_{n-1} = \dfrac{n-1}{n+1} \cdot \dfrac{n-2}{n} a_{n-2} = \dfrac{n-1}{n+1} \cdot \dfrac{n-2}{n} \cdot \dfrac{n-3}{n-1} a_{n-3} = \cdots = \dfrac{2}{n(n+1)}.$$

方法二(叠乘法)：$\dfrac{a_n}{a_{n-1}} = \dfrac{n-1}{n+1}$，依次类推有：$\dfrac{a_{n-1}}{a_{n-2}} = \dfrac{n-2}{n}$，$\dfrac{a_{n-2}}{a_{n-3}} = \dfrac{n-3}{n-1}$，$\cdots$，$\dfrac{a_3}{a_2} = \dfrac{2}{4}$，$\dfrac{a_2}{a_1} = \dfrac{1}{3}$，将各式叠乘并整理得 $\dfrac{a_n}{a_1} = \dfrac{n-1}{n+1} \cdot \dfrac{n-2}{n} \cdot \dfrac{n-3}{n-1} \cdot \cdots \cdot \dfrac{2}{4} \cdot \dfrac{1}{3}$，即

$$a_n = \dfrac{n-1}{n+1} \cdot \dfrac{n-2}{n} \cdot \dfrac{n-3}{n-1} \cdot \cdots \cdot \dfrac{2}{4} \cdot \dfrac{1}{3} = \dfrac{2}{n(n+1)}.$$

类型四：$a_{n+1} = p a_n + q a_{n-1}$

思路(特征根法)：为了方便，先假定 $a_1 = m, a_2 = n$. 递推式对应的特征方程为 $x^2 = px + q$，当

特征方程有两个相等实根时，$a_n = (cn+d) \cdot \left(\dfrac{p}{2}\right)^{n-1}$（$c,d$ 为待定系数，可利用 $a_1 = m, a_2 = n$ 求得）；当特征方程有两个不等实根 x_1, x_2 时，$a_n = ex_1^{n-1} + fx_2^{n-1}$（$e,f$ 为待定系数，可利用 $a_1 = m$, $a_2 = n$ 求得）；当特征方程的根为虚根时数列 $\{a_n\}$ 的通项与上同理，此处暂不作讨论.

典型例题

4. 已知 $a_1 = 2, a_2 = 3, a_{n+1} = 6a_{n-1} - a_n$，求 a_n.

【解析】 递推式对应的特征方程为 $x^2 = -x + 6$，即 $x^2 + x - 6 = 0$，解得 $x_1 = 2, x_2 = -3$. 设 $a_n = ex_1^{n-1} + fx_2^{n-1}$，而 $a_1 = 2, a_2 = 3$，即 $\begin{cases} e + f = 2, \\ 2e - 3f = 3, \end{cases}$ 解得 $\begin{cases} e = \dfrac{9}{5}, \\ f = \dfrac{1}{5}, \end{cases}$ 即 $a_n = \dfrac{9}{5} \cdot 2^{n-1} + \dfrac{1}{5} \cdot (-3)^{n-1}$.

类型五：$a_{n+1} = pa_n + rq^n \ (p \neq q \neq 0)$

思路（构造法）：$a_n = pa_{n-1} + rq^{n-1}$，设 $\dfrac{a_n}{q^n} + \mu = \lambda\left(\dfrac{a_{n-1}}{q^{n-1}} + \mu\right)$，则 $\begin{cases} \lambda q = p, \\ \mu(\lambda - 1)q^n = rq^{n-1}, \end{cases}$ 从而解得 $\begin{cases} \lambda = \dfrac{p}{q}, \\ \mu = \dfrac{r}{p-q}. \end{cases}$ 那么 $\left\{\dfrac{a_n}{q^n} + \dfrac{r}{p-q}\right\}$ 是以 $\dfrac{a_1}{q} + \dfrac{r}{p-q}$ 为首项，$\dfrac{p}{q}$ 为公比的等比数列.

典型例题

5. 已知 $a_1 = 1, a_n = -a_{n-1} + 2^{n-1}$，求 a_n.

【解析】 设 $\dfrac{a_n}{2^n} + \mu = \lambda\left(\dfrac{a_{n-1}}{2^{n-1}} + \mu\right)$，则 $\begin{cases} 2\lambda = -1, \\ \mu(\lambda - 1)2^n = 2^{n-1}, \end{cases}$ 解得 $\begin{cases} \lambda = -\dfrac{1}{2}, \\ \mu = -\dfrac{1}{3}, \end{cases}$ 则 $\left\{\dfrac{a_n}{2^n} - \dfrac{1}{3}\right\}$ 是以 $\dfrac{1}{2} - \dfrac{1}{3} = \dfrac{1}{6}$ 为首项，$-\dfrac{1}{2}$ 为公比的等比数列，即 $\dfrac{a_n}{2^n} - \dfrac{1}{3} = \dfrac{1}{6} \cdot \left(-\dfrac{1}{2}\right)^{n-1}$，得 $a_n = \dfrac{2^n + (-1)^{n-1}}{3}$.

类型六：$a_{n+1} = pa_n + f(n) \ (p \neq 0 \text{ 且 } p \neq 1)$

思路（转化法）：$a_n = pa_{n-1} + f(n-1)$，递推式两边同时除以 p^n 得 $\dfrac{a_n}{p^n} = \dfrac{a_{n-1}}{p^{n-1}} + \dfrac{f(n-1)}{p^n}$，令 $\dfrac{a_n}{p^n} = b_n$，那么问题就可以转化为类型二进行求解了.

典型例题

6. 已知 $a_1 = 2, a_{n+1} = 4a_n + 2^{n+1}$，求 a_n.

【解析】 $a_n = 4a_{n-1} + 2^n$，式子两边同时除以 4^n 得 $\dfrac{a_n}{4^n} = \dfrac{a_{n-1}}{4^{n-1}} + \left(\dfrac{1}{2}\right)^n$，令 $\dfrac{a_n}{4^n} = b_n$，则 $b_n - b_{n-1} =$

$\left(\dfrac{1}{2}\right)^n$,依此类推有 $b_{n-1}-b_{n-2}=\left(\dfrac{1}{2}\right)^{n-1}$,$b_{n-2}-b_{n-3}=\left(\dfrac{1}{2}\right)^{n-2}$,$\cdots$,$b_2-b_1=\left(\dfrac{1}{2}\right)^2$,各式叠加得 $b_n-b_1=\sum\limits_{i=2}^{n}\left(\dfrac{1}{2}\right)^i$,即 $b_n=b_1+\sum\limits_{i=2}^{n}\left(\dfrac{1}{2}\right)^i=\dfrac{1}{2}+\sum\limits_{i=2}^{n}\left(\dfrac{1}{2}\right)^i=\sum\limits_{i=1}^{n}\left(\dfrac{1}{2}\right)^i=1-\left(\dfrac{1}{2}\right)^i$,则 $a_n=4^n\cdot b_n=4^n\cdot\left[1-\left(\dfrac{1}{2}\right)^n\right]=4^n-2^n$.

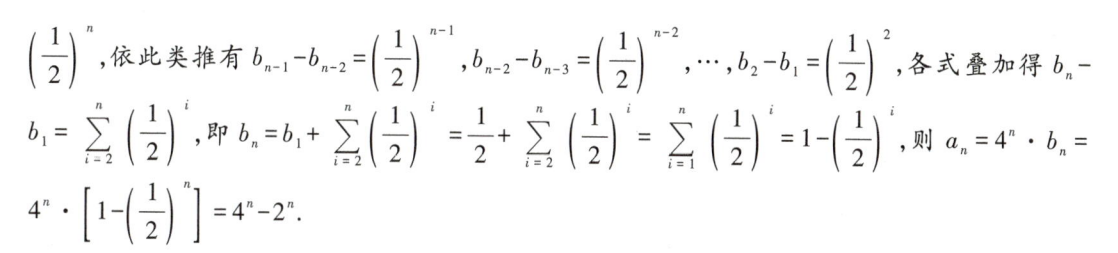

类型七:$a_{n+1}=pa_n^r\,(a_n>0)$

思路(转化法):对递推式两边取对数得 $\log_m a_{n+1}=r\log_m a_n+\log_m p$,令 $b_n=\log_m a_n$,这样一来,问题就可以转化成类型一进行求解了.

典型例题

7. 已知 $a_1=10$,$a_{n+1}=a_n^2$,求 a_n.

【解析】 对递推式 $a_{n+1}=a_n^2$ 左右两边分别取对数得 $\lg a_{n+1}=2\lg a_n$,令 $\lg a_n=b_n$,则 $b_{n+1}=2b_n$,即数列 $\{b_n\}$ 是以 $b_1=\lg 10=1$ 为首项,2 为公比的等比数列,即 $b_n=2^{n-1}$,因而得 $a_n=10^{b_n}=10^{2^{n-1}}$.

类型八:$a_{n+1}=\dfrac{c\cdot a_n}{pa_n+d}\,(c\neq 0)$

思路(转化法):对递推式两边取倒数得 $\dfrac{1}{a_{n+1}}=\dfrac{pa_n+d}{c\cdot a_n}$,那么 $\dfrac{1}{a_{n+1}}=\dfrac{d}{c}\cdot\dfrac{1}{a_n}+\dfrac{p}{c}$,令 $b_n=\dfrac{1}{a_n}$,这样,问题就可以转化为类型一进行求解了.

典型例题

8. 已知 $a_1=4$,$a_{n+1}=\dfrac{2\cdot a_n}{2a_n+1}$,求 a_n.

【解析】 对递推式左右两边取倒数得 $\dfrac{1}{a_{n+1}}=\dfrac{2a_n+1}{2a_n}$,即 $\dfrac{1}{a_{n+1}}=\dfrac{1}{2}\cdot\dfrac{1}{a_n}+1$,令 $\dfrac{1}{a_n}=b_n$,则 $b_{n+1}=\dfrac{1}{2}b_n+1$.设 $b_{n+1}+\mu=\dfrac{1}{2}(b_n+\mu)$,即 $\mu=-2$,则数列 $\{b_n-2\}$ 是以 $\dfrac{1}{4}-2=-\dfrac{7}{4}$ 为首项、$\dfrac{1}{2}$ 为公比的等比数列,则 $b_n-2=-\dfrac{7}{2^{n+1}}$,即 $b_n=\dfrac{2^{n+2}-7}{2^{n+1}}$,得 $a_n=\dfrac{2^{n+1}}{2^{n+2}-7}$.

考点 101:万能公式

已知 S_n,求 a_n,则有

$$a_n=\begin{cases}a_1=S_1,&n=1,\\ S_n-S_{n-1},&n\geq 2.\end{cases}$$

典型例题

1. 若数列 $\{a_n\}$ 中,$a_n\neq 0\,(n\geq 2)$,$a_1=\dfrac{1}{2}$,前 n 项和为 S_n.满足 $a_n=\dfrac{2S_n^2}{2S_n-1}\,(n\geq 2)$,则

$\left\{\dfrac{1}{S_n}\right\}$ 为(   ).

A. 首项为 2,公比为 $\dfrac{1}{2}$ 的等比数列

B. 首项为 2,公比为 2 的等比数列

C. 既非等差数列也非等比数列

D. 首项为 2,公差为 $\dfrac{1}{2}$ 的等差数列

E. 首项为 2,公差为 2 的等差数列

【答案】 E

【解析】 $S_1 = a_1 = \dfrac{1}{2} \Rightarrow \dfrac{1}{S_1} = 2$,

$S_n - S_{n-1} = a_n = \dfrac{2S_n^2}{2S_n - 1}(n \geqslant 2) \Rightarrow -S_n + S_{n-1} = 2S_n S_{n-1} \Rightarrow \dfrac{1}{S_n} - \dfrac{1}{S_{n-1}} = 2$

$\Rightarrow \left\{\dfrac{1}{S_n}\right\}$ 是首项为 2,公差为 2 的等差数列.

2. 若数列 $\{a_n\}$ 的前 n 项和 $S_n = n^2 + 2n + 5$,则 $a_{n+1} + a_{n+2} + a_{n+3} = ($ $)$.

A. $5n+3$　　　B. 2^n+1　　　C. $7n-1$　　　D. 2^{n-1}　　　E. $6n+15$

【答案】 E

【解析】 $a_{n+1} + a_{n+2} + a_{n+3} = S_{n+3} - S_n = (n+3)^2 + 2(n+3) + 5 - n^2 - 2n - 5 = 6n + 15$.

3. 等差数列 $\{a_n\}$ 的前 n 项和为 S_n,若 $a_1 = 1$,公差 $d = 2$,$S_{k+2} - S_k = 24$,则 $k = ($ $)$.

A. 8　　　B. 7　　　C. 6　　　D. 5　　　E. 4

【答案】 D

【解析】 $24 = S_{k+2} - S_k = a_{k+1} + a_{k+2} = 2a_1 + kd + (k+1)d = 2 + 2(2k+1) = 4k + 4 \Rightarrow k = 5$.

4. 已知 S_n 为数列 $\{a_n\}$ 的前 n 项和,则 $a_n = 2n + 1$.

(1) $a_n > 0$,且 $a_n^2 + 2a_n = 4S_n + 3$

(2) $2S_n = 3^n + 3$

【答案】 A

【解析】 条件(1):由 $a_n^2 + 2a_n = 4S_n + 3$ 得 $a_{n+1}^2 + 2a_{n+1} = 4S_{n+1} + 3$,

故 $(a_{n+1}^2 - a_n^2) + 2(a_{n+1} - a_n) = 4a_{n+1}$,即 $2(a_{n+1} + a_n) = a_{n+1}^2 - a_n^2 = (a_{n+1} - a_n)(a_{n+1} + a_n)$,

又 $a_n > 0$,可得 $a_{n+1} - a_n = 2$.

由 $a_1^2 + 2a_1 = 4a_1 + 3$ 解得 $a_1 = -1$(舍去) 或 $a_1 = 3$.

所以 $\{a_n\}$ 是首项为 3,公差为 2 的等差数列,故 $a_n = 2n + 1$,即条件(1)充分.

条件(2):由题意知 $2a_1 = 3 + 3$,故 $a_1 = 3$.

当 $n > 1$ 时 $2S_{n-1} = 3^{n-1} + 3$,故 $2a_n = 2S_n - 2S_{n-1} = 3^n - 3^{n-1} = 2 \times 3^{n-1}$,即 $a_n = 3^{n-1}$.

所以 $a_n = \begin{cases} 3, & n = 1, \\ 3^{n-1}, & n \geqslant 2. \end{cases}$,条件(2)不充分.

考点 102:数列的周期性

对于数列 $\{a_n\}$,若存在一个常数 T,对任意 $n \in \mathbf{N}^*$,恒有 $a_n = a_{n+T}$,称数列 $\{a_n\}$ 是从 n 项

起的周期为 T 的周期性数列.

典型例题

1. 数列 $\{a_n\}$ 中，$a_1=3$，$a_2=7$，当 $n\geq 1$ 时，a_{n+2} 等于 $a_n a_{n+1}$ 的个位数，则 $a_{2006}=$（　　）.

A. 9　　　　B. 7　　　　C. 3　　　　D. 1　　　　E. 2

【答案】B

【解析】找规律，$a_1=3$，$a_2=7$，$a_3=1$，$a_4=7$，$a_5=7$，$a_6=9$，$a_7=3$，$a_8=7$，…，可见 6 个数字一循环，2006 除以 6 余 2，所以 $a_{2006}=a_2=7$.

2. 已知数列 $\{a_n\}$ 的前 n 项和为 S_n，则 $S_{21}=56$.

（1）$a_1=1$，且 $a_n+a_{n+1}=\dfrac{n}{2}$.

（2）$a_1=2$，$a_2=3$，且 $a_n+a_{n+1}+a_{n+2}=8$.

【答案】D

【解析】条件（1）：$S_{21}=a_1+(a_2+a_3)+(a_4+a_5)+\cdots+(a_{20}+a_{21})=1+1+2+\cdots+10=56$. 故条件（1）充分.

条件（2）：$a_n+a_{n+1}+a_{n+2}=8$，故 a_n 是以三项为一周期的周期数列，又连续的三项为 2，3，3，故 $S_{21}=7\times(2+3+3)=56$，条件（2）充分.

综上所述，答案选择 D.

3. 设数列 $\{a_n\}$ 满足 $a_{n+1}a_n=2a_{n+1}-2$，$a_{2009}=\sqrt{2}$，则该数列的前 2012 项和为（　　）.

A. 503　　　B. 1006　　　C. 1509　　　D. 2012　　　E. 2515

【答案】D

【解析】由 $a_n=2-\dfrac{2}{a_{n+1}}$，$a_{2009}=\sqrt{2}$，可得

$$a_{2008}=2-\sqrt{2},\ a_{2007}=-\sqrt{2},\ a_{2006}=2+\sqrt{2},\ a_{2005}=\sqrt{2},\ \cdots.$$

2005 除以 4 余 1，故 $a_1=a_{2005}=\sqrt{2}$，所以数列 $\{a_n\}$ 是以 $\sqrt{2}$，$2+\sqrt{2}$，$-\sqrt{2}$，$2-\sqrt{2}$ 为循环的周期数列，故

$$S_{2012}=a_1+a_2+\cdots+a_{2012}=503(a_{2006}+a_{2007}+a_{2008}+a_{2009})=2012.$$

4. 设数列 $\{a_n\}$ 满足 $a_1=2$，$a_{n+1}=1-\dfrac{1}{a_n}$，计数列的前 n 项之积为 P_n，则 $P_{2009}=$（　　）.

A. 2^{2009}　　B. $\left(\dfrac{1}{2}\right)^{2009}$　　C. -1　　D. -2^{669}　　E. $-\left(\dfrac{1}{2}\right)^{669}$

【答案】C

【解析】$a_{n+3}=1-\dfrac{1}{a_{n+2}}=1-\dfrac{1}{1-\dfrac{1}{a_{n+1}}}=1-\dfrac{1}{1-\dfrac{1}{1-\dfrac{1}{a_n}}}=a_n$，

故 $\{a_n\}$ 是以 3 为周期的周期数列.

又 $a_1=2$，$a_2=\dfrac{1}{2}$，$a_3=-1$，从而 $P_3=-1$，所以 $P_{2009}=(-1)^{669}P_2=-1$.

总结：具有以下递推关系往往具有周期性.

① $a_{n+1} = |\alpha a_n \pm \beta a_{n-1}|$,② $a_n = \dfrac{\alpha a_{n+1} + \beta}{p a_{n+1} + q}$,③ $a_n + a_{n+1} + a_{n+2} = a_n a_{n+1} a_{n+2}$,④ $a_n a_{n+1} = C$(常数),
⑤ $a_n a_{n+1} a_{n+2} = C$(常数),⑥ $a_n + a_{n+1} = C$(常数),⑦ $a_n + a_{n+1} + a_{n+2} = C$(常数),⑧ a_{n+2} 为 $a_n a_{n-1}$ 的个位数字.

考点 103：数列中的最值问题

(1) $S_n = \dfrac{d}{2} n^2 + \left(a_1 - \dfrac{d}{2}\right) n$ 是等差数列 $\{a_n\}$ 的前 n 项和,则 S_n 在最接近 $n = \dfrac{1}{2} - \dfrac{a_1}{d}$ 的整数处达到最值.

(2) 若 $\{a_n\}$ 是等差数列,$a_1 > 0$,$d < 0$,$a_m \geq 0$,$a_{m+1} < 0$,则 S_n 在 $n = m$ 处达到最大值.若 $\{a_n\}$ 是等差数列,$a_1 < 0$,$d > 0$,$a_m \leq 0$,$a_{m+1} > 0$,则 S_n 在 $n = m$ 处达到最小值.

典型例题

1. 数列 $\{a_n\}$ 的前 n 项和为 S_n,$a_n = -n^2 + 10n + 11$,则 S_n 取得最大值时,$n = $(   ).

A. 10   B. 11   C. 10 或 11   D. 12   E. 5

【答案】C

【解析】首先这不是一个等差数列. 由 $a_n = -n^2 + 10n + 11 = -(n-5)^2 + 36$ 知 $a_{11} = 0$,$a_{12} < 0$,则有 $n = 10$ 或 11 时 S_n 最大.

2. 数列 $\{a_n\}$ 的通项公式为 $a_n = 73 - 3n$,其前 n 项和 S_n 取得最大值时 $n = $(   ).

A. 26   B. 25   C. 24   D. 23   E. 22

【答案】C

【解析】S_n 达到最大值时 n 应是最后一个使 $a_n \geq 0$ 的正整数,则 $a_n = 73 - 3n \geq 0 \Rightarrow n \leq \dfrac{73}{3}$,取整数则 $n = 24$.

3. 在等差数列 $\{a_n\}$ 中,$a_1 > 0$,若其前 n 项和为 S_n,有 $S_6 = S_{13}$,那么 S_n 取最大值时,n 的值为(   ).

A. 7 或 8   B. 8 或 9   C. 9   D. 9 或 10   E. 10

【答案】D

【解析】在等差数列 $\{a_n\}$ 中,$a_1 > 0$,且 $S_6 = S_{13}$,故数列 $\{a_n\}$ 的公差 $d < 0$,又 $S_n = An^2 + Bn$,其图像的对称轴为 $n = \dfrac{6+13}{2} = 9.5$,所以当 $n = 9$ 或 $n = 10$ 时,S_n 取最大值.

4. $\{a_n\}$ 是等差数列,$S_{10} > 0$,$S_{11} < 0$,则使 $a_n < 0$ 的最小的 $n = $(   ).

A. 5   B. 6   C. 7   D. 8   E. 9

【答案】B

【解析】$S_{10} = \dfrac{10(a_1 + a_{10})}{2} > 0 \Rightarrow 5(a_5 + a_6) > 0 \Rightarrow a_5 + a_6 > 0$,

$S_{11} = \dfrac{11(a_1 + a_{11})}{2} = 11 a_6 < 0 \Rightarrow a_6 < 0$,

则 $a_5 > 0$,$a_6 < 0$,则使 $a_n < 0$ 的最小的 $n = 6$.

第六章　平面几何(考点104-123)

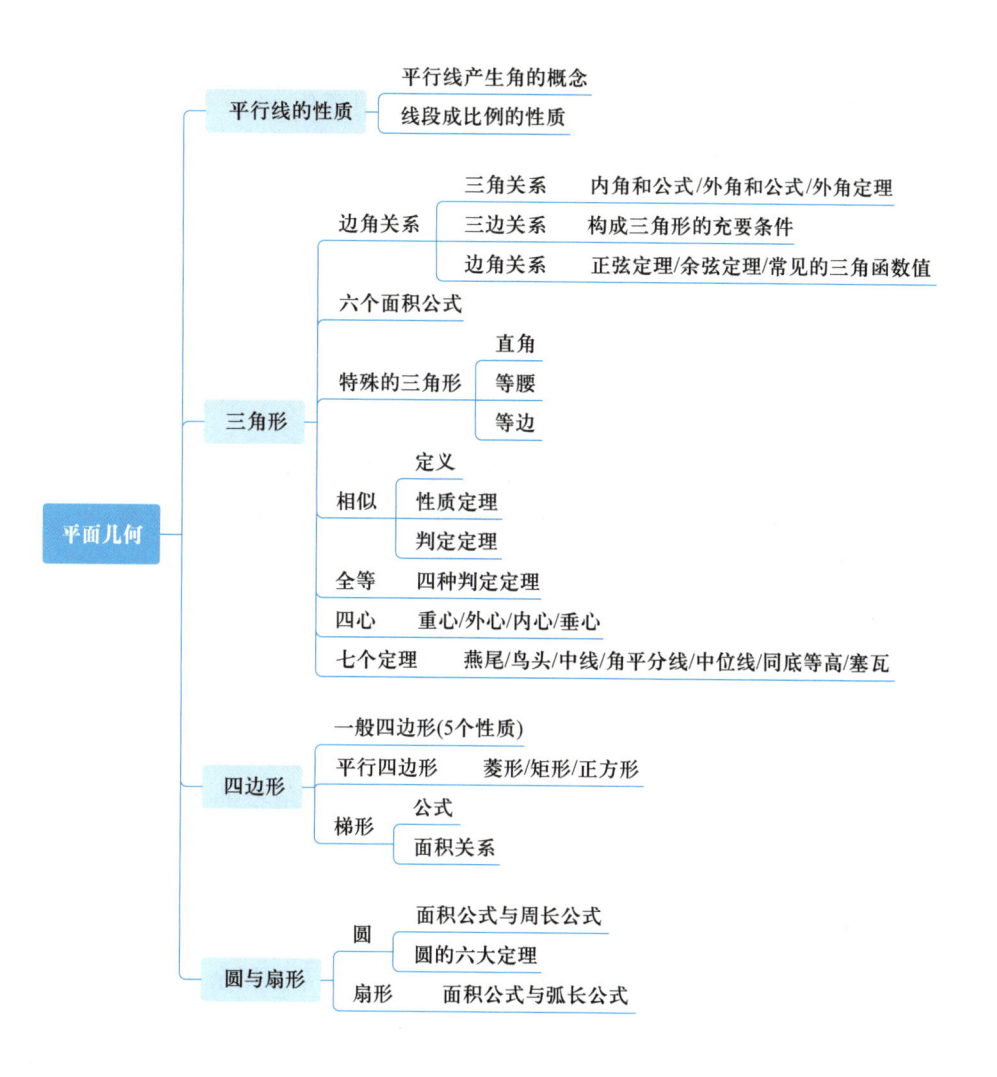

平面几何
- 平行线的性质
  - 平行线产生角的概念
  - 线段成比例的性质
- 三角形
  - 边角关系
    - 三角关系：内角和公式/外角和公式/外角定理
    - 三边关系：构成三角形的充要条件
    - 边角关系：正弦定理/余弦定理/常见的三角函数值
  - 六个面积公式
  - 特殊的三角形
    - 直角
    - 等腰
    - 等边
  - 相似
    - 定义
    - 性质定理
    - 判定定理
  - 全等：四种判定定理
  - 四心：重心/外心/内心/垂心
  - 七个定理：燕尾/鸟头/中线/角平分线/中位线/同底等高/塞瓦
- 四边形
  - 一般四边形(5个性质)
  - 平行四边形：菱形/矩形/正方形
  - 梯形
    - 公式
    - 面积关系
- 圆与扇形
  - 圆
    - 面积公式与周长公式
    - 圆的六大定理
  - 扇形：面积公式与弧长公式

考试内容

考点104：三角形的三边关系与三角关系	考点108：等边三角形
考点105：三角形的面积公式	考点109：燕尾定理(三角形)
考点106：相似与全等	考点110：同底等高定理
考点107：直角三角形	考点111：中位线定理

157

续表

考点112:共角定理和共边定理	考点118:圆的定理
考点113:中线定理	考点119:梯形
考点114:塞瓦定理	考点120:平行四边形
考点115:割补法与面积差	考点121:矩形和菱形
考点116:图像的变换(平移,旋转,轴对称)	考点122:一般四边形
考点117:扇形的面积与弧长的计算	考点123:动点问题与坐标系法

一、两条直线的位置关系

两条直线相交:两条直线 l_1 和 l_2 相交于点 O,成两组对顶角 $\angle 1,\angle 3$ 和 $\angle 2,\angle 4$,如图6-1所示,则 $\angle 1 = \angle 3,\angle 2 = \angle 4$.

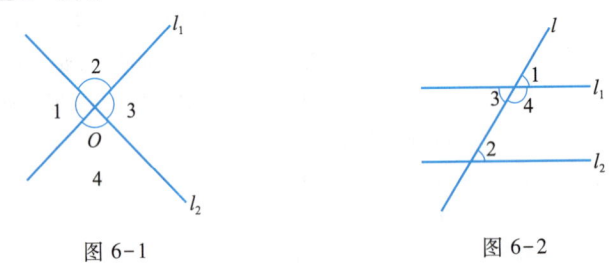

图 6-1　　　　图 6-2

两条直线平行:如图 6-2, $l_1 // l_2$,直线 l 与 l_1 与 l_2 均相交,则
$\angle 1 = \angle 2$(同位角相等); $\angle 3 = \angle 2$(内错角相等); $\angle 1 = \angle 3$(对顶角相等);
$\angle 2 + \angle 4 = 180°$(同旁内角互补).

二、三角形的相关性质和结论

1. 三角形边角关系

(1) 任意两边之和大于第三边, $a+b>c$,任意两边之差小于第三边, $a-b<c$.

(2) 三角形的内角和为 $180°$.

(3) 外角定理:三角形一个外角等于与之不相邻的两个内角之和.

注意:大角对大边,小角对小边,等角对等边.

(4) 正弦定理: $\dfrac{a}{\sin A} = \dfrac{b}{\sin B} = \dfrac{c}{\sin C} = 2R$($R$ 为三角形外接圆的半径).

(5) 余弦定理: $a^2 = b^2 + c^2 - 2bc\cos A$, $\cos A = \dfrac{b^2+c^2-a^2}{2bc}$ 等,常选用余弦定理判断三角形的形状.三角函数值与角的对应关系见下表.

函数	\multicolumn{9}{c}{α}
	$0°$	$30°$	$45°$	$60°$	$90°$	$120°$	$135°$	$150°$	$180°$
	0	$\dfrac{\pi}{6}$	$\dfrac{\pi}{4}$	$\dfrac{\pi}{3}$	$\dfrac{\pi}{2}$	$\dfrac{2\pi}{3}$	$\dfrac{3\pi}{4}$	$\dfrac{5\pi}{6}$	π
$\sin \alpha$	0	$\dfrac{1}{2}$	$\dfrac{\sqrt{2}}{2}$	$\dfrac{\sqrt{3}}{2}$	1	$\dfrac{\sqrt{3}}{2}$	$\dfrac{\sqrt{2}}{2}$	$\dfrac{1}{2}$	0

续表

函数	α								
	0°	30°	45°	60°	90°	120°	135°	150°	180°
	0	$\dfrac{\pi}{6}$	$\dfrac{\pi}{4}$	$\dfrac{\pi}{3}$	$\dfrac{\pi}{2}$	$\dfrac{2\pi}{3}$	$\dfrac{3\pi}{4}$	$\dfrac{5\pi}{6}$	π
$\cos\alpha$	1	$\dfrac{\sqrt{3}}{2}$	$\dfrac{\sqrt{2}}{2}$	$\dfrac{1}{2}$	0	$-\dfrac{1}{2}$	$-\dfrac{\sqrt{2}}{2}$	$-\dfrac{\sqrt{3}}{2}$	-1
$\tan\alpha$	0	$\dfrac{\sqrt{3}}{3}$	1	$\sqrt{3}$	不存在	$-\sqrt{3}$	-1	$-\dfrac{\sqrt{3}}{3}$	0
$\cot\alpha$	不存在	$\sqrt{3}$	1	$\dfrac{\sqrt{3}}{3}$	0	$-\dfrac{\sqrt{3}}{3}$	-1	$-\sqrt{3}$	不存在

2. 三角形的面积公式

$$S=\dfrac{1}{2}ab\sin C=\dfrac{1}{2}ac\sin B=\dfrac{1}{2}bc\sin A=\sqrt{p(p-a)(p-b)(p-c)}, \text{其中}\ p=\dfrac{1}{2}(a+b+c).$$

$$S=\dfrac{1}{2}r(a+b+c)=\dfrac{abc}{4R}=2R^2\sin A\sin B\sin C, \text{其中}\ R\ \text{为三角形外接圆的半径},r\ \text{为三角形内切圆的半径}.$$

3. 特殊三角形

直角三角形：

（1）两条直角边的平方和等于斜边的平方（勾股定理）.

（2）30°角所对的边等于斜边的一半.

（3）直角三角形斜边上的中线等于斜边的一半.

（4）两直角边的乘积等于斜边与其高线的乘积.

（5）常用勾股数：(3,4,5)；(6,8,10)；(5,12,13)；(7,24,25)；(8,15,17).

勾股定理的拓展见下表：

基本形式	拓展形式
勾股定理： $Rt\triangle ABC \Rightarrow a^2+b^2=c^2$（最长边为 c）	锐角 $\triangle ABC \Leftrightarrow a^2+b^2>c^2$（最长边为 c） 直角 $\triangle ABC \Leftrightarrow a^2+b^2=c^2$（最长边为 c） 钝角 $\triangle ABC \Leftrightarrow a^2+b^2<c^2$（最长边为 c）

（6）直角三角形的射影定理（双垂直模型）见下表：

双垂直	射影定理
（图）	$AB^2=AD\cdot AC,$ $CB^2=CD\cdot AC,$ $BD^2=AD\cdot DC$

（7）直角三角形的内切圆与外接圆半径公式：直角三角形的三边为 a,b,c，其中 c 是斜

边,则内切圆半径为 $\dfrac{a+b-c}{2}$,外接圆半径为 $\dfrac{c}{2}$.

等腰直角三角形:

(1) 三边之比:$1:1:\sqrt{2}$.

(2) 面积公式为 $S=\dfrac{1}{2}a^2$ (a 是一条直角边).

等边三角形(边长为 a):

(1) 高与边的比值为 $\sqrt{3}:2$.

(2) 面积公式为 $S=\dfrac{\sqrt{3}}{4}a^2$.

(3) 内切圆半径为 $\dfrac{\sqrt{3}}{6}a$,外接圆半径为 $\dfrac{\sqrt{3}}{3}a$.

(4) 等边三角形内部任意一点 P 到三边的距离之和为 $\dfrac{\sqrt{3}}{2}a$.

(5) 判定:$a^2+b^2+c^2=ab+bc+ac \Leftrightarrow a=b=c$.

4. 三角形的全等及相似

三角形全等的判定定理、性质定理见下表:

三角形全等的判定定理	三角形全等的性质定理
(1) 两边及其夹角对应相等(SAS). (2) 两角及其夹边对应相等(ASA). (3) 三边对应相等(SSS). (4) 两角和其中一角的对边相等(AAS). (5) 在两个直角三角形中,有一条直角边和斜边分别相等(HL)	一切对应量(角、线、周长、面积)全相等

三角形相似的判定定理、性质定理见下表:

三角形相似的判定定理	三角形相似的性质定理——维度论
(1) 有两角对应相等(AA). (2) 三条边对应成比例(SSS). (3) 有一角相等且夹这等角的两边对应成比例.	(1) 零维量(角度)的比等于相似比的零次方. (2) 一维量(线段)的比等于相似比的一次方. (3) 二维量(面积)的比等于相似比的二次方

5. 三角形的四心

序号	名称	定义	图形	性质
1	三角形的外心	三角形的三条边的垂直平分线交于一点,这点称为三角形的外心(外接圆圆心)		(1) 三角形的外心到三角形的三个顶点距离相等,都等于三角形的外接圆半径; (2) 锐角三角形的外心在三角形内;直角三角形的外心在斜边中点;钝角三角形的外心在三角形外

续表

序号	名称	定义	图形	性质
2	三角形的内心	三角形的三条内角平分线交于一点,这点称为三角形的内心(内切圆圆心)		(1)三角形的内心到三边的距离相等,都等于三角形的内切圆半径; (2)直角三角形的内心到边的距离等于两直角边的和减去斜边的差的二分之一
3	三角形的重心	三角形的三条中线交于一点,这点称为三角形的重心		(1)三角形的重心到边的中点与到相应顶点的距离之比为1∶2; (2)重心和三角形3个顶点组成的3个三角形面积相等; (3)重心到三角形3个顶点距离的平方和最小
4	三角形的垂心	三角形的三条高交于一点,这点称为三角形的垂心		(1)三角形任一顶点到垂心的距离,等于外心到对边的距离的2倍;锐角三角形的垂心到三顶点的距离之和等于其内切圆与外接圆半径之和的2倍; (2)锐角三角形的垂心在三角形内;直角三角形的垂心在直角顶点上;钝角三角形的垂心在三角形外

6. 三角形的七个重要定理

(1)燕尾定理:

如图6-3在三角形ABC中,AD,BE,CF相交于同一点O,那么$\dfrac{S_{\triangle ABO}}{S_{\triangle ACO}} = \dfrac{S_{\triangle BOD}}{S_{\triangle COD}} = \dfrac{BD}{CD}$.

上述定理给出了一个新的转化面积比与线段比的手段,因为$\triangle ABO$和$\triangle ACO$的形状很像燕子的尾巴,所以这个定理被称为燕尾定理,该定理在许多几何题目中都有着广泛的运用,它的特殊性在于,它可以存在于任何一个三角形之中,为三角形中的三角形面积和对应底边之间提供互相联系的途径.

(2)共角定理:

共角三角形的面积比等于对应角(相等角或互补角)两夹边的乘积之比.

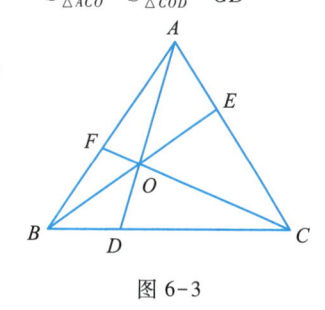

图6-3

两个三角形中有一个角相等或互补,这两个三角形叫作共角三角形.

如图6-4,在$\triangle ABC$中,D,E分别是AB,AC上的点,如图6-5(或D在BA的延长线上,E在AC上),则$S_{\triangle ABC} : S_{\triangle ADE} = (AB \times AC) : (AD \times AE)$.

(3)同底等高定理:

我们已经知道三角形的面积计算公式:三角形面积=底×高÷2.

从这个公式我们可以发现:三角形面积的大小,取决于三角形的底和高的乘积.

图 6-4　　　　　　　　　　　　　图 6-5

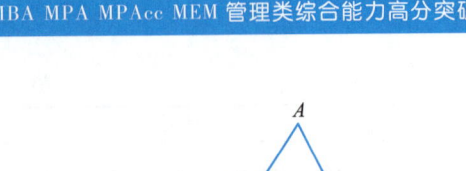

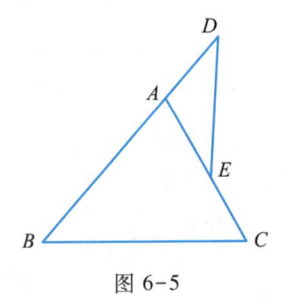

如果三角形的底不变,高越大(小),三角形面积也就越大(小);

如果三角形的高不变,底越大(小),三角形面积也就越大(小);

在实际问题的研究中,我们还会常常用到以下结论:

① 等底等高的两个三角形面积相等.

② 两个三角形的高相等,面积比等于它们的底之比;两个三角形的底相等,面积比等于它们的高之比.

③ 等底等高的两个平行四边形面积相等(长方形和正方形可以看作特殊的平行四边形).

④ 三角形面积等于与它等底等高的平行四边形面积的一半.

⑤ 两个平行四边形的高相等,面积比等于它们的底之比;两个平行四边形的底相等,面积比等于它们的高之比.

(4) 中线定理(阿波罗尼斯奥定理):

三角形三条边的长度为 a,b,c,则三条中线长为

$$m_a = \frac{1}{2}\sqrt{2b^2+2c^2-a^2},$$

$$m_b = \frac{1}{2}\sqrt{2a^2+2c^2-b^2},$$

$$m_c = \frac{1}{2}\sqrt{2a^2+2b^2-c^2},$$

其中 m_a, m_b, m_c 分别为长度为 a,b,c 的边的中线长.

(5) 角平分线定理:

如图 6-6,三角形 ABC 的角平分线为 AD,D 在 CB 上,则

$$AD^2 = AB \cdot AC - BD \cdot CD.$$

上述公式可以通过三边求出角平分线的长度,事实上:$\dfrac{AB}{AC} = \dfrac{BD}{DC}$.

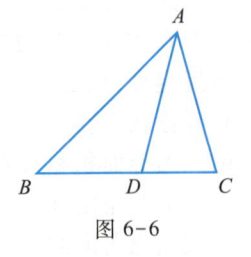

图 6-6

(6) 塞瓦定理:

如图 6-7,设 P,Q,R 分别是 $\triangle ABC$ 的 BC,CA,AB 边上的点,则 AP,BQ,CR 三线共点的充要条件是 $\dfrac{BP}{PC} \cdot \dfrac{CQ}{QA} \cdot \dfrac{AR}{RB} = 1$.

(7) 中位线定理:

如图 6-8,DE 是 $\triangle ABC$ 的中位线,则 DE 与 BC 平行,且 $DE = \dfrac{1}{2}BC$.

P 是 DE 上的动点,则一定有 $S_{\triangle PBC} = \dfrac{1}{2}S_{\triangle ABC}$.

图 6-7

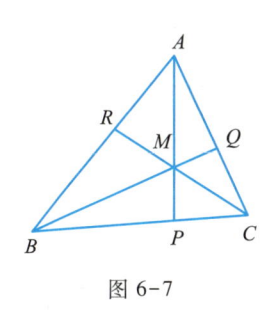

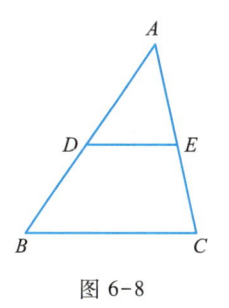

图 6-8

三、四边形的相关性质和结论

1. 平行四边形

(1) 平行四边形的性质及判定定理见下表：

平行四边形的判定定理	平行四边形的性质定理
(1) 两组对边分别平行. (2) 一组对边平行且相等. (3) 两组对边分别相等. (4) 两条对角线互相平分. (5) 两组对角分别相等	(1) 平行四边形的对边平行且相等. (2) 对角相等. (3) 对角线互相平分

(2) 平行四边形的面积与周长公式：

平行四边形的两边长为 a, b，以 b 为底边的高为 h，则该平行四边形的面积为 $S = bh$，周长为 $C = 2(a+b)$.

平行四边形的两边长为 a, b，对角线的长度分别为 m, n，则一定有 $m^2 + n^2 = 2(a^2 + b^2)$.

2. 矩形

(1) 矩形的性质与判定定理见下表：

矩形的判定定理	矩形的性质定理
一个角是直角的平行四边形	矩形的四个角均是直角，对角线相等

(2) 矩形的面积与周长公式：

矩形的两边长为 a, b，则面积为 $S = ab$，周长为 $C = 2(a+b)$，对角线长为 $l = \sqrt{a^2 + b^2}$.

矩形一定有外接圆，其他平行四边形没有外接圆.

3. 菱形

(1) 菱形的性质与判定定理见下表：

菱形的判定定理	菱形的性质定理
一组邻边相等的平行四边形	(1) 菱形的四个边都相等. (2) 对角线相互垂直平分. (3) 对角线平分角度（与勾股定理综合）. (4) 菱形的面积 $S = \dfrac{1}{2}mn$，其中 m, n 是对角线的长度（常考）. (5) 判断： $a^2 + b^2 + c^2 + d^2 = ab + bc + cd + da \Leftrightarrow a = b = c = d$.

(2)菱形的面积与周长公式:

菱形的四边边长均为 a,以 a 为底边的高为 h,则面积为 $S=ah=\dfrac{1}{2}l_1 l_2$,其中 l_1,l_2 分别为对角线的长,周长为 $C=4a$.

注意:菱形一定具有内切圆,其他平行四边形不具有.

4. 梯形

(1)梯形的性质与判定定理见下表:

梯形的判定定理	梯形的性质定理
有一组对边平行的四边形	(1)等腰梯形的对角线相等. (2)等腰梯形的底角相等. (3)梯形的中位线 $MN=\dfrac{1}{2}(a+b)$, 面积 $S=\dfrac{1}{2}(a+b)h$(常考)

(2)梯形的面积与周长公式:

梯形的上底为 a,下底为 b,高为 h,中位线为 $l=\dfrac{1}{2}(a+b)$,面积为 $S=\dfrac{1}{2}(a+b)h$.

梯形的颈线公式:如图 6-9, $MN=\dfrac{2}{\dfrac{1}{AD}+\dfrac{1}{BC}}$.

如图 6-10, $AB\parallel CD\Rightarrow\begin{cases}S_1\times S_3=S_2\times S_4,\\ S_2=S_4,\\ S_1:S_3=a^2:b^2,\end{cases}$ 可以记为 $S_1:S_2:S_3:S_4=a^2:ab:b^2:ab$.

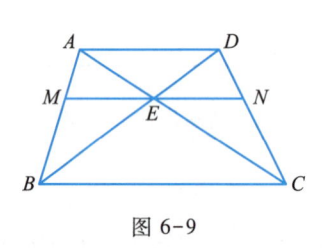

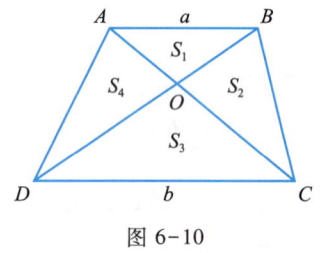

图 6-9

图 6-10

5. 一般的四边形(掌握 2 个性质)

性质 1:如图 6-11,任意四边形中的比例关系(蝴蝶定理)

(1) $S_1:S_2=S_4:S_3$ 或 $S_1\times S_3=S_2\times S_4$,

即四边形中上、下部分的面积之积等于左、右部分的面积之积.

(2) $AO:OC=(S_1+S_2):(S_4+S_3)$.

性质 2:如图 6-12,任意四边形 $ABCD$, E,F,G,H 分别是 AB,BC,CD,DA 的中点,顺次连接 E,F,G,H,则四边形 $EFGH$ 称为中点四边形.有如下结论:

(1)任意四边形的中点四边形的形状都是平行四边形.

(2)如果该四边形的对角线互相垂直(可得出有一角为 90°),则中点四边形为矩形,如菱形的中点四边形是矩形.

(3)如果该四边形的对角线相等(可得出有一组邻边相等),则中点四边形为菱形,如矩形的中点四边形是菱形.

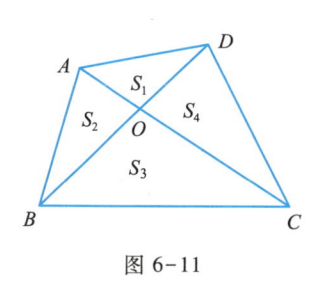

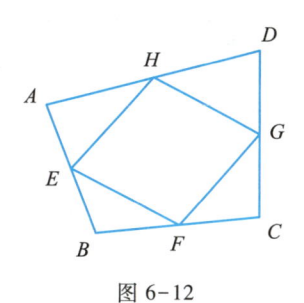

图 6-11

图 6-12

（4）如果该四边形的对角线互相垂直且相等，则中点四边形为正方形，如正方形的中点四边形是正方形.

性质3：如图 6-13 若四边形 $ABCD$ 的对角线 AC、BD 满足 $AC \perp BD$，则

（1）$S_{ABCD} = \dfrac{1}{2} AC \cdot BD$.

（2）$AB^2 + CD^2 = BC^2 + AD^2$.

性质4：四边形内角和为 $360°$.

性质5：（1）A,B,C 有外接圆 $\Leftrightarrow A,B,C$ 不共线.

（2）如图 6-14，四边形 $ABCD$ 有外接圆 $\Leftrightarrow \angle A + \angle C = 180°$ （$\angle B + \angle D = 180°$）.

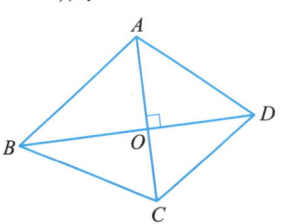

图 6-13

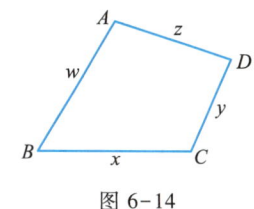

$S_{ABCD} = \sqrt{(p-x)(p-y)(p-z)(p-w)}$，其中 $p = \dfrac{x+y+z+w}{2}$.

图 6-14

性质6：四边形 $ABCD$ 画图时必须按照顺时针（逆时针）标出字母.

四、圆与扇形的相关公式和性质

1. 圆

（1）圆的概念：平面内到定点的距离等于定长的点的集合.

与圆有关的概念见下表：

直线段	曲线段与角
圆上任意一点到圆心的距离为半径，记作 r. 连接圆上的任意两点的线段叫作弦. 经过圆心的弦叫作直径，记作 d. 圆心到弦的距离叫作弦心距	连接圆上任意两点间的部分叫作圆弧，记作 l. 顶点在圆心的角叫作圆心角，记作 α. 顶点在圆上，两边为弦的角叫作圆周角

（2）圆的性质见下表：

相交弦定理	若在圆上两条弦 AB、CD 相交于 O，则 $AO \cdot BO = CO \cdot DO$
垂径定理	垂直于弦的直径平分这条弦，并且平分弦所对的弧

续表

圆心角、圆周角	同弧所对的圆周角是圆心角的一半,直径所对的圆周角为直角
等弧定理	在同圆或等圆中,相等的圆心角所对的弧相等,所对的弦相等,所对弦的弦心距相等
切割线定理	若 P 为圆外一点,作圆的两条切线 PA,PB 与两条割线 PCD,PEF. 则(1) $PA=PB$. (2) $PA^2=PC \cdot PD$. (3) $PC \cdot PD=PE \cdot PF$
弦切角定理	如图 AB 为圆的一条弦,过 A 作圆的切线 PA,则称 $\angle BAP$ 为弦切角,则一定有 $\angle BAP = \angle AEB$

2. 常考的重要公式

(1) 圆的面积为 $S_{圆}=\pi r^2$,周长为 $C=2\pi r=\pi d$,其中 r 为圆的半径,d 为圆的直径.

(2) 扇形弧长:$l=r\theta=\dfrac{\alpha°}{360°}\times 2\pi r$,其中 θ 为扇形角的弧度数,α 为扇形角的角度,r 为扇形的半径.

(3) $S=\dfrac{\alpha°}{360°}\times \pi r^2=\dfrac{1}{2}lr$,其中 α 为扇形角的角度,r 为扇形的半径.

常考的重要公式见下表:

	圆	扇形
面积	$S_{圆}=\pi r^2$	(1) $S_{扇形}=S_{圆} \cdot \dfrac{\alpha}{360°}=S_x \cdot \dfrac{l}{C}$.(2) $S_{扇形}=\dfrac{1}{2}lr$
周长(弧长)	$C=2\pi r=\pi d$	$l=C \cdot \dfrac{\alpha}{360°}=2\pi r \cdot \dfrac{\alpha}{360°}=r\theta$ (其中 θ 为扇形的弧度数)

注意:弧度与角度的转换:根据圆的角度为 $360°$,弧度为 2π,即 $360°=2\pi$.

(4) n 边形的内角和公式:$(n-2) \cdot 180°$.

考点 104：三角形的三边关系与三角关系

三角形三角关系：$\angle 1+\angle 2+\angle 3=\pi$.

外角定理：三角形一个外角等于与之不相邻的两个内角之和.

注意：大角对大边，小角对小边，等角对等边.

正弦定理：$\dfrac{a}{\sin A}=\dfrac{b}{\sin B}=\dfrac{c}{\sin C}=2R$（$R$ 为三角形外接圆的半径）.

余弦定理：$a^2=b^2+c^2-2bc\cos A$，$\cos A=\dfrac{b^2+c^2-a^2}{2bc}$ 等，常选用余弦定理判断三角形的形状.

典型例题

1. 已知三角形的两边的长分别为 3 和 5，则第三边的长 a 的取值范围是（　　）.

　　A. $3<a<5$　　B. $3<a<8$　　C. $2\leqslant a<8$　　D. $2<a<8$　　E. $3\leqslant a<8$

【答案】　D

【解析】　根据三角形三边的关系，两边之和大于第三边，两边之差小于第三边，$2<a<8$.

2. 若 x,y,z 是正数，则 x,y,z 能构成三角形.

　（1）$x+y>z$

　（2）$x-y<z$

【答案】　E

【解析】　条件(1)不充分，条件(2)也不充分，条件(1)和(2)联合也不充分，反例 $x=1$，$y=7$，$z=2$.

综上所述，答案是 E.

3. 如图 6-15，圆 O 的内接三角形 ABC 是等腰三角形，底边 $BC=6$，顶角为 $\dfrac{\pi}{4}$，则圆 O 的面积为（　　）.

　　A. 12π　　B. 16π　　C. 18π

　　D. 32π　　E. 36π

【答案】　C

【解析】　连接 OC,OB，根据圆心角是圆周角的两倍，$\angle BOC=2\angle BAC=\dfrac{\pi}{2}$，根据勾股定理，可得 $OB=3\sqrt{2}$，所以圆 O 的面积为 18π.

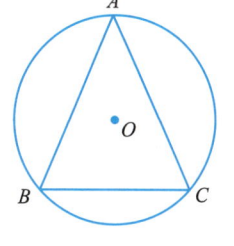

图 6-15

4. 在 $\triangle ABC$ 中，$\angle B=60°$，则 $\dfrac{c}{a}>2$.

　（1）$\angle C<90°$

　（2）$\angle C>90°$

【答案】　B

【解析】　本题画出三角形即可，条件(1)取 $\triangle ABC$ 为等边三角形，则 $\dfrac{c}{a}=1$，条件(1)不充分. 对于条件(2)，直角三角形到达了临界状态 $c=2a$，如果 $\angle C$ 是钝角，则 $\dfrac{c}{a}>2$，显然条件(2)充分，选 B.

5. 如图 6-16，△ABC 中，∠A，∠B，∠C 的外角分别记为 α，β，γ，若 α：β：γ=3：4：5，则 ∠A：∠B：∠C =（　　）．

  A. 3：2：1　　　　　　　B. 1：2：3

  C. 3：4：5　　　　　　　D. 5：4：3

  E. 以上都不是

【答案】 A

【解析】 $α+β+γ=360°$，$α：β：γ=3：4：5$，

所以 $α=90°，β=120°，γ=150°$，

所以 $∠A=90°，∠B=60°，∠C=30°$，

则 $∠A：∠B：∠C=3：2：1$．选 A．

6. 设 $2a+1, a, 2a-1$ 为钝角三角形的三边，则实数 a 的取值范围为（　　）．

  A. $2<a<8$　　B. $2<a<7$　　C. $3<a<8$　　D. $2<a<6$　　E. 以上都不是

【答案】 A

【解析】 因为 $2a+1, a, 2a-1$ 是三角形的三边，所以 $\begin{cases} 2a+1>0, \\ a>0, \\ 2a-1>0, \end{cases}$ 解得 $a>\dfrac{1}{2}$，此时 $2a+1$ 最大．

要使 $2a+1, a, 2a-1$ 表示三角形的三边，还需 $a+(2a-1)>2a+1$，解得 $a>2$．

设最长边 $2a+1$ 所对的角为 $θ$，则 $\cos θ = \dfrac{a^2+(2a-1)^2-(2a+1)^2}{2a(2a-1)} = \dfrac{a(a-8)}{2a(2a-1)} < 0$，解得 $\dfrac{1}{2} < a < 8$，所以 a 的取值范围是 $2<a<8$．

考点 105：三角形的面积公式

$$S = \dfrac{1}{2}ab\sin C = \dfrac{1}{2}ac\sin B = \dfrac{1}{2}bc\sin A = \sqrt{p(p-a)(p-b)(p-c)}，其中 p = \dfrac{1}{2}(a+b+c)．$$

$$S = \dfrac{1}{2}r(a+b+c) = \dfrac{abc}{4R} = 2R^2 \sin A \sin B \sin C，其中 R 为三角形外接圆的半径，r 为三角形内切圆的半径．$$

典型例题

1. 如图 6-17，在 △ABC 中，∠ABC=30°，将线段 AB 绕点 B 旋转至 DB，使 ∠DBC=60°，则 △DBC 与 △ABC 的面积之比为（　　）．

  A. 1　　　　　　B. $\sqrt{2}$　　　　　　C. 2

  D. $\dfrac{\sqrt{3}}{2}$　　　　　E. $\sqrt{3}$

【答案】 E

【解析】 方法一：过 A 点，D 点分别作高 AE，DF，则

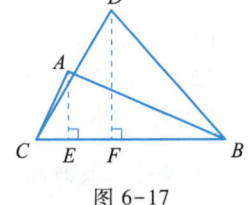

图 6-17

$$\frac{S_{\triangle DBC}}{S_{\triangle ABC}} = \frac{\frac{1}{2}BC \cdot DF}{\frac{1}{2}BC \cdot AE} = \frac{DF}{AE} = \frac{\frac{\sqrt{3}}{2}AB}{\frac{1}{2}AB} = \sqrt{3}.$$

方法二：正弦定理：$\dfrac{S_{\triangle DBC}}{S_{\triangle ABC}} = \dfrac{\frac{1}{2}DB \cdot BC \cdot \sin\angle DBC}{\frac{1}{2}AB \cdot BC \cdot \sin\angle ABC} = \dfrac{\sin\angle DBC}{\sin\angle ABC} = \sqrt{3}.$

2. 方程 $x^2-(1+\sqrt{3})x+\sqrt{3}=0$ 的两根分别为等腰三角形的腰 a 和底 $b(a<b)$，则该等腰三角形的面积是(　　).

A. $\dfrac{\sqrt{11}}{4}$　　　B. $\dfrac{\sqrt{11}}{8}$　　　C. $\dfrac{\sqrt{3}}{4}$　　　D. $\dfrac{\sqrt{3}}{5}$　　　E. $\dfrac{\sqrt{3}}{8}$

【答案】　C

【解析】　方程 $ax^2+bx+c=0(a\neq 0)$ 的两个根为 $x_{1,2}=\dfrac{-b\pm\sqrt{b^2-4ac}}{2a}.$

回归本题，第一步，方程 $x^2-(1+\sqrt{3})x+\sqrt{3}=0$ 左端可用十字相乘法分解因式得 $(x-1)(x-\sqrt{3})=0$，求得 $a=1, b=\sqrt{3}.$

第二步，求三角形的面积(如图 6-18 所示).

等腰三角形求面积的一般步骤：

首先，作底边上的高线，用勾股定理求出高线长.

然后，用三角形面积公式求面积.

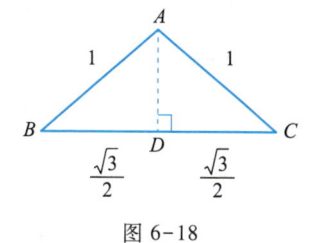

本题中，作 △ABC 底边上的高 AD，则

$$BD=DC=\frac{\sqrt{3}}{2}(三线合一定理),$$

$$AD=\sqrt{1^2-\left(\frac{\sqrt{3}}{2}\right)^2}=\frac{1}{2},$$

故

$$S_{\triangle ABC}=\frac{1}{2}\times\sqrt{3}\times\frac{1}{2}=\frac{\sqrt{3}}{4}.$$

图 6-18

考点 106：相似与全等

三角形全等的判定定理、性质定理见下表：

三角形全等的判定定理	三角形全等的性质定理
(1) 两边及其夹角对应相等(SAS). (2) 两角及其夹边对应相等(ASA). (3) 三边对应相等(SSS). (4) 两角和其中一角的对边对应相等(AAS). (5) 在两个直角三角形中，有一条直角边和斜边分别相等(HL).	一切对应量(角、线、周长、面积)全相等

三角形相似的判定定理、性质定理见下表：

三角形相似的判定定理	三角形相似的性质定理——维度论
（1）有两角对应相等（AA）．	（1）零维量（角度）的比等于相似比的零次方．
（2）三条边对应成比例（SSS）．	（2）一维量（线段）的比等于相似比的一次方．
（3）有一角相等且夹这等角的两边对应成比例	（3）二维量（面积）的比等于相似比的二次方

典型例题

1. 在如图 6-19 所示的锐角三角形空地中，欲建一个面积不小于 300 平方米的内接矩形花园（阴影部分），则其边长 x 米的取值范围是（　　）．

  A. [15, 20] B. [12, 25] C. [10, 30] D. [20, 30] E. [10, 20]

【答案】　C

【解析】　矩形的边长为 x 米，则由相似三角形得其邻边长为 $(40-x)$ 米，故矩形的面积
$$S = x(40-x) = -x^2 + 40x,$$
由 $S \geq 300$ 得 $-x^2 + 40x \geq 300$，解得 $10 \leq x \leq 30$．

2. 如图 6-20 所示长方形 $ABCD$ 中，三角形 AOB 是直角三角形且面积为 54，$OD = 16$，那么长方形 $ABCD$ 的面积是（　　）．

  A. 360 B. 300 C. 280 D. 200 E. 160

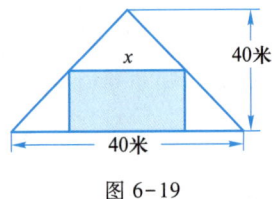

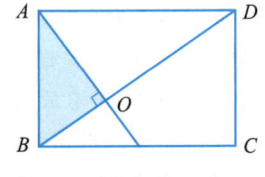

图 6-19　　图 6-20

【答案】　B

【解析】　根据三角形相似，对应边成比例可得 $AO^2 = BO \cdot OD$．

又因为 $AO \cdot BO \cdot \dfrac{1}{2} = 54$，$OD = 16$，设 $AO = x$，则 $BO = \dfrac{108}{x}$，则
$$x^2 = \dfrac{108}{x} \times 16 \Rightarrow x^3 = 108 \times 16 = 12^3 \Rightarrow x = 12, BD = 9,$$
则 $S_{ABCD} = BD \cdot AO \times \dfrac{1}{2} \times 2 = (9+16) \times 12 = 300$．

3. 如图 6-21，在 $\triangle ABC$ 中，若 $\angle AED = \angle B$，$DE = 6$，$AB = 10$，$AE = 8$，则 BC 的长为（　　）．

  A. $\dfrac{15}{4}$ B. 7 C. $\dfrac{15}{2}$ D. $\dfrac{24}{5}$ E. $\dfrac{40}{3}$

【答案】　C

【解析】　由已知条件，$\triangle ABC \backsim \triangle AED$，所以 $\dfrac{BC}{ED} = \dfrac{AB}{AE} \Rightarrow BC = \dfrac{ED \cdot AB}{AE} = \dfrac{15}{2}$．

4. 如图 6-22，$\triangle ABC$ 中，点 D，E 为 BC，AC 边上的点，P 为 AD，BE 的交点，则 $AP = PD$．

 （1）$BD : DC = 2 : 1$

 （2）$AE : EC = 2 : 3$

图 6-21

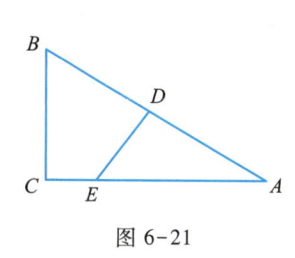

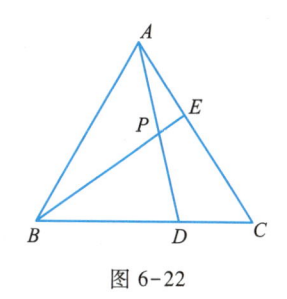

图 6-22

【答案】 C

【解析】 条件(1)、(2)单独显然不充分,将二者联合.

如图 6-23(a)作辅助线 $DF /\!/ AC$.在图 6-23(a)的阴影区域中,$\dfrac{DF}{EC}=\dfrac{BD}{BC}=\dfrac{2}{3}\Rightarrow DF=\dfrac{2}{3}EC$.

在图 6-23(b)的阴影区域中,$\dfrac{DF}{AE}=\dfrac{DP}{AP}$,则 $\dfrac{DP}{AP}=\dfrac{DF}{AE}=\dfrac{\frac{2}{3}EC}{AE}=\dfrac{\frac{2}{3}\times 3}{2}=1$,所以两条件联合后是充分的.

5. 如图 6-24(a),在矩形 $ABCD$ 中,$AE=FC$,则三角形 AED 与四边形 $BCFE$ 能拼接成一个直角三角形.

(1) $EB=2FC$

(2) $ED=EF$

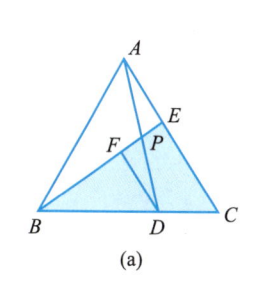

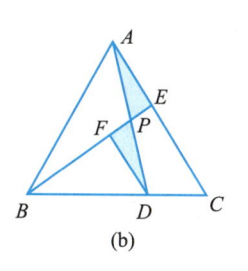

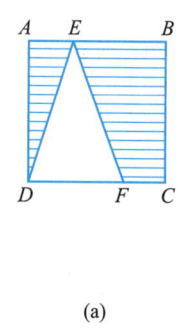

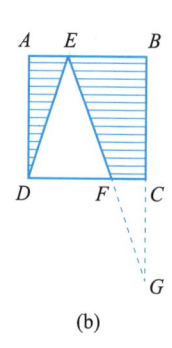

图 6-23

图 6-24

【答案】 D

【解析】 条件(1)与(2)本质上是等价的.

只需证明 $\text{Rt}\triangle ADE\cong \text{Rt}\triangle CGF$ 即可.

条件(1) $EB=2FC$,CF 是中位线,$CG=BC$,得 $CG=AD$,$\text{Rt}\triangle ADE\cong \text{Rt}\triangle CGF$.

(2) $ED=EF$,$\angle EDF=\angle EFD$,得 $\angle AED=\angle CFG$,$\text{Rt}\triangle ADE\cong \text{Rt}\triangle CGF$.

6. 如图 6-25,$\triangle ABC$ 是一块锐角三角形材料,高线 AH 长 8 厘米,底边 BC 长 10 厘米,需把它加工成一个矩形零件,使矩形 $DEFG$ 的一边 EF 在 BC 上,其余两个顶点 D,G 分别在 AB,AC 上,则四边

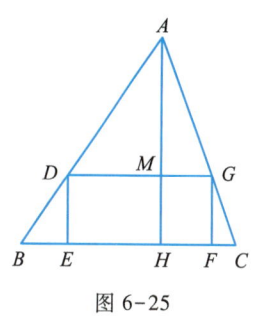

图 6-25

形 DEFG 的最大面积为(　　)平方厘米.

A. 40　　　　B. 25　　　　C. 20　　　　D. 15　　　　E. 10

【答案】 C

【解析】 设 AH 交 DG 于 M 点.

设 $DE=x$,则 $AM=AH-HM=8-x$.

因为 $DG/\!/EF$,所以 $\triangle ADG \backsim \triangle ABC$,则有 $\dfrac{AM}{AH}=\dfrac{DG}{BC}$,即 $\dfrac{8-x}{8}=\dfrac{DG}{10}$,解得

$$DG=\dfrac{5}{4}(8-x).$$

所以 $S_{四边形DEFG}=\dfrac{5}{4}(8-x)\cdot x=-\dfrac{5}{4}(x-4)^2+20.$

所以,当 $DE=x=4$ 时,四边形 DEFG 取到最大面积 20 平方厘米.

7. 如图 6-26,射线 AM,BN 都垂直于线段 AB,点 E 为 AM 上一点,过点 A 作 BE 的垂线 AC 分别交 BE,BN 于点 F,C,过点 C 作 AM 的垂线 CD,垂足为 D.若 $CD=CF$,则 $\dfrac{AE}{AD}=$(　　).

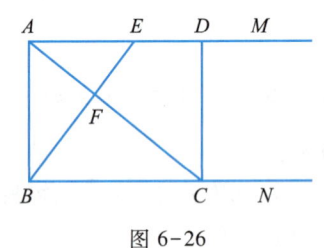

A. 0.5　　　　B. 0.4　　　　C. 0.3

D. 0.2　　　　E. $\dfrac{\sqrt{5}-1}{2}$

图 6-26

【答案】 E

【解析】 设 $FC=m,AF=n$.

因为 $Rt\triangle AFB \backsim Rt\triangle ABC$,所以 $AB^2=AF\cdot AC$.

又因为 $FC=DC=AB$,所以 $m^2=n(n+m)$,即 $\left(\dfrac{n}{m}\right)^2+\dfrac{n}{m}-1=0$,解得

$$\dfrac{n}{m}=\dfrac{\sqrt{5}-1}{2},或 \dfrac{n}{m}=\dfrac{-\sqrt{5}-1}{2}(舍去).$$

又 $Rt\triangle AFE \backsim Rt\triangle CFB$,所以 $\dfrac{AE}{AD}=\dfrac{AE}{BC}=\dfrac{AF}{FC}=\dfrac{n}{m}=\dfrac{\sqrt{5}-1}{2}$,即 $\dfrac{AE}{AD}=\dfrac{\sqrt{5}-1}{2}.$

8. 如图 6-27,P 为 $\triangle ABC$ 的中位线 DE 上的一点,延长 BP 交 AC 于点 N,延长 CP 交 AB 于点 M,则 $\dfrac{AN}{NC}+\dfrac{AM}{MB}=$(　　).

A. 1　　　　B. 2　　　　C. 1.5　　　　D. 3　　　　E. 2.5

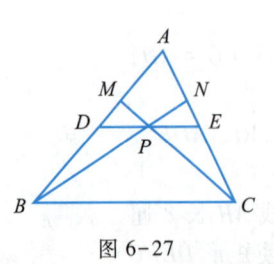

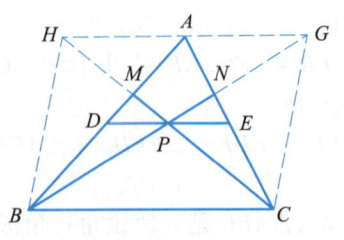

图 6-27　　　　图 6-28

【答案】 A

【解析】 如图 6-28 所示,过 A 作 BC 的平行线分别交直线 BN,CM 的延长线于 G,H,连接 GC,HB.易知 $HG // DE // BC$.

由 D 为 AB 的中点,知 P 为 BG,CH 的中点,得四边形 $BCGH$ 为平行四边形,有
$\dfrac{AN}{NC}=\dfrac{AG}{BC}, \dfrac{AM}{MB}=\dfrac{HA}{BC}$.

所以 $\dfrac{AN}{NC}+\dfrac{AM}{MB}=\dfrac{AG}{BC}+\dfrac{HA}{BC}=\dfrac{BC}{BC}=1$,即 $\dfrac{AN}{NC}+\dfrac{AM}{MB}=1$.

9. 如图 6-29,已知 $\triangle ABC$ 中,$\angle ABC=45°,AC=4,H$ 是高 AD 和 BE 的交点,则线段 BH 的长度为( ).

A. $\sqrt{6}$　　B. 4　　C. $2\sqrt{3}$　　D. 5　　E. $\sqrt{5}$

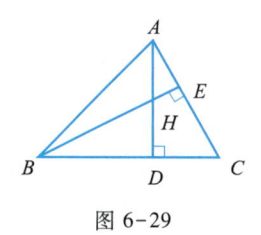

图 6-29

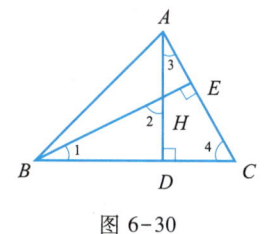

图 6-30

【答案】 B

【解析】 因为 $\angle ABC=45°,AD\perp BC$,
所以 $AD=BD$.

如图 6-30,因为 $\angle 1=\angle 3$(同角的余角相等),$\angle 1+\angle 2=90°$,$\angle 3+\angle 4=90°$,
所以 $\angle 2=\angle 4$.

在 $\triangle ADC$ 和 $\triangle BDH$ 中,因为
$\begin{cases}\angle 4=\angle 2,\\ \angle ADC=\angle BDH,\\ AD=BD,\end{cases}$
所以 $\triangle ADC\cong\triangle BDH$(AAS),
故 $BH=AC=4$.

考点 107:直角三角形

(1) 两条直角边的平方和等于斜边的平方(勾股定理).
(2) 30°角所对的边等于斜边的一半.
(3) 直角三角形斜边上的中线等于斜边的一半.
(4) 两直角边的乘积等于斜边与其高线的乘积.
(5) 常用勾股数:$(3,4,5);(6,8,10);(5,12,13);(7,24,25);(8,15,17)$.

典型例题

1. 如图 6-31,已知 D 为 $\triangle ABC$ 边 BC 的延长线上一点,$DF\perp AB$ 于点 F,交 AC 于点 E,$\angle A=35°,\angle D=42°$,则 $\angle ACD=($　　$)$.

A. 87°　　　　B. 85°　　　　C. 83°　　　　D. 72°　　　　E. 90°

【答案】 C

【解析】 在 $\triangle AEF$ 和 $\triangle DEC$ 中，$\angle A + 90° = \angle ACD + \angle D$，则 $\angle ACD = \angle A + 90° - \angle D = 83°$。

2. $\triangle ABC$ 中，$\angle C = 90°$，D 为 BC 上一点，$\angle BAC = 60°$，$\angle DAC = 45°$，$BD = a$，则线段 AB 的长度为（　　）.

A. $(\sqrt{3}+1)a$　　B. $\sqrt{3}a$　　C. a　　D. $2a$　　E. $3a$

【答案】 A

【解析】 如图 6-32，设 $AC = x$。在 $\triangle ABC$ 中，$BC = \sqrt{3}x$；在 $\triangle ACD$ 中，$CD = x$。所以，$a = BD = BC - CD = (\sqrt{3}-1)x \Rightarrow x = \dfrac{a}{\sqrt{3}-1}$，又在 $\triangle ABC$ 中，$AB = 2x = \dfrac{2}{\sqrt{3}-1}a = (\sqrt{3}+1)a$。

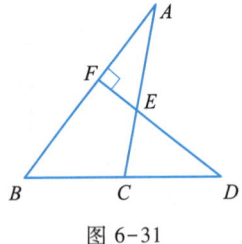

图 6-31　　　　图 6-32

3. $\triangle ABC$ 为直角三角形。

（1）在平面直角坐标系中，$\triangle ABC$ 的顶点为 $A(-1,-2)$，$B(2,-1)$，$C(-2,1)$

（2）在平面直角坐标系中，到 A，B，C 三点距离相等的点在 $\triangle ABC$ 之外

【答案】 A

【解析】 条件(1)中，三角形 ABC 的顶点为 $A(-1,-2)$，$B(2,-1)$，$C(-2,1)$。根据两点间距离公式得 $|AB| = \sqrt{3^2+1^2} = \sqrt{10}$，$|BC| = \sqrt{4^2+2^2} = \sqrt{20}$，$|AC| = \sqrt{1^2+3^2} = \sqrt{10}$，可得 $|AB|^2 + |AC|^2 = |BC|^2$，符合直角三角形的三边关系，则三角形 ABC 为直角三角形，条件(1)充分。

条件(2)中，到 A，B，C 三点距离相等的点为三角形 ABC 的外心（外接圆的圆心）。直角三角形的外心在斜边的中点，钝角三角形的外心在三角形的外面，所以三角形 ABC 的形状为钝角三角形，条件(2)不充分。

4. 如图 6-33，在矩形 $ABCD$ 中，过点 B 作对角线 AC 的垂线，交 AD 于点 E，则能确定 AE 的长度。

（1）$AB = 2$，$DE = 3$

（2）$AB = 2$，$CF = 3$

【答案】 D

【解析】 条件(1)，由题意得 $\triangle BAE \sim \triangle CBA$，所以 $\dfrac{AE}{AB} = \dfrac{AB}{BC}$，设 AE 长为 x，则 $\dfrac{x}{2} = \dfrac{2}{x+3}$，解得 $x_1 = 1$，$x_2 = -4$（舍），则 $AE = 1$，充分。

条件(2)，由题意得 $\triangle FAB \sim \triangle BAC$，则 $\dfrac{AF}{AB} = \dfrac{AB}{AC}$，设 AF 长为 x，则

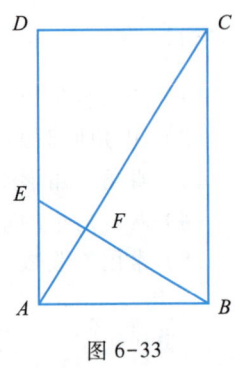

图 6-33

$\dfrac{x}{2}=\dfrac{2}{x+3}$,解得 $x_1=1,x_2=-4$(舍),则 $BC=2\sqrt{3}$,又因为 $\triangle EFA \sim \triangle BFC$,$\dfrac{AE}{BC}=\dfrac{AF}{FC}$,$AE=\dfrac{2\sqrt{3}}{3}$,条件(2)充分,故选 D.

5. 如图 6-34,过圆 O 外一点 P 作圆 O 的两条切线 PA,PB,切点分别为 A,B,作直径 BC,连接 AB,AC,已知 $BC=2\sqrt{3}$,则能确定 $\triangle APB$ 的面积.

   (1) $AC=\sqrt{3}$
   (2) $AP=\sqrt{3}$

【答案】 D

【解析】 条件(1)由题意知,$\triangle APB$ 为等腰三角形,$\triangle ABC$ 为直角三角形且 $\dfrac{AC}{BC}=\dfrac{1}{2}$,则 $\angle ABC=30°$,$\angle PBA=60°$,可得 $\triangle APB$ 为正三角形,一边长 $AB=3$,则三角形的面积可确定,条件(1)充分.

条件(2)连接 AO,则 $AO=OB=BP=PA$,又因为 $\angle PBC=90°$,则四边形 $OAPB$ 为边长为 $\sqrt{3}$ 的正方形,$\triangle APB$ 面积为正方形面积的一半为 $\sqrt{3}\cdot\sqrt{3}\cdot\dfrac{1}{2}=\dfrac{3}{2}$,条件(2)充分.

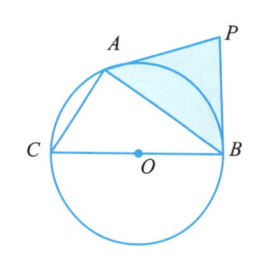

图 6-34

6. 如图 6-35,在 $\triangle ABC$ 中,CD 是高,CE 为 $\angle ACB$ 的平分线.若 $AC=15,BC=20,CD=12$,则 CE 的长等于( ).

   A. $\dfrac{60}{7}\sqrt{2}$ B. 8   C. 10   D. 12   E. 14

【答案】 A

【解析】 由勾股定理知 $AD=9,BD=16$,所以 $AB=AD+BD=25$.

故由勾股定理的逆定理知 $\triangle ACB$ 为直角三角形,且 $\angle ACB=90°$.

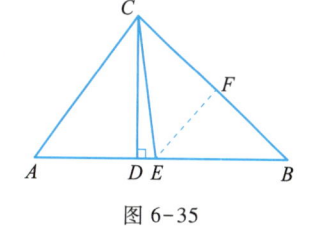

作 $EF\perp BC$,垂足为 F.设 $EF=x$,由 $\angle ECF=\dfrac{1}{2}\angle ACB=45°$,得 $CF=x$,于是 $BF=20-x$.由于 $EF\parallel AC$,所以

$$\dfrac{EF}{AC}=\dfrac{BF}{BC},$$

即

$$\dfrac{x}{15}=\dfrac{20-x}{20},$$

图 6-35

解得 $x=\dfrac{60}{7}$.所以 $CE=\sqrt{2}x=\dfrac{60\sqrt{2}}{7}$.

7. 在直线 l 上依次摆放着七个正方形(如图 6-36 所示),已知斜放置的三个正方形的面积分别是 3,4,5,正放置的四个正方形的面积依次是 S_1,S_2,S_3,S_4 则 $S_1+S_2+S_3+S_4=$( ).

   A. 1   B. 2   C. 8   D. 3   E. 2.5

【答案】 C

【解析】

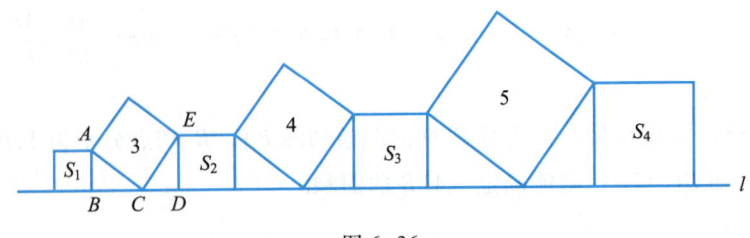

图 6-36

在 △ABC 和 △CDE 中，$\begin{cases} \angle ABC = \angle CDE = 90° \\ \angle ACB = \angle CED \\ AC = CE \end{cases}$，所以 △ABC ≌ △CDE（AAS），所以 $CD = AB$，所以 $S_1 + S_2 = AB^2 + ED^2 = CD^2 + ED^2 = EC^2 = 3$，同理可得 $S_3 + S_4 = 5$，所以

$$S_1 + S_2 + S_3 + S_4 = 3 + 5 = 8.$$

8. 如图 6-37，在边长为 2 的正三角形材料中，裁剪出一个半圆形.已知，半圆的直径在三角形的一条边上，则这个半圆的面积最大为（　　）.

A. $\dfrac{3}{8}\pi$　　　　B. $\dfrac{3}{5}\pi$　　　　C. $\dfrac{3}{4}\pi$　　　　D. $\dfrac{\pi}{4}$　　　　E. $\dfrac{1}{2}\pi$

【答案】 A

【解析】 如图 6-38 所示

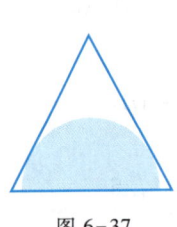

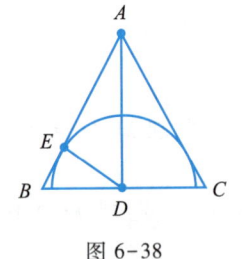

图 6-37　　　图 6-38

要使得半圆的面积最大，必须使得半圆和三角形相切，连接 AD, ED，半径一定垂直于切线，所以 $ED \perp AB$，半径最大是 △ABD 的斜高 ED，根据面积守恒，$ED = \dfrac{1 \cdot \sqrt{3}}{2}$，此时半圆的面积是 $\dfrac{1}{2}\pi\left(\dfrac{\sqrt{3}}{2}\right)^2 = \dfrac{3}{8}\pi$.

考点 108：等边三角形

核心公式：若 a 是等边三角形的边长，则等边三角形的面积为 $S = \dfrac{\sqrt{3}}{4}a^2$.

典型例题

1. 如图 6-39，△ABC 是边长为 6 的等边三角形，点 E 在 AC 边上，点 F 在 AB 边上；沿 EF 折叠，使点 A 与 BC 边上的点 D 重合，且 ED 垂直于 BC，则 CE 的长度是（　　）.

A. $12\sqrt{3}-18$ B. $12\sqrt{3}-24$ C. $24-12\sqrt{3}$ D. $18-12\sqrt{3}$ E. $18-15\sqrt{3}$

【答案】 C

【解析】 设 CE 的长度为 x,则 $DE=6-x$,由 $\angle ECD=60°$,则 $\dfrac{DE}{CE}=\dfrac{6-x}{x}=\dfrac{\sqrt{3}}{2}$,得 $x=24-12\sqrt{3}$.

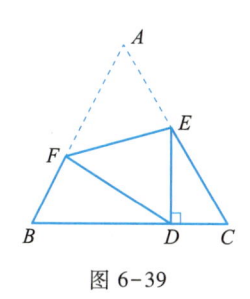

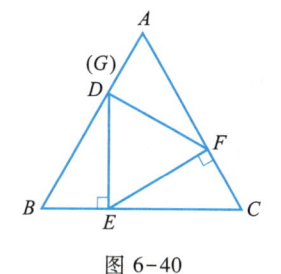

图 6-39

图 6-40

2. 如图 6-40,已知等边 $\triangle ABC$ 的边长为 12,D 是 AB 上的动点,过 D 作 $DE\perp BC$ 于点 E,过 E 作 $EF\perp AC$ 于点 F,过 F 作 $FG\perp AB$ 于点 G.当 G 与 D 重合时,AD 的长是( ).

A. 9   B. 8   C. 4   D. 3   E. 5

【答案】 C

【解析】 设 $AD=x$,

因为 $\triangle ABC$ 是等边三角形,所以
$$\angle A=\angle B=\angle C=60°,$$
因为 $DE\perp BC$ 于点 E,$EF\perp AC$ 于点 F,$FG\perp AB$ 于点 G,所以
$$\angle BDF=\angle DEB=\angle EFC=90°,$$
所以 $AF=2x$
$\Rightarrow CF=12-2x$
$\Rightarrow CE=2CF=24-4x$
$\Rightarrow BE=12-CE=4x-12$
$\Rightarrow BD=2BE=8x-24$,
因为 $AD+BD=AB$,所以
$$8x-24+x=12,$$
所以 $x=4$,即
$$AD=4.$$

3. $\triangle ABC$ 是等边三角形.
（1） $\triangle ABC$ 的三边满足:$a^2+b^2+c^2=ab+bc+ca$
（2） $\triangle ABC$ 的三边满足:$a^3+c^3+ab^2-a^2b+b^2c-bc^2-2abc=0$

【答案】 D

【解析】 条件(1)能推出结论,是充分条件,推导过程如下:
$$a^2+b^2+c^2-ab-bc-ca=\dfrac{1}{2}[(a-b)^2+(b-c)^2+(c-a)^2]=0\Rightarrow a=b=c.$$
即 $\triangle ABC$ 为等边三角形.

条件(2)能推出结论,是充分条件,推导过程如下:
$$a^3+c^3+ab^2-a^2b+b^2c-bc^2-2abc$$

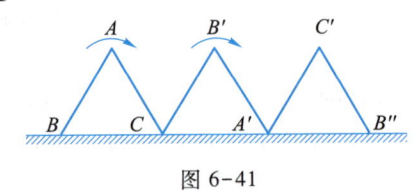

$$= (a^3+c^3)+(ab^2+b^2c)-(a^2b+abc)-(bc^2+abc)$$
$$= (a+c)(a^2-ac+c^2)+b^2(a+c)-ab(a+c)-bc(a+c)$$
$$= (a+c)(a^2+b^2+c^2-ab-bc-ca)$$
$$= \frac{1}{2}(a+c)[(a-b)^2+(b-c)^2+(c-a)^2] = 0$$
$$\Rightarrow a=b=c.$$

即 △ABC 为等边三角形.

4. 一块等边三角形的木板，边长为 1，现将木板沿水平线翻滚（如图 6-41），那么 B 点从开始至结束所走过的路径长度为（　　）.

A. $\frac{3}{2}\pi$　　B. $\frac{4}{3}\pi$　　C. 4　　D. $2+\frac{3}{2}\pi$　　E. $\frac{5}{4}\pi$

图 6-41

【答案】 B

【解析】 如图 6-41 所示，$\angle BCB' = \angle B'A'B'' = 120°$，所以 B 点从开始至结束所走过的路径长度为

$$2\times \overset{\frown}{BB'} = 2\times \frac{120\pi \times 1}{180} = \frac{4}{3}\pi.$$

5. △ABC 的三边长分别为 a,b,c，且满足 $\frac{2a^2}{1+a^2}=b$，$\frac{2b^2}{1+b^2}=c$，$\frac{2c^2}{1+c^2}=a$，则 △ABC 的面积为（　　）.

A. 1　　B. $\frac{3}{4}$　　C. $\frac{3\sqrt{3}}{4}$　　D. $\frac{\sqrt{3}}{4}$　　E. $\frac{\sqrt{3}}{2}$

【答案】 D

【解析】 由 $\begin{cases}\dfrac{2a^2}{1+a^2}=b,\\ \dfrac{2b^2}{1+b^2}=c,\\ \dfrac{2c^2}{1+c^2}=a\end{cases}$ 可得 $\begin{cases}1+\dfrac{1}{a^2}=\dfrac{2}{b},\\ 1+\dfrac{1}{b^2}=\dfrac{2}{c},\\ 1+\dfrac{1}{c^2}=\dfrac{2}{a},\end{cases}$ 将等式左右分别相加可得

$$1+\frac{1}{a^2}+1+\frac{1}{b^2}+1+\frac{1}{c^2}=\frac{2}{b}+\frac{2}{c}+\frac{2}{a},$$

即 $\left(1-\dfrac{1}{a}\right)^2+\left(1-\dfrac{1}{b}\right)^2+\left(1-\dfrac{1}{c}\right)^2=0.$

于是 $\begin{cases} 1-\dfrac{1}{a}=0, \\ 1-\dfrac{1}{b}=0, \\ 1-\dfrac{1}{c}=0, \end{cases}$ 即 $a=b=c=1$，则 $S_{\triangle ABC}=\dfrac{\sqrt{3}}{4}\times 1^2=\dfrac{\sqrt{3}}{4}$.

考点109：燕尾定理（三角形）

燕尾定理：

如图6-42，在三角形 ABC 中，AD,BE,CF 相交于同一点 O，那么 $S_{\triangle ABO}:S_{\triangle ACO}=BD:DC$.

上述定理给出了一个新的转化面积比与线段比的手段，因为 $\triangle ABO$ 和 $\triangle ACO$ 的形状很像燕子的尾巴，所以这个定理被称为燕尾定理。该定理在许多几何题目中都有着广泛的运用，它的特殊性在于，它可以存在于任何一个三角形之中，为三角形中的三角形面积和对应底边之间提供互相联系的途径.

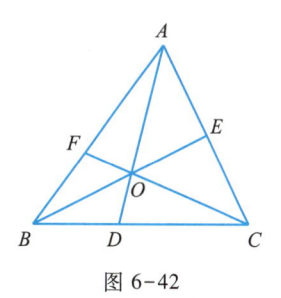

图6-42

典型例题

1. 如图6-43，三角形 ABC 被分成6个三角形，已知其中4个三角形的面积，则三角形 ABC 的面积是(   ).

A. 123　　　　B. 213　　　　C. 315　　　　D. 433　　　　E. 500

【答案】 C

【解析】 设 $S_{\triangle BOF}=x$，则 $S_{\triangle ABO}:S_{\triangle ACO}=S_{\triangle BDO}:S_{\triangle CDO}=4:3$，所以

$$S_{\triangle ACO}=\dfrac{3}{4}\times(84+x)=63+\dfrac{3}{4}x,$$

再根据 $S_{\triangle ABO}:S_{\triangle BCO}=S_{\triangle AOE}:S_{\triangle COE}$，得 $(84+x):(40+30)=\left(63+\dfrac{3}{4}x-35\right):35$，解得 $x=56$.

所以三角形 ABC 的面积是 $84+56+40+30+63+\dfrac{3}{4}\cdot 56=315$.

2. 如图6-44所示，在 $\triangle ABC$ 中，$BE:EC=3:1$，D 是 AE 的中点，那么 $AF:FC=(\quad)$.

A. $1:2$　　　B. $2:3$　　　C. $3:5$　　　D. $3:4$　　　E. $5:1$

【答案】 D

【解析】 连接 CD.

由于 $S_{\triangle ABD}:S_{\triangle BED}=1:1$，$S_{\triangle BED}:S_{\triangle BCD}=3:4$，所以 $S_{\triangle ABD}:S_{\triangle BCD}=3:4$，根据燕尾定理，$AF:FC=S_{\triangle ABD}:S_{\triangle BCD}=3:4$.

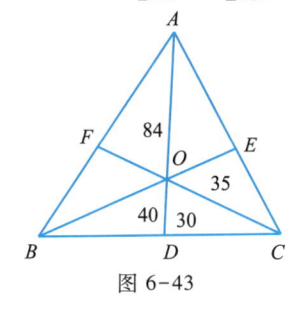

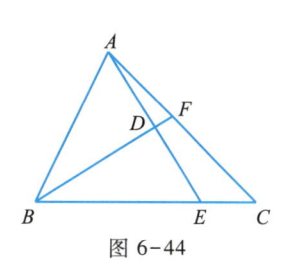

图6-43

图6-44

考点 110：同底等高定理

原理：两个三角形高相等，面积比等于它们的底之比；两个三角形底相等，面积比等于它们的高之比. 如图 6-45，即 $S_1 : S_2 = a : b$.

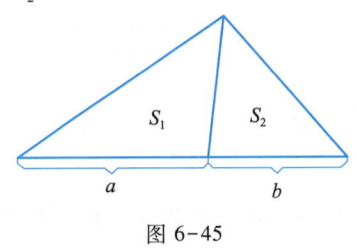

图 6-45

典型例题

1. 如图 6-46，四边形 $ABCD$ 的对角线 BD 被 E、F 两点三等分，且四边形 $AECF$ 的面积为 15，则四边形 $ABCD$ 的面积为（　　）.

  A. 42　　　　B. 40　　　　C. 45　　　　D. 50　　　　E. 48

  【答案】　C

  【解析】　因为 E, F 是 BD 的三等分点，
  $$3S_{\triangle AEF} = S_{\triangle ABD}, 3S_{\triangle CEF} = S_{\triangle BCD},$$
  因为四边形 $AECF$ 的面积为 15，故所求四边形的面积为 $3S_{AECF} = 3 \times 15 = 45$.

2. 如图 6-47，已知 $AE = 3AB$，$BF = 2BC$，若 $\triangle ABC$ 的面积是 2，则 $\triangle AEF$ 的面积是（　　）.

  A. 14　　　　B. 12　　　　C. 10　　　　D. 8　　　　E. 6

  【答案】　B

  【解析】　由于 $\triangle ABC$ 与 $\triangle ABF$ 有共同顶点 A，所以高相等，所以
  $$S_{\triangle ABF} : S_{\triangle ABC} = BF : BC = 2 : 1 \Rightarrow S_{\triangle ABF} = 2S_{\triangle ABC} = 4,$$
  同理，$\triangle AEF$ 与 $\triangle ABF$ 有共同顶点 F，所以高相等，所以
  $$S_{\triangle AEF} : S_{\triangle ABF} = AE : AB = 3 : 1 \Rightarrow S_{\triangle AEF} = 3S_{\triangle ABF} = 12.$$

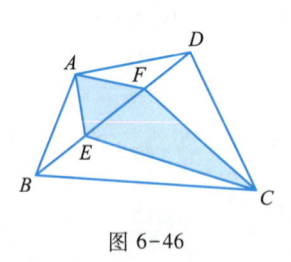

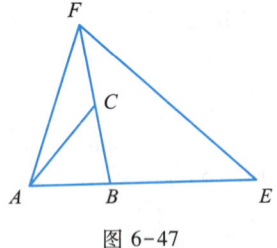

图 6-46　　　　图 6-47

3. 如图 6-48，在 $\triangle ABC$ 中，已知 O 是 CF 的中点，$\triangle AFO$ 的面积为 4，$\triangle OCE$ 的面积为 1，则 $\triangle ABC$ 的面积为（　　）.

  A. 8　　　　B. 10　　　　C. 12　　　　D. 14　　　　E. 16

  【答案】　C

【解析】 由于 O 是 CF 的中点 $\Rightarrow \begin{cases} S_{\triangle AFO} = S_{\triangle ACO} \Rightarrow S_{\triangle AEO} = 3 \Rightarrow \dfrac{AE}{CE} = 3, \\ S_{SBFO} = S_{\triangle BCO}, \end{cases}$ 设 $\triangle BOD$ 的面积为 x，$\triangle COD$ 的面积为 y，则 $\triangle BOF$ 的面积为 $x+y$，由 $\dfrac{AE}{CE} = 3$ 可知 $\dfrac{S_{\triangle ABE}}{S_{\triangle CBE}} = 3 = \dfrac{x+y+4+3}{x+y+1} \Rightarrow x+y = 2$，则 $S_{\triangle ABC} = 12$.

4. 如图 6-49 所示，长方形 $ABCD$ 的面积是 36，E, F, G 分别是 AB, BC, CD 的中点，H 为 AD 边上任意一点. 则图中阴影部分面积为(　　).

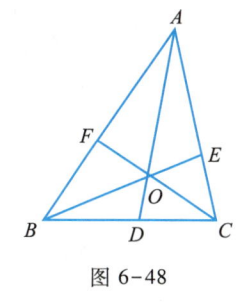

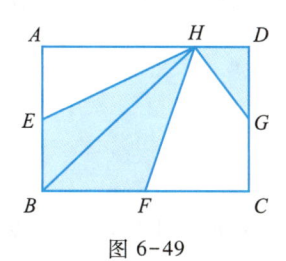

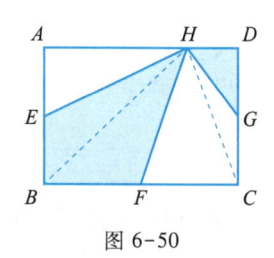

A. 30　　　　　B. 26　　　　　C. 20　　　　　D. 18　　　　　E. 16

图 6-48　　　　　图 6-49　　　　　图 6-50

【答案】 D

【解析】 因为 E, F, G 分别是 AB, BC, CD 的中点，则图中阴影的三个三角形分别与相邻的三个空白的三角形面积相等，如图 6-50. 故阴影部分面积等于矩形面积的一半.

考点 111：中位线定理

中位线定理：如图 6-51 所示，DE 是 $\triangle ABC$ 的中位线，则 DE 与 BC 平行，且 $DE = \dfrac{1}{2} BC$. P 是 DE 上动点，则一定有 $S_{\triangle PBC} = \dfrac{1}{2} S_{\triangle ABC}$.

典型例题

1. 如图 6-52，O 是半圆的圆心，C 是半圆上的一点，$OD \perp AC$，则能确定 OD 的长.

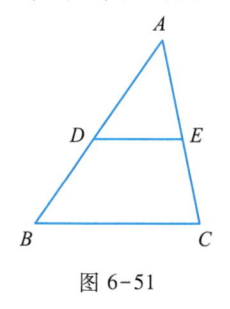

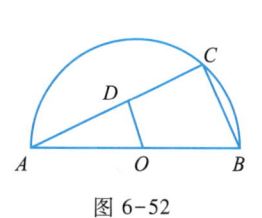

图 6-51　　　　　图 6-52

(1) 已知 BC 的长
(2) 已知 AO 的长

【答案】 A

【解析】 由于 AB 为圆的直径，因此在三角形 ABC 中，$\angle ACB$ 为直角.

对于条件(1), $OD = \dfrac{1}{2}BC$, 条件(1)充分.

对于条件(2), $OD = \dfrac{1}{2}BC$, 但在已知 AO 的情况下, 求不出 BC 的值, 因此条件(2)不充分.

2. 在直角三角形 ABC 中, D 为斜边 AC 的中点, 以 AD 为直径的圆交 AB 于 E. 若 $\triangle ABC$ 的面积为 8, 则 $\triangle AED$ 的面积为(　　).

A. 1　　　　B. 2　　　　C. 3　　　　D. 4　　　　E. 6

【答案】 B

【解析】 因为 AD 为直径, 所以 $\angle AED = 90°$, 可知 $\triangle AED \backsim \triangle ABC$, 其相似比为 $\dfrac{AD}{AC} = \dfrac{1}{2}$, 则面积比 $\dfrac{S_{\triangle AED}}{8} = \dfrac{1}{4}$, 则 $S_{\triangle AED} = 2$. 选 B.

考点 112: 共角定理和共边定理

如图 6-53(a), 在 $\triangle ABC$ 中, D, E 分别是 AB, AC 上的点(如图 6-53(b), 或 D 在 BA 的延长线上, E 在 AC 上), 则 $S_{\triangle ABC} : S_{\triangle ADE} = (AB \times AC) : (AD \times AE)$.

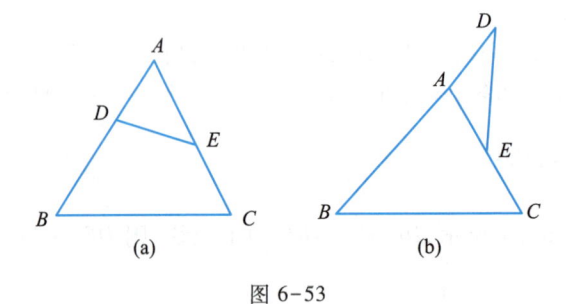

图 6-53

共边定理:

如图 6-54, $S_{\triangle APB} : S_{\triangle AQB} = PM : QM$.

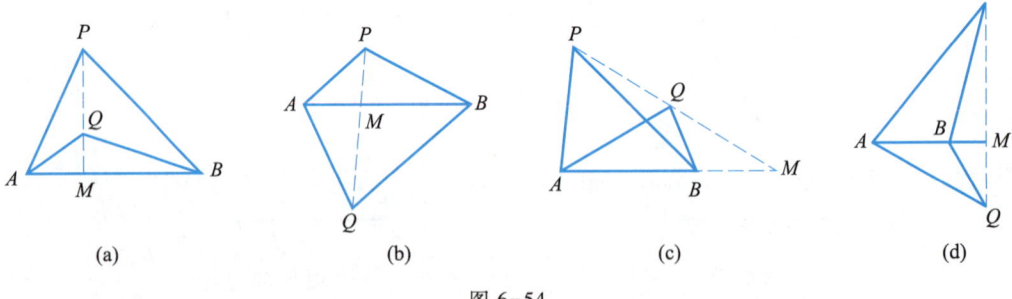

图 6-54

共角定理典型例题

1. 如图 6-55, $\triangle ABC$ 中, E 是 AC 的中点, D 是 AB 的三等分点, $AD : DB = 1 : 2$, 则 $\triangle ADE$ 与 $\triangle ABC$ 的面积之比为(　　).

A. 1∶2　　　　B. 1∶3　　　　C. 2∶3　　　　D. 1∶6　　　　E. 1∶5

【答案】　D

【解析】　$\dfrac{S_{\triangle ADE}}{S_{\triangle ABC}}=\dfrac{AD\cdot AE}{AB\cdot AC}=\dfrac{AD}{AB}\cdot\dfrac{AE}{AC}=\dfrac{1}{3}\cdot\dfrac{1}{2}=\dfrac{1}{6}$.

2. 如图6-56所示,在$\triangle ABC$中,$AD=2BD$,$BE=3CE$,$CF=4AF$,已知$\triangle DEF$的面积是1,则$\triangle ABC$的面积是(　　).

A. 2　　　　B. 2.4　　　　C. 2.5　　　　D. 3　　　　E. 3.5

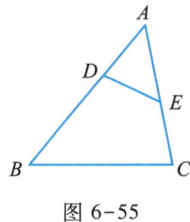

图6-55

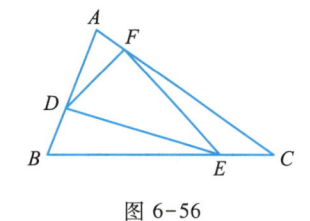

图6-56

【答案】　B

【解析】　设$\triangle ABC$的面积是x,则$S_{\triangle BDE}=\dfrac{1}{3}S_{\triangle ABE}=\dfrac{1}{3}\times\dfrac{3}{4}S_{\triangle ABC}=\dfrac{x}{4}$,同理可证$S_{\triangle ECF}=\dfrac{1}{4}S_{\triangle BCF}=\dfrac{1}{4}\times\dfrac{4}{5}S_{\triangle ABC}=\dfrac{x}{5}$,$S_{\triangle DAF}=\dfrac{1}{5}S_{\triangle ADC}=\dfrac{1}{5}\times\dfrac{2}{3}S_{\triangle ABC}=\dfrac{2x}{15}$,则

$$1=S_{\triangle DEF}=x-\dfrac{x}{4}-\dfrac{x}{5}-\dfrac{2x}{15}=\dfrac{5}{12}x\Rightarrow x=\dfrac{12}{5}=2.4.$$

共边定理典型例题

1. 如图6-57,$\triangle ABC$中,E为BC的中点,$AD∶DC=2∶1$,$\triangle EBF$的面积是15,则$\triangle ABC$的面积为(　　).

A. 100　　　　B. 120　　　　C. 130

D. 140　　　　E. 150

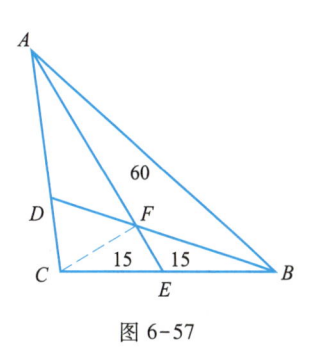

【答案】　E

【解析】　连接CF,因为E为中点且$\triangle EBF$的面积是15,所以$S_{\triangle ECF}=S_{\triangle EBF}=15$.

因为$AD∶DC=2∶1$,所以$S_{\triangle AFB}∶S_{\triangle FCB}=2∶1$,所以$S_{\triangle AFB}=60$,$E$为中点,所以$S_{\triangle ACF}=S_{\triangle AFB}=60$,所以$S_{\triangle ABC}=15+15+60+60=150$.

图6-57

2. 如图6-58,在$\triangle ABC$内任意取一点P,连接PA,PB,PC,分别交对边于X,Y,Z点,则$\dfrac{PX}{AX}+\dfrac{PY}{YB}+\dfrac{PZ}{ZC}=$(　　).

A. 1　　　　B. 2　　　　C. 3　　　　D. 4　　　　E. 5

【答案】　A

【解析】　这是一道用共边定理证明的典型题,在用传统证法难以入手的题中,正好是共边定理一个极其简单的直接应用,只要用P点与各边分成的每一个小三角形与大三角形相比再相加,立即得到结论!

$$\frac{PX}{AX}+\frac{PY}{YB}+\frac{PZ}{ZC}=\frac{S_{\triangle PBC}}{S_{\triangle ABC}}+\frac{S_{\triangle PCA}}{S_{\triangle ABC}}+\frac{S_{\triangle PAB}}{S_{\triangle ABC}}=1.$$

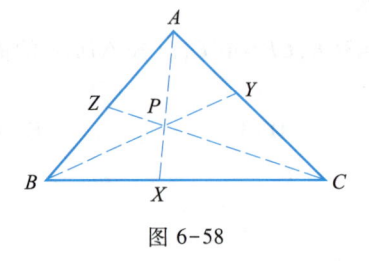

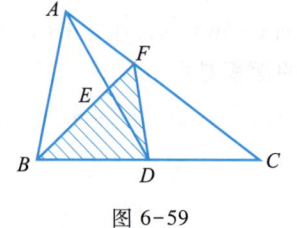

图 6-58

图 6-59

3. 如图 6-59,已知在 $\triangle ABC$ 中,D 是 BC 的中点,E 为 AD 的中点,则 $\dfrac{AC}{AF}=$（　　）.

A. 1　　　　　B. 2　　　　　C. 3　　　　　D. 4　　　　　E. 5

【答案】 C

【解析】 构造以 BF 为公共边的两个三角形 $\triangle ABF$ 和 $\triangle DBF$,则由已知两个中点的条件,得三角形 $\triangle ABF$ 和 $\triangle DBF$、$\triangle DCF$ 面积都相等,由图易得 $\dfrac{AF}{FC}=\dfrac{S_{\triangle ABF}}{S_{\triangle CBF}}=\dfrac{1}{2}$,所以 $AF=\dfrac{1}{3}AC$.

考点 113：中线定理

中线定理（阿波罗尼斯奥定理）：

三角形三条边的长度为 a,b,c,则三条中线长为

$$m_a=\frac{1}{2}\sqrt{2b^2+2c^2-a^2},$$

$$m_b=\frac{1}{2}\sqrt{2a^2+2c^2-b^2},$$

$$m_c=\frac{1}{2}\sqrt{2a^2+2b^2-c^2},$$

其中 m_a,m_b,m_c 分别为长度为 a,b,c 的边的中线长.

角平分线定理：

如图 6-60,三角形 ABC 的角平分线为 AD,D 在 CB 上,则
$$AD^2=AB\cdot AC-BD\cdot CD.$$

图 6-60

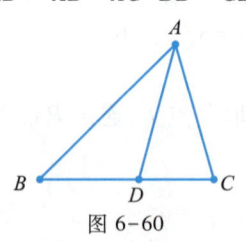

上述公式可以通过三边求出角平分线的长度,事实上 $\dfrac{AB}{AC}=\dfrac{BD}{DC}$.

中线定理典型例题

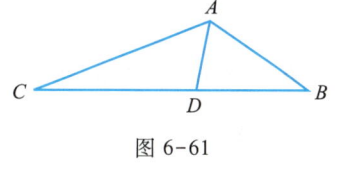

1. 在三角形 ABC 中，$AB=4$，$AC=6$，$BC=8$，D 为 BC 的中点，则 $AD=($).

   A. $\sqrt{11}$ B. $\sqrt{10}$ C. 3   D. $2\sqrt{2}$ E. $\sqrt{7}$

   【答案】 B

   【解析】 根据中线公式，$AD = \dfrac{1}{2}\sqrt{2(AB^2+AC^2)-BC^2} = \dfrac{1}{2}\sqrt{2(4^2+6^2)-8^2} = \sqrt{10}$.

2. 若等腰三角形 ABC 中的周长为 9，则三角形 ABC 的腰 AB 上的中线 CD 的长的最小值是( ).

   A. $\dfrac{3}{2}\sqrt{2}$ B. $\sqrt{10}$ C. 3   D. $2\sqrt{2}$ E. $\sqrt{7}$

   【答案】 A

   【解析】 设等腰三角形底边长为 a，腰长为 b，则依题意，可得 $a+2b=9$，代入 $b+b>a$，解得 $b > \dfrac{9}{4}$.

   因为 $CD = \dfrac{1}{2}\sqrt{2a^2+2b^2-b^2} = \dfrac{1}{2}\sqrt{2a^2+b^2} = \dfrac{1}{2}\sqrt{2(9-2b)^2+b^2} = \dfrac{1}{2}\sqrt{9b^2-72b+162} = \dfrac{3}{2}\sqrt{(b-4)^2+2}$，所以当 $b=4$ 时，CD 取得最小值 $\dfrac{3\sqrt{2}}{2}$.

   注意：本例条件式和待求式都是和式，所以不适合用基本不等式求最值，若非得用不等式求解，可用柯西不等式求解：因为 $\left[\left(\dfrac{\sqrt{2}}{2}\right)^2+2^2\right]\left[(\sqrt{2}a)^2+b^2\right] \geq \left(\dfrac{\sqrt{2}}{2}\times\sqrt{2}a+2b\right)^2$，所以 $\dfrac{9}{2}(2a^2+b^2) \geq (a+2b)^2$，所以 $2a^2+b^2 \geq 18$，当且仅当 $\dfrac{\sqrt{2}}{2}b=2\sqrt{2}a$，即 $a=1$，$b=4$ 时，等号成立. 所以 $CD = \dfrac{1}{2}\sqrt{2a^2+b^2} \geq \dfrac{3\sqrt{2}}{2}$.

3. 如图 6-61，在三角形 ABC 中，$AB=2$，$AC=3$，$\angle BAC=120°$，则三角形 ABC 的角平分线 AD 的长是( ).

   A. $\dfrac{3\sqrt{3}}{5}$ B. $\dfrac{\sqrt{3}}{5}$ C. $\dfrac{6\sqrt{3}}{5}$

   D. $\dfrac{6}{5}$ E. 以上都不是

   图 6-61

   【答案】 D

   【解析】 在 $\triangle ABC$ 中，由余弦定理，可得 $BC=\sqrt{2^2+3^2-2\times 2\times 3\cos 120°}=\sqrt{19}$；又由 $\dfrac{AC}{AB}=\dfrac{CD}{BD}$，可得 $BD=\dfrac{2\sqrt{19}}{5}$，$CD=\dfrac{3\sqrt{19}}{5}$，所以 $AD=\sqrt{2\times 3-\dfrac{2\sqrt{19}}{5}\times\dfrac{3\sqrt{19}}{5}}=\dfrac{6}{5}$. 选 D.

考点 114：塞瓦定理

如图 6-62，设 P,Q,R 分别是 $\triangle ABC$ 的 BC,CA,AB 边上的点，则 AP,BQ,CR 三线共点的

充要条件是: $\dfrac{BP}{PC} \cdot \dfrac{CQ}{QA} \cdot \dfrac{AR}{RB} = 1$.

典型例题

如图 6-63,△ABC 中,点 D 为 AC 边的中点,AE：BE = 2：1,AF,BD,CE 相交于点 O,则 CF：BF =（　　）.

A. 3：2　　　　B. 5：3　　　　C. 2：1　　　　D. 7：4　　　　E. 3：1

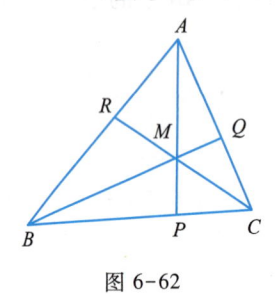

图 6-62

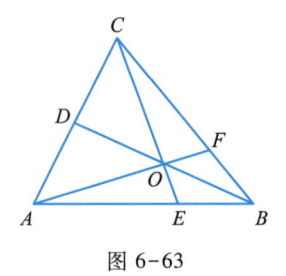

图 6-63

【答案】 C

【解析】 根据塞瓦定理可得 $\dfrac{AE}{EB} \cdot \dfrac{BF}{FC} \cdot \dfrac{CD}{DA} = 1$,所以 $\dfrac{CF}{BF} = 2$.

考点 115：割补法与面积差

不规则图形求面积可采取两种方法：(1) 割补法.(2) 面积差.

典型例题

1. 正方形的边长为 2,以四边为直径作四个半圆形,如图 6-64,则图中阴影部分的面积为（　　）.

A. 2π-4　　　　B. 4-π　　　　C. 8-2π　　　　D. 4π-4　　　　E. 16-4π

【答案】 A

【解析】 图 6-64 中阴影部分的面积等于正方形面积减去空白部分面积,不妨先求空白部分.如图 6-65 所示,图 6-65 中阴影部分是图 6-64 中左右两端的空白部分,图 6-65 中阴影部分的面积是正方形面积减去上下两个半圆,即 $2^2 - 2 \times \dfrac{\pi \times 1^2}{2} = 4-\pi$,则图 6-64 中空白部分的面积为 $2 \times (4-\pi) = 8-2\pi$,图 6-64 中阴影部分的面积为 $4-(8-2\pi) = 2\pi-4$.

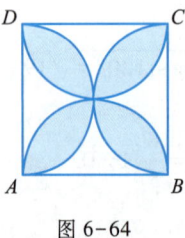

图 6-64

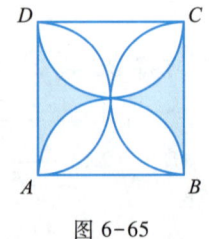

图 6-65

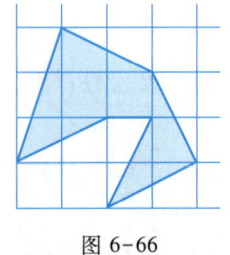

图 6-66

2. 如图 6-66,图中所有小正方形的面积均为 1,则阴影部分的面积为（　　）.

A. 6.5　　　　B. 2　　　　C. 4.5　　　　D. 8　　　　E. 9

【答案】 A

【解析】 阴影部分包含在4×4的大正方形内,空白部分可分拆成三角形和梯形求出面积,再用大正方形的面积减去空白部分的面积,即可求得阴影部分的面积.

3. 如图6-67,以五边形各顶点为圆心的5个圆的半径均为1,则阴影部分的面积为( ).

A. π B. $\frac{3}{2}\pi$ C. 2π D. $\frac{5\pi}{2}$ E. $\frac{9\pi}{4}$

【答案】 B

【解析】 阴影部分的面积,即为5个扇形的面积和,5个扇形的半径均为1,故只须求出五边形的内角和即可.五边形的内角和为$(5-2)\pi=3\pi$,阴影部分的面积为$\frac{3}{2}\pi$.

4. 如图6-68,长方形 $ABCD$ 的长和宽分别为6和4,图中浅色阴影的面积为10,则深色阴影(即四边形 $EFHG$)的面积为( ).

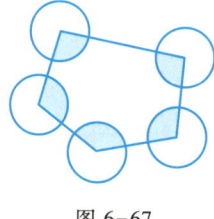

A. 6   B. 5   C. 4   D. 3   E. 8

图 6-67

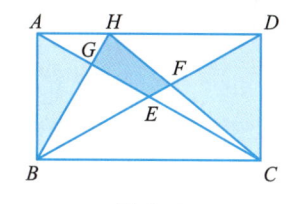

图 6-68

【答案】 C

【解析】 $S_{EFGH} = S_{AED} - S_{AGH} - S_{HFD} = \frac{1}{2} \cdot 6 \cdot 2 - (S_{AGH} + S_{HFD})$

$= 6 - (S_{ABH} + S_{CDH} - S_{浅色阴影}) = 6 - \left(\frac{1}{2}S_{ABCD} - S_{浅色阴影}\right)$

$= 6 - \left(\frac{1}{2} \cdot 24 - 10\right) = 4.$

5. 如图6-69所示,已知正方形 $ABCD$ 的边长是4,以 AB 和 BC 为直径作半圆,则图中阴影部分的面积为( ).

A. 4   B. 6   C. 7   D. 8   E. 10

【答案】 D

【解析】 利用割补法将左下角两个阴影的月牙形补充到 AC 右上方的空白部分,如图6-70,则阴影部分面积是正方形面积的一半.

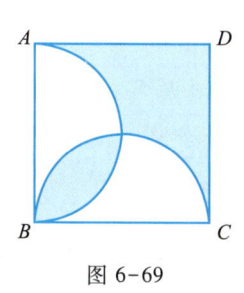

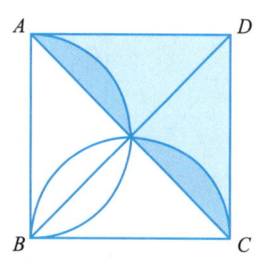

图 6-69

图 6-70

6. 如图 6-71 所示，两个半径均为 2 的圆，每个圆的圆心都在另一个圆上，矩形 ABCD 和两个圆都相切，则图中阴影部分的面积为（   ）．

A. $25-\dfrac{19}{3}\pi$ B. $25-2\sqrt{3}-\dfrac{10}{3}\pi$ C. $24-6\pi+\dfrac{\sqrt{3}}{3}$

D. $24-2\sqrt{3}-\dfrac{16}{3}\pi$ E. $24-8\pi$

【答案】 D

【解析】 阴影部分面积 $S_{阴影}=S_{ABCD}-S_{空白}$，空白区域为彼此过圆心两圆形成的区域，如图 6-72 所示，

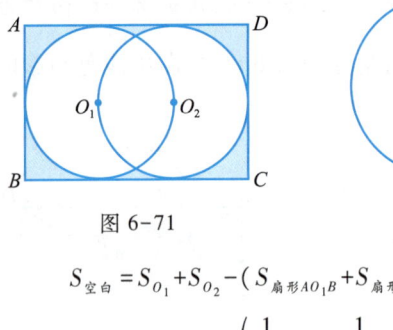

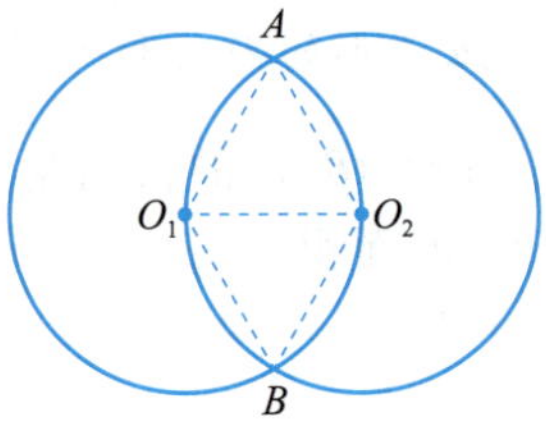

$$S_{空白}=S_{O_1}+S_{O_2}-(S_{扇形AO_1B}+S_{扇形AO_2B}-S_{\square AO_1BO_2})$$

$$=4\pi+4\pi-\left(\dfrac{1}{3}\times 4\pi+\dfrac{1}{3}\times 4\pi-2\times\dfrac{\sqrt{3}}{4}\times 2^2\right)$$

$$=\dfrac{16}{3}\pi+2\sqrt{3}.$$

那么阴影部分的面积为 $S_{阴影}=S_{ABCD}-S_{空白}=24-2\sqrt{3}-\dfrac{16}{3}\pi.$

7. 如图 6-73，直角三角形 ABC 中，∠B 为直角，AB = 20，以 AB 为直径作圆，若面积 Ⅰ 比面积 Ⅱ 大 7，那么 △ABC 的面积为（   ）

A. 70π B. 50π C. $50\pi+7$ D. $50\pi-7$ E. $70\pi-7$

【答案】 D

【解析】 如图 6-74，$S_Ⅰ+S_Ⅲ=\dfrac{\pi\times 10^2}{2}=50\pi$，$S_Ⅰ-S_Ⅱ=7$，可得

$$S_Ⅲ+S_Ⅱ=50\pi-7.$$

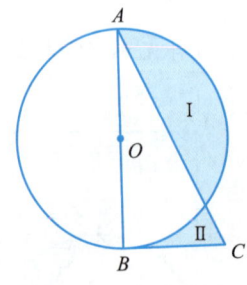

8. 如图 6-75 所示，△ABC 中，∠C = 90°，BC = 4，AC = 3，圆 O 内切于 △ABC，则图中阴影部分的面积为（   ）．

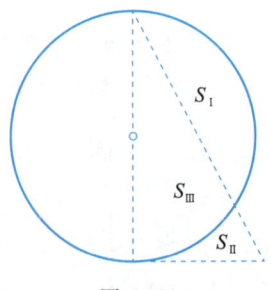

A. $12-\pi$　　　　B. $12-2\pi$　　　C. $14-4\pi$
D. $6-\pi$　　　　E. $14-2\pi$

【答案】 D

【解析】 △ABC 的斜边长度为 5, 面积为 6, 由

$$S_{\triangle ABC}=\frac{1}{2}r\cdot(AB+BC+CA)$$

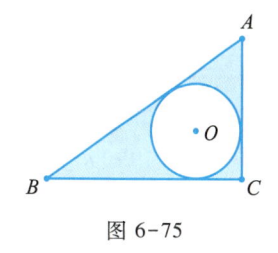

可求得内切圆半径 $r=1$. 故阴影部分的面积等于 $6-\pi\cdot1^2=6-\pi$.

图 6-75

考点 116：图像的变换（平移，旋转，轴对称）

三个重要命题点：线段扫过的面积, 点扫过的弧长, 平移后所形成的面积.

典型例题

1. 如图 6-76, 等腰直角三角形 ABC 的腰长为 2 厘米, 将△ABC 绕 C 点逆时针旋转 90°. 则线段 AB 扫过的面积是(　　).

A. $\frac{\pi}{2}$ 平方厘米　　B. π 平方厘米　　C. $\frac{3\pi}{2}$ 平方厘米

D. 2π 平方厘米　　E. 以上都不是

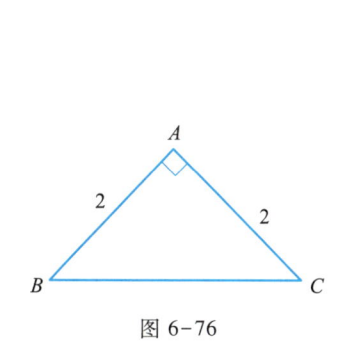

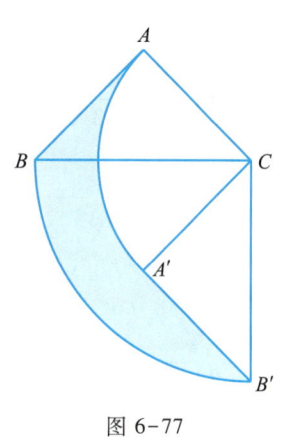

图 6-76　　图 6-77

【答案】 B

【解析】 如图 6-77 所示, 阴影为 AB 扫过的面积.

阴影部分面积实际上为 $S_{\triangle ABC}+S_{扇形BCB'}-S_{\triangle A'B'C}-S_{扇形ACA'}=\frac{1}{4}\pi\cdot8-\frac{1}{4}\pi\cdot4=\pi$.

2. 如图 6-78, 将边长为 2 厘米的正方形沿其对角线 AC 剪开, 再把△ABC 沿着 AD 方向平移, 得到△A'B'C', 若两个三角形重叠部分的面积为 1 平方厘米, 则它移动的距离 AA' 等于(　　)厘米.

A. 0.5　　　　B. 1　　　　C. 1.2　　　　D. 1.5　　　　E. 2

【答案】 B

【解析】 设 AC 交 A'B' 于 H, 如图 6-79 所示, 由题可知△AA'H 是等腰直角三角形.

设 $AA'=x$, 则阴影部分为平行四边形, 底边长为 x, 高为 $A'D=2-x$, 所以 $x(2-x)=1$, 解得 $AA'=x=1$.

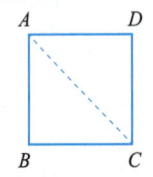

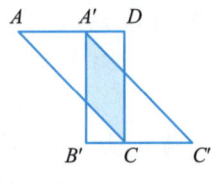

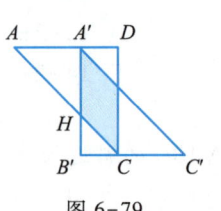

图 6-78

图 6-79

考点 117：扇形的面积与弧长的计算

（1）扇形弧长：$l=r\theta=\dfrac{\alpha°}{360°}\times 2\pi r$，其中 θ 为扇形角的弧度数，α 为扇形角的角度，r 为扇形的半径.

（2）$S=\dfrac{\alpha°}{360°}\times \pi r^2=\dfrac{1}{2}lr$，其中 α 为扇形角的角度，r 为扇形的半径.

典型例题

1. 正三角形 ABC 内接于 $\odot O$，边长为 4，则图 6-80 中阴影部分的面积为（　　）.

A. $25-\dfrac{19}{3}\pi$　　B. $25-2\sqrt{3}-\dfrac{10}{3}\pi$　　C. $24-6\pi+\dfrac{\sqrt{3}}{3}$

D. $24-2\sqrt{3}-\dfrac{16}{3}\pi$　　E. $\dfrac{16\pi}{9}-\dfrac{4\sqrt{3}}{3}$

【答案】 E

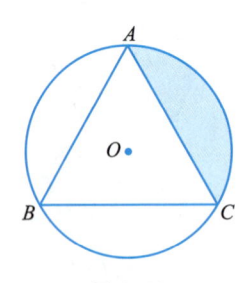

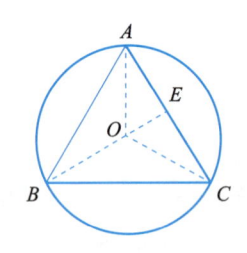

图 6-80　　图 6-81

【解析】 如图 6-81，连接 OA，OC，连接 BO，并延长交 AC 于 E，则 $BE\perp AC$，$AE=\dfrac{1}{2}AC=2$.

因为 $\triangle ABC$ 为正三角形，所以 $\angle AOC=\dfrac{360°}{3}=120°$，$\angle AOE=60°$.

在 $Rt\triangle AEO$ 中，$OA=\dfrac{AE}{\sin 60°}=\dfrac{2}{\dfrac{\sqrt{3}}{2}}=\dfrac{4\sqrt{3}}{3}$，$OE=\dfrac{1}{2}OA=\dfrac{2\sqrt{3}}{3}$，所以

$S_{扇形AOC}=\dfrac{120°\pi R^2}{360°}=\dfrac{120°\pi}{360°}\cdot\left(\dfrac{4\sqrt{3}}{3}\right)^2=\dfrac{16\pi}{9}$，$S_{\triangle AOC}=\dfrac{1}{2}AC\cdot OE=\dfrac{1}{2}\times 4\times\dfrac{2\sqrt{3}}{3}=\dfrac{4\sqrt{3}}{3}$.

所以 $S_{阴影}=S_{扇形AOC}-S_{\triangle AOC}=\dfrac{16\pi}{9}-\dfrac{4\sqrt{3}}{3}$.

2. 如图 6-82 所示,矩形 $ABCD$ 中, $AD=2$, $AB=3$, $AM=1$, $\overset{\frown}{DE}$ 是以点 A 为圆心、2 为半径的 $\dfrac{1}{4}$ 圆弧, $\overset{\frown}{NB}$ 是以点 M 为圆心、2 为半径的 $\dfrac{1}{4}$ 圆弧,则图中两段弧之间的阴影部分的面积为( ).

A. $\dfrac{1}{2}+\dfrac{\pi}{2}$ B. 2 C. 1 D. $\dfrac{\pi}{2}$ E. $\dfrac{\pi}{2}-\dfrac{1}{2}$

【答案】 B

【解析】 如图 6-83,连接 MN,显然将扇形 AED 向右平移可与扇形 MBN 重合,图中阴影部分的面积等于矩形 $AMND$ 的面积, $S_{AMND}=1\times 2=2$.

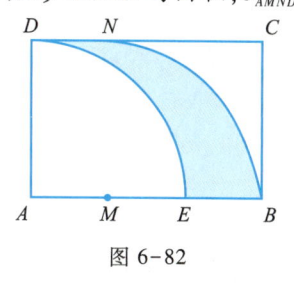

图 6-82 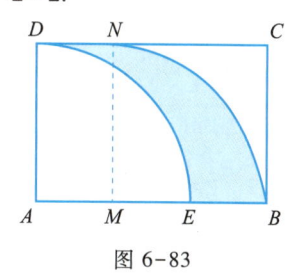   图 6-83

3. 如图 6-84,扇形 OAB 中, $\angle AOB=100°$, $OA=12$, C 是 OB 的中点, $CD\perp OB$ 交 $\overset{\frown}{AB}$ 于点 D,以 OC 为半径的 $\overset{\frown}{CE}$ 交 OA 于点 E,则图中阴影部分的面积是( ).

A. $12\pi+18\sqrt{3}$ B. $12\pi+36\sqrt{3}$ C. $6\pi+18\sqrt{3}$

D. $6\pi+36\sqrt{3}$ E. $18\pi+6\sqrt{3}$

【答案】 C

【解析】 如图 6-85,连接 OD, BD,因为 C 是 OB 的中点,所以

$$OC=\dfrac{1}{2}OB=\dfrac{1}{2}OD,$$

又因为 $CD\perp OB$,所以 $\angle CDO=30°$, $\angle COD=60°$.

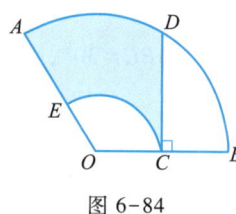

图 6-84 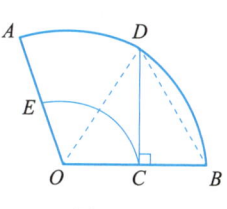   图 6-85

所以 $\triangle BDO$ 为等边三角形,所以 $OC=CB=6$, $CD=6\sqrt{3}$.

所以 $S_{阴影}=S_{扇形AOB}-S_{扇形COE}-(S_{扇形BOD}-S_{\triangle COD})$

$$=\dfrac{100°\pi\times 12^2}{360°}-\dfrac{100°\pi\times 6^2}{360°}-\left(\dfrac{60°\pi\times 12^2}{360°}-\dfrac{1}{2}\times 6\times 6\sqrt{3}\right)=18\sqrt{3}+6\pi.$$

4. 如图 6-86,阴影部分的面积约为( ).

A. 25.12 B. 21.68 C. 28.56 D. 24.52 E. 26.46

【答案】 B

【解析】 如图所示,阴影部分的面积就等于直径为 8 的半圆的面积减去半圆上方两处

空白部分的面积.这两处空白部分面积之和,就是长方形面积减去长方形内半径为 2 的一个半圆和 2 个 $\dfrac{1}{4}$ 圆的面积之和.

先求出直径为 8 的半圆内空白部分的面积:$8 \times 2 - \pi \times 2^2 \times \left(\dfrac{1}{4} + \dfrac{1}{4} + \dfrac{1}{2}\right) = 16 - 4\pi$.

所求阴影部分面积为 $\pi \times (8 \div 2)^2 \times \dfrac{1}{2} - (16 - 4\pi) = 12\pi - 16 \approx 21.68$.

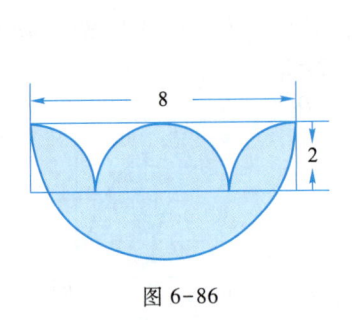

图 6-86

图 6-87

5. 如图 6-87,正六边形的边长为 1,分别以正六边形的顶点 O, P, Q 为圆心,以 1 为半径作圆弧,则阴影面积为( ).

A. $\pi - \dfrac{3\sqrt{3}}{2}$ B. $\pi - \dfrac{3\sqrt{3}}{4}$ C. $\dfrac{\pi}{2} - \dfrac{3\sqrt{3}}{4}$

D. $\dfrac{\pi}{2} - \dfrac{3\sqrt{3}}{8}$ E. $2\pi - 3\sqrt{3}$

【答案】 A

【解析】 $S_{阴影} = 3S_{叶} = 6S_{半叶}, S_{半叶} = \dfrac{1}{6}\pi r^2 - \dfrac{\sqrt{3}}{4}r = \dfrac{\pi}{6} - \dfrac{\sqrt{3}}{4}$,则阴影部分的面积为

$$S_{阴影} = 6\left(\dfrac{\pi}{6} - \dfrac{\sqrt{3}}{4}\right) = \pi - \dfrac{3\sqrt{3}}{2}.$$

6. 如图 6-88 所示,BC 是半圆的直径,且 $BC = 4$,$\angle ABC = 30°$,则图中阴影部分的面积为( ).

A. $\dfrac{4\pi}{3} - \sqrt{3}$ B. $\dfrac{4\pi}{3} - 2\sqrt{3}$ C. $\dfrac{4\pi}{3} + \sqrt{3}$

D. $\dfrac{4\pi}{3} + 2\sqrt{3}$ E. $2\pi - 2\sqrt{3}$

【答案】 A

【解析】 如图 6-89,O 为圆心,连接 OA,作 $OD \perp AB$ 于 D,则 $\angle AOC = 2\angle ABC = 60°$,$OD = \dfrac{1}{2}OB = 1$(30° 所对直角边等于斜边的一半),$BD = \sqrt{OB^2 - OD^2} = \sqrt{3}$,此时 $AB = 2BD = 2\sqrt{3}$,所以

$$S_{阴影} = S_{扇形 OAB} - S_{\triangle OAB} = \dfrac{120°}{360°}\pi \times 2^2 - \dfrac{1}{2} \times 2\sqrt{3} \times 1 = \dfrac{4}{3}\pi - \sqrt{3}.$$

图 6-88

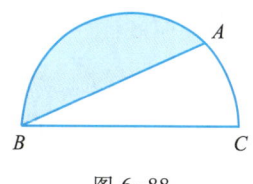

图 6-89

考点 118：圆的定理

割线定理：从圆外一点引圆的两条割线，这一点到每条割线与圆的交点的距离的积相等．

如图 6-90，即 $LD \cdot LC = LB \cdot LA$．

切割线定理：从圆外一点引圆的切线和割线，切长是这点到割线与圆交点的两条线段长的比例中项．是圆幂定理的一种．

如图 6-91，即 $PT^2 = PD \cdot PC$．

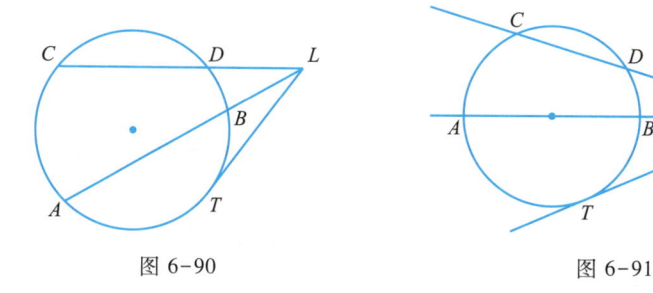

图 6-90

图 6-91

相交弦定理：圆内的两条相交弦，被交点分成的两条线段长的积相等．

如图 6-92，即 $AP \cdot PB = CP \cdot PD$．

弦切角定理：如图 6-93，弦切角等于它所夹的弧所对的圆周角．弦切角等于它所夹的弧所对的圆心角的一半．两个弦切角所夹的弧相等，那么这两个弦切角也相等．

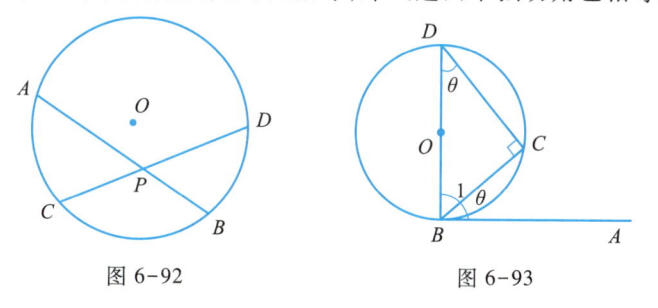

图 6-92

图 6-93

典型例题

1. 已知线段 AB 的中点为 C，以点 A 为圆心，AB 的长为半径作圆，在线段 AB 的延长线上取点 D，使得 $BD = AC$；再以点 D 为圆心，DA 的长为半径作圆，与 $\odot A$ 分别相交于 F,G 两点，连接 FG 交 AB 于点 H，则 $\dfrac{AH}{AB}$ 的值为（   ）．

A. $\dfrac{1}{2}$ B. $\dfrac{1}{3}$ C. $\dfrac{1}{5}$ D. $\dfrac{1}{4}$ E. $\dfrac{1}{6}$

【答案】 B

【解析】 如图6-94,延长AD与$\odot D$交于点E,连接AF,EF.

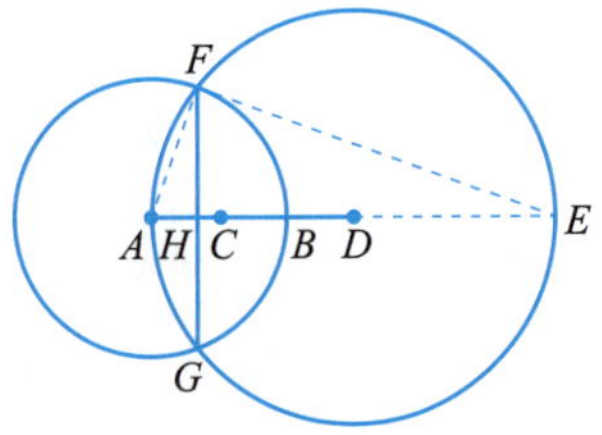

由题设知$AC = \dfrac{1}{3}AD$, $AB = \dfrac{1}{3}AE$, 在$\triangle FHA$和$\triangle EFA$中,

$\angle EFA = \angle FHA = 90°$, $\angle FAH = \angle EAF$,

所以 $\text{Rt}\triangle FHA \backsim \text{Rt}\triangle EFA$,

$$\dfrac{AH}{AF} = \dfrac{AF}{AE}.$$

而$AF = AB$, 所以$\dfrac{AH}{AB} = \dfrac{1}{3}$.

图6-94

2. 如图6-95,已知$\odot O$的半径OD垂直于弦AB,交AB于点C,连接AO并延长交$\odot O$于点E,若$AB = 8$, $CD = 2$, 则$\triangle BCE$的面积为( ).

A. 12　　　　B. 15　　　　C. 16　　　　D. 18　　　　E. 13

【答案】 A

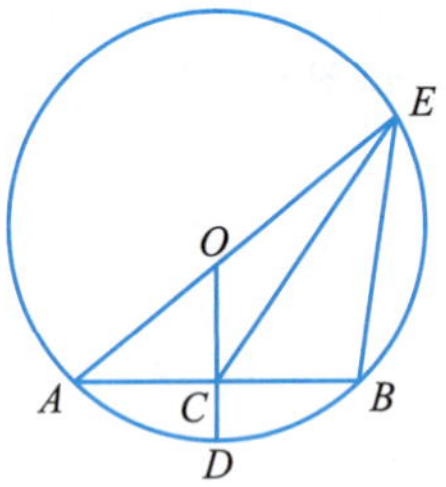

【解析】 设$OC = x$, 则$OA = OD = x + 2$.

因为$OD \perp AB$于C, 所以

$$AC = CB = \dfrac{1}{2}AB = 4.$$

在$\text{Rt}\triangle OAC$中, $OC^2 + AC^2 = OA^2$, 即$x^2 + 4^2 = (x+2)^2$, 解得$x = 3$, 即$OC = 3$.

因为OC为$\triangle ABE$的中位线,所以$BE = 2OC = 6$. 因为AE是$\odot O$的直径,所以$\angle B = 90°$,因此

$$S_{\triangle BCE} = \dfrac{1}{2}CB \cdot BE = \dfrac{1}{2} \times 4 \times 6 = 12.$$

图6-95

3. 如图6-96, AD与圆相切于点D, AC与圆相交于B点, 则能确定$\triangle ABD$与$\triangle BDC$的面积比.

(1) 已知$\dfrac{AD}{CD}$　　　(2) 已知$\dfrac{BD}{CD}$

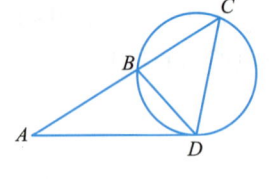

【答案】 B

图6-96

【解析】 要确定$\triangle ABD$与$\triangle BDC$的面积比, 即要确定$\triangle ABD$与$\triangle ADC$的面积比, 在$\triangle ABD$和$\triangle ADC$中$\begin{cases}\angle A = \angle A, \\ \angle ADB = \angle ACD,\end{cases}$则$\triangle ABD$与$\triangle ADC$相似.

条件(1)已知$\dfrac{AD}{CD} \neq$相似比, 无法确定相似比. 条件(1)不充分.

条件(2)已知$\dfrac{BD}{CD} =$相似比, 设相似比为k, 则$\dfrac{S_{\triangle ABD}}{S_{\triangle ADC}} = k^2$, 从而$\dfrac{S_{\triangle ABD}}{S_{\triangle ABD}+S_{\triangle BCD}} = k^2 \Rightarrow 1 + \dfrac{S_{\triangle BCD}}{S_{\triangle ABD}} = \dfrac{1}{k^2} \Rightarrow \dfrac{S_{\triangle ABD}}{S_{\triangle BDC}} = \dfrac{k^2}{1-k^2}$, 所以条件(2)充分.

考点119: 梯形

典型例题

1. 如图6-97所示, 直角梯形$ABCD$的上底是5, 下底是7, 高是4, 且三角形ADE, ABF和

四边形 $AECF$ 的面积相等,则三角形 AEF 的面积是(　　).

A. 5.6　　　　B. 5.8　　　　C. 6.8　　　　D. 1.2　　　　E. 6.2

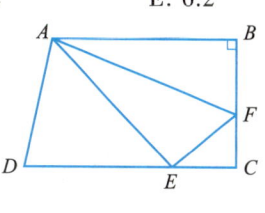

【答案】　C

【解析】　题中梯形的面积为 $\dfrac{(5+7)\times 4}{2}=24$,故

$$S_{\triangle ABF}=S_{\triangle ADE}=8,$$

从而得 $BF=3.2, DE=4$,所以 $CF=0.8, CE=3$,那么

$$S_{\triangle CEF}=\dfrac{0.8\times 3}{2}=1.2, S_{\triangle AEF}=S_{\text{四边形}AECF}-S_{\triangle CEF}=8-1.2=6.8.$$

图 6-97

2. 如图 6-98 所示,在梯形 $ABCD$ 中, $AD\parallel BC, AD:BC=1:2$,若 $\triangle ABO$ 的面积是 2,则梯形 $ABCD$ 的面积是(　　).

A. 7　　　　B. 8　　　　C. 9
D. 10　　　E. 11

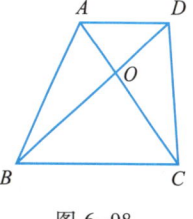

【答案】　C

【解析】　设 $S_{\triangle ADO}=x$,由 $AD:CB=AO:CO=S_{\triangle ADO}:S_{\triangle CDO}=1:2$,得 $S_{\triangle CDO}=2x$,同理 $S_{\triangle ABO}=2x, S_{\triangle CBO}=4x.$

故 $x=1$,所以梯形 $ABCD$ 的面积是 9.

图 6-98

3. 一梯形的两条对角线长分别为 5 和 12,且对角线互相垂直,则这个梯形的面积为(　　).

A. 60　　　　B. 30　　　　C. 40　　　　D. 50　　　　E. 15

【答案】　B

【解析】　由题可知,梯形两对角线垂直,则梯形面积为 $12\times 5\times \dfrac{1}{2}=30.$

4. 如图 6-99 所示,梯形 $ABCD$ 被对角线分成 4 个小三角形,已知 $\triangle AOB$ 和 $\triangle BOC$ 的面积分别为 25,35,那么梯形 $ABCD$ 的面积是(　　).

A. 125　　　　B. 134　　　　C. 144
D. 155　　　E. 162

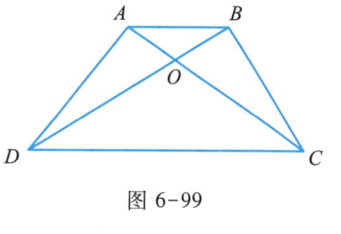

【答案】　C

【解析】　左右三角形面积相等,即 $S_{\triangle BOC}=S_{\triangle AOD}=35$,梯形上下三角形面积之乘积等于左右三角形面积之乘积,即

$$S_{\triangle AOB}\cdot S_{\triangle COD}=S_{\triangle BOC}\cdot S_{\triangle AOD},$$

得 $25\cdot S_{\triangle COD}=35\cdot 35\Rightarrow S_{\triangle COD}=49$,则梯形面积为 $25+35+35+49=144.$

图 6-99

5. 如图 6-100,直角梯形 $ABCD$ 中, $BC\perp CD, E$ 为 BC 中点,且 $\angle AED=90°$,则能确定梯形 $ABCD$ 的面积.

（1） $AB=2, CD=8$　　　　　（2） $\triangle AED$ 的面积为 20

【答案】　D

【解析】　不妨设 $BE=CE=x$,则梯形的高是 $BC=2x$.对于条件（1）, $\triangle ABE \backsim \triangle ECD$,则 $\dfrac{AB}{EC}=\dfrac{BE}{CD}\Rightarrow \dfrac{2}{x}=\dfrac{x}{8}\Rightarrow x=4$,则梯形面积为 $\dfrac{(2+8)\times 8}{2}=40$,故条件（1）充分.

条件(2),如图6-101,过点E作AB的平行线交AD于点F,则$S_{\triangle AEF} = \frac{1}{2}EF \cdot BE$, $S_{\triangle DEF} = \frac{1}{2}EF \cdot CE$,则 $S_{\triangle AED} = S_{\triangle AEF} + S_{\triangle DEF} = \frac{1}{2}EF \cdot (BE+CE) = \frac{1}{2}EF \cdot BC = \frac{1}{2}S_{ABCD}$,故条件(2)充分.

注意:梯形面积公式 $S_{ABCD} = \frac{AB+CD}{2} \cdot BC = EF \cdot BC$.

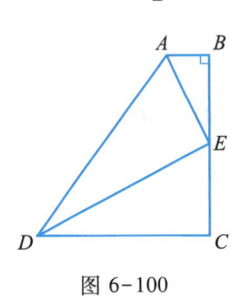

图6-100 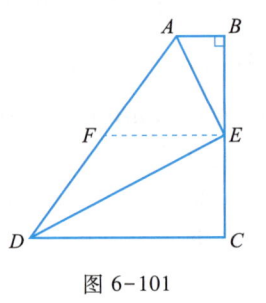   图6-101

考点 120：平行四边形

典型例题

1. 如图6-102,已知M是平行四边形$ABCD$的边AB的中点,CA交MD于点E,则图中阴影部分面积与平行四边形$ABCD$的面积之比为(　　).

A. $\frac{1}{4}$　　　　B. $\frac{2}{3}$　　　　C. $\frac{1}{3}$　　　　D. $\frac{1}{2}$　　　　E. $\frac{2}{5}$

【答案】 C

【解析】 首先,$\triangle AMC$和$\triangle AMD$为同底等高的三角形,面积相等,则$\triangle EMC$和$\triangle EAD$的面积是相等的,以下只求$\triangle EMC$的面积即可,由于$\triangle AEM \backsim \triangle CED$,所以$AE:CE = AM:CD = 1:2$,从而 $S_{\triangle CEM} = 2S_{\triangle AEM}$,以下利用赋值法,设$S_{\triangle AEM} = 1$,则$S_{\triangle CEM} = S_{\triangle AED} = 2$, $S_{阴影} = 2+2 = 4$,易知平行四边形$ABCD$的面积是$\triangle ADM$的4倍, $S_{ABCD} = 4 \times (S_{\triangle AEM} + S_{\triangle AED}) = 4 \times (2+1) = 12$,所以所求为$\frac{4}{12} = \frac{1}{3}$.

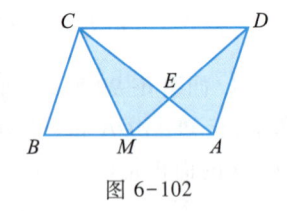

图6-102

2. 如图6-103,在平行四边形$ABCD$中,AE平分$\angle BAD$交BC边于点E,则$EC = 2$.

(1) $AD = 5$
(2) $AB = 3$

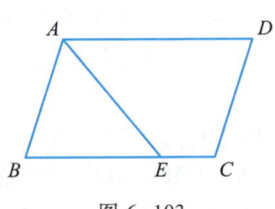

【答案】 C

【解析】 条件(1)和(2)单独都不充分,考虑联合条件(1)和(2).

因为AE平分$\angle BAD$,所以
$$\angle BAE = \angle DAE = \angle BEA \Rightarrow AB = BE,$$
则 $EC = BC - BE = AD - AB = 5 - 3 = 2$.

图6-103

3. 在如图6-104所示的平行四边形$ABCD$中,$AB = 2$,$AD = 3$,将$\triangle ACD$沿对角线AC折

叠,点 D 落在 $\triangle ABC$ 所在平面内的点 E 处,且 AE 过 BC 的中点 O,则 $\triangle ADE$ 的周长等于( ).

A. 10　　　　B. 8　　　　C. 4

D. 3　　　　E. 5

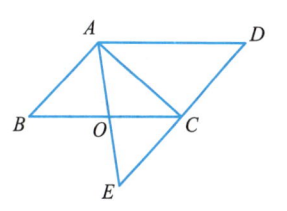

【答案】　A

【解析】　因为四边形 $ABCD$ 是平行四边形,所以 $AD \parallel BC$, $CD = AB = 2$,由折叠可知 $\angle DAC = \angle EAC$,因为 $\angle DAC = \angle ACB$,所以 $\angle ACB = \angle EAC$,所以 $OA = OC$,又因为 AE 过 BC 的中点 O,所以 $AO = \dfrac{1}{2}BC$,所以 $\angle BAC = 90°$,所以 $\angle ACE = 90°$,所以 $\angle ACD = 90°$,因此 E、C、D 共线,则 $DE = 4$,故 $\triangle ADE$ 的周长为 $3 + 3 + 2 + 2 = 10$.

图 6-104

考点 121：矩形和菱形

典型例题

1. 如图 6-105,在矩形 $ABCD$ 中,$EF \parallel AB$, $GH \parallel BC$,四边形 $AGOE$ 的面积为 3,四边形 $OFCH$ 的面积为 12,四边形 $EOHD$ 的面积为 6,则四边形 $GBFO$ 的面积为( ).

A. 3　　　　B. 4　　　　C. 6　　　　D. 8　　　　E. 10

【答案】　C

【解析】　由相似性,$\dfrac{S_{AGOE}}{S_{EOHD}} = \dfrac{S_{GBFO}}{S_{OFCH}} \Rightarrow S_{GBFO} = \dfrac{3}{6} \times 12 = 6$.

2. 如图 6-106,矩形 $ABCD$ 中,E 是 BC 的中点,且 $AE \perp ED$.若矩形的周长为 18,则矩形的面积为( ).

A. 15　　　　B. 20　　　　C. 13　　　　D. 24　　　　E. 18

【答案】　E

【解析】　$\triangle AED$ 显然是一个等腰直角三角形,则 $AD = 2AB$.设 $AB = x$,则 $6x = 18 \Rightarrow x = 3$,则 $AD = 6$,矩形的面积为 $3 \times 6 = 18$.

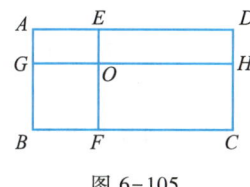

图 6-105 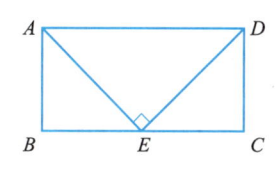　　　　图 6-106

3. 已知菱形的两条对角线的长分别为 5 和 8,则这个菱形的面积是( ).

A. 20　　　　B. 7　　　　C. 8.5　　　　D. 6.5　　　　E. 7.5

【答案】　A

【解析】　根据菱形面积公式：$S = \dfrac{1}{2} \times 5 \times 8 = 20$.

4. 如图 6-107,菱形 $ABCD$ 的边长为 2, $\angle BCD = 120°$, E 是 AD 的中点,当点 P 在对角线 BD 上移动时, $\triangle PAE$ 的周长的最小值为( ).

A. $3 + \sqrt{3}$　　B. $4 + \sqrt{3}$　　C. $6 + \sqrt{3}$　　D. $8 + \sqrt{3}$　　E. $1 + \sqrt{3}$

【答案】　E

【解析】 如图 6-108,连接 EC,与 BD 交于点 P,连接 AC,此时三角形 PAE 周长最小,因为 $\angle BCD = 120°$,$\triangle ACD$ 为等边三角形,E 是 AD 的中点,$AE = 1$,$CE = \sqrt{3}$,所以 $PA = PC$,$\triangle PAE$ 的周长为 $CE + AE = 1 + \sqrt{3}$.

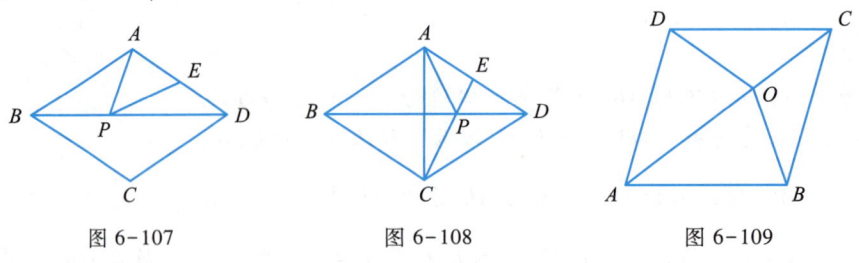

图 6-107　　　　图 6-108　　　　图 6-109

5. 如图 6-109,菱形 $ABCD$ 的边长为 a,点 O 是对角线 AC 上的一点,且 $OA = a$,$OB = OC = OD = 1$,则 a 等于(　　).

A. $\dfrac{\sqrt{5}+1}{2}$　　　B. $\dfrac{\sqrt{5}-1}{2}$　　　C. 1　　　D. 2　　　E. 3

【答案】　A

【解析】　因为 $\triangle BOC \backsim \triangle ABC$,所以 $\dfrac{BO}{AB} = \dfrac{BC}{AC}$,即

$$\dfrac{1}{a} = \dfrac{a}{a+1},$$

所以,

$$a^2 - a - 1 = 0.$$

由 $a > 0$,解得 $a = \dfrac{1+\sqrt{5}}{2}$.

考点 122：一般四边形

典型例题

1. 已知四边形 $ABCD$ 的两条对角线 AC,BD 交于点 O,且 $\triangle AOD$,$\triangle COD$,$\triangle AOB$ 的面积分别为 $60,150,40$,则四边形 $ABCD$ 的面积是(　　).

A. 300　　　B. 320　　　C. 340　　　D. 350　　　E. 360

【答案】　D

【解析】　设 $\triangle AOB$,$\triangle COD$,$\triangle BOC$,$\triangle AOD$ 的面积分别是 x,y,m,n,如图 6-110 所示.则

$$x = 40, y = 150, n = 60,$$

根据蝴蝶定理可得 $xy = mn \Rightarrow 40 \times 150 = 60m \Rightarrow m = 100$,四边形 $ABCD$ 的面积是

$$x + y + m + n = 350.$$

2. 如图 6-111,$ABCD$ 由四个相同的长方形和一个小正方形拼成,则能确定小正方形的面积.

(1) 已知正方形 $ABCD$ 的面积

(2) 已知长方形的长与宽之比

【答案】　C

【解析】　设长方形的长为 x,宽为 y,大正方形边长为 k.

对于条件(1):$(x+y)^2 = 4xy + (x-y)^2 = k^2$,$k$ 已知但无法确定 x 与 y,故 $(x-y)^2$ 不确定,所以条件(1)不充分.对于条件(2):$\dfrac{x}{y}$ 已知但不知 k,仍无法确定 x 与 y,故条件(2)不充分.条

件(1)与(2)联合起来有：k 已知，则 $x+y$ 已知；$\frac{x}{y}$ 已知，则 x 与 y 能确定. 故 $(x-y)^2$ 能确定. 故条件(1)与(2)联合起来充分.

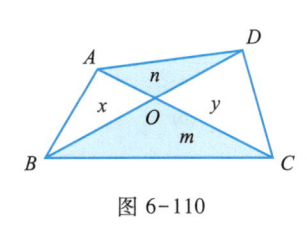

图 6-110

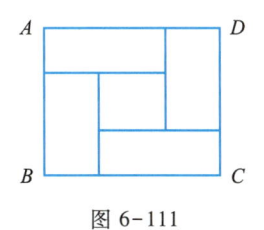

图 6-111

3. 如图 6-112，四边形 $ABCD$ 是正方形，$\triangle ABA_1$，$\triangle BCB_1$，$\triangle CDC_1$，$\triangle DAD_1$ 是四个全等的直角三角形，则正方形 $A_1B_1C_1D_1$ 的面积为 $\frac{\sqrt{3}}{2}$.

（1）正方形 $ABCD$ 的边长为 2
（2）$\angle CDC_1 = 30°$

【答案】 E

【解析】 条件(1)和(2)均单独不充分，联合条件(1)和(2)可得 $\angle DAD_1 = 30°$，故 $DD_1 = 1$，$DC_1 = AD_1 = \sqrt{2^2 - 1^2} = \sqrt{3}$，故 $D_1C_1 = DC_1 - DD_1 = \sqrt{3} - 1$，故 $S_{正方形A_1B_1C_1D_1} = (\sqrt{3}-1)^2 = 4 - 2\sqrt{3}$. 所以联合条件(1)和(2)仍不充分，答案是 E.

4. 如图 6-113 所示，在四边形 $ADEF$ 中，$EC \perp AD$ 于 C，$FB \perp AD$ 于 B，已知 $AC = 10$，$BD = 8$，$FB = 5$，$EC = 6$，则四边形 $ADEF$ 的面积为（ ）.

A. 35　　　　B. 40　　　　C. 49　　　　D. 50　　　　E. 56

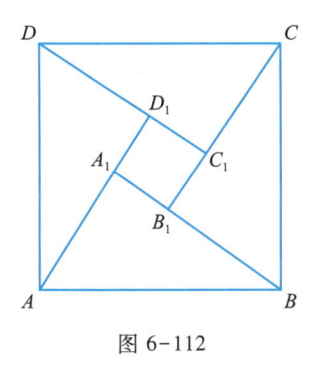

图 6-112

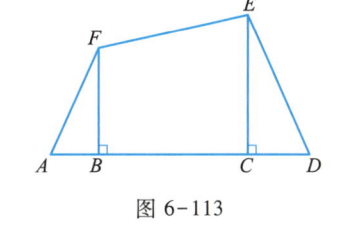

图 6-113

【答案】 C

【解析】 设 $BC = x$，$AB = 10 - x$，$CD = 8 - x$，则
$$S = S_{\triangle ABF} + S_{梯形BCEF} + S_{\triangle CDE} = \frac{1}{2} \times 5(10-x) + \frac{(5+6)x}{2} + \frac{6(8-x)}{2} = 49.$$

考点 123：动点问题与坐标系法

典型例题

1. 如图 6-114(a) 所示，在直角梯形 $ABCD$ 中，$AB \parallel DC$，$\angle B = 90°$. 动点 P 从点 B 出发，沿梯形的边由 $B \to C \to D \to A$ 运动. 设点 P 运动的路程为 x，$\triangle ABP$ 的面积为 y. 把 y 看作 x 的函

数,函数的图像如图 6-114(b)所示,则△ABC 的面积为(   ).

A. 10　　　　B. 16　　　　C. 18　　　　D. 32　　　　E. 36

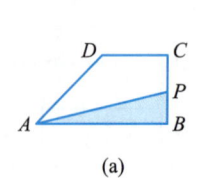

图 6-114

【答案】 B

【解析】 根据图像可得 $BC=4,CD=5,DA=5$,进而求得 $AB=8$,故

$$S_{\triangle ABC}=\frac{1}{2}\times 8\times 4=16.$$

2. 如图 6-115,在平面内,$AB=6,P$ 为线段 AB 上的动点,三角形纸片 CD 所在的直线与线段 AB 垂直相交于点 P,且满足 $PC=PA$.若点 P 沿 AB 方向从点 A 运动到点 B,则点 E 运动的路径长为(   ).

A. $6\sqrt{2}$　　　B. 8　　　C. 4　　　D. 3　　　E. 5

【答案】 A

【解析】 如图 6-116,由题意可知点 C 运动的路径为线段 AC',点 E 运动的路径为 EE',由平移的性质可知 $AC'=EE'$.

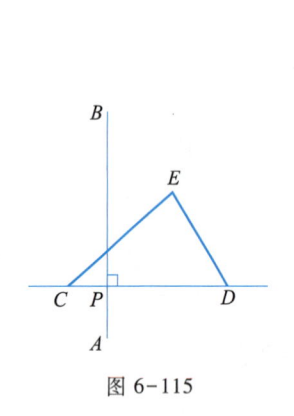

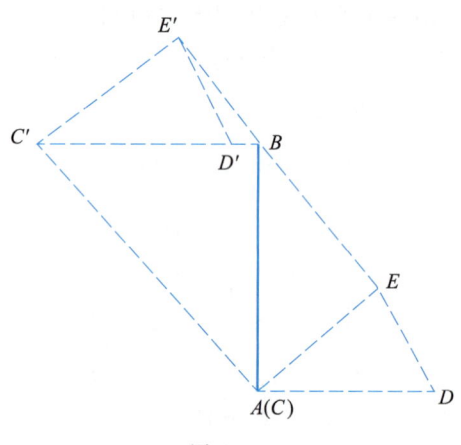

图 6-115　　　　图 6-116

在 Rt△ABC' 中,易知 $AB=BC'=6,\angle ABC'=90°$,所以

$$EE'=AC'=\sqrt{6^2+6^2}=6\sqrt{2},$$

所以点 E 运动的路径长为 $6\sqrt{2}$.

第七章　解析几何（考点124-139）

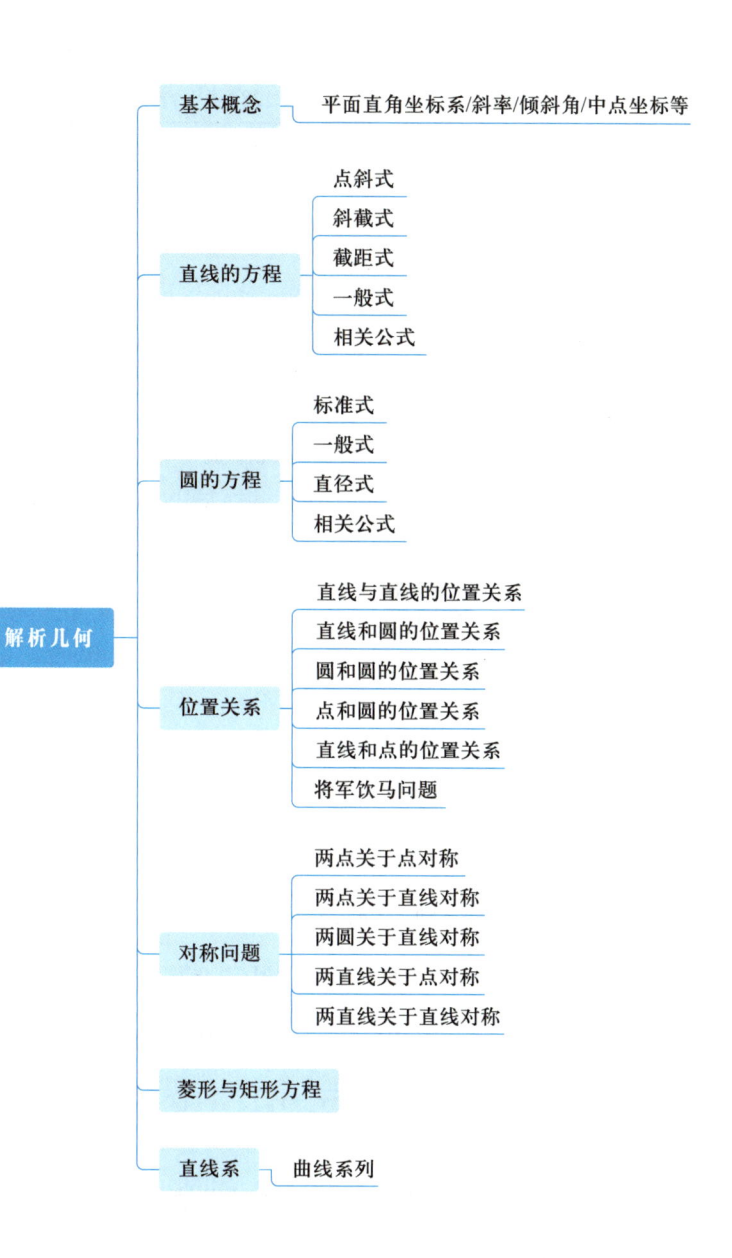

- 解析几何
  - 基本概念 — 平面直角坐标系/斜率/倾斜角/中点坐标等
  - 直线的方程
    - 点斜式
    - 斜截式
    - 截距式
    - 一般式
    - 相关公式
  - 圆的方程
    - 标准式
    - 一般式
    - 直径式
    - 相关公式
  - 位置关系
    - 直线与直线的位置关系
    - 直线和圆的位置关系
    - 圆和圆的位置关系
    - 点和圆的位置关系
    - 直线和点的位置关系
    - 将军饮马问题
  - 对称问题
    - 两点关于点对称
    - 两点关于直线对称
    - 两圆关于直线对称
    - 两直线关于点对称
    - 两直线关于直线对称
  - 菱形与矩形方程
  - 直线系 — 曲线系列

考试内容

考点124:中点坐标公式	考点132:直线系与曲线系
考点125:斜率	考点133:圆与圆的位置关系
考点126:直线方程	考点134:解析几何中的最值问题
考点127:圆方程	考点135:两圆公共弦方程的求法
考点128:直线与直线的位置关系判断	考点136:到角公式与夹角公式
考点129:直线与圆的位置关系判断	考点137:点到直线的距离
考点130:求圆的切线技巧	考点138:两平行线之间的距离公式
考点131:对称	考点139:菱形与矩形的方程

一、基本概念

1. 平面直角坐标系(如图7-1)

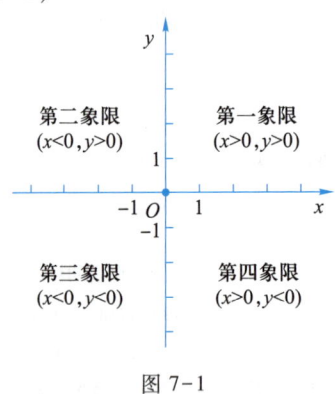

图7-1

2. 两点间距离公式

点在平面中的坐标表示:$P(x,y)$.

两点间距离公式:$d=\sqrt{(x_1-x_2)^2+(y_1-y_2)^2}$.

3. 定比分点坐标

设A,B是两个不同的点,坐标分别为(a_1,a_2),(b_1,b_2).H是AB上一点,$AH=\lambda HB$,则H的坐标为$\left(\dfrac{a_1+\lambda b_1}{1+\lambda},\dfrac{a_2+\lambda b_2}{1+\lambda}\right)$,当$\lambda=1$时,此公式就是中点坐标公式.

中点公式:如图7-2,设$A(x_A,y_A)$,$B(x_B,y_B)$,则线段AB的中点$C(x_C,y_C)$的坐标为$x_C=\dfrac{1}{2}(x_A+x_B)$,$y_C=\dfrac{1}{2}(y_A+y_B)$.

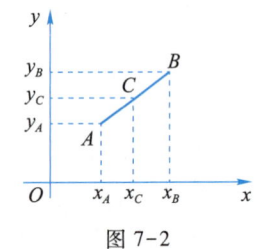

4. 斜率的计算

设α为直线的倾斜角(直线向上的方向与x轴正半轴所成的角),$\alpha\in[0,\pi)$,则直线的斜率$k=\tan\alpha\left(\alpha\neq\dfrac{\pi}{2}\right)$.

图7-2

设直线 l 上有两个点 $P_1(x_1,y_1)$,$P_2(x_2,y_2)$,则 $k=\dfrac{y_1-y_2}{x_1-x_2}$.

5. 直线方程

一般式:$Ax+By+C=0$,其中 A,B 不同时为 0.适用于所有直线.

点斜式:已知直线上一点 (x_0,y_0),并且直线的斜率 k 存在,则直线可表示为
$$y-y_0=k(x-x_0).$$

截距式:已知直线与 x 轴交于 $(a,0)$,与 y 轴交于 $(0,b)$,且 $a,b\neq0$,则直线可表示为 $\dfrac{x}{a}+\dfrac{y}{b}=1$.不适用范围:任意与坐标轴垂直的直线和过原点的直线.

斜截式:已知直线的斜率为 k,直线与 y 轴交于 $(0,b)$,则直线可表示为 $y=kx+b$.当 $k>0$ 时,y 随 x 的增大而增大;当 $k<0$ 时,y 随 x 的增大而减小.设两直线的斜率分别为 k_1,k_2,则当两直线平行时,$k_1=k_2$;当两直线垂直时,$k_1\cdot k_2=-1$.

6. 两条直线的位置关系判断(重合、相交、平行、垂直)

位置关系	斜截式 $l_1:y=k_1x+b_1$, $l_2:y=k_2x+b_2$	一般式 $L_1:a_1x+b_1y+c_1=0$, $L_2:a_2x+b_2y+c_2=0$
重合	$k_1=k_2,b_1=b_2$	$\dfrac{a_1}{a_2}=\dfrac{b_1}{b_2}=\dfrac{c_1}{c_2}$
平行	$k_1=k_2,b_1\neq b_2$	$\dfrac{a_1}{a_2}=\dfrac{b_1}{b_2}\neq\dfrac{c_1}{c_2}$
相交	$k_1\neq k_2$	$\dfrac{a_1}{a_2}\neq\dfrac{b_1}{b_2}$
垂直	$k_1k_2=-1$	$\dfrac{a_1}{b_1}\cdot\dfrac{a_2}{b_2}=-1\Leftrightarrow a_1a_2+b_1b_2=0$

7. 点到直线的距离

点 $P(x_0,y_0)$ 到直线 $Ax+By+C=0$ 的距离 $d=\dfrac{|Ax_0+By_0+C|}{\sqrt{A^2+B^2}}$.

点 $P(x_0,y_0)$ 关于直线 $Ax+By+C=0$ 的对称点的坐标公式:
$$\left(x_0-\dfrac{2A(Ax_0+By_0+C)}{A^2+B^2},y_0-\dfrac{2B(Ax_0+By_0+C)}{A^2+B^2}\right).$$

8. 平行直线之间的距离

平行直线 $l_1:ax+by+c_1=0$ 与 $l_2:ax+by+c_2=0$ 的距离为 $d=\dfrac{|c_1-c_2|}{\sqrt{a^2+b^2}}$.

9. 两点关于特殊直线对称和两直线关于特殊直线对称的对照表

对称方式	$P(m,n)$	$Ax+By+C=0$
关于 x 轴	$(m,-n)$	$Ax+B(-y)+C=0$

续表

关于 y 轴	$(-m,n)$	$A(-x)+By+C=0$
原点$(0,0)$	$(-m,-n)$	$A(-x)+B(-y)+C=0$
$y=x$	(n,m)	$Ay+Bx+C=0$
$y=-x$	$(-n,-m)$	$A(-y)+B(-x)+C=0$
$y=x+b$	$(n-b,m+b)$	$A(y-b)+B(x+b)+C=0$
$y=-x+b$	$(b-n,b-m)$	$A(b-y)+B(b-x)+C=0$

注意：$Ax+By+C=0$ 关于 $P(x_0,y_0)$ 的对称直线是 $A(2x_0-x)+B(2y_0-y)+C=0$。

10. 直线夹角公式

直线 $l_1:y=k_1x+b$ 与 $l_2:y=k_2x+b$ 的夹角为 $\alpha\left(\alpha\in\left[0,\dfrac{\pi}{2}\right]\right)$，则当 $\alpha\neq\dfrac{\pi}{2}$ 时，

$$\tan\alpha=\left|\dfrac{k_1-k_2}{1+k_1k_2}\right|.$$

11. 直线 $ax+by+c=0$ 关于直线 $Ax+By+C=0$ 的对称直线方程为

$$\dfrac{ax+by+c}{Ax+By+C}=\dfrac{2aA+2bB}{A^2+B^2}.$$

12. 到角公式

如果直线 $l_1:y=k_1x+b_1$ 逆时针旋转 θ 能与直线 $l_2:y=k_2x+b_2$ 重合，则称 θ 为直线 $l_1:y=k_1x+b_1$ 到直线 $l_2:y=k_2x+b_2$ 的角，θ 的变化范围是 $[0,\pi]$，$\tan\theta=\dfrac{k_2-k_1}{1+k_1\cdot k_2}.$

13. 圆

（1）圆的方程的几种形式：

如图 7-3 所示，当圆心为 $(0,0)$，半径为 r 时，圆的标准方程为 $x^2+y^2=r^2$。

当圆心为 $C(a,b)$，半径为 r 时，圆的标准方程为 $(x-a)^2+(y-b)^2=r^2$。

圆的一般方程为 $x^2+y^2+Dx+Ey+F=0$ $(D^2+E^2-4F>0)$。

一般方程化标准方程常用配方法：

$$\left(x+\dfrac{D}{2}\right)^2+\left(y+\dfrac{E}{2}\right)^2=\dfrac{D^2+E^2-4F}{4} \quad (D^2+E^2-4F>0).$$

圆心为 $C\left(-\dfrac{D}{2},-\dfrac{E}{2}\right)$，半径为 $r=\sqrt{\dfrac{D^2+E^2-4F}{4}}$。

另外：若圆的直径端点分别为 $A(x_1,y_1)$，$B(x_2,y_2)$，则圆的直径式方程为

$$(x-x_1)(x-x_2)+(y-y_1)(y-y_2)=0.$$

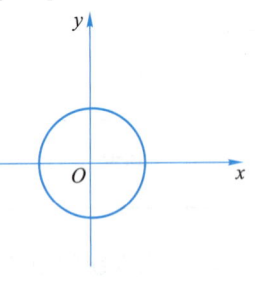

图 7-3

（2）直线与圆的位置关系：

直线 $l:Ax+By+C=0$，圆 $(x-a)^2+(y-b)^2=r^2$ 的半径为 r，圆心 $M(a,b)$ 到直线 l 的距离为 d。如图 7-4，又设方程组 $\begin{cases}(x-a)^2+(y-b)^2=r^2,\\ Ax+By+C=0,\end{cases}$ 则

直线 l 与圆 M 相交 $\Leftrightarrow d<r$，或方程组有两组不同的实数解；

直线 l 与圆 M 相切 $\Leftrightarrow d=r$，或方程组有两组相同的实数解；

直线 l 与圆 M 相离 $\Leftrightarrow d>r$，或方程组无实数解．

注意：直线与圆的弦长公式 $l=2\sqrt{r^2-d^2}$（其中 d 表示圆心到割线的距离）.

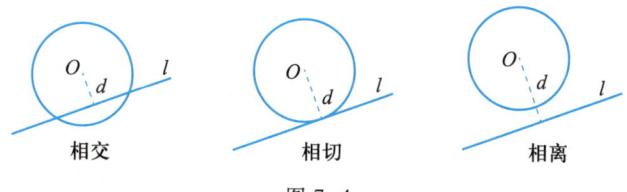

图 7-4

（3）两个圆的位置关系：

圆 $C_1:(x-a_1)^2+(y-b_1)^2=r_1^2$ 的圆心为 $C_1(a_1,b_1)$，半径为 r_1，圆 $C_2:(x-a_2)^2+(y-b_2)^2=r_2^2$ 的圆心为 $C_2(a_2,b_2)$，半径为 r_2，两圆的圆心距 $d=|C_1C_2|$．两圆的位置关系见下表．

位置关系	圆心距	公共点	公切线	图像
内含	$d<|r_1-r_2|$	0	0	
内切	$d=|r_1-r_2|$	1	1	
相交	$|r_1-r_2|<d<r_1+r_2$	2	2	
外切	$d=r_1+r_2$	1	3	
外离	$d>r_1+r_2$	0	4	

(4) 已知点 $M(x_0, y_0)$ 及圆 $C: (x-a)^2 + (y-b)^2 = r^2 (r>0)$,则

点 M 在圆 C 外 $\Leftrightarrow |CM| > r \Leftrightarrow (x_0-a)^2 + (y_0-b)^2 > r^2$;

点 M 在圆 C 内 $\Leftrightarrow |CM| < r \Leftrightarrow (x_0-a)^2 + (y_0-b)^2 < r^2$;

点 M 在圆 C 上 $\Leftrightarrow |CM| = r \Leftrightarrow (x_0-a)^2 + (y_0-b)^2 = r^2$.

14. 直线系

概念:具有某种共同属性的一类直线的集合,称为直线系.它的方程称为直线系方程.

几种常见的直线系方程:

(1) 过已知点 $P(x_0, y_0)$ 的直线系方程 $y - y_0 = k(x - x_0)$(k 为参数).

(2) 斜率为 k 的直线系方程为 $y = kx + b$(b 是参数).

(3) 与已知直线 $Ax + By + C = 0$ 平行的直线系方程为 $Ax + By + \lambda = 0$(λ 为参数).

(4) 与已知直线 $Ax + By + C = 0$ 垂直的直线系方程为 $Bx - Ay + \lambda = 0$(λ 为参数).

(5) 过直线 $l_1: A_1x + B_1y + C_1 = 0$ 与 $l_2: A_2x + B_2y + C_2 = 0$ 的交点的直线系方程为

$$A_1x + B_1y + C_1 + \lambda(A_2x + B_2y + C_2) = 0 \text{(λ 为参数)}.$$

15. 圆的切线求法

若点 (x_0, y_0) 在圆 $(x-a)^2 + (y-b)^2 = r^2$ 上,则过该点的切线方程为

$$(x-a)(x_0-a) + (y-b)(y_0-b) = r^2.$$

特别地,过圆 $x^2 + y^2 = r^2$ 上一点 $P(x_0, y_0)$ 的切线方程为 $x_0x + y_0y = r^2$.注意该点若在圆上,则切线只有一条.

若点 (x_0, y_0) 不在圆 $(x-a)^2 + (y-b)^2 = r^2$ 上,则可设切线方程为 $y - y_0 = k(x - x_0)$,再结合 $r = \dfrac{|b - y_0 - k(a - x_0)|}{\sqrt{k^2 + 1}}$ 求出 k,进而得到切线方程.注意过圆外的点引圆的切线必定有两条,若联立的方程只有一个解,那么另外一条切线必定是垂直于 x 轴的直线.

16. 常用的两个结论

曲线 $|ax + b| + |py + q| = t$:当 $|a| = |p|$,代表正方形;当 $|a| \neq |p|$,代表菱形.它所围的面积为 $S = \dfrac{2t^2}{|ap|}$.

曲线 $|xy| + mn = m|x| + n|y|$:当 $m = n$,代表正方形;当 $m \neq n$,代表矩形.它所围的面积为 $S = 4mn$.

17. 切点弦核心公式

设 $P(x_0, y_0)$ 是圆锥曲线上(外)一点,过 P 引曲线的两条切线,切点为 A,B 两点,则 A,B 两点所在的直线方程为切点弦方程.

标准方程	切点弦方程
$(x-a)^2 + (y-b)^2 = r^2$	$(x_0-a)(x-a) + (y_0-b)(y-b) = r^2$
$x^2 + y^2 + Dx + Ey + F = 0$	$x_0x + y_0y + \dfrac{x_0+x}{2}D + \dfrac{y_0+y}{2}E + F = 0$

18. 公共弦公式

如果两圆 $C_1: x^2 + y^2 + D_1x + E_1y + F_1 = 0$ 与 $C_2: x^2 + y^2 + D_2x + E_2y + F_2 = 0$ 相交,则对应一条公共弦 AB,将这两圆的方程相减可以得到

$$(D_1-D_2)x+(E_1-E_2)y+(F_1-F_2)=0.$$

公共弦长度公式：

两个圆相交情况下，如果半径分别是 a,b，圆心距是 c，那么公共弦的长度是

$$L=\frac{\sqrt{(a+b+c)(a+b-c)(a+c-b)(b+c-a)}}{c}.$$

考点 124：中点坐标公式

$M(a,b)$ 与 $N(c,d)$ 的中点坐标是 $\left(\dfrac{a+c}{2},\dfrac{b+d}{2}\right)$.

典型例题

1. 圆 $x^2+y^2-6x+4y=0$ 上到原点距离最远的点是（　　）.
   A.（-3,2）　　B.（3,-2）　　C.（6,4）　　D.（-6,4）　　E.（6,-4）

   【答案】 E

   【解析】 显然圆的图像过原点 $(0,0)$，圆的标准方程为 $(x-3)^2+(y+2)^2=13$，即圆心为 $(3,-2)$，其图像如图 7-5.

   圆上距原点最远的点为 A，OA 为直径，$C(3,-2)$ 为 OA 的中点，所以 A 为 $(6,-4)$.

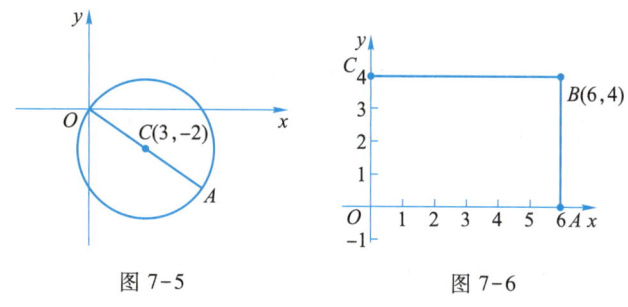

   图 7-5

   图 7-6

2. 如图 7-6，在直角坐标系 xOy 中，矩形 $OABC$ 的顶点 B 的坐标是 $(6,4)$，则直线 l 将矩形 $OABC$ 分成了面积相等的两部分.
   (1) $l:x-y-1=0$
   (2) $l:x-3y+3=0$

   【答案】 D

   【解析】 由于矩形是中心对称图形，一条直线要想把矩形面积二等分必须经过矩形的中心 $(3,2)$，由于 $x-y-1=0$ 经过 $(3,2)$，$x-3y+3=0$ 经过 $(3,2)$，因此选 D.

3. 已知点 $O(0,0)$，$A(a,1)$，$B(2,b)$，$C(1,2)$，若四边形 $OABC$ 为平行四边形，则 $a+b=$（　　）.
   A. 3　　B. 4　　C. 5　　D. 6　　E. 7

   【答案】 B

   【解析】 由于平行四边形对角线相互平分，则 OB 的中点和 AC 的中点是一样的，建立方程组 $\begin{cases}\dfrac{0+2}{2}=\dfrac{a+1}{2},\\[4pt]\dfrac{0+b}{2}=\dfrac{1+2}{2},\end{cases}$ 从而得到 $a=1,b=3$，所以选 B.

考点125：斜率

设 α 为直线的倾斜角（直线向上的方向与 x 轴正半轴所成的角），$\alpha \in [0,\pi)$，则直线的斜率 $k = \tan\alpha\left(\alpha \neq \dfrac{\pi}{2}\right)$.

设直线 l 上有两个点 $P_1(x_1,y_1),P_2(x_2,y_2)$，且 $x_1 \neq x_2$，则直线 l 的斜率为 $k = \dfrac{y_1 - y_2}{x_1 - x_2}$.

典型例题

1. 已知直线 l_1 经过两点 $A(1,-2\sqrt{3})$，$B(-\sqrt{3},6)$，直线 l_2 的斜率为直线 l_1 的斜率的一半，则直线 l_2 的倾斜角 θ 为（　　）．

A. $\dfrac{\pi}{2}$　　B. $\dfrac{\pi}{3}$　　C. $\dfrac{2\pi}{3}$　　D. $\dfrac{\pi}{4}$　　E. $\dfrac{\pi}{5}$

【答案】 C

【解析】 设直线 l_1,l_2 的斜率分别为 k_1,k_2，则由已知可求得

$$k_1 = \dfrac{-2\sqrt{3}-6}{1-(-\sqrt{3})} = -2\sqrt{3},$$

则 $k_2 = -\sqrt{3}$，即 $\tan\theta = -\sqrt{3}$，因为 $\theta \in [0,\pi)$，所以 $\theta = \dfrac{2\pi}{3}$.

注意：经过两点的直线的斜率公式在解题中有广泛的应用，必须熟记并灵活应用．根据斜率求倾斜角时，在 $\tan\theta = k$ 中，θ 的取值与 k 的正负有关，当 $k \geq 0$ 时，$\theta \in \left[0,\dfrac{\pi}{2}\right)$，当 $k < 0$ 时，$\theta \in \left(\dfrac{\pi}{2},\pi\right)$，另外要注意斜率不存在时，直线的倾斜角为 $\dfrac{\pi}{2}$.

2. 若 $a = \dfrac{\ln 2}{2},b = \dfrac{\ln 3}{3},c = \dfrac{\ln 5}{5}$，则（　　）．

A. $a<b<c$　　B. $c<b<a$　　C. $c<a<b$　　D. $b<a<c$　　E. 以上均不是

【答案】 C

【解析】 因为 $\dfrac{\ln x}{x} = \dfrac{\ln x - 0}{x - 0}$ 表示函数 $y = \ln x$ 的图像上的点 (x,y) 与坐标原点 O 连线的斜率，如图7-7，则

$$a = k_{OA},\quad b = k_{OB},\quad c = k_{OC},$$

由图像可知：$k_{OC} < k_{OA} < k_{OB}$，即

$$c < a < b.$$

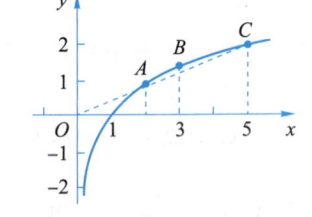

图7-7

3. 在等差数列 $\{a_n\}$ 中，$a_3 = 6, a_8 = 21$，则 $d = $（　　）．

A. 3　　B. 2　　C. 1　　D. 4　　E. 2.5

【答案】 A

【解析】 从函数的观点来看，在等差数列中，通项 a_n 是自变量 n 的一次函数，则两点 $(3,a_3)$ 和 $(8,a_8)$，即 $(3,6)$ 和 $(8,21)$ 都在一次函数所对应的直线上，直线斜率为 $k = \dfrac{a_8-a_3}{8-3} = 3$.

由直线方程的点斜式可得 $a_n-6=3(n-3)$,整理得
$$a_n=3(n-1),$$
所以 $a_1=0,d=3$.

4. 已知点 $A(2,-3),B(-3,-2)$,直线 l 过点 $P(1,1)$ 且与线段 AB 有交点,则直线 l 的斜率 k 的取值范围为( ).

A. $k\leqslant -4$ 或 $k\geqslant \dfrac{3}{4}$ B. $k\geqslant \dfrac{3}{4}$

C. $k\leqslant -4$ D. $k\leqslant -4$ 或 $k\geqslant 1$

E. 以上都不是

【答案】 A

【解析】 因为 $A(2,-3),B(-3,-2),P(1,1)$,所以
$$k_{PA}=\dfrac{-3-1}{2-1}=-4, k_{PB}=\dfrac{-2-1}{-3-1}=\dfrac{3}{4},$$
如图 7-8 所示,因此直线 l 的斜率 k 的取值范围为 $k\leqslant -4$ 或 $k\geqslant \dfrac{3}{4}$.

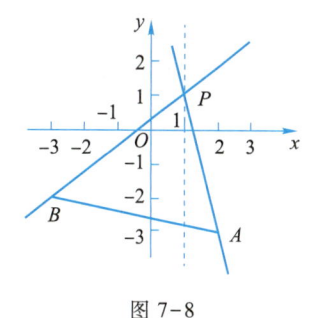

图 7-8

5. 设 a,b,c 是不相等的三个实数,则 $A(a,a^3),B(b,b^3),C(c,c^3)$ 无法构成三角形.
（1） $a+b+c=0$ （2） $a-b+c=0$

【答案】 A

【解析】 要使得 $A(a,a^3),B(b,b^3),C(c,c^3)$ 无法构成三角形,等价于 $A(a,a^3)$, $B(b,b^3),C(c,c^3)$ 三点共线,等价于 AB 的斜率等于 BC 的斜率,所以 $\dfrac{b^3-a^3}{b-a}=\dfrac{b^3-c^3}{b-c}$,也就是 $b^2+ab+a^2=b^2+cb+c^2$,因此 $ab+a^2=cb+c^2$,即 $a+b+c=0$.

考点 126：直线方程

一般式：$Ax+By+C=0$,其中 A,B 不同时为 0.适用于所有直线.

点斜式：已知直线上一点 (x_0,y_0),并且直线的斜率 k 存在,则直线可表示为
$$y-y_0=k(x-x_0).$$

截距式：已知直线与 x 轴交于 $(a,0)$,与 y 轴交于 $(0,b)$,且 $a,b\neq 0$,则直线可表示为 $\dfrac{x}{a}+\dfrac{y}{b}=1$.不适用范围：任意与坐标轴垂直的直线和过原点的直线.

斜截式：已知直线的斜率为 k,直线与 y 轴交于 $(0,b)$,则直线可表示为 $y=kx+b$.当 $k>0$ 时,y 随 x 的增大而增大；当 $k<0$ 时,y 随 x 的增大而减小.设两直线的斜率分别为 k_1,k_2,则当两直线平行时,$k_1=k_2$；当两直线垂直时,$k_1\cdot k_2=-1$.

典型例题

1. 若直线过点 $(\sqrt{3},-3)$ 且倾斜角为 $30°$,则该直线的方程为( ).

A. $y=\sqrt{3}x-6$ B. $y=\dfrac{\sqrt{3}}{3}x+4$ C. $y=\dfrac{\sqrt{3}}{3}x-4$ D. $y=\dfrac{\sqrt{3}}{3}x+2$ E. 以上都不是

【答案】　C

【解析】　该直线的点斜式方程为 $y-(-3)=\tan 30°(x-\sqrt{3})$，整理得 $y=\dfrac{\sqrt{3}}{3}x-4$。

2. 直线 $x-2y+b=0$ 与两坐标轴所围成的三角形的面积不大于 1，那么 b 的取值范围是（　　）．

A．$[-2,2]$　　　　　　　　　　B．$(-\infty,-2]\cup[2,+\infty)$

C．$[-2,0)\cup(0,2]$　　　　　　D．$(-\infty,+\infty)$

E．以上都不是

【答案】　C

【解析】　令 $x=0$，得 $y=\dfrac{b}{2}$，令 $y=0$，得 $x=-b$，所以所围成的三角形面积为 $\dfrac{1}{2}\left|\dfrac{b}{2}\right||b|=\dfrac{1}{4}b^2$，则 $0<\dfrac{1}{4}b^2\leqslant 1$，所以 $b\in[-2,0)\cup(0,2]$。

3. 若直线 l 与两直线 $y=1$，$x-y-7=0$ 分别交于 M,N 两点，且 MN 的中点是 $P(1,-1)$，则直线 l 的斜率是（　　）．

A．$-\dfrac{2}{3}$　　　B．$\dfrac{2}{3}$　　　C．$-\dfrac{3}{2}$　　　D．$\dfrac{3}{2}$　　　E．1

【答案】　A

【解析】　由题意，可设直线 l 的方程为 $y=k(x-1)-1$，分别与 $y=1$，$x-y-7=0$ 联立解得 $M\left(\dfrac{2}{k}+1,1\right)$，$N\left(\dfrac{k-6}{k-1},\dfrac{-6k+1}{k-1}\right)$。

又因为 MN 的中点是 $P(1,-1)$，所以由中点坐标公式得 $k=-\dfrac{2}{3}$。

4. 若 $AC<0$，且 $BC<0$，则直线 $Ax+By+C=0$ 一定不经过（　　）．

A．第一象限　　　　　　　　　　B．第二象限

C．第三象限　　　　　　　　　　D．第四象限

E．第一象限和第二象限

【答案】　C

【解析】　由题意，A 与 C 异号，B 与 C 异号，则 A 与 B 同号。直线 $Ax+By+C=0$ 改写成斜截式为 $y=-\dfrac{A}{B}x-\dfrac{C}{B}$，斜率为负，截距为正，则直线经过第一、第二、第四象限，不经过第三象限。

考点 127：圆方程

(1) 当圆心为 $C(a,b)$，半径为 r 时，圆的标准方程为 $(x-a)^2+(y-b)^2=r^2$。
(2) 圆的一般方程为 $x^2+y^2+Dx+Ey+F=0$，其中 $D^2+E^2-4F>0$。
(3) 若圆的直径端点为 $A(x_1,y_1)$，$B(x_2,y_2)$，则圆的直径式方程为
$$(x-x_1)(x-x_2)+(y-y_1)(y-y_2)=0.$$

典型例题

1. 圆心在 x 轴上，半径为 1，且过点 $(-1,1)$ 的圆的方程是（　　）．

A. $x^2+(y-2)^2=1$ B. $x^2+(y+2)^2=1$
C. $(x-1)^2+(y-3)^2=1$ D. $x^2+(y-3)^2=1$
E. $(x+1)^2+y^2=1$

【答案】 E

【解析】 设圆心是 $(a,0)$,半径为 $r=1$,则有 $\sqrt{(a+1)^2+(0-1)^2}=1$,解得 $a=-1$,所以圆的方程是 $(x+1)^2+y^2=1$.

2. 动点 (x,y) 的轨迹是圆.
   (1) $|x-1|+|y|=4$
   (2) $3(x^2+y^2)+6x-9y+1=0$

【答案】 B

【解析】 条件(1):若 $x\geq 1, y\geq 0$,则有 $x+y-5=0$;若 $x\leq 1, y\leq 0$,则有 $x+y+3=0$;若 $x\geq 1, y\leq 0$,则有 $x-y-5=0$;若 $x\leq 1, y\geq 0$,则有 $x-y+3=0$. 所以,动点 (x,y) 的轨迹是正方形,不充分. 条件(2):方程可化为 $x^2+y^2+2x-3y+\dfrac{1}{3}=0$,则有 $4+9-\dfrac{4}{3}>0$,所以动点 (x,y) 的轨迹是圆,充分.

3. 关于方程 $x(x^2+y^2-4)=0$ 与 $x^2+(x^2+y^2-4)^2=0$ 所表示的曲线,以下说法正确的是( ).
   A. 都表示一条直线和一个圆
   B. 前者是一条直线和一个圆,后者是一个点
   C. 前者是一条直线和一个圆,后者是两个点
   D. 前者是两个点,后者是一条直线和一个圆
   E. 都表示一个圆

【答案】 C

【解析】 由于 $x(x^2+y^2-4)=0$,则有 $x=0$ 或 $x^2+y^2-4=0$,$x=0$ 表示的曲线是一条直线——y 轴,$x^2+y^2-4=0$ 表示的曲线是圆. 由于 $x^2+(x^2+y^2-4)^2=0$,则有 $x=0$ 且 $x^2+y^2-4=0$,即 $x=0$ 且 $y=\pm 2$,所以 $x^2+(x^2+y^2-4)^2=0$ 表示的曲线是 $(0,2),(0,-2)$ 两个点.

4. 过点 $A(11,2)$ 作圆 $x^2+y^2+2x-4y-164=0$ 的弦,其中弦长为整数的共有( ).
   A. 16 条   B. 17 条   C. 32 条   D. 33 条   E. 34 条

【答案】 C

【解析】 圆的标准方程是 $(x+1)^2+(y-2)^2=13^2$,圆心为 $(-1,2)$,半径是 13,过点 $A(11,2)$ 的最短弦长为 10,最长弦长为 26(分别各有一条),还有长度为 $11,12,\cdots,25$ 的弦各 2 条,所以弦长为整数的弦总共有 $2+2\times 15=32$(条).

考点 128:直线与直线的位置关系判断

直线与直线的位置关系判断的四种类型:重合、平行、相交、垂直.

典型例题

1. 两条直线 $3x+2y+m=0$ 和 $(m^2+1)x-3y+2-3m=0$ 的位置关系是( ).
   A. 平行   B. 相交   C. 重合   D. 与 m 有关   E. 以上都不是

【答案】 B

【解析】 第一条直线的斜率为 $k_1 = -\dfrac{3}{2}$,第二条直线的斜率为 $k_2 = \dfrac{m^2+1}{3} > 0$,所以 $k_1 \neq k_2$.

2. 已知直线 $y+(m^2-2)x+1=0$ 与直线 $y-x+m=0$ 有公共点,那么 m 的取值范围是( ).

A. $m \neq 1$ B. $m \neq \pm 1$ C. $m \neq -1$ D. $m \in \mathbf{R}$ E. $m \neq 0$

【答案】 C

【解析】 两条直线有公共点,即两条直线不平行.若两条直线平行,则 $2-m^2=1$ 且 $m \neq 1$,所以 $m=-1$,则所求为 $m \neq -1$.

考点 129:直线与圆的位置关系判断

直线与圆的三种位置关系:相离、相切、相交.

如图 7-9,设 $\odot O$ 的半径为 r,圆心 O 到直线 l 的距离为 d,得出直线和圆的三种位置关系:

(1) 如图 7-9(a),直线 l 和 $\odot O$ 相离 $\Leftrightarrow d > r$.

此时直线和圆没有公共点.

(2) 如图 7-9(b),直线 l 和 $\odot O$ 相切 $\Leftrightarrow d = r$.

此时直线和圆有唯一公共点,这时的直线叫作圆的切线,唯一的公共点叫作切点.

(3) 如图 7-9(c),直线 l 和 $\odot O$ 相交 $\Leftrightarrow 0 \leqslant d < r$.

此时直线与圆有两个公共点,这时的直线叫作圆的割线.

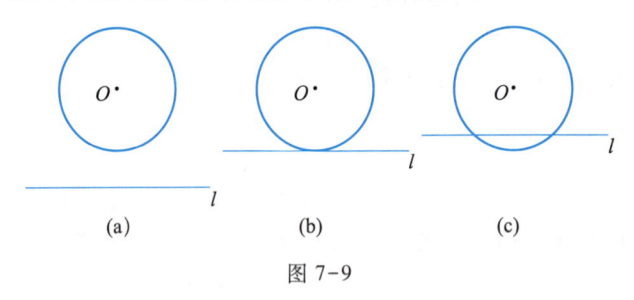

图 7-9

典型例题

1. 过原点的直线与圆 $x^2+y^2+4x+3=0$ 相切,若切点在第三象限,则该直线的方程是( ).

A. $y = \sqrt{3}x$ B. $y = -\sqrt{3}x$ C. $y = \dfrac{\sqrt{3}}{3}x$ D. $y = -\dfrac{\sqrt{3}}{3}x$ E. $y = \dfrac{\sqrt{2}}{2}x$

【答案】 C

【解析】 设直线方程是 $y=kx$,由于圆心是 $(-2,0)$,半径是 $r=1$,所以 $1 = \dfrac{|-2k|}{\sqrt{k^2+1}}$,解得 $k = \pm \dfrac{\sqrt{3}}{3}$,由于切点在第三象限,所以 $k = \dfrac{\sqrt{3}}{3}$,即直线方程是 $y = \dfrac{\sqrt{3}}{3}x$.

2. 直线 $y = \dfrac{\sqrt{3}}{3}x$ 绕原点按逆时针方向旋转 30°后所得的直线与圆 $(x-2)^2+y^2=3$ 的位置关系是( ).

A. 直线过圆心　　　　　　　　　B. 直线与圆相交,但不过圆心
C. 直线与圆相切　　　　　　　　D. 直线与圆没有公共点
E. 有多种可能

【答案】　C

【解析】　由于直线 $y=\frac{\sqrt{3}}{3}x$ 的斜率是 $\frac{\sqrt{3}}{3}$,所以直线的倾斜角是 $30°$.直线绕原点按逆时针方向旋转 $30°$,则所得直线的倾斜角是 $60°$,所以旋转之后的直线是 $y=\sqrt{3}x$,由于圆心是 $(2,0)$,半径是 $r=\sqrt{3}$,所以圆心到直线的距离是 $d=\frac{|2\sqrt{3}|}{2}=\sqrt{3}$,即 $d=r$,所以旋转之后的直线与圆相切.

3. 直线 $x-y+3=0$ 截圆 $(x-a)^2+(y-2)^2=4(a>0)$ 的弦长为 $2\sqrt{3}$,则 $a=(\quad)$.

A. 1　　　　B. $\sqrt{2}+1$　　　　C. $\sqrt{2}$　　　　D. $\pm\sqrt{2}-1$　　　　E. $\sqrt{2}-1$

【答案】　E

【解析】　圆心坐标、半径、弦长已知,由点到直线的距离公式和勾股定理列方程即可.则

$d=\frac{|a-2+3|}{\sqrt{1^2+1^2}}=\sqrt{2^2-\left(\frac{2\sqrt{3}}{2}\right)^2} \Rightarrow a=\pm\sqrt{2}-1$,注意到条件 $a>0$,可知 $a=\sqrt{2}-1$.

4. 直线 $y=x+b$ 与曲线 $x=\sqrt{1-y^2}$ 恰有一个公共点,则 b 的取值范围是( ).

A. $(-1,1]$ 或 $-\sqrt{2}$　　　　　　B. $-\sqrt{2}$
C. $(-1,1)$ 或 $-\sqrt{2}$　　　　　　D. $\pm\sqrt{2}$
E. $(-1,1]$ 或 $\sqrt{2}$

【答案】　A

【解析】　如图 7-10 所示,曲线 $x=\sqrt{1-y^2}$ 表示半径为 1,圆心为原点,在 x 正半轴上的一个半圆,直线 $y=x+b$ 和半圆只有一个交点,则该直线或者介于①和②之间(可以与①重合,不可与②重合),或者与③重合.容易求出,b 的取值范围是 $(-1,1]$ 或 $-\sqrt{2}$.

图 7-10

5. 如果直线 l 将圆 $C:x^2+y^2-2x-4y=0$ 分成面积相等的两部分,且不通过第四象限,那么 l 的斜率的取值范围是( ).

A. $[0,2]$　　　　B. $[0,1]$　　　　C. $\left[0,\frac{1}{2}\right]$

D. $[1,2]$　　　　E. $(0,2]$

【答案】　A

【解析】　由于直线 l 将圆 $C:x^2+y^2-2x-4y=0$ 平分,则有直线 l 通过圆心 $C(1,2)$,由于直线 l 不通过第四象限,所以当直线经过原点 $(0,0)$ 和点 $C(1,2)$ 时,直线的倾斜角最大,即此时直线 l 的斜率最大,为 $k_{\max}=2$,当直线 l 平行于 x 轴时,直线的倾斜角最小,即此时直线 l 的斜率最小,为 $k_{\min}=0$.综上所述,斜率的取值范围是 $0 \leq k \leq 2$.

6. 若直线 $ax+by+c=0(abc \neq 0)$ 与圆 $x^2+y^2=1$ 相切,则三边长分别为 $|a|,|b|,|c|$ 的三角形是( ).

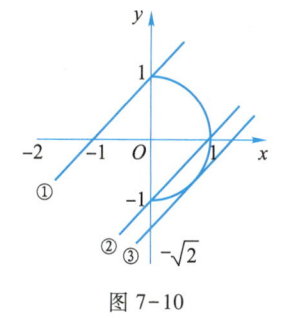

A. 锐角三角形　　　　　　　　　B. 直角三角形

C. 等边三角形 D. 钝角三角形
E. 等腰直角三角形

【答案】 B

【解析】 直线与圆相切,则圆心到直线的距离为半径,因此得到 $\dfrac{|c|}{\sqrt{a^2+b^2}}=1$,即 $a^2+b^2=c^2$,故所求三角形为直角三角形.

考点 130:求圆的切线技巧

若点 (x_0,y_0) 在圆 $(x-a)^2+(y-b)^2=r^2$ 上,则过该点的切线方程为
$$(x-a)(x_0-a)+(y-b)(y_0-b)=r^2.$$

特别地,过圆 $x^2+y^2=r^2$ 上一点 $P(x_0,y_0)$ 的切线方程为 $x_0x+y_0y=r^2$. 注意该点在圆上,则切线只有一条.

若点 (x_0,y_0) 不在圆 $(x-a)^2+(y-b)^2=r^2$ 上,则可设切线方程为 $y-y_0=k(x-x_0)$,再结合 $r=\dfrac{|b-y_0-k(a-x_0)|}{\sqrt{k^2+1}}$ 求出 k,进而得到切线方程. 注意过圆外的点引圆的切线必定有两条,若联立的方程只有一个解,那么另外一条切线必定是垂直于 x 轴的直线.

典型例题

1. 已知圆 C 的方程是 $x^2+(y-1)^2=4$,圆外一点 $P(3,2)$,求经过点 P 且与圆 C 相切的直线方程.

【解析】 当过 P 的直线的斜率不存在时,显然不是圆的切线. 故设所求的直线的斜率为 k,则直线方程为 $y-2=k(x-3)$.

由于直线与圆相切,故圆心到直线的距离 d 等于半径 2,即
$$d=\dfrac{|1-2-k(0-3)|}{\sqrt{1+k^2}}=\dfrac{|3k-1|}{\sqrt{1+k^2}}=2,$$

解得 $k=\dfrac{3\pm2\sqrt{6}}{5}$.

所以,切线方程为 $y-2=\dfrac{3\pm2\sqrt{6}}{5}(x-3)$.

2. 已知圆 C 的方程是 $x^2+(y-1)^2=4$,圆外一点 $P(2,2)$,求经过点 P 且与圆 C 相切的直线方程.

【解析】 当过 P 的直线的斜率不存在时,直线 $x=2$ 是圆的切线. 当过 P 的直线的斜率存在时,设所求的直线的斜率为 k,则直线方程为 $y-2=k(x-2)$.

直线方程与圆的方程联立,可得 $(1+k^2)x^2+2k(1-2k)x+4k^2-4k-3=0$,因为直线与圆只有一个公共点,所以
$$\Delta=4k^2(1-2k)^2-4(1+k^2)(4k^2-4k-3)=0,$$

解得 $k=-\dfrac{3}{4}$. 故所求的切线方程为 $x=2,y-2=-\dfrac{3}{4}(x-2)$.

3. 已知圆 C 的方程是 $x^2+(y-1)^2=4$,求以 $P(\sqrt{3},2)$ 为切点的切线方程.

【解析】 设圆心 $C(0,1)$,切线方程为 $y-2=k(x-\sqrt{3})$.

由直线 $CP \perp l$ 得 $k \cdot k_{CP}=-1 \Rightarrow k=-\sqrt{3}$,

所以切线方程为 $y-2=-\sqrt{3}(x-\sqrt{3})$,即 $y=-\sqrt{3}x+5$.

考点 131：对称

重点掌握三种对称:(1)两点关于直线对称;(2)两直线关于点对称;(3)两直线关于直线对称.

典型例题

1. 已知圆 $C_1:(x+1)^2+(y-1)^2=1$,圆 C_2 与圆 C_1 关于直线 $x-y-1=0$ 对称,则圆 C_2 的方程是( ).

   A. $(x+2)^2+(y-2)^2=1$ B. $(x-2)^2+(y+2)^2=1$
   C. $(x+3)^2+(y+2)^2=1$ D. $(x-2)^2+(y-3)^2=1$
   E. $(x+2)^2+(y-3)^2=1$

   【答案】 B

   【解析】 两圆若关于直线对称,相当于两圆心关于直线对称,且两圆半径相等.设圆 C_2 的圆心是 (a,b),由于圆 C_1 的圆心是 $(-1,1)$,则有 $\begin{cases} \dfrac{a-1}{2}-\dfrac{b+1}{2}-1=0, \\ \dfrac{b-1}{a+1}=-1, \end{cases}$ 解得 $a=2, b=-2$,所以圆 C_2 的方程是 $(x-2)^2+(y+2)^2=1$.

2. 直线 $y=3x+2$ 关于直线 $x=2$ 的对称直线是( ).

   A. $y=-3x+14$ B. $y=-3x+8$
   C. $y=3x+14$ D. $y=-3x-14$
   E. $y=2x+4$

   【答案】 A

   【解析】 设 $y=3x+2$ 上的点为 (X,Y),对称直线上的点为 (x,y),则 $X=4-x, Y=y$ 代入 $y=3x+2$,得 $y=3(4-x)+2 \Rightarrow y=-3x+14$.

3. 有一条光线从点 $P(-2,4)$ 射到直线 $2x-y-7=0$ 后再反射到点 $Q(5,8)$,则这条光线从 P 到 Q 的长度为( ).

   A. 5   B. $3\sqrt{5}$ C. $5\sqrt{3}$ D. $5\sqrt{5}$ E. 10

   【答案】 D

   【解析】 先找点 $P(-2,4)$ 关于直线 $2x-y-7=0$ 的对称点 P' 为 $(10,-2)$,根据对称原理,实际上光线所走的距离就是线段 $P'Q$ 的长度,即 $P'Q=\sqrt{(10-5)^2+(-2-8)^2}=5\sqrt{5}$.

4. 直线 $2x+11y+16=0$ 关于点 $P(0,1)$ 对称的直线方程为( ).

   A. $2x+3y-3=0$ B. $2x+11y=38$
   C. $3x+2y-1=0$ D. $x-y-3=0$
   E. $2x+y-3=0$

【答案】 B

【解析】 本题可以利用两直线平行,以及点 P 到两直线的距离相等求解,也可以先在已知直线上取一点,再求该点关于点 P 的对称点,代入对称直线方程待定相关常数.

方法一:由中心对称性质知,所求对称直线与已知直线平行,故可设对称直线方程为 $2x+11y+c=0$. 由点到直线距离公式,得 $\frac{|11+16|}{\sqrt{2^2+11^2}} = \frac{|11+c|}{\sqrt{2^2+11^2}}$,即 $|11+c|=27$,得 $c=16$(即为已知直线,舍去)或 $c=-38$. 故所求对称直线方程为 $2x+11y-38=0$.

方法二:在直线 $2x+11y+16=0$ 上取点 $A(-8,0)$,则点 $A(-8,0)$ 关于 $P(0,1)$ 的对称点的 $B(8,2)$. 由中心对称性质知,所求对称直线与已知直线平行,故可设对称直线方程为 $2x+11y+c=0$.

将 $B(8,2)$ 代入,解得 $c=-38$.

故所求对称直线方程为 $2x+11y-38=0$.

5. 直线 $l_1:x+y-1=0$ 关于 $l:3x-y-3=0$ 的对称直线方程为( ).

A. $2x+3y-3=0$ B. $2x+11y=38$
C. $x-7y-1=0$ D. $x-y-3=0$
E. $2x+y-3=0$

【答案】 C

【解析】 根据直线关于直线的对称公式 $\frac{ax+by+c}{Ax+By+C} = \frac{2aA+2bB}{A^2+B^2}$,所求的直线为 $\frac{x+y-1}{3x-y-3} = \frac{2\times1\times3+2\times1\times(-1)}{3^2+(-1)^2}$,化简之后为 $x-7y-1=0$.

考点 132:直线系与曲线系

直线系:过两条已知直线 $l_1:A_1x+B_1y+C_1=0$ 和 $l_2:A_2x+B_2y+C_2=0$ 的交点的直线系方程是 $A_1x+B_1y+C_1+\lambda(A_2x+B_2y+C_2)=0(\lambda\in\mathbb{R})$,但不包括 l_2.

典型例题

1. 圆 $C:(x-1)^2+(y-2)^2=25$ 与直线 $l:(2m+1)x+(m+1)y=7m+4$ 相交.
   (1) $m>0$
   (2) $m<0$

【答案】 D

【解析】 对于直线 $l:(2m+1)x+(m+1)y=7m+4$,即 $m(2x+y-7)+x+y-4=0$. 由 $\begin{cases}2x+y-7=0\\x+y-4=0\end{cases}$,解得 $\begin{cases}x=3\\y=1\end{cases}$,故直线 l 恒过点 $(3,1)$,而 $(3-1)^2+(1-2)^2<25$. 故点 $(3,1)$ 在圆 C 内部,则圆 C 与直线 l 恒相交,故条件(1)与(2)均单独充分,应选 D.

2. 过直线 $2x+7y-4=0$ 与 $7x-21y-1=0$ 的交点,且和 $A(-3,1)$,$B(5,7)$ 等距离的直线方程为( ).

A. $21x+3y-7=0$ B. $21x-28y-13=0$
C. $x=1$ D. $21x-28y-13=0$ 或 $x=1$
E. $2x+y-3=0$

【答案】　D

【解析】　设所求直线方程为 $2x+7y-4+\lambda(7x-21y-1)=0$,即
$$(2+7\lambda)x+(7-21\lambda)y+(-4-\lambda)=0,$$
由点 $A(-3,1),B(5,7)$ 到所求直线等距离,可得
$$\frac{|(2+7\lambda)\times(-3)+(7-21\lambda)\times 1-4-\lambda|}{\sqrt{(2+7\lambda)^2+(7-21\lambda)^2}}=\frac{|(2+7\lambda)\times 5+(7-21\lambda)\times 7-4-\lambda|}{\sqrt{(2+7\lambda)^2+(7-21\lambda)^2}},$$
整理可得 $|43\lambda+3|=|113\lambda-55|$,解得 $\lambda=\dfrac{29}{35}$ 或 $\lambda=\dfrac{1}{3}$.

所以所求的直线方程为 $21x-28y-13=0$ 或 $x=1$.

3. 直线 $ax+y+3a-1=0$ 恒过定点 N,则直线 $2x+3y-6=0$ 关于点 N 对称的直线方程为（　　）

A. $2x+3y-12=0$　　　　　　B. $2x+3y+12=0$

C. $2x-3y+12=0$　　　　　　D. $2x-3y-12=0$

E. $3x+2y+12=0$

【答案】　B

【解析】　由 $ax+y+3a-1=0$ 可得 $a(x+3)+y-1=0$.

令 $\begin{cases}x+3=0,\\y-1=0,\end{cases}$ 可得 $x=-3,y=1$,因此 $N(-3,1)$.

设直线 $2x+3y-6=0$ 关于点 N 对称的直线方程为 $2x+3y+c=0(c\neq-6)$.

则 $\dfrac{|-6+3-6|}{\sqrt{4+9}}=\dfrac{|-6+3+c|}{\sqrt{4+9}}$,解得 $c=12$ 或 $c=-6$(舍去).

所以所求直线方程为 $2x+3y+12=0$.

4. 已知圆 $x^2+y^2+x-6y+m=0$ 与直线 $x+2y-3=0$ 相交于 P,Q 两点,O 为坐标原点,若 $OP\perp OQ$,则实数 m 的值为(　　).

A. 3　　　　B. 2　　　　C. -3　　　　D. 4　　　　E. 2.5

【答案】　A

【解析】　过直线 $x+2y-3=0$ 与圆 $x^2+y^2+x-6y+m=0$ 的交点的圆系方程为 $x^2+y^2+x-6y+m+\lambda(x+2y-3)=0$,即
$$x^2+y^2+(1+\lambda)x+2(\lambda-3)y+m-3\lambda=0. \qquad ①$$
依题意,O 在以 PQ 为直径的圆上,则圆心 $\left(-\dfrac{1+\lambda}{2},3-\lambda\right)$ 显然在直线 $x+2y-3=0$ 上,则 $-\dfrac{1+\lambda}{2}+2(3-\lambda)-3=0$,解之可得 $\lambda=1$.又 $O(0,0)$ 满足方程①,则 $m-3\lambda=0$,故 $m=3$.

考点 133：圆与圆的位置关系

在同一个平面内,两个不等的圆的位置关系共有五种:外离、外切、相交、内切、内含.

圆心距:两圆圆心的距离叫作圆心距.

设两圆的圆心距为 $O_1O_2=d$,半径分别为 r,R,则有

（1）外离:没有公共点.两圆外离 $\Leftrightarrow d>R+r$.如图 7-11(a).

(2) 外切：有唯一的公共点．两圆外切 $\Leftrightarrow d=R+r$．如图 7-11(b)．

(3) 相交：有两个公共点．两圆相交 $\Leftrightarrow |R-r|<d<R+r$．如图 7-11(c)．

(4) 内切：有唯一的公共点．两圆内切 $\Leftrightarrow d=|R-r|$．如图 7-11(d)．

(5) 内含：没有公共点．两圆内含 $\Leftrightarrow 0\leqslant d<|R-r|$．如图 7-11(e)．

图 7-11

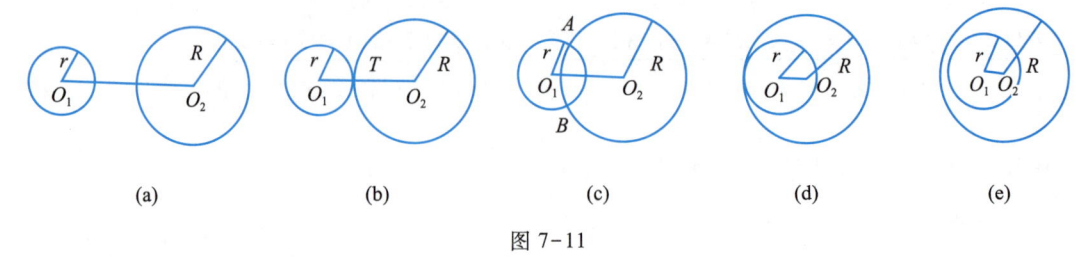

典型例题

1. 若两圆 $x^2+y^2=r^2$ 与 $(x-3)^2+(y+1)^2=9r^2(r>0)$ 相切，则 r 的值是（　　）．

A. $\dfrac{\sqrt{10}}{4}$ B. $\sqrt{10}$ C. $\sqrt{5}$ D. $\dfrac{\sqrt{10}}{2}$ E. $\dfrac{\sqrt{10}}{4}$ 或 $\dfrac{\sqrt{10}}{2}$

【答案】 E

【解析】 由于两圆的圆心分别是 $(0,0),(3,-1)$，两圆的半径分别是 $r,3r$，则当两圆外切时，$r+3r=\sqrt{9+1}$，解得 $r=\dfrac{\sqrt{10}}{4}$；当两圆内切时，$3r-r=\sqrt{9+1}$，解得 $r=\dfrac{\sqrt{10}}{2}$．所以 r 的值是 $\dfrac{\sqrt{10}}{4}$ 或 $\dfrac{\sqrt{10}}{2}$．

2. 圆 C_1 为 $x^2+y^2+4x-4y-1=0$，圆 C_2 为 $x^2+y^2+2x-13=0$，设两圆的交点为 A,B，则弦 AB 的长度为（　　）．

A. 2   B. 4   C. 6   D. 8   E. 10

【答案】 C

【解析】 将圆 C_1 与圆 C_2 的方程作差，可得弦 AB 所在直线的方程为 $x-2y+6=0$．

圆 C_1 的方程可化为 $(x+2)^2+(y-2)^2=9$，圆 C_1 的圆心到弦 AB 的距离 $d=\dfrac{|-2-4+6|}{\sqrt{1^2+(-2)^2}}=0$，故圆 C_1 的直径即为弦 AB 的长度，$AB=6$．

考点 134：解析几何中的最值问题

典型例题

1. 已知直线 $x+y=0$ 和两点 $A(2,0)$ 和 $B(3,2)$，在直线上有一点 P，则点 P 的坐标为 $\left(\dfrac{6}{7},-\dfrac{6}{7}\right)$．

(1) 点 P 使得 $|PA|+|PB|$ 最小．

(2) 点 P 使得 $||PA|-|PB||$ 最大．

【答案】 A

【解析】 对于条件(1)，如图 7-12 所示，首先找到点 A 关于直线的对称点 $A'(0,-2)$，

则所求点 P 即为直线 $A'B$ 与直线 $x+y=0$ 的交点,点 P 的求法有多种,这里介绍一种方法.设点 P 的坐标为 $(x,-x)$,由于斜率为定值,则 $\dfrac{-x-2}{x-3}=\dfrac{-2-2}{0-3}\Rightarrow x=\dfrac{6}{7}$,所以所求点为 $P_1\left(\dfrac{6}{7},-\dfrac{6}{7}\right)$.

对于条件(2),由于任何三角形两边之差小于第三边,所以最值取在三点共线之时.

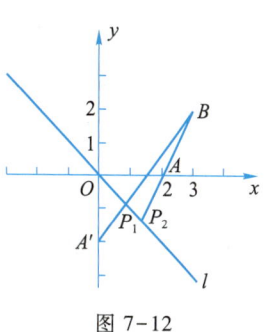

此时,设点 P 的坐标为 $(x,-x)$,由于斜率为定值,则 $\dfrac{-x-2}{x-3}=\dfrac{0-2}{2-3}\Rightarrow x=\dfrac{4}{3}$.所以所求点为 $P_2\left(\dfrac{4}{3},-\dfrac{4}{3}\right)$.

图 7-12

2. 实数 x,y 满足 $(x-1)^2+(y-1)^2\leqslant 1,y-x-1\leqslant 0$,则 x^2+y^2 的最大值为( ).

A. 3 B. $3+2\sqrt{2}$ C. $3+\dfrac{\sqrt{2}}{2}$ D. $2+\sqrt{3}$ E. 4

【答案】 B

【解析】 $(x-1)^2+(y-1)^2\leqslant 1,y-x-1\leqslant 0$ 所表示的区域是图 7-13 中的阴影部分,求 x^2+y^2 的最大值等价于求点 (x,y) 到圆心的距离的平方的最大值,图中圆上的点 A 使得 OA 过圆心,则 A 是图中阴影部分到原点距离最大的点,所以 $(x^2+y^2)_{\max}=OA^2=(\sqrt{2}+1)^2=3+2\sqrt{2}$.

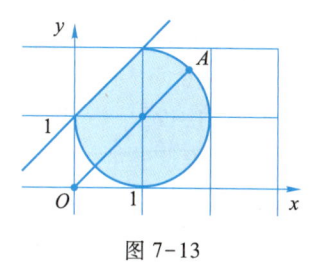

图 7-13

3. 已知 $x^2+y^2=1$,则 $\dfrac{y+1}{x+2}$ 的最大值和最小值为( ).

A. 0 和 $\dfrac{4}{3}$ B. $\pm\sqrt{10}$ C. 0 和 5 D. $\pm\sqrt{5}$ E. $\pm\dfrac{44}{5}$

【答案】 A

【解析】 设 $\dfrac{y+1}{x+2}=m$,则写出直线方程 $mx-y+2m-1=0$.利用直线与圆相切(圆心到直线的距离为半径)写出方程式 $\dfrac{|m\times 0-0+2m-1|}{\sqrt{m^2+1}}=1$.解这个方程得 $m=0$ 或 $m=\dfrac{4}{3}$,此即所求的最小值和最大值.

4. 已知 $x^2+y^2=1$,则 $y+3x$ 的最大值和最小值分别是( ).

A. 0 和 $\dfrac{4}{3}$ B. $\pm\sqrt{10}$ C. 0 和 5 D. $\pm\sqrt{5}$ E. $\pm\dfrac{44}{5}$

【答案】 B

【解析】 设 $y+3x=n$,则写出直线方程 $3x+y-n=0$.利用直线与圆相切(圆心到直线的距离为半径)写出方程式 $\dfrac{|3\times 0+0-n|}{\sqrt{3^2+1}}=1$.解这个方程得 $n=\pm\sqrt{10}$,此即所求的最小值和最大值.

5. 已知 $2x+y+5=0$,则 $\sqrt{x^2+y^2}$ 的最小值是( ).

A. $\dfrac{4}{3}$ B. 7 C. 0 D. $\sqrt{5}$ E. $\dfrac{44}{5}$

【答案】 D

【解析】 圆心为原点,所求即原点到直线的最短距离,套用点到直线的距离公式,则 $\dfrac{|2\times0+0+5|}{\sqrt{2^2+1}}=\sqrt{5}$.

6. 若 x,y 满足 $\begin{cases}2x-y\leqslant2,\\ x-y\geqslant-1,\\ x+y\geqslant1,\end{cases}$ 则 $z=2x+3y$ 的最大值为( ).

A. 2　　　　B. 3　　　　C. 9　　　　D. 18　　　　E. 20

【答案】 D

【解析】 由题意知 (x,y) 的范围如图 7-14 所示(阴影部分).又 $y=-\dfrac{2}{3}x+\dfrac{z}{3}$,平移直线,当直线过点 $(3,4)$ 时截距最大,此时 $z=2\times3+3\times4=18$.

7. 已知实数 a,b 满足 $1\leqslant a-b\leqslant4, 3\leqslant2a+b\leqslant5$,则 $3a+3b$ 的取值范围是( ).

A. $[-1,12]$　　　B. $[2,12]$　　　C. $[-1,9]$

D. $[2,9]$　　　E. 不能确定

图 7-14

【答案】 D

【解析】 设 $3a+3b=m(a-b)+n(2a+b)=(m+2n)a+(n-m)b$,则 $\begin{cases}m+2n=3,\\ n-m=3,\end{cases}$ 解得 $\begin{cases}n=2,\\ m=-1.\end{cases}$

由 $\begin{cases}1\leqslant a-b\leqslant4,\\ 3\leqslant2a+b\leqslant5,\end{cases}$ 可得 $\begin{cases}-4\leqslant-(a-b)\leqslant-1,\\ 6\leqslant2(2a+b)\leqslant10.\end{cases}$

故 $-4+6\leqslant2(2a+b)-(a-b)\leqslant-1+10$,即 $2\leqslant3a+3b\leqslant9$.

注意:本类题若用以下解法,是错误的.

由 $\begin{cases}1\leqslant a-b\leqslant4,\\ 3\leqslant2a+b\leqslant5,\end{cases}$ 可得 $4\leqslant3a\leqslant9$.　①

由 $\begin{cases}1\leqslant a-b\leqslant4,\\ 3\leqslant2a+b\leqslant5,\end{cases}$ 可得 $\begin{cases}-8\leqslant2b-2a\leqslant-2,\\ 3\leqslant2a+b\leqslant5,\end{cases}$ 两式相加可得 $-5\leqslant3b\leqslant3$.　②

联立①②可得 $-1\leqslant3a+3b\leqslant12$.

8. 两圆 $x^2+y^2+2ax+a^2-4=0$ 和 $x^2+y^2-4by-1+4b^2=0$ 恰有三条公切线,若 $a,b\in\mathbf{R}$,且 $ab\neq0$,则 $\dfrac{1}{a^2}+\dfrac{1}{b^2}$ 的最小值为( ).

A. $\dfrac{7}{2}$　　　B. 4　　　C. 1　　　D. 5　　　E. 3

【答案】 C

【解析】 圆 $x^2+y^2+2ax+a^2-4=0$ 的标准方程为 $(x+a)^2+y^2=4$,圆心为 $C_1(-a,0)$,半径为 $r_1=2$.

圆 $x^2+y^2-4by-1+4b^2=0$ 的标准方程为 $x^2+(y-2b)^2=1$,圆心为 $C_2(0,2b)$,半径为 $r_2=1$.

由于圆 $x^2+y^2+2ax+a^2-4=0$ 和 $x^2+y^2-4by-1+4b^2=0$ 恰有三条公切线,则这两圆外切,所

以，$|C_1C_2|=r_1+r_2$，即 $\sqrt{a^2+4b^2}=3$，得，$a^2+4b^2=9$，则

$$\frac{1}{a^2}+\frac{1}{b^2}=\frac{a^2+4b^2}{9}\left(\frac{1}{a^2}+\frac{1}{b^2}\right)=\frac{1}{9}\left(5+\frac{a^2}{b^2}+\frac{4b^2}{a^2}\right)\geq\frac{1}{9}\times\left(5+2\sqrt{\frac{a^2}{b^2}\cdot\frac{4b^2}{a^2}}\right)=1,$$

当且仅当 $a^2=2b^2$ 时，等号成立.

因此，$\frac{1}{a^2}+\frac{1}{b^2}$ 的最小值为 1.

9. 若过直线 $3x+4y-2=0$ 上一点 M 向圆 $C:(x+2)^2+(y+3)^2=4$ 作一条切线切于点 T，则 $|MT|$ 的最小值为（　　）.

A. $\sqrt{10}$　　　　B. 4　　　　C. $2\sqrt{2}$　　　　D. $2\sqrt{3}$　　　　E. 2

【答案】　D

【解析】　根据题意，圆 $C:(x+2)^2+(y+3)^2=4$ 的圆心为 $(-2,-3)$，半径为 $r=2$.

过点 M 向圆 C 作一条切线切于点 T，则 $|MT|=\sqrt{|MC|^2-r^2}=\sqrt{|MC|^2-4}$.

当 $|MC|$ 取得最小值时，$|MT|$ 的值最小，而 $|MC|$ 的最小值为点 C 到直线 $3x+4y-2=0$ 的距离，则 $|MC|_{\min}=\frac{|-6-12-2|}{\sqrt{9+16}}=4$，故 $|MT|$ 的最小值为

$$\sqrt{16-4}=2\sqrt{3}.$$

考点 135：两圆公共弦方程的求法

公式：如果两圆 $C_1:x^2+y^2+D_1x+E_1y+F_1=0$ 与 $C_2:x^2+y^2+D_2x+E_2y+F_2=0$ 相交，则对应一条公共弦 AB，将这两圆的方程相减可以得到其方程为

$$(D_1-D_2)x+(E_1-E_2)y+(F_1-F_2)=0.$$

典型例题

已知圆 $C_1:x^2+y^2+2x-6y+1=0$，圆 $C_2:x^2+y^2-4x+2y-11=0$. 则两圆的公共弦所在的直线方程及公共弦长分别为（　　）.

A. $3x-4y+7=0;\frac{24}{5}$　　　　B. $3x-4y+6=0;\frac{24}{5}$　　　　C. $3x-4y+6=0;3$

D. $3x-4y+9=0;\frac{24}{5}$　　　　E. $3x-y+6=0;\frac{24}{7}$

【答案】　B

【解析】　因两圆的交点坐标同时满足两个圆方程，联立方程组，消去 x^2 项、y^2 项，即得两圆的两个交点所在的直线方程. 利用勾股定理可求出两圆公共弦长.

设两圆交点为 $A(x_1,y_1),B(x_2,y_2)$，则 A,B 两点坐标是方程组 $\begin{cases}x^2+y^2+2x-6y+1=0, & ①\\ x^2+y^2-4x+2y-11=0 & ②\end{cases}$ 的解.

①-②得 $3x-4y+6=0$.

因为 A,B 两点坐标都满足此方程，所以 $3x-4y+6=0$ 即为两圆公共弦所在的直线方程.

易知圆 C_1 的圆心为 $(-1,3)$，半径为 $r=3$.

又 C_1 到直线 AB 的距离为

$$d = \frac{|-1\times3 - 4\times3 + 6|}{\sqrt{3^2+4^2}} = \frac{9}{5}.$$

则

$$|AB| = 2\sqrt{r^2-d^2} = 2\sqrt{3^2-\left(\frac{9}{5}\right)^2} = \frac{24}{5}.$$

即两圆的公共弦长为 $\frac{24}{5}$.

考点 136：到角公式与夹角公式

如果直线 $l_1:y=k_1x+b_1$ 逆时针旋转 θ 能与直线 $l_2:y=k_2x+b_2$ 重合，则称 θ 为直线 $l_1:y=k_1x+b_1$ 到直线 $l_2:y=k_2x+b_2$ 的角，θ 的变化范围是 $[0,\pi)$，$\tan\theta = \frac{k_2-k_1}{1+k_1\cdot k_2}$.

直线 $l_1:y=k_1x+b_1$ 与直线 $l_2:y=k_2x+b_2$ 所成的角中为最小非负数的那一个称为两直线的夹角，记为 α，α 的变化范围是 $\left[0,\frac{\pi}{2}\right]$，$\tan\alpha = \left|\frac{k_1-k_2}{1+k_1\cdot k_2}\right|\left(\alpha \neq \frac{\pi}{2}\right)$.

典型例题

1. 直线 $l:2x-y-4=0$ 绕与 x 轴的交点逆时针旋转 $45°$，所得直线方程为（　　）.

A. $2x+y-4=0$　　B. $3x-y+6=0$　　C. $3x+y-6=0$　　D. $3x+y+4=0$　　E. $3x-y+4=0$

【答案】C

【解析】本题可以使用到角公式求直线的斜率. 设所求直线方程斜率为 k，则 $\tan 45° = 1 = \frac{k-2}{1+2k}$，求得 $k=-3$.

联立已知直线的方程和 x 轴的方程 $\begin{cases} y=0, \\ 2x-y-4=0, \end{cases}$ 求得其交点是 $(2,0)$. 所以所求直线方程为 $y=-3(x-2)$.

2. 直线 $l_1:2x-y+1=0$ 与 $l_2:3x+y-4=0$ 的夹角为（　　）.

A. $\frac{\pi}{3}$　　B. $\frac{\pi}{4}$　　C. $\frac{\pi}{5}$　　D. $\frac{\pi}{6}$　　E. $\frac{\pi}{8}$

【答案】B

【解析】设两条直线的夹角为 α，l_1 的斜率为 2，l_2 的斜率为 -3，根据夹角公式 $\tan\alpha = \left|\frac{-3-2}{1+(-3)\times 2}\right| = 1$，则 $\alpha = \frac{\pi}{4}$.

考点 137：点到直线的距离

点 $P(x_0,y_0)$ 到直线 $x=a$ 的距离 $d=|x_0-a|$；点 $P(x_0,y_0)$ 到直线 $y=b$ 的距离 $d=|y_0-b|$.

点 $P(x_0,y_0)$ 到直线 $l:Ax+By+C=0$ 的距离 $d = \frac{|Ax_0+By_0+C|}{\sqrt{A^2+B^2}}$.

点 $P(x_0,y_0)$ 到直线 $l':y=kx+b$ 的距离 $d = \frac{|kx_0-y_0+b|}{\sqrt{1+k^2}}$.

典型例题

1. 已知 $A(-2,-3)$, $B(2,-1)$, $C(0,2)$, 则 $\triangle ABC$ 的面积为(　　).

A. 4　　　　B. 6　　　　C. 8　　　　D. 10　　　　E. 12

【答案】　C

【解析】　由两点式,可求出直线 AB 的方程为 $x-2y-4=0$,点 C 到直线 AB 的距离等于 $\triangle ABC$ 中 AB 边上的高 h,

$$h = \frac{|0-2\times 2-4|}{\sqrt{5}} = \frac{8}{\sqrt{5}},$$

又 $|AB|=2\sqrt{5}$,因此 $S_{\triangle ABC} = \frac{1}{2}|AB|\cdot h = 8$.

2. 直线 $l:2x-y-2=0$ 上到直线 $l':x+2y-3=0$ 的距离为 $\sqrt{5}$ 的点的坐标为(　　).

A. $\left(\dfrac{12}{5}, \dfrac{14}{5}\right)$　　　B. $\left(\dfrac{2}{5}, -\dfrac{6}{5}\right)$　　　C. $\left(\dfrac{2}{5}, -\dfrac{6}{5}\right)$ 或 $\left(\dfrac{12}{5}, \dfrac{14}{5}\right)$

D. $(1,2)$　　　E. $(3,2)$

【答案】　C

【解析】　设 $P(a,b)$ 为直线 l 上到 l' 的距离为 $\sqrt{5}$ 的点,则 $2a-b-2=0$,$b=2a-2$,所以点 P 的坐标为 $(a, 2a-2)$. 由点到直线的距离公式,得

$$\sqrt{5} = \frac{|a+4a-4-3|}{\sqrt{5}},$$

求得 $a = \dfrac{12}{5}$ 或 $\dfrac{2}{5}$.

因此所求点的坐标为 $\left(\dfrac{12}{5}, \dfrac{14}{5}\right)$ 或 $\left(\dfrac{2}{5}, -\dfrac{6}{5}\right)$.

3. 点 $P(x,y)$ 到定点 $M(\sqrt{3},0)$ 的距离与到直线 $x=\dfrac{4\sqrt{3}}{3}$ 的距离之比为 $\sqrt{3}:2$,则点 $P(x,y)$ 的轨迹方程为(　　).

A. $x^2+2y^2=4$　　B. $x^2+5y^2=4$　　C. $x^2+4y^2=1$　　D. $x^2+4y^2=4$　　E. $x^2+4y^2=7$

【答案】　D

【解析】　由题意,得 $\dfrac{\sqrt{(x-\sqrt{3})^2+y^2}}{\left|x-\dfrac{4\sqrt{3}}{3}\right|} = \dfrac{\sqrt{3}}{2}$.

化简,得所求的轨迹方程为 $x^2+4y^2=4$.

4. 已知 $5x+12y=60$,则 $\sqrt{(x-4)^2+y^2}$ 的最小值为(　　).

A. 4　　　　B. 6　　　　C. $\dfrac{40}{13}$　　　　D. 10　　　　E. 12

【答案】　C

【解析】　$\sqrt{(x-4)^2+y^2}$ 的最小值是点 $P(4,0)$ 到直线 $5x+12y=60$ 的距离 $d = \dfrac{|5\times 4+0-60|}{\sqrt{5^2+12^2}} = \dfrac{40}{13}$.

5. 已知 $A(-2,0)$，$B(0,2)$，点 C 是圆 $x^2+y^2-2x=0$ 上任意一点，则 $\triangle ABC$ 的面积的最大值是（　　）.

A. 6 　　　　B. 8 　　　　C. $3-\sqrt{2}$ 　　　　D. $3+\sqrt{2}$ 　　　　E. 4

【答案】 D

【解析】 因为 AB 为定值，所以当 C 到直线 AB 的距离最大时，$\triangle ABC$ 的面积取最大值. 因为 C 是圆 $(x-1)^2+y^2=1$ 上任意一点，所以最大的距离为圆心 $(1,0)$ 到直线 $AB:x-y+2=0$ 的距离再加上半径 1，即为 $\dfrac{|1-0+2|}{\sqrt{2}}+1=\dfrac{3\sqrt{2}}{2}+1$，从而 $\triangle ABC$ 的面积的最大值为 $\dfrac{1}{2}\left(\dfrac{3\sqrt{2}}{2}+1\right)\times 2\sqrt{2}=3+\sqrt{2}$.

考点 138：两平行线之间的距离公式

平行直线 $l_1:ax+by+c_1=0$ 与 $l_2:ax+by+c_2=0$ 的距离为 $d=\dfrac{|c_1-c_2|}{\sqrt{a^2+b^2}}$.

典型例题

两平行线 $3x-2y-1=0$ 与 $6x+ay+c=0$ 之间的距离为 $\dfrac{2\sqrt{13}}{13}$，则 $\dfrac{c+2}{a}$ 的值是（　　）.

A. ± 1 　　　　B. 1 　　　　C. -1 　　　　D. 2 　　　　E. 3

【答案】 A

【解析】 由题意 $\dfrac{3}{6}=\dfrac{-2}{a}\neq\dfrac{-1}{c}$，得 $a=-4$，$c\neq -2$.

则 $6x+ay+c=0$ 可化为 $3x-2y+\dfrac{c}{2}=0$.

由两平行线的距离公式得 $\dfrac{2\sqrt{13}}{13}=\dfrac{\left|\dfrac{c}{2}+1\right|}{\sqrt{13}}$，得 $c=2$ 或 $c=-6$，则

$$\dfrac{c+2}{a}=\pm 1.$$

考点 139：菱形与矩形的方程

曲线 $|ax+b|+|py+q|=t$：当 $|a|=|p|$，代表正方形；当 $|a|\neq|p|$，代表菱形. 它所围的面积为 $S=\dfrac{2t^2}{|ap|}$.

曲线 $|xy|+mn=m|x|+n|y|$：当 $m=n$，代表正方形；当 $m\neq n$，代表矩形. 它所围的面积为 $S=4mn$.

典型例题

1. $|2x+9|+|y+7|=2$ 的函数图像所围成的封闭区域的面积为（　　）.

A. 4π 　　　　B. 2π 　　　　C. 4 　　　　D. 6 　　　　E. 8

【答案】 C

【解析】 $|2x+9|+|y+7|=2$ 所围成的区域与 $|2x|+|y|=2$ 所围成的区域是平移关系,则面积相等,而后者的图像如图 7-15 所示,则函数图像所围成的封闭区域的面积为 $\frac{1}{2}\times 2\times 4=4$.

2. 设实数 x,y 满足 $|x-2|+|y-2|\leqslant 2$,则 x^2+y^2 的取值范围是 (　　).

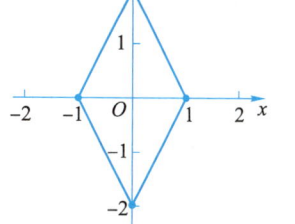

　　A. [2,18]　　　B. [2,20]　　　C. [2,36]
　　D. [4,18]　　　E. [4,20]

【答案】 B

【解析】 $|x-2|+|y-2|\leqslant 2$ 的图像如图 7-16,x^2+y^2 的最小值点是与直线 $x+y=2$ 相切的切点 $(1,1)$,最小值为 2,最大值点是 $x+y=6$ 的端点 $(2,4)$ 或 $(4,2)$,最大值为 20,所以所求取值范围是 $2\leqslant x^2+y^2\leqslant 20$.

图 7-16

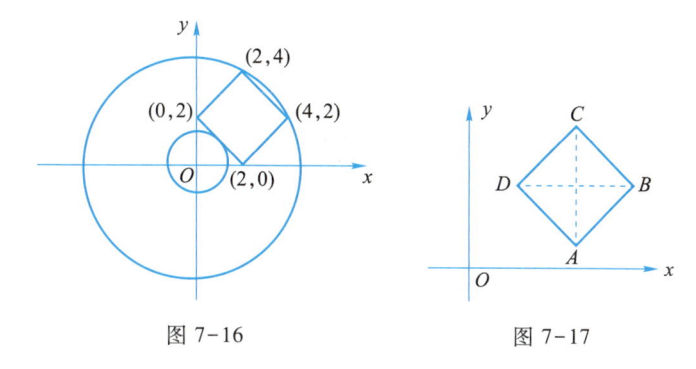

图 7-17

3. 设正方形 $ABCD$ 如图 7-17 所示,其中 $A(2,1),B(3,2)$,则边 CD 所在的直线方程是 (　　).

　　A. $y=-x+1$　　B. $y=x+1$　　C. $y=x+2$　　D. $y=2x+2$　　E. $y=-x+2$

【答案】 B

【解析】 精确作图,根据正方形中的垂直关系和边长相等求出关键点的坐标:$A(2,1),B(3,2)\Rightarrow D(1,2),C(2,3)$.

由两点式得直线 CD 的方程:$\frac{y-2}{x-1}=\frac{3-2}{2-1}$,即 $y=x+1$.

4. 在平面直角坐标系中,直线 $L:(2m+1)x+(m+1)y=4m+3(m\in\mathbf{R})$ 与曲线 $C:|xy|+6=3|x|+2|y|$ 所围成的封闭区域边界有两个交点.

（1）$m=3$

（2）$m=-\frac{\sqrt{13}}{5}$

【答案】 D

【解析】 $|xy|+6=3|x|+2|y|$,即 $(|x|-2)(|y|-3)=0$,所围成的封闭区域为图 7-18 中的矩形,易知直线 $L:(2m+1)x+(m+1)y=4m+3(m\in\mathbf{R})$ 一定经过点 $M(1,2)$,点 $M(1,2)$ 在矩形之中,所以无论 m 的值为多少,直线与封闭区域的边界都必有两个交点.故条件（1）和条件（2）均充分.

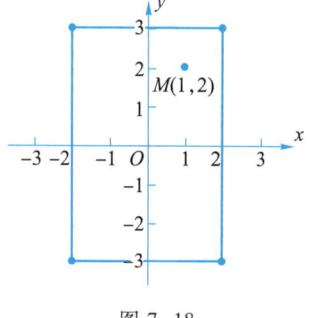

图 7-18

模型 1: $|xy|+1=|x|+|y|$

曲线 $|xy|+1=|x|+|y|$ 所围成的图形面积为( ).

A. 1　　　　B. 2　　　　C. 3

D. 5　　　　E. 4

模型 2: $|x|\leq A$ 且 $|y|\leq A$ 和 $\begin{cases}|x+y|\leq A,\\|x-y|\leq A\end{cases}$

已知 a,b 是实数,则 $|a|\leq 1, |b|\leq 1$.

(1) $|a+b|\leq 1$　　　　(2) $|a-b|\leq 1$

模型 3: $|ax-p|+|by-q|=t$

设实数 x,y 满足 $|x-2|+|y-2|\leq 2$,则 x^2+y^2 的取值范围是( ).

A. [2,18]　　B. [2,20]　　C. [2,36]　　D. [4,18]　　E. [4,20]

模型 4: $|x+y|+|x-y|=1$ 与 $\dfrac{|x+y|}{a}+\dfrac{|x-y|}{b}=1$

如果 a,b 是正实数,则 $\dfrac{|x+y|}{2a}+\dfrac{|x-y|}{2b}=1$ 所表示曲线是长方形.

(1) $a>b$　　　　(2) $a<b$

第八章 空间几何体(考点140-144)

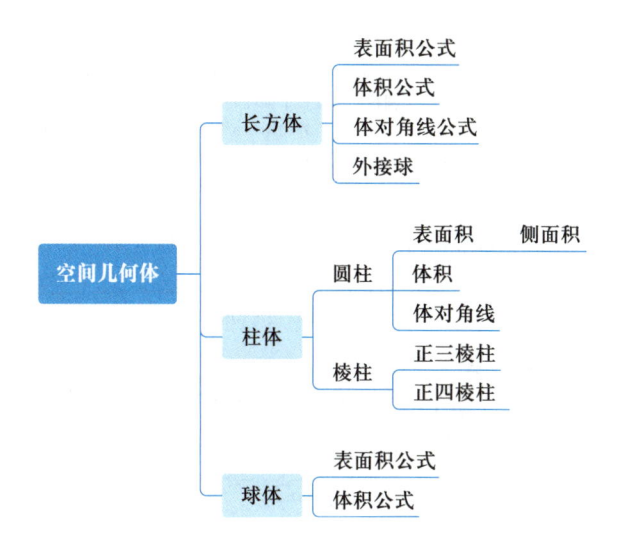

```
                    ┌── 表面积公式
                    ├── 体积公式
           ┌─长方体─┤
           │        ├── 体对角线公式
           │        └── 外接球
           │
           │                ┌── 表面积 ── 侧面积
           │        ┌─圆柱─┤── 体积
空间几何体 ─┼─ 柱体 ─┤      └── 体对角线
           │        │
           │        └─棱柱─┬── 正三棱柱
           │              └── 正四棱柱
           │
           │        ┌── 表面积公式
           └─球体──┤
                   └── 体积公式
```

考试内容

考点140:长方体与正方体	考点143:球体
考点141:圆柱体	考点144:空间几何体的组合
考点142:棱柱	

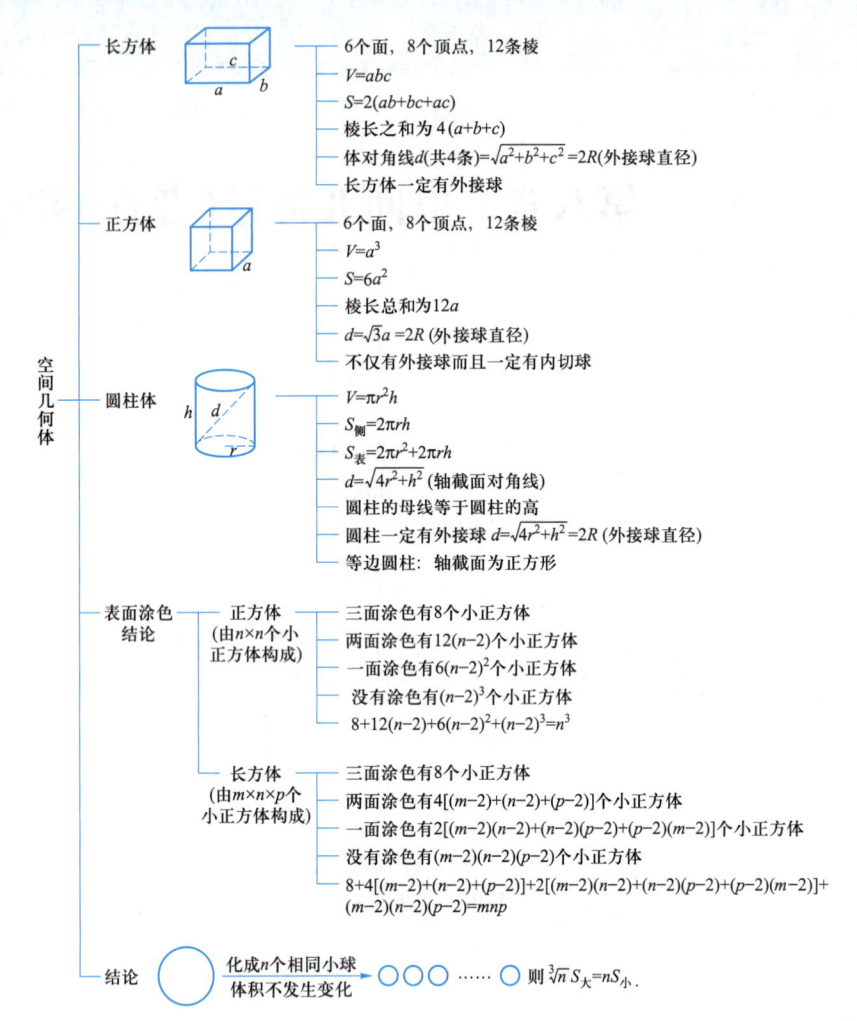

```
                                            ┌─ 6个面，8个顶点，12条棱
                                            │  V=abc
                              ┌─ 长方体 ─────┤  S=2(ab+bc+ac)
                              │              │  棱长之和为4(a+b+c)
                              │              │  体对角线d(共4条)=√(a²+b²+c²)=2R(外接球直径)
                              │              └─ 长方体一定有外接球
                              │
                              │              ┌─ 6个面，8个顶点，12条棱
                              │              │  V=a³
                              ├─ 正方体 ─────┤  S=6a²
                              │              │  棱长总和为12a
                              │              │  d=√3a =2R (外接球直径)
                              │              └─ 不仅有外接球而且一定有内切球
                              │
                              │              ┌─ V=πr²h
                              │              │  S侧=2πrh
                              │              │  S表=2πr²+2πrh
              ┌─ 空间几何体 ──┼─ 圆柱体 ─────┤  d=√(4r²+h²)(轴截面对角线)
              │               │              │  圆柱的母线等于圆柱的高
              │               │              │  圆柱一定有外接球 d=√(4r²+h²)=2R (外接球直径)
              │               │              └─ 等边圆柱：轴截面为正方形
              │               │
              │               │              ┌─ 正方体      ┌─ 三面涂色有8个小正方体
              │               │              │  (由n×n个小 ─┤  两面涂色有12(n-2)个小正方体
              │               │              │  正方体构成) │  一面涂色有6(n-2)²个小正方体
              │               │              │              │  没有涂色有(n-2)³个小正方体
              │               ├─ 表面涂色 ───┤              └─ 8+12(n-2)+6(n-2)²+(n-2)³=n³
              │               │  结论        │
              │               │              │  长方体      ┌─ 三面涂色有8个小正方体
              │               │              │  (由m×n×p个 │  两面涂色有4[(m-2)+(n-2)+(p-2)]个小正方体
              │               │              └─ 小正方体构成)│ 一面涂色有2[(m-2)(n-2)+(n-2)(p-2)+(p-2)(m-2)]个小正方体
              │               │                             │  没有涂色有(m-2)(n-2)(p-2)个小正方体
              │               │                             │  8+4[(m-2)+(n-2)+(p-2)]+2[(m-2)(n-2)+(n-2)(p-2)+(p-2)(m-2)]+
              │               │                             └─ (m-2)(n-2)(p-2)=mnp
              │               │
              │               └─ 结论 ── 化成n个相同小球  ○○○ …… ○  则 ∛n S大=nS小.
              │                          体积不发生变化
```

考点 140：长方体与正方体

设三条棱长分别为 a, b, c.

（1）长方体的全面积 $S_全 = 2(ab+bc+ca)$.

（2）长方体的体积 $V = abc = Sh$.

（3）长方体的对角线 $d = \sqrt{a^2+b^2+c^2}$.

当 $a = b = c$ 时的长方体称为正方体，且有 $S_全 = 6a^2$，$V = a^3$，$d = \sqrt{3}\,a$.

典型例题

1. 若一个长方体的表面积是22，所有棱长之和为24，则长方体的体对角线长为（　　）.

A. $\sqrt{14}$　　　　B. $\sqrt{12}$　　　　C. $2\sqrt{133}$　　　　D. $\sqrt{122}$　　　　E. $\sqrt{35}$

【答案】 A

【解析】 设长方体的长是 a，宽是 b，高是 c，则有 $\begin{cases} 2(ab+bc+ac) = 22, \\ 4(a+b+c) = 24, \end{cases}$ 即 $\begin{cases} 2(ab+bc+ac) = 22, \\ a+b+c = 6, \end{cases}$ 由于 $(a+b+c)^2 = a^2+b^2+c^2+2(ab+bc+ac)$，所以长方体的体对角线长是

$\sqrt{a^2+b^2+c^2} = \sqrt{6^2-22} = \sqrt{14}$.

2. 用长是9,宽是6,高是5的长方体叠成一个正方体,长、宽、高对应拼接在一起,则至少需要(　　)块这种长方体.
   A. 2100　　　B. 2300　　　C. 2500　　　D. 2700　　　E. 2900

【答案】　D

【解析】　设正方体的棱长为 a,若要让长方体的数量最少,而棱长 a 又是长、宽、高的倍数,故棱长应是长、宽、高的最小公倍数,故 $a = (9,6,5) = 90$.

因此长方体的数量为 $\dfrac{90}{9} \times \dfrac{90}{6} \times \dfrac{90}{5} = 2700$.

3. 要制作一个容积为4平方米,高为1米的无盖长方体容器,已知该容器的底面造价是20元/平方米,侧面造价是10元/平方米,则该容器的最低总造价是(　　)元.
   A. 145　　　B. 150　　　C. 155　　　D. 160　　　E. 180

【答案】　D

【解析】　设底面的边长分别为 x 米,y 米,总造价为 M 元,则体积 $V = xy$,故 $xy = 4$,总造价

$M = 4 \times 20 + (2x+2y) \times 1 \times 10 \Rightarrow 80 + 20(x+y) \geq 80 + 20 \times 2\sqrt{xy} = 80 + 20 \times 4 = 160(元)$.

4. 把两个完全一样的长方体木块拼成一个大长方体,有三种拼法,所得到的大长方体的表面积比原来的两个小长方体的表面积和分别减少了160,54,30,那么每个小长方体的体积是(　　).
   A. 180　　　B. 150　　　C. 360　　　D. 480　　　E. 720

【答案】　A

【解析】　设小长方体的长、宽、高分别为 a,b,c,则有
$2ab = 160 \Rightarrow ab = 80, 2ac = 54 \Rightarrow ac = 27, 2bc = 30 \Rightarrow bc = 15$,
则每个小长方体的体积为
$V = abc = \sqrt{a^2b^2c^2} = \sqrt{80 \times 27 \times 15} = 180$.

5. 如图8-1,由120块小正方体构成的 $4 \times 5 \times 6$ 的长方体,如果将其表面涂成红色,那么其中两面被涂成红色的小正方体的块数是(　　).
   A. 24　　　B. 36　　　C. 29
   D. 30　　　E. 40

【答案】　B

【解析】　一个长方体有8个角、12条棱、6个面,角上的8个小正方体三面涂有红色,在棱上而不在角上的小正方体两面涂有红色,在面上而不在棱上的小正方体一面涂有红色,不在面上的小正方体没有涂上红色.

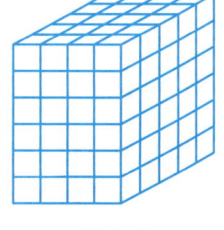

图8-1

根据上面的分析得到:
三面涂有红色的小正方体有8块;
两面涂有红色的小正方体,因为每条棱上要去掉两头的2块,故有
$[(4-2)+(5-2)+(6-2)] \times 4 = 36(块)$.

6. 设 a,b,c 是一个长方体的长、宽、高,$a<b$,则 $0<c<\dfrac{1}{3}$.

(1) $a+b-c=1$

(2) 长方体的对角线长为 1

【答案】 C

【解析】 由条件(1)得 $a+b=c+1$,条件(1)不充分;

由条件(2)得 $a^2+b^2+c^2=1$,条件(2)也不充分.

联合条件(1)与条件(2),则 $\begin{cases} a+b=c+1, \\ a^2+b^2=1-c^2 \end{cases}$,又 $(a+b)^2 \leqslant 2(a^2+b^2)$,故 $a<b$.

$$(c+1)^2 \leqslant 2(1-c^2) \Rightarrow 3c^2+2c-1 \leqslant 0 \Rightarrow -1 \leqslant c \leqslant \frac{1}{3},$$

当且仅当 $a=b$ 时取等号,而 $a<b$,c 为边长,故 $0<c<\frac{1}{3}$.

综上所述,答案选择 C.

7. 如图 8-2,在棱长为 2 的正方体中,A,B 是顶点,C,D 是所在棱的中点,则四边形 $ABCD$ 的面积为(　　).

A. $\dfrac{9}{2}$　　　　B. $\dfrac{7}{2}$　　　　C. $\dfrac{3\sqrt{2}}{2}$　　　　D. $2\sqrt{5}$　　　　E. $3\sqrt{2}$

【答案】 A

【解析】 四边形 $ABCD$ 为等腰梯形,其上底 $CD=\sqrt{2}$,下底 $AB=2\sqrt{2}$,$AD=\sqrt{5}$.如图 8-3,过 C,D 分别作高,则 $AF=\dfrac{\sqrt{2}}{2}$,高 $DF=\sqrt{AD^2-AF^2}=\dfrac{3}{2}\sqrt{2}$,则 $S_{ABCD}=\dfrac{\sqrt{2}+2\sqrt{2}}{2}\cdot\dfrac{3}{2}\sqrt{2}=\dfrac{9}{2}$.

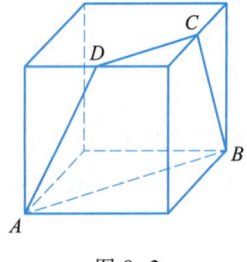

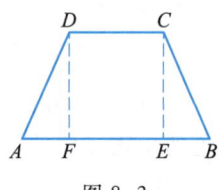

图 8-2　　　　图 8-3

考点 141：圆柱体

圆柱的定义:以矩形的一边所在的直线为旋转轴,其余各边旋转而形成的曲面所围成的几何体叫作圆柱.

圆柱的相关概念和性质:

(1) 轴截面:矩形,其中一边长为底面圆的直径,另一边为圆柱的高(母线长).

(2) 侧面展开图:矩形,其中一边长为底面圆的周长,另一边为圆柱的高(母线长).

(3) 特殊的圆柱体:

① 轴截面是正方形的圆柱:$d=2r=h$(也称为等边圆柱).

② 侧面展开图是正方形的圆柱:$2\pi r=h$.

(4) 重要公式:

设圆柱的高为 h，底面半径为 r，则

① 圆柱体的侧面积 $S_{侧}=ch=2\pi rh$.

② 圆柱体的全面积 $S_{全}=2\pi r(h+r)$.

③ 圆柱体的体积 $V=\pi r^2 h$.

（5）圆柱的性质：

① 上、下底及平行于底面的截面都是等圆.

② 过轴的截面（轴截面）是全等的矩形.

典型例题

1. 若圆柱体的高增大到原来的 2 倍，底面积增大到原来的 4 倍，则其外接球的体积增大到原来的外接球的体积的倍数是(　　).

A. 4.5　　　　B. 8　　　　C. 9　　　　D. 16　　　　E. −15

【答案】　B

【解析】　设原来的圆柱体的底面半径为 r，高为 h，外接球的半径为 R_1，则 $2R_1=\sqrt{(2r)^2+h^2}$. 现在的圆柱体的底面半径为 $2r$，高为 $2h$，外接球的半径为 R_2，则

$$2R_2=\sqrt{(4r)^2+(2h)^2}=4R_1 \Rightarrow R_2=2R_1 \Rightarrow 体积倍数为 8.$$

2. 若圆柱体的高 h 与半径 r 的比为 $4:3$，且侧面积为 18π，则它的高 $h=$(　　).

A. $2\sqrt{2}$　　　B. $3\sqrt{2}$　　　C. $\sqrt{2}$　　　D. $2\sqrt{3}$　　　E. $3\sqrt{3}$

【答案】　D

【解析】　$h:r=4:3$，得 $r=\dfrac{3}{4}h$. 则

$$S_{侧}=2\pi rh=18\pi \Rightarrow rh=9 \Rightarrow \dfrac{3}{4}h^2=9 \Rightarrow h=2\sqrt{3}.$$

3. 已知圆柱的侧面积为 4π，则当轴截面的对角线长取最小值时，圆柱的母线长 l 与底半径 r 的值是(　　).

A. $l=r=1$　　B. $r=1,l=4$　　C. $r=1,l=3$　　D. $r=1,l=2$　　E. $l=r=2$

【答案】　D

【解析】　圆柱体的侧面积为 $S=2\pi rl=4\pi$，所以 $rl=2$，对角线长为

$$\sqrt{l^2+(2r)^2}=\sqrt{l^2+\dfrac{16}{l^2}} \geqslant 2\sqrt{2}.$$

当 $r=1, l=2$ 时等号成立.

考点 142：棱柱

棱柱的分类方法：

（1）按底面的边数分为：棱柱的底面可以是三角形、四边形、五边形……把这样的棱柱分别叫作三棱柱、四棱柱、五棱柱…….

（2）按侧棱和底面的关系可以分为：

① 侧棱不垂直于底的棱柱叫作斜棱柱.

② 侧棱垂直于底的棱柱叫作直棱柱.

特殊的直棱柱:底面是正多边形的直棱柱叫作正棱柱.

正棱柱有下列性质:

(1) 侧棱垂直于底面,各侧棱长都相等,并且等于正棱柱的高.

(2) 两个底面中心的连线是正棱柱的高.

正棱柱的侧面积:正棱柱所有侧面的面积之和.

正棱柱的全面积(表面积):正棱柱的侧面积与两个底面面积之和.

观察正棱柱的表面展开图8-4,可以得到正棱柱的侧面积、全面积计算公式分别为

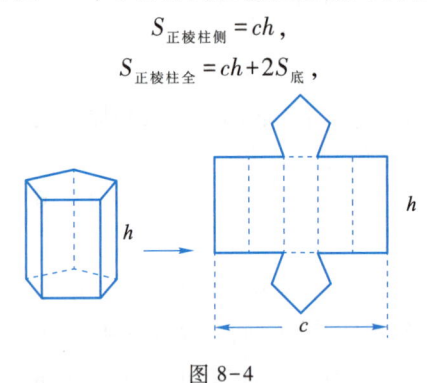

$$S_{正棱柱侧} = ch,$$
$$S_{正棱柱全} = ch + 2S_{底},$$

图 8-4

其中,c 表示正棱柱底面的周长,h 表示正棱柱的高,$S_{底}$ 表示正棱柱底面的面积.

类比可以得到正棱柱的体积计算公式为

$$V_{正棱柱} = S_{底} h,$$

其中,$S_{底}$ 表示正棱柱的底面的面积,h 是正棱柱的高.

典型例题

已知一个正三棱柱的底面边长为 4 厘米,高为 5 厘米,求这个正三棱柱的侧面积和体积.

【解析】 正三棱锥的侧面积为

$$S_{侧} = ch = 3 \times 4 \times 5 = 60(平方厘米).$$

由于边长为 4 厘米的正三角形面积为

$$\frac{\sqrt{3}}{4} \times 4^2 = 4\sqrt{3}(平方厘米),$$

所以正三棱柱的体积为

$$V = S_{底} h = 4\sqrt{3} \times 5 = 20\sqrt{3}(立方厘米).$$

考点 143:球体

球的定义:以半圆的直径所在的直线为旋转轴,半圆旋转一周形成的旋转体叫作球体. 空间中,与定点的距离等于定长的点的集合叫作球面,球面所围成的几何体称为球体.

球的结构特征:

(1) 球心与截面圆心的连线垂直于截面.

(2) 截面半径等于球半径与截面和球心的距离的平方差:$r^2 = R^2 - d^2$.

球的公式:设球的半径为 r.

(1) 球的表面积 $S = 4\pi r^2$.

(2) 球的体积 $V = \dfrac{4}{3}\pi r^3$.

典型例题

1. 工厂在半径为 5 厘米的球形工艺品上镀一层装饰金属厚度为 0.01 厘米,已知装饰金属的原材料为棱长 20 厘米的正方体锭子,则加工 10000 个该工艺品需要的锭子数最少为(不考虑加工损耗,$\pi \approx 3.14$)(　　).

A. 2　　　　B. 3　　　　C. 4　　　　D. 5　　　　E. 20

【答案】　C

【解析】　每个球形工艺品需要装饰材料的体积为 $0.01 \times 4\pi \times 5^2 = \pi$(立方厘米),10000 个的体积为 $10000\pi \approx 31400$(立方厘米),又每个锭子的体积为 $20^3 = 8000$(立方厘米),所以共需的锭子的个数最少为 $31400 \div 8000 \approx 4$.

2. 如图 8-5,一个铁球沉入水池中,则能确定铁球的体积.

(1) 已知铁球露出水面的高度

(2) 已知水深和铁球与水面交线的周长

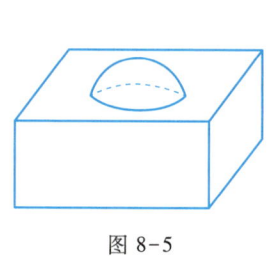

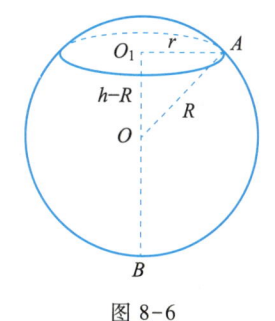

图 8-5　　　　图 8-6

【答案】　B

【解析】　要求得球的体积,需要知道其半径,条件(1)显然无法求出球的半径,不充分.
条件(2),设水深为 h,球的半径为 R,铁球与水面交线得到的截面圆半径为 r,如图 8-6.
在 Rt$\triangle OO_1A$ 中,有 $(h-R)^2 + r^2 = R^2 \Rightarrow R = \dfrac{h^2 + r^2}{2h}$,条件(2)给出了 h 和 r,此时 R 可求,所以条件(2)充分.

考点 144:空间几何体的组合

球体与其他多面体组合,包括内接和外切两种类型,解决此类问题的基本思路是:

(1) 根据题意,确定是内接还是外切,画出立体图形.

(2) 找出多面体与球体连接的地方,找出对球的合适的切割面,然后做出剖面图.

(3) 将立体问题转化为平面几何中圆与多边形的问题.

(4) 注意圆与正方体的两个关系:球内接正方体,球直径等于正方体的体对角线长;球外切正方体,球直径等于正方体的边长.

体对角线是解决"接与切"问题的关键					
考点	体对角线长	外接球	内切球	注释
长方体	$\sqrt{a^2+b^2+c^2}$	$2R=\sqrt{a^2+b^2+c^2}$	当且仅当 $a=b=c$ 时存在 $2R=a=b=c$	长 a，宽 b，高 c
圆柱体	(1) $\sqrt{(2\pi r)^2+h^2}$ （侧面展开图上），(2) $\sqrt{(2r)^2+h^2}$ （轴截面上）	$2R=\sqrt{(2r)^2+h^2}$	当且仅当 $2r=h$ 时存在 $2R=2r=h$	底面半径 r，高 h

典型例题

1. 某加工厂的师傅要用车床将一个球形铁块磨成一个正方体，若球的体积为 V，那么这个加工出来的正方体的体积最大为(　　).

A. $\dfrac{\sqrt{3}V}{3\pi}$ B. $\dfrac{2\sqrt{3}V}{3\pi}$ C. $\dfrac{2\pi}{\sqrt{3}V}$ D. $\dfrac{\pi}{\sqrt{3}V}$ E. 以上均不对

【答案】 B

【解析】 当正方体内接于球时，正方体的体积最大.设球的半径为 R，内接正方体的棱长为 a，则

$$\sqrt{3}a=2R\Rightarrow a=\dfrac{2R}{\sqrt{3}}\Rightarrow a^3=\dfrac{8\sqrt{3}}{9}R^3.$$

因为 $V=\dfrac{4}{3}\pi R^3\Rightarrow R^3=\dfrac{3V}{4\pi}$，所以

$$a^3=\dfrac{2\sqrt{3}V}{3\pi}.$$

2. 一个圆柱体的容器中，放有一个长方体铁块，现在打开一个水龙头往容器中注水，3 分钟时，水恰好没过长方体的顶面，又过了 18 分钟，水注满容器，已知容器的高度是 50 厘米，长方体的高度是 20 厘米，则长方体的底面积与容器的底面积之比为(　　).

A. 1∶3　　B. 2∶3　　C. 1∶4　　D. 3∶4　　E. 2∶5

【答案】 D

【解析】 设长方体的底面积为 S_1 平方厘米，圆柱体的底面积为 S_2 平方厘米，每分钟注入容器内的水的体积为 V 立方厘米.

由题意知 $\begin{cases}20S_1+3V=20S_2\\18V=(50-20)S_2\end{cases}\Rightarrow\begin{cases}20S_1+3V=20S_2\\3V=5S_2\end{cases}\Rightarrow 20S_1=15S_2\Rightarrow\dfrac{S_1}{S_2}=\dfrac{15}{20}=\dfrac{3}{4}.$

3. 如图 8-7，长方体 $ABCD-A_1B_1C_1D_1$ 的三个面的对角线 AD_1，A_1B，AC 的长分别是 1，$\sqrt{2}$，$\sqrt{3}$，则该长方体的外接球的表面积为(　　).

A. 4π　　B. 5π　　C. 6π　　D. 3π　　E. 8π

【答案】 D

【解析】 设长方体中 AD, AA_1, AB 分别为 a, b, c,可得
$$\begin{cases} AD_1^2 = a^2+b^2 = 1, \\ A_1B^2 = b^2+c^2 = 2, \\ AC^2 = a^2+c^2 = 3, \end{cases}$$

所以 $a^2+b^2+c^2=7$.所以外接球的半径 $R=\dfrac{\sqrt{a^2+b^2+c^2}}{2}=\dfrac{\sqrt{7}}{2}$.

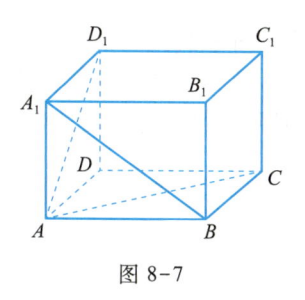

$S_{球}=4\pi R^2=3\pi$.

图 8-7

4. 一圆柱体与一正方体的高相等,且侧面积也相等,则它们的体积比为( )

A. $\dfrac{\pi}{2}$ B. $\dfrac{\pi}{4}$ C. $\dfrac{1}{\pi}$ D. $\dfrac{2}{\pi}$ E. $\dfrac{4}{\pi}$

【答案】 E

【解析】 设圆柱体的高为 h,底面半径为 r.正方体的高也为 h,根据题意,它们的侧面积相等,则 $S_{圆柱侧}=2\pi rh$,$S_{正方体侧}=4h^2 \Rightarrow \dfrac{r}{h}=\dfrac{2}{\pi}$,那么它们的体积之比为

$$\dfrac{V_{圆柱}}{V_{正方体}}=\dfrac{\pi r^2 h}{h^3}=\dfrac{\pi r^2}{h^2}=\pi\cdot\dfrac{4}{\pi^2}=\dfrac{4}{\pi}.$$

5. 如图 8-8,半球内有一内接正方体,正方体的一个面在半球底面圆内,若正方体的棱长为 $\sqrt{6}$,则半球的表面积和体积分别是( ).

A. $27\pi, 18\pi$ B. $27\pi, 16\pi$ C. $22\pi, 27\pi$
D. $18\pi, 27\pi$ E. $21\pi, 18\pi$

【答案】 A

图 8-8

【解析】 设球体的半径为 r,所以 $r^2=(\sqrt{6})^2+(\sqrt{3})^2=9$,则 $r=3$,故

$$S_{半球}=2\pi r^2+\pi r^2=27\pi, V_{半球}=\dfrac{1}{2}\times\dfrac{4}{3}\pi r^3=18\pi.$$

6. 如图 8-9,半径为 4 的球体中有一个内接圆柱体,当圆柱体的侧面积最大时,球体的表面积与圆柱体的侧面积之差为( ).

A. 18π B. 24π C. 32π
D. 48π E. 64π

【答案】 C

【解析】 设内接圆柱体的底面半径为 r,则圆柱体的高

$$h=\sqrt{8^2-(2r)^2}=2\sqrt{4^2-r^2},$$

图 8-9

圆柱体的侧面积

$$S_{侧}=2\pi r\cdot 2\sqrt{4^2-r^2}=4\pi\sqrt{r^2(16-r^2)}\leq\dfrac{4\pi\times(r^2+16-r^2)}{2}=32\pi,$$

当且仅当 $r^2=16-r^2 \Rightarrow r=2\sqrt{2}$ 时取等号.

球体的半径 $R=4$,球体的表面积为 $4\pi R^2=64\pi$,故球体的表面积与圆柱体的侧面积之差

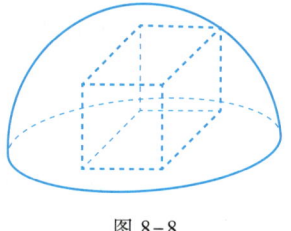

为 $64\pi - 32\pi = 32\pi$.

7. 有一个圆柱形容器(甲)与一个半球形容器(乙),若圆柱的高与半球的半径均为1,则用甲容器取水注满乙容器,需要注水 3 次.

(1) 甲容器的底面半径为 $\dfrac{\sqrt{2}}{3}$

(2) 甲容器的底面半径为 $\sqrt{2}$

【答案】 A

【解析】 设圆柱的底面半径为 R,高为 $h=1$.半球的半径为 $r=1$,根据题干可得 $\dfrac{V_{圆柱}}{V_{半球}} = \dfrac{\pi R^2 h}{\dfrac{1}{2} \times \dfrac{4}{3}\pi r^3} = \dfrac{1}{3}$,解得 $R = \dfrac{\sqrt{2}}{3}$,则甲容器的底面半径为 $\dfrac{\sqrt{2}}{3}$.

条件(1)充分,条件(2)不充分,选 A.

8. 半径为 2 的半球,一个侧棱长为 1 的正三棱柱的三个顶点在半球的球面上,另三个在半球的底面上,则该三棱柱的外接球表面积为( ).

A. 18π　　　B. 13π　　　C. 32π　　　D. 48π　　　E. 64π

【答案】 B

【解析】 上底面外接圆的半径为 $\sqrt{3}$,三棱柱外接球的半径为 R,$R = \sqrt{3 + \dfrac{1}{4}} = \sqrt{\dfrac{13}{4}} = \dfrac{\sqrt{13}}{2}$,$S = 13\pi$.

9. 如图 8-10,圆柱形容器的底面半径是 $2r$,将半径为 r 的铁球放入容器后,液面的高度为 r,液面原来的高度为( ).

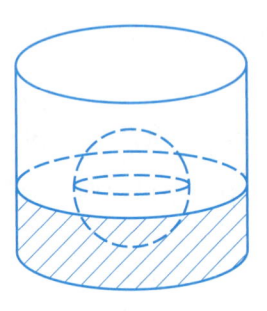

图 8-10

A. $\dfrac{1}{6}r$　　　B. $\dfrac{1}{3}r$　　　C. $\dfrac{1}{2}r$　　　D. $\dfrac{2}{3}r$　　　E. $\dfrac{5}{6}r$

【答案】 E

【解析】 设液面原来的高度为 h,因为最后液面的高度是 r,为球的直径的一半,所以球进入水中一半,因此原来液体的体积加上半球的体积正好等于水面高度为 r 的圆柱的总体积,列方程得 $\pi(2r)^2 h + \dfrac{2}{3}\pi r^3 = \pi(2r)^2 r$,所以 $h = \dfrac{5}{6}r$,选 E.

第九章 排列组合(考点145-168)

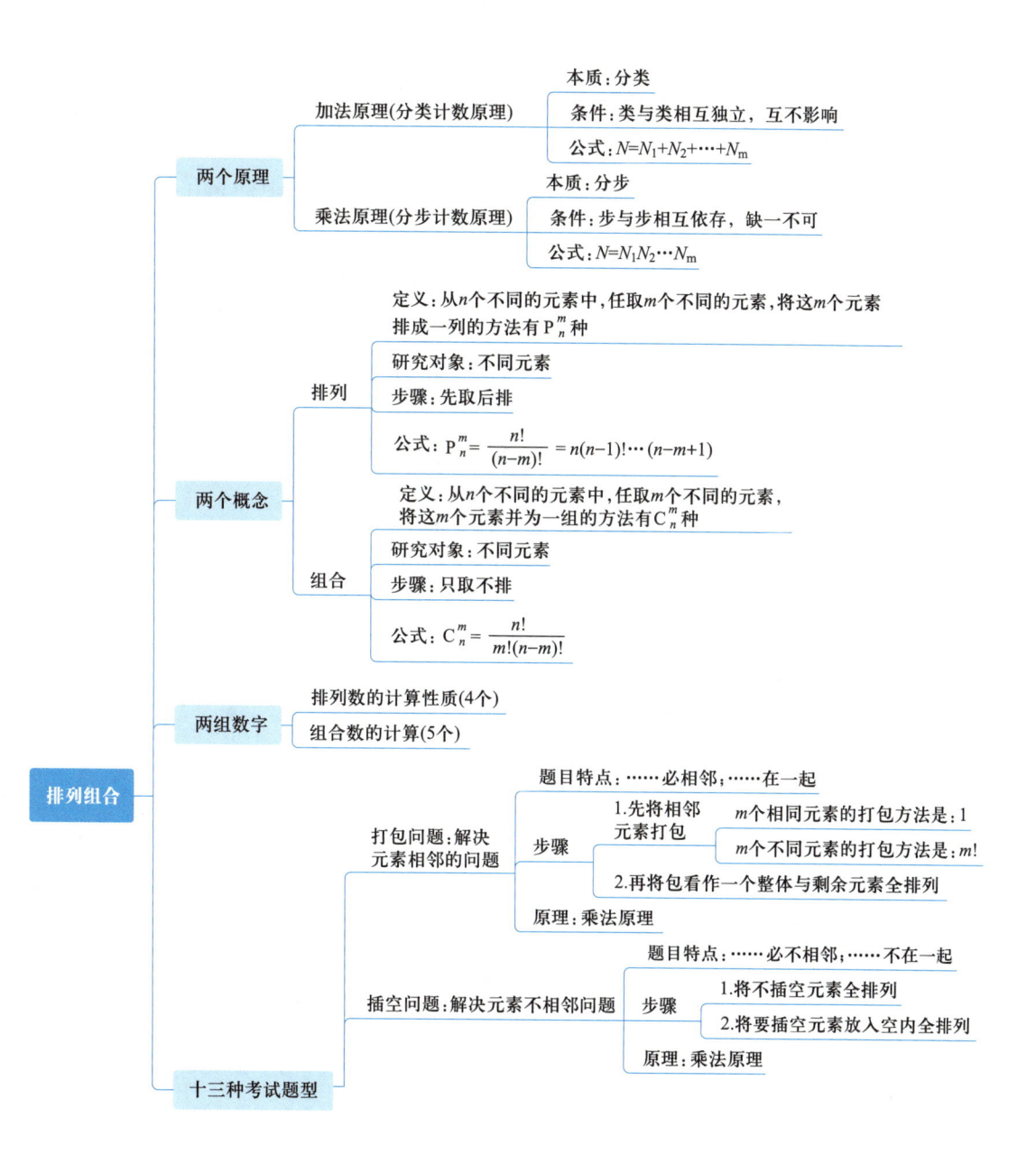

排列组合
- 两个原理
  - 加法原理(分类计数原理)
    - 本质：分类
    - 条件：类与类相互独立，互不影响
    - 公式：$N=N_1+N_2+\cdots+N_m$
  - 乘法原理(分步计数原理)
    - 本质：分步
    - 条件：步与步互相依存，缺一不可
    - 公式：$N=N_1N_2\cdots N_m$
- 两个概念
  - 排列
    - 定义：从 n 个不同的元素中，任取 m 个不同的元素，将这 m 个元素排成一列的方法有 P_n^m 种
    - 研究对象：不同元素
    - 步骤：先取后排
    - 公式：$P_n^m = \dfrac{n!}{(n-m)!} = n(n-1)!\cdots(n-m+1)$
  - 组合
    - 定义：从 n 个不同的元素中，任取 m 个不同的元素，将这 m 个元素并为一组的方法有 C_n^m 种
    - 研究对象：不同元素
    - 步骤：只取不排
    - 公式：$C_n^m = \dfrac{n!}{m!(n-m)!}$
- 两组数字
  - 排列数的计算性质(4个)
  - 组合数的计算(5个)
- 十三种考试题型
  - 打包问题：解决元素相邻的问题
    - 题目特点：……必相邻，……在一起
    - 步骤：
      1. 先将相邻元素打包
         - m 个相同元素的打包方法是：1
         - m 个不同元素的打包方法是：$m!$
      2. 再将包看作一个整体与剩余元素全排列
    - 原理：乘法原理
  - 插空问题：解决元素不相邻问题
    - 题目特点：……必不相邻，……不在一起
    - 步骤：
      1. 将不插空元素全排列
      2. 将要插空元素放入空内全排列
    - 原理：乘法原理

排列组合

十三种考试题型

- **隔板法**：解决相同的元素的分组
  - 模型1：将 n 个相同元素，放入 m 个不同的位置，每个位置至少放一个有 C_{n-1}^{m-1} 种
  - 模型2：将 n 个相同元素，放入 m 个不同的位置，有 C_{n+m-1}^{m-1} 种

- **分房问题**：解决不同的元素无限制进入不同位置
  - n 个不同元素放入 m 个不同位置的方法有 m^n 种方法

- **圆形排列**：解决不同的元素围成一圈
  - n 个不同元素围成一圈的方法有 $(n-1)!$ 种方法

- **错排问题**：解决对号与不对号（掌握5以内的错排方法：0,1,2,9,44）

- **分组问题**：解决不同的元素的分堆问题
  - 平均分组
  - 局部均分
  - 非平均分组
  - 先分组后分配

- **定序问题（除法原理）**：解决元素不计顺序或者顺序已定的题目
  - 不计顺序
  - 顺序已定

- **染色问题**
  - 环形染色（公式）
  - 非环形染色（加法原理和乘法原理）

- **对立面（减法原理）**：解决从反面入手的题目
  - 题目中出现：分类较多时
  - 题目中出现：至多至少
  - 题目出现：否定词
  - 题目中出现：双否定

- **分类与分步**
  - 按至多至少分类
  - 按特殊元素分类
  - 按特殊位置分类
  - 按照全能元素分类
  - 传球问题（掌握传球公式）

- **数字问题**
  - 整除问题
  - 奇偶问题
  - 比大小问题
  - 排除0为首
  - 穷举法

考试内容

考点145：加法原理与乘法原理	考点150：排列与组合的概念
考点146：加法原理与乘法原理结合	考点151：排列数与组合数的计算
考点147：全能元素问题	考点152：打包问题
考点148：减法原理	考点153：插空问题（不同元素）
考点149：取鞋配对类型	考点154：插空问题（含有相同元素）

续表

考点155：打包与插空结合	考点162：定序问题（除法原理）
考点156：隔板法	考点163：数字问题
考点157：分房问题	考点164：数字中的定序问题（重点）
考点158：圆形排列	考点165：染色问题（非环形）
考点159：错排问题	考点166：环形染色问题
考点160：分类与分步问题	考点167：穷举法题型
考点161：分组问题	考点168：传球问题

一、★★加法原理（分类计数原理）

做一件事情，完成它有 N 类方式，第一类方式有 M_1 种方法，第二类方式有 M_2 种方法……第 N 类方式有 M_N 种方法，那么完成这件事情共有 $M_1+M_2+\cdots+M_N$ 种方法.

★★加法原理本质：分类.类与类之间相互独立，即：每一类中的每一种方法都能够单独完成此事件.

二、★★乘法原理（分步计数原理）

做一件事，完成它需要分成 N 个步骤，做第一步有 M_1 种不同的方法，做第二步有 M_2 种不同的方法……做第 N 步有 M_N 种不同的方法.那么完成这件事共有 $M_1 \cdot M_2 \cdot \cdots \cdot M_N$ 种不同的方法.

★★乘法原理本质：分步.步与步之间相互依存，即：每一步都完成了才能完成此事件.

三、★★排列的定义及公式

1. 定义

从 n 个不同元素中，任取 m 个 $(m \leqslant n)$ 元素，按照一定的顺序将所取出的 m 个元素排成一列，叫作从 n 个不同元素中，选取 m 个元素的一个排列，排列数记为 P_n^m 或者 A_n^m.

2. 排列数计算公式

$$P_n^m = \frac{n!}{(n-m)!}.$$

$P_n^n = n!$（n 个元素的全排列）.含义：n 个不同的元素和 n 个不同的位置一一对应的方法总数.

四、★★组合定义、公式及性质

1. 定义

从 n 个不同的元素里，每次取出 m 个元素，并成一组，均称为组合.组合数记作 C_n^m.

2. 公式

$$C_n^m = \frac{n!}{m!(n-m)!} = \frac{P_n^m}{m!}.$$

3. 性质

(1) $C_n^m = C_n^{n-m}$（组合数的对称性），

$\dfrac{C_n^2}{C_m^2} = \dfrac{n(n-1)}{m(m-1)}$，$\dfrac{C_n^3}{C_m^3} = \dfrac{n(n-1)(n-2)}{m(m-1)(m-2)}$.

(2) $C_n^m = C_{n-1}^{m-1} + C_{n-1}^m$（递推公式），$\dfrac{C_{n-1}^{m-1}}{C_n^m} = \dfrac{m}{n}$.

(3) $n! = n \times (n-1)!$，$(n+1) \times n! = (n+1)!$，

$n \times n! = [(n+1)-1] \times n! = (n+1) \times n! - n! = (n+1)! - n!$，

$\dfrac{n}{(n+1)!} = \dfrac{n+1-1}{(n+1)!} = \dfrac{n+1}{(n+1)!} - \dfrac{1}{(n+1)!} = \dfrac{1}{n!} - \dfrac{1}{(n+1)!}$.

4. 组合恒等式

$C_n^0 + C_n^1 + C_n^2 + \cdots + C_n^n = 2^n$.

$C_n^0 + C_n^2 + C_n^4 + \cdots = 2^{n-1}$.

$C_n^1 + C_n^3 + C_n^5 + \cdots = 2^{n-1}$.

5. 常考的组合数

$C_3^2 = 3$，$C_4^2 = 6$，$C_4^2 = 6$，$C_5^2 = 10$，$C_6^2 = 15$，$C_7^2 = 21$，$C_8^2 = 28$.

考点 145：加法原理与乘法原理

加法原理：做一件事，完成它有 n 类办法，在第一类办法中有 m_1 种不同的方法，在第二类办法中有 m_2 种不同的方法……在第 n 类办法中有 m_n 种不同的方法，那么完成这件事共有 $m_1 + m_2 + \cdots + m_n$ 种不同的方法.

乘法原理：做一件事，完成它需要分成 n 个步骤，做第一步有 m_1 种不同的方法，做第二步有 m_2 种不同的方法……做第 n 步有 m_n 种不同的方法，那么完成这件事有 $m_1 m_2 \cdots m_n$ 种不同的方法.

典型例题

1. 从甲地到乙地，可以乘火车，也可以乘汽车，还可以乘轮船.一天中火车有 4 班，汽车有 3 班，轮船有 2 班.则一天中乘坐这些交通工具从甲地到乙地，共有（　　）种不同走法.

A. 6　　　B. 12　　　C. 3　　　D. 9　　　E. 8

【答案】 D

【解析】 一天中乘坐火车有 4 种走法，乘坐汽车有 3 种走法，乘坐轮船有 2 种走法，所以一天中从甲地到乙地共有 4+3+2=9（种）不同走法.

2. 从 1—8 中每次取两个不同的数相加，和大于 10 的共有（　　）种取法.

A. 6　　　B. 12　　　C. 3　　　D. 9　　　E. 8

【答案】 D

【解析】 两个数和为 11 的一共有 3 种取法；

两个数和为 12 的一共有 2 种取法；

两个数和为 13 的一共有 2 种取法；

两个数和为 14 的一共有 1 种取法；

两个数和为 15 的一共有 1 种取法；

一共有 3+2+2+1+1=9（种）取法.

3. 某电话局的电话号码为139×××××××,若最后五位数字是由 6 或 8 组成的,则这样的电话号码一共有( )个.

A. 20   B. 25   C. 32   D. 60   E. 以上都不是

【答案】 C

【解析】 采用分步计数的方法,五位数字由 6 或 8 组成,可分五步完成,每一步有两种方法,根据分步乘法计数原理有 $2^5=32$(个),故选 C.

4. 如图 9-1 所示 2×2 方格,在每一个方格中填入一个数字,数字可以是 1,2,3,4 中的任何一个,允许重复.若填入 A 方格的数字大于 B 方格的数字,则不同的填法共有( )种.

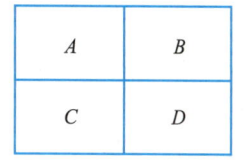

A. 192   B. 128   C. 96

D. 12   E. 以上都不是

图 9-1

【答案】 C

【解析】 可分三步:第一步,填 A、B 方格的数字,填入 A 方格的数字大于 B 方格中的数字有 6 种方式(若方格 A 填入 2,则方格 B 只能填入 1;若方格 A 填入 3,则方格 B 只能填入 1 或 2;若方格 A 填入 4,则方格 B 只能填入 1 或 2 或 3);第二步,填方格 C 的数字,有 4 种不同的填法;第三步,填方格 D 的数字,有 4 种不同的填法.由分步计数原理得,不同的填法总数为 6×4×4=96.

5. 某种体育彩票规定:从 01 至 36 共 36 个号码中抽出 7 个号码为一注,每注 2 元,某人想从 01 至 10 中选 3 个连续的号码,从 11 至 20 中选 2 个连续的号码,从 21 至 30 中选 1 个号码,从 31 至 36 中选 1 个号码,组成一注,则要把这种特殊要求的号码买全,至少要花费( )元.

A. 3360   B. 6720   C. 4320   D. 8640   E. 以上都不是

【答案】 D

【解析】 从 01 至 10 的 3 个连号的情况有 8 种;从 11 至 20 的 2 个连号的情况有 9 种;从 21 至 30 的单选号的情况有 10 种,从 31 至 36 的单选号的情况有 6 种,故总的选法有 8×9×10×6=4320(种),可得需要 8640 元.故选 D.

6. 2010 年广州亚运会组委会要从小张、小赵、小李、小罗、小王五名志愿者中选派四人分别从事翻译、导游、礼仪、司机四项不同工作,若其中小张和小赵只能从事前两项工作,其余三人均能从事这四项工作,则不同的选派方案共有( )种.

A. 36   B. 12   C. 18   D. 48   E. 50

【答案】 A

【解析】 根据排列组合中特殊位置优先的原则,采取占位法.从后两项工作出发,采取位置分析法.$P_3^2 P_3^3=36$.

7. 1 名老师和 4 名获奖同学排成一排照相留念,若老师不站两端,则有不同的排法有( )种.

A. 36   B. 72   C. 18   D. 48   E. 50

【答案】 B

【解析】 老师在中间三个位置上选一个有 P_3^1 种,4 名同学在其余 4 个位置上有 P_4^4 种方法,所以共有 $P_3^1 P_4^4=72$(种)排法.

8. 从 5 名志愿者中选派 4 人在星期五、星期六、星期日参加公益活动,每人一天,要求星期五有 1 人参加,星期六有 2 人参加,星期日有 1 人参加,则不同的选派方法共有( )种.

A. 120　　B. 96　　C. 60　　D. 48　　E. 72

【答案】 C

【解析】 5 人中选 4 人则有 C_5^4 种方法,星期五 1 人有 C_4^1 种方法,星期六 2 人星期日 1 人则有 C_3^2 种方法,故共有 $C_5^4 \times C_4^1 \times C_3^2 = 60$(种)方法.

考点 146：加法原理与乘法原理结合

进行分类时,要求各类办法彼此之间是相互排斥的,不论哪一类办法中的哪一种方法,都能单独完成这件事.只有满足这个条件,才能直接用加法原理,否则不可以.

如果完成一件事需要分成几个步骤,各步骤都不可缺少,需要依次完成所有步骤才能完成这件事,而各步要求相互独立,即相对于前一步的每一种方法,下一步都有 m 种不同的方法,那么计算完成这件事的方法数时,就可以直接应用乘法原理.

也就是说:类类互斥,步步独立.

典型例题

1. 若从 1,2,3,…,9 这 9 个数中同时取 4 个不同的数,其和为奇数,则不同的取法共有( )种.

A. 66　　B. 63　　C. 61　　D. 60　　E. 70

【答案】 D

【解析】 从 1,2,3,…,9 这 9 个数中同时取 4 个不同的数,其和为奇数的取法分为两类：第一类取 1 个奇数,3 个偶数,共有 $C_5^1 C_4^3 = 20$(种)取法;第二类是取 3 个奇数,1 个偶数,共有 $C_5^3 C_4^1 = 40$(种)取法.故不同的取法共有 60 种.

2. 在某次中俄海上联合搜救演习中,参加演习的中方有 4 艘船、3 架飞机;俄方有 5 艘船、2 架飞机,若从中、俄两组中各选出 2 个单位(1 架飞机或 1 艘船都作为一个单位,所有的船只两两不同,所有的飞机两两不同),且选出的 4 个单位中恰有一架飞机的不同选法共有( )种.

A. 166　　B. 263　　C. 161　　D. 160　　E. 180

【答案】 E

【解析】 若选出的一架飞机是中方的,则选法是 $C_4^1 C_3^1 C_5^2 = 120$(种);若选出的一架飞机是俄方的,则选法有 $C_5^1 C_2^1 C_4^2 = 60$(种).故不同选法共有 120+60 = 180(种).

3. 如图 9-2,用 6 种不同的颜色把图中 A、B、C、D 四块区域分开,若相邻区域不能涂同一种颜色,则不同的涂法共有( )种.

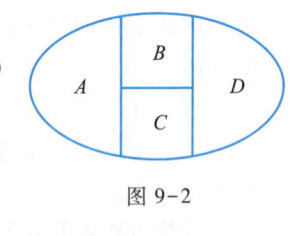

图 9-2

A. 466　　B. 483　　C. 641　　D. 480　　E. 470

【答案】 D

【解析】 从 A 开始,有 6 种涂法,B 有 5 种,C 有 4 种,D、A 同色 1 种,D、A 不同色 3 种,所以不同涂法有 $6 \times 5 \times 4 \times (1+3) = 480$(种).

考点147：全能元素问题

特点:题目中含有多面手.

解法:(1) 先画文氏图找到全能元素;(2) 按照所选的某个项目中含有全能元素的多少进行分类.

典型例题

1. 某出版社的7名工人中,有3人只会排版,2人只会印刷,还有2人既会排版又会印刷,现从7人中安排2人排版,2人印刷,有(　　)种不同的安排方法.

A. 37　　　B. 63　　　C. 61　　　D. 60　　　E. 70

【答案】 A

【解析】 第一类:既会排版又会印刷的2人全不被选出,即从只会排版的3人中选2人,有3种选法;只会印刷的2人全被选出,有1种选法,由分步计数原理知共有3×1=3(种)选法.

第二类:既会排版又会印刷的2人中被选出1人,有2种选法.若此人去排版,则再从会排版的3人中选1人,有3种选法,只会印刷的2人全被选出,有1种选法,由分步计数原理知共有2×3×1=6(种)选法;若此人去印刷,则再从会印刷的2人中选1人,有2种选法,从会排版的3人中选2人,有3种选法,由分步计数原理知共有2×3×2=12(种)选法,再由分类计数原理知共有6+12=18(种)选法.

第三类:既会排版又会印刷的2人全被选出,同理共有16种选法.

所以共有3+18+16=37(种)选法.

2. 在8名志愿者中,只能做英语翻译的有4人,只能做法语翻译的有3人,既能做英语翻译又能做法语翻译的有1人.现从这些志愿者中选取3人做翻译工作,确保英语和法语都有翻译的不同选法共有(　　)种.

A. 12　　　B. 18　　　C. 21　　　D. 30　　　E. 51

【答案】 E

【解析】 确保英语和法语都有翻译,分为以下三种情况:

(1) 只能做英语翻译的选2个人,只能做法语翻译的选1个人,此时有 $C_4^2 C_3^1 = 18$(种)选法;

(2) 只能做英语翻译的选1个人,只能做法语翻译的选2个人,此时共有 $C_4^1 C_3^2 = 12$(种)选法;

(3) 选既能做英语翻译又能做法语翻译的人,剩下的人中任选2个人,此时共有 $C_1^1 C_7^2 = 21$(种)选法.

所以总共有18+12+21=51(种)选法.

考点148：减法原理

正面处理问题分类太多,往往转化成对立面求解.

典型例题

1. 某地政府召集5家企业的负责人开会,其中甲企业有2人到会,其余4家企业各有1

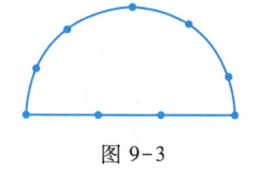

人到会,会上有3人发言,则这3人来自3家不同企业的可能情况有(　　)种.

　　A. 15　　　B. 18　　　C. 14　　　D. 16　　　E. 28

【答案】 D

【解析】 总共6人,选择3人发言有C_6^3种方法,去掉这三人中有两人来自甲企业便是所求,故这3人来自3家不同企业的可能情况有$C_6^3 - C_2^2 \cdot C_4^1 = 20 - 4 = 16$(种).

2. 从图9-3所示的9个点中任取三点,以这三点为顶点可以构成的三角形个数为(　　).

　　A. 80　　　B. 70　　　C. 60
　　D. 90　　　E. 50

图9-3

【答案】 A

【解析】 由于三点共线无法构成三角形,所以从9个点中任取3个点,可以构成三角形$C_9^3 - C_4^3 = 80$(个).

3. 若甲、乙、丙、丁等七人排成一列,则甲、乙不在首位,丙、丁不在末位的排法共有(　　)种.

　　A. 1 192　　　B. 2 640　　　C. 1 960　　　D. 2 720　　　E. 3 600

【答案】 B

【解析】 先求对立事件:(1)甲或乙在首位,其他六个人任意排列,则有$C_2^1 \times P_6^6 = 1440$(种)排法.

(2)丙或丁在末位,其他六个人任意排列,则有$C_2^1 \times P_6^6 = 1440$(种)排法.其中包括一种重复的情况,即甲或乙在首位且丙或丁在末位,则有$C_2^1 \times C_2^1 \times P_5^5 = 480$(种)排法.所以甲、乙不在首位,丙、丁不在末位共有$P_7^7 - (1440 + 1440 - 480) = 2640$(种)排法.

4. 从0,1,2,3,…,9这10个自然数中任选3个不同的数,使和为不小于10的偶数,则不同的取法共有(　　)种.

　　A. 46　　　B. 48　　　C. 50　　　D. 51　　　E. 53

【答案】 D

【解析】 这10个自然数中,有5个偶数和5个奇数,则3个数之和为偶数的有$C_5^3 + C_5^2 C_5^1 = 60$(种),3个数之和为偶数但小于10的情况有如下9种:(0,2,4),(0,2,6),(1,3,0),(1,3,2),(1,3,4),(1,5,0),(1,5,2),(1,7,0),(3,5,0),则和为不小于10的偶数的取法有$60 - 9 = 51$(种).

考点149:取鞋配对类型

典型例题

1. 从6双不同颜色的手套中任取4只,其中恰好有一双同色的取法有(　　)种.

　　A. 240　　　B. 180　　　C. 120　　　D. 60　　　E. 48

【答案】 A

【解析】 第一步:先从6双手套中任选1双同色的手套,则有$C_6^1 = 6$(种)取法.第二步:再从剩下的5双手套中选任2只,则有$C_{10}^2 = 45$(种)取法,其中若2只为同色手套,则有$C_5^1 = 5$(种)取法,所以2只不同色的取法有$45 - 5 = 40$(种),则4只中有一双同色的取法有$6 \times 40 = 240$(种).

2. 某中学的5个学科各推荐2名教师作为支教候选人,若从中选出来自不同学科的2

人参加支教工作,则不同的选派方式有( )种.

A. 20　　　　B. 24　　　　C. 30　　　　D. 40　　　　E. 45

【答案】 D

【解析】 先选出2个不同学科,同时每个学科各有2种不同的选派方式,因此总的方法数为 $C_5^2 \cdot 2 \cdot 2 = 40$,故选D.

考点150:排列与组合的概念

典型例题

1. 6个不同的元素排成前后两排,每排3个元素,那么不同的排法种数是( ).

A. 36　　　　B. 120　　　　C. 720　　　　D. 1440　　　　E. 1220

【答案】 C

【解析】 前后两排可看成一排的两段,因此本题可看成6个不同的元素排成一排,共 $P_6^6 = 720$(种),选C.

2. 8个不同的元素排成前后两排,每排4个元素,其中某2个元素要排在前排,某1个元素排在后排,有( )种不同排法.

A. 3600　　　　B. 1020　　　　C. 5760　　　　D. 1440　　　　E. 1220

【答案】 C

【解析】 看成一排,某2个元素在前半段四个位置中选排2个,有 P_4^2 种方法,某1个元素排在后半段的四个位置中选一个有 P_4^1 种方法,其余5个元素任排5个位置上有 P_5^5 种方法,故共有 $P_4^1 P_4^2 P_5^5 = 5760$(种)排法.

3. 某商店经营15种商品,每次在橱窗内陈列5种,若每两次陈列的商品不完全相同,则最多可陈列( )次.

A. 3000　　　　B. 3003　　　　C. 4000　　　　D. 4003　　　　E. 4300

【答案】 B

【解析】 要求每两次陈列的商品不完全相同,所以是组合,最多可陈列 C_{15}^5 次.

4. 某次聚会上,所有参会人员都要与其他人握手言谈,两人言谈之后都要喝1杯酒,已知聚会上共喝了380杯酒,则本次聚会参会人员共有( )人.

A. 19　　　　B. 20　　　　C. 21　　　　D. 22　　　　E. 23

【答案】 B

【解析】 设共有 n 人参加聚会,则喝了 $2C_n^2$ 杯酒,则 $2C_n^2 = 380$,化简得 $n(n-1) = 380 \Rightarrow n = 20$ 或 $n = -19$(舍),故本次聚会参会人员共有20人.

考点151:排列数与组合数的计算

典型例题

1. 方程 $\dfrac{1}{C_5^x} - \dfrac{1}{C_6^x} = \dfrac{7}{10C_7^x}$ 的解是( ).

A. 4　　　　B. 3　　　　C. 2　　　　D. 1　　　　E. 0

【答案】 C

【解析】 $\dfrac{C_7^x}{C_5^x} - \dfrac{C_7^x}{C_6^x} = \dfrac{7}{10} \Rightarrow \dfrac{\frac{7!}{x!(7-x)!}}{\frac{5!}{x!(5-x)!}} - \dfrac{\frac{7!}{x!(7-x)!}}{\frac{6!}{x!(6-x)!}} = \dfrac{42}{(7-x)(6-x)} - \dfrac{7}{7-x} = \dfrac{7}{10}$,

即
$$(x-2)(x-21) = 0 \Rightarrow x = 2 \text{ 或 } 21,$$

又 $x \leqslant 5$,故 $x = 2$.

2. 一条铁路上有 N 个不同的站点,则铁路局需要为这条火车线印刷不同的车票有 110 种.
   (1) $N = 10$
   (2) $N = 11$

【答案】 B

【解析】 对于条件(1),当 $N = 10$ 时,共有 $P_{10}^2 = 90$(种)不同的票,故条件(1)不充分.
对于条件(2),当 $N = 11$ 时,共有 $P_{11}^2 = 110$(种)不同的票,故条件(2)充分.

考点 152:打包问题

表现形式:……必相邻,……在一起,……必挨着等.
计算分两步进行:第一步先将相邻元素打包,第二步将包看成一个元素与剩余的元素进行全排列.
注意:m 个不同元素打包的方法是 $m!$,m 个相同元素打包的方法是 1.
打包问题的基本原理:乘法原理.

典型例题

1. A,B,C,D,E 五人并排站成一排,如果 A,B 必须相邻且 B 在 A 的右边,那么不同的排法种数有( ).
   A. 36   B. 28   C. 21   D. 48   E. 24

【答案】 E

【解析】 把 A,B 视为一人,且 B 固定在 A 的右边,则本题相当于 4 人的全排列.

2. 7 人站成一排,其中甲、乙相邻且丙、丁相邻,则共有(   )种不同的排法.
   A. 360   B. 288   C. 216   D. 480   E. 234

【答案】 D

【解析】 如图 9-4,可先将甲、乙两元素捆绑成整体并看成一个复合元素,同时丙、丁也看成一个复合元素,再与其他元素进行排列,同时对相邻元素内部进行自排.由分步计数原理可得共有 $P_5^5 P_2^2 P_2^2 = 480$(种)不同的排法.

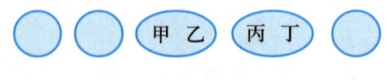

图 9-4

3. 3 位男生和 3 位女生共 6 位同学站成一排,若男生甲不站两端,3 位女生中有且只有两位女生相邻,则不同排法的种数是(   ).
   A. 360   B. 288   C. 216   D. 96   E. 234

【答案】 B

【解析】 间接法.6位同学站成一排,3位女生中有且只有两位女生相邻的排法有 $C_3^2 P_2^2 P_4^2 P_3^2 = 432$(种),其中男生甲站两端的有 $P_2^1 C_3^2 P_2^2 P_3^2 P_2^2 = 144$(种)排法,符合条件的排法数共有288.

4. 计划展出10幅不同的画,包括1幅水彩画、4幅油画和5幅国画.将它们排成一行陈列,要求同一品种的画必须连在一起,并且水彩画不放在两端,那么不同的陈列方式有( )种.

A. $P_4^4 P_6^5$　　B. $P_3^3 P_4^4 P_5^3$　　C. $P_3^1 P_4^4 P_5^5$　　D. $P_2^2 P_4^4 P_5^5$　　E. $P_3^3 P_4^4 P_5^5$

【答案】 D

【解析】 先把3种品种的画各看成整体,而水彩画不能放在头尾,故只能放在中间,又油画与国画有 P_2^2 种放法,再考虑油画与国画本身又可以全排列,故排列的方法为 $P_2^2 P_4^4 P_5^5$ 种.

考点153：插空问题（不同元素）

元素相离(即不相邻)问题,可先把无位置要求的几个元素全排列,再把规定的相离的几个元素插入上述几个元素的空位和两端.

典型例题

1. 七人并排站成一行,如果甲、乙两个必须不相邻,那么不同的排法种数是( ).

A. 4900　　B. 4910　　C. 3600　　D. 1940　　E. 1950

【答案】 C

【解析】 除甲、乙外,其余5个排列数为 P_5^5 种,再用甲、乙去插6个空位有 P_6^2 种,不同的排法种数是 $P_5^5 P_6^2 = 3600$.

2. 高三(一)班要安排毕业晚会的4个音乐节目、2个舞蹈节目和1个曲艺节目的演出顺序,要求两个舞蹈节目不连排,则不同排法的种数是( ).

A. 1900　　B. 2910　　C. 3600　　D. 3940　　E. 1950

【答案】 C

【解析】 不同排法的种数为 $P_5^5 P_6^2 = 3600$.

考点154：插空问题（含有相同元素）

典型例题

1. 马路上有编号为1,2,3,…,9九盏路灯,现要关掉其中的三盏,但不能关掉相邻的两盏或三盏,也不能关掉两端的两盏,则满足条件的关灯方案有( )种.

A. 15　　B. 9　　C. 13　　D. 10　　E. 30

【答案】 D

【解析】 把此问题当作一个排队模型,在6盏亮灯的5个空隙中插入3盏不亮的灯有 C_5^3 种方法,所以满足条件的关灯方案有10种.

说明：一些不易理解的排列组合题,如果能转化为熟悉的模型,如填空模型、排队模型、装盒模型,可使问题容易解决.

2. 3个人坐在一排8个椅子上,若每个人左右两边都有空位,则坐法的种数有( )种.

A. 15　　B. 29　　C. 24　　D. 10　　E. 30

【答案】 C

【解析】 方法一:先将3个人(各带一把椅子)进行全排列有 P_3^3 种方法,在四个空中分别放一把椅子,还剩一把椅子再去插空有 P_4^1 种方法,所以每个人左右两边都空位的坐法有 $P_4^1 P_3^3 = 24$(种).

方法二:先拿出5个椅子排成一排,在5个椅子中间出现4个空,再让3个人每人带一把椅子去插空,于是有 $P_4^3 = 24$(种)坐法.

3. 停车场划出一排12个停车位置,今有8辆车需要停放.要求空车位置连在一起,不同的停车方法有( )种.

A. $C_9^1 P_8^8$　　B. $C_5^1 P_8^8$　　C. $C_6^1 P_8^8$　　D. $C_7^1 P_8^8$　　E. $C_8^1 P_8^8$

【答案】 A

【解析】 先排好8辆车有 P_8^8 种方法,要求空车位置连在一起,则在每两辆之间及其两端的9个空档中任选一个,将空车位置插入有 C_9^1 种方法,所以共有 $C_9^1 P_8^8$ 种方法.

考点155:打包与插空结合

表现形式:题目中出现了"元素相邻"和"元素不相邻".

处理原则:先打包,后插空.

典型例题

五种不同的商品在货架上排成一排,其中甲、乙两种必须排在一起,而丙、丁两种不能排在一起,则不同的排法共有( )种.

A. 12　　B. 20　　C. 24　　D. 48　　E. 56

【答案】 C

【解析】 将甲、乙捆绑,然后将丙、丁插空,不同的排法共有 $P_2^2 P_2^2 P_3^2 = 24$(种).

考点156:隔板法

表现形式:题目中出现相同元素.

解题的时候根据题目的意思直接套插板公式即可.

C_{n-1}^{m-1}:把 n 个相同元素,放进 m 个不同的位置,每个位置至少放一个的方法数.

C_{n+m-1}^{m-1}:把 n 个相同元素,放进 m 个不同的位置,每个位置允许空放的方法数.

典型例题

1. 把20个相同的球全放入编号分别为1,2,3的三个盒子中,要求每个盒子中的球数不小于其编号数,则有( )种不同的放法.

A. 120　　B. 244　　C. 124　　D. 288　　E. 240

【答案】 A

【解析】 向1,2,3号三个盒子中分别放入0,1,2个球后还余下17个球,然后再把这17个球分成3份,每份至少一球,运用隔板法,共有 $C_{16}^2 = 120$(种)放法.

2. 10个三好学生名额分到7个班级,每个班级至少一个名额,有( )种不同分配方案.

A. 36　　B. 44　　C. 24　　D. 84　　E. 40

【答案】 D

【解析】 10个名额分到7个班级,就是把10个名额看成10个相同的小球分成7堆,每堆至少一个,可以在10个小球的9个空位中插入6块木板,每一种插法对应着一种分配方案,故共有不同的分配方案为 $C_9^6=84$(种).

3. 将4个相同的白球、5个相同的黑球、6个相同的红球放入4个不同的盒子中的3个中,使得有一个空盒且其他盒子中球的颜色齐全的不同放法有( )种.
   A. 720　　B. 244　　C. 124　　D. 288　　E. 240

【答案】 A

【解析】 (1) 先从4个盒子中选三个放置小球有 C_4^3 种方法;(2) 注意到小球都是相同的,我们可以采用隔板法.为了保证三个盒子中球的颜色齐全,可以在4个相同的白球、5个相同的黑球、6个相同的红球所产生的3个、4个、5个空挡中分别插入两个板.各有 C_3^2, C_4^2, C_5^2 种方法;(3) 由分步计数原理可得 $C_4^3 C_3^2 C_4^2 C_5^2 = 720$(种)放法.

4. 有10个运动员名额,分给7个班,每班至少一个,有( )种分配方案.
   A. 36　　B. 44　　C. 24　　D. 84　　E. 40

【答案】 D

【解析】 因为10个名额没有差别,把它们排成一排.相邻名额之间形成9个空隙.如图9-5,在9个空档中选6个位置插个隔板,可把名额分成7份,对应地分给7个班级,每一种插板方法对应一种分法,共有 C_9^6 种分法.

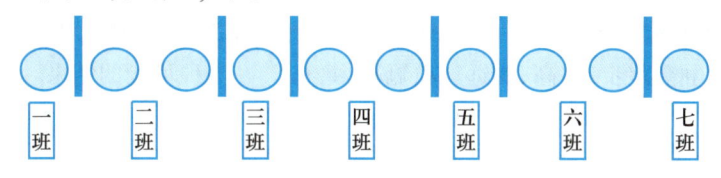

图 9-5

5. 某运输公司下属4个车队,每车队均有10辆货车,且上述货车型号相同,该公司计划从4个车队中抽调出8辆货车,每车队可派车也可不派车,则抽调方案的种数为( ).
   A. 165　　B. 166　　C. 167　　D. 168　　E. 169

【答案】 A

【解析】 隔板法.
第一类:8辆车来自1个车队,则有 $C_4^1=4$(种)方案.
第二类:8辆车来自2个车队,则有 $C_4^2 \cdot C_7^1 = 42$(种)方案.
第三类:8辆车来自3个车队,则有 $C_4^3 \cdot C_7^2 = 84$(种)方案.
第四类:8辆车来自4个车队,则有 $C_4^4 \cdot C_7^3 = 35$(种)方案.
所以不同的抽调方案有 $4+42+84+35=165$(种).

6. 满足 $x_1+x_2+x_3+x_4=12$ 的正整数解的组数为( ).
   A. 160　　B. 165　　C. 175　　D. 184　　E. 190

【答案】 B

【解析】 相当于把12个1分为4部分,使得每部分至少有1个1,故共有 $C_{11}^3=165$(种)情况.

7. 把 n 个相同小球放入3个不同箱子,第一个箱子至少1个,第二个箱子至少3个,第三个箱子可以不放,共有28种情况.

(1) $n=8$ (2) $n=9$

【答案】 E

【解析】 对于条件(1),等价于分相同小球到不同箱子的模型,满足 $x+y+z=8(x\geq 1, y\geq 3, z\geq 0)$,则 $x+(y-2)+(z+1)=7$,共有 $C_6^2=15$(种)情况.故条件(1)不充分.

对于条件(2),等价于分相同小球到不同箱子的模型,满足 $x+y+z=9(x\geq 1, y\geq 3, z\geq 0)$,则 $x+(y-2)+(z+1)=8$,共有 $C_7^2=21$(种)情况.故条件(2)也不充分.

综上所述,答案选择 E.

考点 157：分房问题

表现形式:不同的元素无限制地进入到不同的位置.

解决办法:n 个不同的元素无限制地进入 m 个不同的位置有 m^n 种方法.

前提条件:每个元素只能进入一个位置,但是每个位置可以容纳多个元素.

典型例题

1. 现有 4 名同学去听同时进行的 3 个课外知识讲座,每名同学可自由选择其中的一个讲座,不同选法的种数是(   ).

A. 81   B. 64   C. 48   D. 24   E. 36

【答案】 A

【解析】 每个同学都有 3 种选择,所以不同选法共有 $3^4=81$(种),故选 A.

2. 4 名同学争夺跑步、跳高、跳远三项冠军,共有(   )种可能的结果.

A. 81   B. 84   C. 48   D. 24   E. 64

【答案】 E

【解析】 该问题中,要完成的事是三项冠军花落谁家,故可按冠军分步完成,每一项冠军都有 4 种可能,故可能的结果有 $4^3=64$(种).

考点 158：圆形排列

公式:一般地,n 个不同元素作圆形排列,共有 $(n-1)!$ 种排法.如果从 n 个不同元素中取出 m 个元素作圆形排列共有 $\dfrac{1}{m}P_n^m$.

典型例题

1. 8 人围桌而坐,共有(   )种坐法.

A. 15!   B. 9!   C. 7!   D. 10!   E. 3!

【答案】

【解析】 如图 9-6,围桌而坐与坐成一排的不同点在于,坐成圆形没有首尾之分,所以固定一人,并从此位置把圆形展成直线其余 7 人共有 $(8-1)!$ 种排法,即 7!.

2. 某工匠要在一圆桌的边缘均匀地安装 6 个各不相同的装饰性铜扣,则可能的安装效果有(   )种.

A. 120   B. 96   C. 24   D. 720   E. 124

【答案】 A

图 9-6

【解析】 先将 6 个铜扣排成一排,有 6! 种方法,然后将这一排围成一圈,由于围成一圈时 ABCDEF 与 BCDEFA 等六种均达到同一效果,因此可能的安装效果有 $\frac{6!}{6}=120$(种).

注意:n 个不同元素围成一个圈有 $(n-1)!$ 种情况.

考点 159:错排问题

错排问题最早被尼古拉·伯努利和欧拉研究,因此历史上也称为伯努利—欧拉的装错信封的问题.这个问题有许多具体的版本,如在写信时将 n 封信装到 n 个不同的信封里,有多少种全部装错信封的情况? 又比如四人各写一张贺年卡互相赠送,有多少种赠送方法? 自己写的贺年卡不能送给自己,所以也是典型的错排问题.

全错排定义:带有编号为①,②,③,…的 n 个小球,放入带有编号为①,②,③,…的 n 个盒子中去,每个盒子只放一个球,则每一个盒子的编号与所装小球的编号均不一致的排列方法.

n 个小球错排的方法数:$D(n)=n!\left(\frac{1}{0!}-\frac{1}{1!}+\frac{1}{2!}-\frac{1}{3!}+\frac{1}{4!}-\frac{1}{5!}+\cdots+\frac{(-1)^n}{n!}\right)$.

$D(0)=1$(所有的元素都放回原位、没有摆错的情况),
$D(1)=0$(只剩下一个元素,无论如何也不可能摆错),
$D(2)=1$(两者互换位置),
$D(3)=2$(ABC 变成 BCA 或 CAB),
$D(4)=9,D(5)=44,D(6)=265,D(7)=1854,D(8)=14833$,
$D(9)=133496,D(10)=1334961.$

表现形式:题目中出现对号不对号问题.

解决办法:直接套公式即可.

典型例题

1. 将数字 1,2,3,4 填入标号为 1,2,3,4 的四个方格里,每格填一个数,则每个方格的标号与所填数字均不相同的填法有( )种.

A. 6   B. 9   C. 11   D. 23   E. 33

【答案】 B

【解析】 先把 1 填入方格中,符合条件的有 3 种方法,第二步把被填入方格的对应数字填入其他三个方格,又有三种方法;第三步填余下的两个数字,只有一种填法,共有 3×3×1=9 种填法,选 B.

2. 编号为 1,2,3,4,5 的五个人分别去坐编号为 1,2,3,4,5 的五个座位,其中有且只有两个的编号与座位号一致的坐法是( )种.

A. 10   B. 20   C. 30   D. 60   E. 40

【答案】 B

【解析】 先把编号一致的人选中,剩余的人和编号错排就可以了,有 $C_5^2 \cdot 2 = 20$(种)方法.

3. 同室 4 人各写一张贺年卡,先集中起来,然后每人从中拿一张别人送出的贺年卡,则 4 张贺年卡不同的分配方式共有(　　)种.

A. 6　　　　B. 9　　　　C. 11　　　　D. 23　　　　E. 15

【答案】 B

【解析】 设四个人分别为甲、乙、丙、丁,各自写的贺年卡分别为 a,b,c,d.

第一步,甲取其中一张,有 3 种等同的方式;

第二步,假设甲取 b,则乙的取法可分两类:

(1) 乙取 a,则接下来丙、丁取法都是唯一的,

(2) 乙取 c 或 d(2 种方式),不管哪一种情况,接下来丙、丁的取法也都是唯一的.

根据加法原理和乘法原理,一共有 $3 \times (1+2) = 9$(种)分配方式.

4. 某年级有六个班,每班一名班主任、期末考试时要求恰有 2 名班主任监考本班,则监考方案有(　　)种.

A. 320　　　B. 222　　　C. 125　　　D. 154　　　E. 135

【答案】 E

【解析】 先选出监考本班的班主任,有 C_6^2 种选法;剩下 4 个班 4 人不能监考本班,有 9 种方案,答案为二者之积,即 $9C_6^2$ 种.

练习:5 个人排成一列,重新站队时,各人都不站在原来的位置上,那么不同的站队方式共有(　　)种.

A. 60　　　　B. 44　　　　C. 36　　　　D. 24　　　　E. 16

考点 160：分类与分步问题

本问题采取先分类,后分步的方法.

典型例题

1. 甲组有 5 名男同学,3 名女同学;乙组有 6 名男同学,2 名女同学.若从甲、乙两组中各选出 2 名同学,则选出的 4 人中恰有 1 名女同学的不同选法共有(　　)种.

A. 150　　　B. 180　　　C. 300　　　D. 345　　　E. 280

【答案】 D

【解析】 女同学来自甲组,则不同选法有 $C_5^1 C_3^1 \cdot C_6^2 = 225$(种);女同学来自乙组,则不同选法有 $C_5^2 \cdot C_6^1 C_2^1 = 120$(种).则总共有 $225 + 120 = 345$(种)选法.

2. 甲、乙两人从 4 门课程中各选修 2 门,则甲、乙所选的课程中至多有 1 门相同的选法共有(　　)种.

A. 45　　　　B. 18　　　　C. 30　　　　D. 14　　　　E. 28

【答案】 C

【解析】 甲、乙所选的课程中有 1 门相同,则有 $C_4^1 C_3^2 P_2^2 = 24$(种)选法;甲、乙所选的课程都不同,则有 $C_4^2 C_2^2 = 6$(种)选法.故总共有 30 种选法.

3. 口袋内装有 4 个不同的红球,6 个不同的白球,若取出一个红球记 2 分,取出一个白球

记1分,从口袋中取5个球,使总分不小于7分的取法有(　　)种.

  A. 180 B. 186 C. 196 D. 206 E. 236

【答案】　B

【解析】　设取出红球 x 个,则取出白球 $5-x$ 个,所以总分是 $2x+(5-x)\geq 7$,解得 $x\geq 2$.先求对立事件:若 $x<2$,则取出红球 0 个或 1 个.(1)取出红球 0 个,则取出白球 5 个,则有 $C_6^5=6$(种)取法.(2)取出红球 1 个,则取出白球 4 个,则有 $C_4^1\times C_6^4=60$(种)取法.所以总分不小于 7 分的取法有 $C_{10}^5-(6+66)=186$(种).

考点 161:分组问题

均匀分组:分步取,得组合数相乘,再除以组数的阶乘,即除法处理.

非均匀分组:分步取,得组合数相乘,即组合处理.

混合分组:分步取,得组合数相乘,再除以均匀分组的组数的阶乘.

典型例题

1. 将 4 名大学生分配到 3 个乡镇去当村干部,每个乡镇至少一名,则不同的分配方案有(　　)种.

  A. 36 B. 10 C. 12 D. 15 E. 25

【答案】　A

【解析】　第一步,将 4 名大学生按 2,1,1 分成三组,其分法有 $\dfrac{C_4^2\cdot C_2^1\cdot C_1^1}{P_2^2}$;

第二步,将分好的三组分配到 3 个乡镇,其分法有 P_3^3,所以满足条件的分配的方案有 $\dfrac{C_4^2\cdot C_2^1\cdot C_1^1}{P_2^2}\cdot P_3^3=36$(种).

说明:分配的元素多于对象且每一对象都有元素分配时常用先分组再分配.

2. 5 名志愿者分到 3 所学校支教,每个学校至少去一名志愿者,则不同的分派方法共有(　　)种.

  A. 150 B. 180 C. 200 D. 280 E. 250

【答案】　A

【解析】　人数分配上有 1,2,2 与 1,1,3 两种方式,若是 1,2,2,则有 $\dfrac{C_5^3 C_2^1 C_1^1}{P_2^2}\times P_3^3=60$(种),若是 1,1,3,则有 $\dfrac{C_5^1 C_4^2 C_2^2}{P_2^2}\times P_3^3=90$(种),所以共有 150 种.

3. 将 5 名实习教师分配到高一年级的 3 个班实习,每班至少 1 名,最多 2 名,则不同的分配方案有(　　)种.

  A. 30 B. 90 C. 180 D. 270 E. 以上都不是

【答案】　B

【解析】　将 5 名实习教师分配到高一年级的 3 个班实习,每班至少 1 名,最多 2 名,则将 5 名教师分成三组,一组 1 人,另两组都是 2 人,有 $\dfrac{C_5^1\cdot C_4^2}{P_2^2}=15$(种)方法,再将 3 组分到 3

个班,共有 $15 \cdot P_3^3 = 90$(种)不同的分配方案.

4. 某外商计划在四个候选城市投资 3 个不同的项目,且在同一个城市投资的项目不超过 2 个,则该外商不同的投资方案有( )种.

  A. 16   B. 36   C. 42   D. 60   E. 以上都不是

【答案】 D

【解析】 按条件,项目可分配为 2,1,0,0 与 1,1,1,0 的结构,因此投资方案有 $C_4^2 C_3^2 P_2^2 + C_4^3 P_3^3 = 36+24 = 60$(种).

5. 3 位教师分配到 6 个班级,若其中一人教 1 个班,一人教 2 个班,一人教 3 个班,则共有分配方法( )种.

  A. 720   B. 360   C. 120   D. 60   E. 130

【答案】 B

【解析】 适用排列组合打包寄送模型:

(1) 打包——把 6 个班级分成 3 个组,每个组至少得到 1 个班级.

第一层次:因每组中元素的个数产生的差异只有一大类:

$6 = 1+2+3$(打包计数先分解,题目已经指定分解方案).

第二层次:在这一大类中,因元素的质地产生的差异:

$6 = 1+2+3 \Rightarrow C_6^1 C_5^2 C_3^3 = 60$(有 1 个 1,就要除以 P_1^1).

即不同的打包方法为 60.

(2) 寄送一把 3 个不同的班组寄送到 3 个不同的老师,每个老师恰好 1 个,共有不同的方法数为 $P_3^3 = 6$.

根据乘法原理,最终结果为 $60 \times 6 = 360$.

6. 不同的钢笔 12 支,分 3 堆,一堆 6 支,另外两堆各 3 支,有( )种分法.

  A. 9240   B. 9260   C. 9280   D. 9300   E. 9320

【答案】 A

【解析】 若 3 堆有序号,则有 $C_{12}^6 \cdot C_6^3 \cdot C_3^3$,但考虑有两堆都是 3 支,无须区别,故共有 $\dfrac{C_{12}^6 C_6^3 C_3^3}{P_2^2} = 9240$(种)分法.

考点 162:定序问题(除法原理)

当把某 n 个元素进行排序时,其中 m 个元素不计顺序或者顺序已定,要把这 m 个元素的顺序除掉,有多少除多少.定序公式:$\dfrac{n!}{m!}$.

典型例题

1. 书架上某层有 6 本书,新买 3 本插进去,要保持原有 6 本书的顺序,有( )种不同的插法.

  A. 504   B. 134   C. 150   D. 160   E. 124

【答案】 A

【解析】 一共是 9 本书的排序,但是依照题意保持原有 6 本书的顺序,则最后的方法数

是 $\dfrac{1}{P_6^6}P_9^9$.

2. 将A,B,C,D,E,F这6个字母排成一排,若A,B,C必须按A在前,B居中,C在后的原则(A,B,C允许不相邻),有(　　)种不同的排法.
   A. 150　　　　B. 130　　　　C. 120　　　　D. 160　　　　E. 140

   【答案】 C

   【解析】 本题是6个元素的排序,其中三个元素的顺序已经确定,所以有 $\dfrac{P_6^6}{P_3^3}=120$(种)排序方法.

3. 如图9-7,要从原点$O(0,0)$走到点$A(4,3)$,每步只能竖直向上或水平向右走一格,则可选择的路线共有(　　)种.
   A. 128　　　　B. 35　　　　C. 32
   D. 12　　　　E. 64

   【答案】 B

   【解析】 记一步长为1,则从O点到A点的最短路线要走7步,向上3步,向右4步,则只需在7步当中选择3步向上,剩余4步向右即可,故总共有 $C_7^3 C_4^4 = 35$(种)走法.

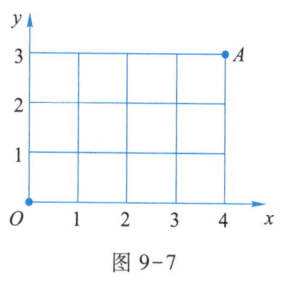

   图9-7

4. 用以下6个数字可以组成60个不同的六位数.
   (1) 1个数字1,2个数字2和3个数字3
   (2) 2个数字1,2个数字2和2个数字3

   【答案】 A

   【解析】 对于条件(1), $N=\dfrac{P_6^6}{P_3^3 P_2^2}=60$,故条件(1)充分.

   对于条件(2), $N=\dfrac{P_6^6}{P_2^2 P_2^2 P_2^2}=90$,故条件(2)不充分.

   综上所述,答案选择A.

5. 甲、乙足球队比赛的比分为4∶2,且比赛过程中,乙从来没领先过,则进球顺序有(　　)种.
   A. 6　　　　B. 8　　　　C. 9　　　　D. 10　　　　E. 12

   【答案】 C

   【解析】 从对立面入手,比分为4∶2,就是4个甲和2个乙的排序,共有 $N=\dfrac{6!}{4!\ 2!}=15$(种).排除乙领先情况:

   (1) 乙□□□□□, $N_1=\dfrac{5!}{4!}=5$.
   (2) 甲乙乙甲甲甲, $N_2=1$.
   共有 $N_1+N_2=6$(种).
   所以答案选C.

考点 163：数字问题

数字问题主要涉及奇数,偶数,整除,数位大小,含 0 不含 0,可以采用位置分析法：

① 能被 2 整除的数的特征:末位数是偶数;不能被 2 整除的数的特征:末位数是奇数.
② 能被 3 整除的数的特征:各位数字之和是 3 的倍数.
③ 能被 9 整除的数的特征:各位数字之和是 9 的倍数.
④ 能被 4 整除的数的特征:末两位是 4 的倍数.
⑤ 能被 5 整除的数的特征:末位数是 0 或 5.
⑥ 能被 25 整除的数的特征:末两位数是 25,50,75.
⑦ 能被 6 整除的数的特征:各位数字之和是 3 的倍数的偶数.

典型例题

1. 由数字 0,1,2,3,4,5 组成没有重复数字的六位数,其中个位数字小于十位数字的共有(　　)种.

   A. 210　　B. 300　　C. 464　　D. 600　　E. 605

   【答案】 B

   【解析】 按题意,个位数字只可能是 0,1,2,3,4 共 5 种情况,分别有 P_5^5,$P_4^1 P_3^1 P_3^3$,$P_3^1 P_3^1 P_3^3$,$P_2^1 P_3^1 P_3^3$,$P_3^1 P_3^3$ 个,合并总计 300 个,选 B.

2. 从 1,2,3,…,100 这 100 个数中任取两个数,使其和能被 4 整除的取法(不计顺序)有(　　)种.

   A. $C_{25}^2 + C_{25}^1 C_{25}^1 + C_{25}^2$
   B. $C_{25}^1 C_{25}^1 + C_{25}^2$
   C. $C_{25}^2 + C_{25}^2$
   D. $C_{25}^2 + C_{25}^1 C_{25}^1 + C_{25}^2$
   E. $C_{25}^2 + C_{25}^1 C_{25}^1 + C_{25}^3$

   【答案】 A

   【解析】 将 $I = \{1,2,3,\cdots,100\}$ 分成四个不相交的子集,能被 4 整除的数集 $A = \{4,8,12,\cdots,100\}$;能被 4 除余 1 的数集 $B = \{1,5,9,\cdots,97\}$,能被 4 除余 2 的数集 $C = \{2,6,\cdots,98\}$,能被 4 除余 3 的数集 $D = \{3,7,11,\cdots,99\}$,易见这四个集合中每一个有 25 个元素;从 A 中任取两个数符合要求;从 B,D 中各取一个数也符合要求;从 C 中任取两个数也符合要求;此外其他取法都不符合要求.所以符合要求的取法共有 $C_{25}^2 + C_{25}^1 C_{25}^1 + C_{25}^2$ 种.

3. 由 0,1,2,3,4,5 可以组成(　　)个没有重复数字的五位奇数.

   A. 210　　B. 300　　C. 464
   D. 288　　E. 605

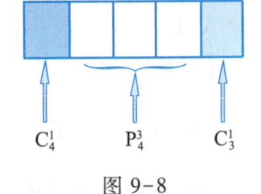

   【答案】 D

   【解析】 由于末位和首位有特殊要求,应该优先安排,以免不合要求的元素占了这两个位置.

   如图 9-8,先排末位共有 C_3^1;然后排首位共有 C_4^1;最后排其他位置共有 P_4^3.

   由分步计数原理得 $C_4^1 C_3^1 P_4^3 = 288$.

   图 9-8

4. 从 1 到 100 的自然数中,每次取出不同的两个数,使它们的和大于 100,则不同的取法有(　　)种.

   A. 50　　B. 100　　C. 1275　　D. 2500　　E. 3500

【答案】 D

【解析】 此题数字较多,情况也不一样,需要分析摸索其规律,为了方便,两个加数中以较小的数为被加数,因为 $1+100=101>100$,1 为被加数的有 1 种;同理,2 为被加数的有 2 种……49 为被加数有 49 种;50 为被加数的有 50 种,但 51 为被加数只有 49 种;52 为被加数只有 48 种……99 为被加数的只有 1 种.故不同的取法共有 $(1+2+\cdots+50)+(49+48+\cdots+1)=2500$(种).

5. 用数字 0,1,2,3,4,5 可以组成没有重复数字,并且比 20000 大的五位偶数共有( )个.

  A. 288   B. 240   C. 144   D. 126   E. 120

【答案】 B

【解析】 个位是 0 的有 $C_4^1 \cdot P_4^3 = 96$(个);个位是 2 的有 $C_3^1 \cdot P_4^3 = 72$(个);个位是 4 的有 $C_3^1 \cdot P_4^3 = 72$(个).所以共有 $96+72+72=240$(个).

6. 从 1,2,3,4,5,6,7 这七个数字中任取两个奇数和两个偶数,组成没有重复数字的四位数,其中奇数的个数为( ).

  A. 432   B. 288   C. 216   D. 360   E. 108

【答案】 C

【解析】 第一步,特殊优先:首先个位数字必须为奇数,从 1,3,5,7 四个中选择一个有 C_4^1 种方法.第二步,剩余任意:再从剩余 3 个奇数中选择一个,从 2,4,6 三个偶数中选择两个进行十位,百位,千位三个位置的全排.则共有 $C_4^1 C_3^1 C_3^2 P_3^3 = 216$(个)数.

7. 用 1,2,3,4 这四种数字组成五位数,数字可以重复,至少有连续三位是 1 的五位数有( )个.

  A. 40   B. 25   C. 31   D. 30   E. 18

【答案】 A

【解析】 (1)恰有连续三位是 1,则有两种情况,第一种情况是该数中有 4 个 1(如 11121),这样的数字有 $C_3^1 P_2^2 = 6$(个),第二种情况是该数中仅有 3 个 1(如 11123),这样的数字有 $C_3^1 C_3^1 + C_3^2 P_2^2 = 27$(个);(2)恰有连续四位是 1,这样的数字有 $C_3^1 P_2^2 = 6$(个);(3)恰有连续五位是 1,这样的数字有 1 个.则这样的五位数有 $6+27+6+1=40$(个).

考点 164:数字中的定序问题(重点)

典型例题

用 0,1,2,3,4,5 组成没有重复数字的四位数,其中千位数字大于百位数字且百位数字大于十位数字的四位数的个数是( ).

  A. 36   B. 40   C. 48   D. 60   E. 72

【答案】 D

【解析】 由于千位数字大于百位数字且百位数字大于十位数字,特殊位置优先考虑,先确定千位,百位,十位数字(C_6^3),还剩下三个数字,一个位置(C_3^1),所以一共有 60 种不同的方法.

考点 165:染色问题(非环形)

注意:非环形染色问题常常是用加法原理与乘法原理解题.

典型例题

1. 如图 9-9，A,B,C,D,E 5 个区域分别用红、黄、蓝、白、黑 5 种颜色中的某一种染色，要使相邻的区域染不同的颜色，不同的染色方法共有( )种.

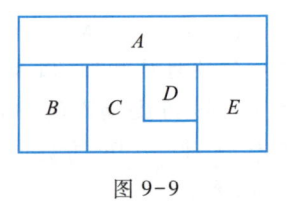

A. 240　　　B. 360　　　C. 600
D. 720　　　E. 180

【答案】 B

【解析】 将染色这一过程分为依次给 A,B,C,D,E 染色五步. 先给 A 染色，因为有 5 种颜色，故有 5 种不同的染色方法；第 2 步给 B 染色，因不能与 A 同色，还剩下 4 种颜色可选择，故有 4 种不同的染色方法；第 3 步给 C 染色，因为不能与 A,B 同色，故有 3 种不同的染色方法；第 4 步给 D 染色，因为不能与 A,C 同色，故有 3 种不同的染色方法；第 5 步给 E 染色，由于不能与 A,C,D 同色，故只有 2 种不同的染色方法. 根据乘法原理，共有不同的染色方法 $5×4×3×3×2=360$(种).

2. 给一个正方体的每个面分别涂上红、黄、蓝三种颜色中的一种，每种颜色涂两个面，共有( )种不同涂法(若经过翻动能使各种颜色的位置相同，则认为是相同的涂法).

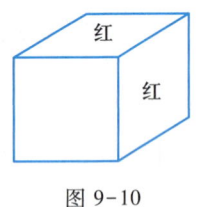

A. 10　　　B. 8　　　C. 6
D. 12　　　E. 18

【答案】 C

【解析】 根据两个红色面相对还是相邻可分为两种情况.(1) 两个红色面相对，此时，有蓝蓝相对和蓝蓝相邻两种涂法.(2) 两个红色面相邻，此时，除蓝蓝相对和黄黄相对两种涂法外，当蓝黄相对时，按图 9-10 摆放，底面有蓝或黄两种涂法，所以共有 6 种不同涂法.

3. 如图 9-11 所示的 A,B,C,D 4 个区域，用 5 种不同颜色将其染色，要求相邻两个区域使用不同颜色，A 和 D 区域使用不同颜色，则染色方法共有( )种.

A. 260　　　B. 210　　　C. 120　　　D. 320　　　E. 240

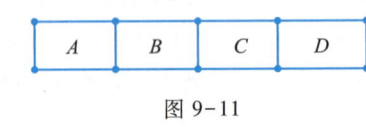

【答案】 A

【解析】 A 区域有 5 种染色方法，如果 B 和 D 颜色相同，则 C 有 4 种染色方法，此时共有 $5×4×4=80$ 种染色方法；如果 B 和 D 颜色不同，则 C 有 3 种染色方法，此时共有 $5×P_4^2×3=180$(种)染色方法. 综上所述，共有 $80+180=260$(种)染色方法.

考点 166：环形染色问题

如图 9-12，若把一个圆(除中间同心圆外的圆环部分)分成 n 份($n>1$)，每部分染一种颜色且相邻部分不能染同种颜色，现有 m($m>1$)种不同颜色可供使用，那么共有 $S=(m-1)^n+(-1)^n(m-1)$ 种染色方法.

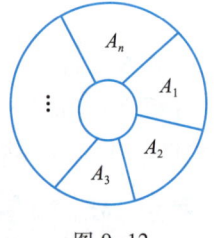

典型例题

1. 在正五边形 $ABCDE$ 中,若把顶点 A,B,C,D,E 染上红、蓝、绿三种颜色中的一种,使得相邻顶点所染颜色不相同,则不同的染色方法共有( )种.

A. 15　　　　B. 18　　　　C. 24　　　　D. 30　　　　E. 34

【答案】　D

【解析】　本题实质上是环形染色问题(3色染5点),分两种情况:

(1) A,D 同色: $3 \times 2 \times 1 \times 2 = 12$.

(2) A,D 异色: $3 \times 2 \times 1 \times (1 \times 2 + 1 \times 1) = 18$.

故不同的染色方法为 $12 + 18 = 30$(种).

2. 如图9-13所示的5个区域,用5种备选颜色给每个区域涂上颜色,要求任意两个相邻区域所涂颜色不同,则不同的涂色方法共有( )种.

A. 320　　　　B. 420　　　　C. 120

D. 240　　　　E. 600

【答案】　B

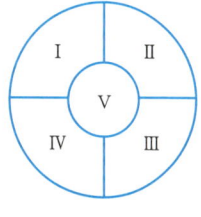

图 9-13

【解析】　区域Ⅴ和其他区域都相邻,先把区域Ⅴ确定下来,有5种方法,则其他区域只有剩余4种颜色作为备选颜色.对于区域Ⅰ有4种方法,如果区域Ⅱ和区域Ⅳ同色,则区域Ⅲ有3种方法,即此时外环4个区域共有 $4 \times 3 \times 3 = 36$(种)方法;如果区域Ⅱ和区域Ⅳ不同色,则区域Ⅲ有2种方法,即此时外环4个区域共有 $4 \times P_3^2 \times 2 = 48$(种)方法.

综上,5个区域共有 $5 \times (36 + 48) = 420$(种)涂色方法.

考点 167: 穷举法题型

典型例题

1. 已知直线 $\dfrac{x}{a} + \dfrac{y}{b} = 1$($a,b$ 是非零常数)与圆 $x^2 + y^2 = 100$ 有公共点,且公共点的横坐标和纵坐标均为整数,那么这样的直线共有( )条.

A. 12　　　　B. 16　　　　C. 18　　　　D. 60　　　　E. 24

【答案】　D

【解析】　圆上的整点有 $(\pm 6, \pm 8), (\pm 8, \pm 6), (\pm 10, 0), (0, \pm 10)$,共12个.

从中取两个点有 $C_{12}^2 = 66$(种)方法,其中关于原点对称的有4条,不满足条件,切线有 $C_{12}^1 = 12$(条),其中平行于坐标轴的有14条,不满足条件.因此共有直线 $66 - 4 + 12 - 14 = 60$(条).

2. 湖中有4个岛,它们的位置恰好近似构成正方形的4个顶点.若要修建3座桥将这4个小岛连接起来,则不同的方案有( )种.

A. 12　　　　B. 16　　　　C. 18　　　　D. 20　　　　E. 24

【答案】　B

【解析】　正方形中连接四个顶点有6条线,从中任取3条建桥有 $C_6^3 = 20$(种)情况,但其中三座桥仅连三个岛则不合要求,这有4种情况,所以 $20 - 4 = 16$.

3. 图9-14中每个小方格的边长都是1.一只小虫从直线 AB 上的 O 点出发,沿着横线与竖线爬行,可上可下,可左可右,但最后仍要回到 AB 上(不一定回到 O 点),如果小虫爬行的总长是 3,那么小虫有不同的爬行路线( )条.

A. 20　　　　B. 36　　　　C. 60　　　　D. 12　　　　E. 18

【答案】 A

【解析】 如果小虫爬行的总长是 2,那么小虫从 AB 出发,回到 AB 上,其不同路线有 6 条,如图 9-15(a);小虫从与相邻的直线上出发,回到上,其不同路线有 4 条,如图 9-15(b).

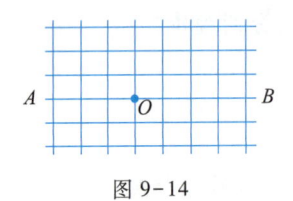

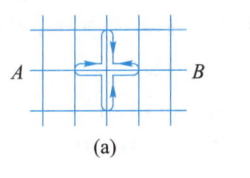

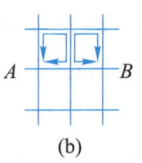

图 9-14　　　　　　　　　　图 9-15

实际上,小虫爬行的总长是 3.小虫爬行的第一步有四种情况:向左,此时小虫还在 AB 上,由上面的分析,后两步有 6 条路线;同理,向右也有 6 条路线;向上,此时小虫在与 AB 相邻的直线上,由上面的分析,后两步有 4 条路线;同理,向下也有 4 条路线.根据加法原理,共有不同的爬行路线 6+6+4+4=20(条).

4. 桌面上有 8 只杯子,将其中 3 只杯子翻转(杯口朝上与杯口朝下互换)做为一次操作,8 只杯口朝上的杯子,经过 n 次操作后,杯口全部朝下,则 n 的最小值为( ).

A. 3　　　　B. 4　　　　C. 5　　　　D. 6　　　　E. 8

【答案】 B

【解析】 本题考查穷举法.将 8 只杯子分别标记为 1,2,3,4,5,6,7,8.第一次翻 1,2,3,第二次翻 4,5,6,第三次翻 1,2,7,第四次翻 1,2,8,此时杯口全部朝下,选 B.

注意:N 个硬币,每次翻转 M 个,至少 X 次翻完,有如下秒杀公式规律:

(1) N 为奇数,M 为偶数,则 X 不存在.

(2) N 为奇数,M 为奇数;

N 为偶数,M 为奇数;

N 为偶数,M 为偶数;

若 N 是 M 的倍数,则 $X = \dfrac{N}{M}$.

若 $N = M+1$,则 $X = N$.

若 $N > 2M$,则 $X = (N+2+2+\cdots+2)/M$,直到能整除.

若 $N < 2M$,则分两种情况:

① 若 N 和 M 的奇偶性相同,则 $X = 3$.

② 若 N 为偶数,M 为奇数,则 $X = 4$.

5. 9 个形状大小一样的球,其中一个较轻,用天平最少称( )次就能保证找到它.

A. 2　　　　B. 3　　　　C. 4　　　　D. 5　　　　E. 6

【答案】 A

【解析】 把 9 个球分三等份:

3 个与另外 3 个上天平,如果天平平衡,则确定剩下的 3 个中有那个轻的,如果不平衡,翘起的一端的 3 个里有那个轻的.

把找到的这 3 个中的 1 个与另外 1 个上天平,同上理,如果天平平衡,则确定剩下的 1 个是那个轻的,否则天平不平衡就简单了,翘起来的一端是那个轻的.

注意：称东西找次品问题，大家可以记住核心规律公式是：

（1）2～3个物品，称1次.

（2）4～9个物品，称2次.

（3）10～27个物品，称3次.

（4）28～81个物品，称4次.

（5）82～243个物品，称5次.

………

规律：右端都是3的次方数.

考点168：传球问题

传球问题核心公式：N 个人传 M 次球，$X = \dfrac{(N-1)^M}{N}$，最接近 X 的整数为最后传给他人的方法数，第二接近 X 的整数为最后传给自己的方法数.

典型例题

1. 四人进行篮球传球练习，要求每人接球后再传给别人.开始由甲发球，作为第一次传球，若第五次传球后，球又回到甲的手中，则共有传球方式（　　）种.

   A. 60　　　　B. 65　　　　C. 70　　　　D. 75　　　　E. 80

【答案】 A

【解析】 4人传5次球，共 $3^5 = 243$（种）方法，平均分给4个人，最后传给每人的传法为 $\dfrac{243}{4} = 60.75$（种），第一接近的整数61是最后传给他人的方法，第二接近的是60为最后传给自己的传法，即为所求.

2. 某人去 A,B,C,D,E 五个城市旅游，第一天去 A 城市，第七天到 E 城市，如果他今天在某个城市，那么第二天肯定会离开这个城市去另外一个城市，那么他一共有（　　）种旅游行程安排的方式.

   A. 204　　　　B. 205　　　　C. 819　　　　D. 820　　　　E. 800

【答案】 C

【解析】 5个城市游7天，辗转6次，第7天到达某一城市平均可分配 $\dfrac{4^6}{5} = \dfrac{4096}{5} = 819.2$（种）方法，最接近的整数（四舍五入）为819，是最后一天到 E 市的方法数.

第十章 概率（考点169-180）

```
                    ┌─ 基本概念：事件、概率的定义、基本事件、样本空间、样本点、古典概型的条件与公式
                    │                ┌─ 有放回式
                    │   ┌─ 取球问题 ─┼─ 无放回式
              ┌─ 古典概型            └─ 一次取出
              │     ├─ 分房问题
              │     ├─ 分组问题
              │     └─ 穷举
              │
              │                     ┌─ 互斥
              │     ┌─ 事件的关系 ─┼─ 独立
              │     │              └─ 对立
              │     │              ┌─ 和事件
       概率 ──┼─ 独立事件概型       ├─ 积事件
              │     ├─ 事件的运算 ─┼─ 差事件
              │     │              └─ 对立事件
              │     │              ┌─ 直接套乘法公式
              │     └─ 三种命题方式┼─ 互斥与独立的结合
              │                    └─ 独立事件的对立面法
              │
              │                    ┌─ n次独立重复试验恰好发生k次
              ├─ 伯努利概型 ───────┼─ n次独立重复试验直到n次才发生k次
              │                    └─ n次独立重复试验直到n次才首次发生
              │
              │                    ┌─ 动点在线上运动   测度：长度
              └─ 几何概型 ─────────┼─ 动点在面上运动   测度：面积
                                   └─ 动点在空间中运动 测度：体积
```

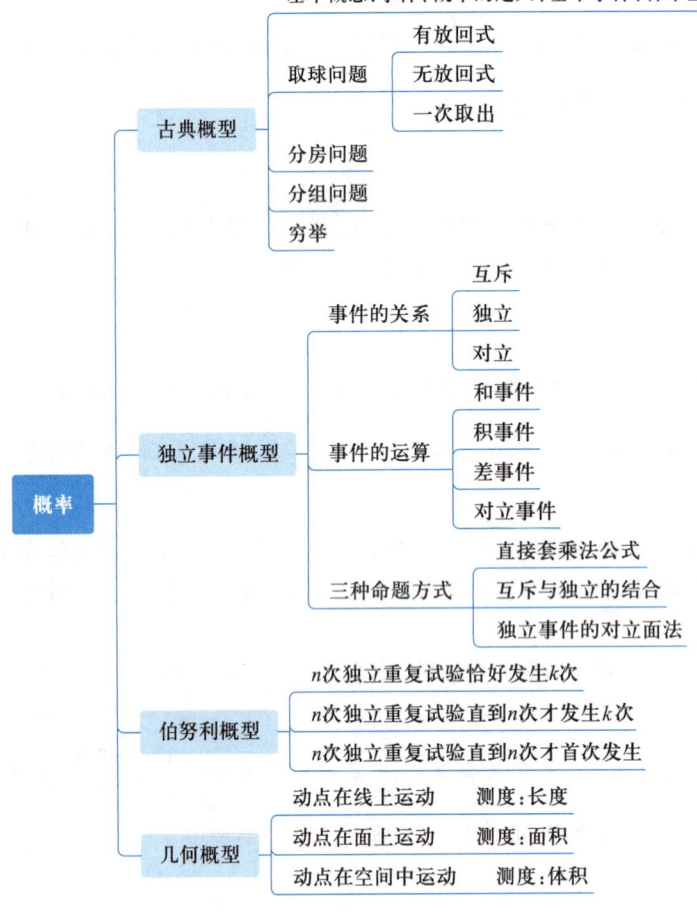

考试内容

考点169：古典概型中的取球问题	考点175：抽签原理
考点170：古典概型中的分房问题	考点176：独立事件题型（直接套乘法公式）
考点171：古典概型中的分组问题	考点177：独立事件的分类法
考点172：概率中的穷举模型	考点178：独立事件的对立面法
考点173：有放回抽取	考点179：伯努利概型
考点174：不放回抽取	考点180：几何概型

一、基本概念

随机试验：将一切具有下面三个特点：(1) 可重复性；(2) 多结果性；(3) 不确定性的试验或观察称为随机试验，简称为试验，常用 E 表示.

随机事件：在一次试验中，可能出现也可能不出现的事情（结果）称为随机事件，简称为事件.

不可能事件：在试验中不可能出现的事件，记作 $\varnothing$.

必然事件：在试验中必然出现的事件，记作 Ω.

样本点：随机试验的每个基本结果称为样本点，记作 ω.

样本空间：所有样本点组成的集合称为样本空间. 样本空间用 Ω 表示.

一个随机事件就是样本空间的一个子集. 基本事件为单点集，复合事件为多点集.

一个随机事件发生，当且仅当该事件所包含的一个样本点出现.

事件的关系与运算（就是集合的关系和运算）

包含关系：若事件 A 发生必然导致事件 B 发生，则称 B 包含 A，记为 $B \supseteq A$ 或 $A \subseteq B$，如图 10-1.

相等关系：若 $A \supseteq B$ 且 $A \subseteq B$，则称事件 A 与事件 B 相等，记为 $A = B$，如图 10-2.

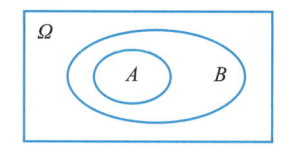

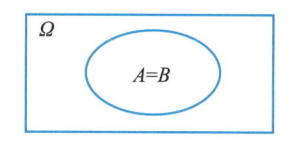

图 10-1　　　　　　图 10-2

事件的和："事件 A 与事件 B 至少有一个发生"是一事件，称此事件为事件 A 与事件 B 的和事件. 记为 $A \cup B$，如图 10-3.

事件的积：称事件"事件 A 与事件 B 都发生"为 A 与 B 的积事件，记为 $A \cap B$ 或 AB，如图 10-4.

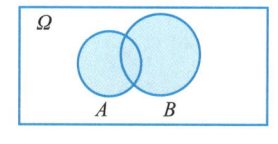

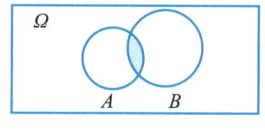

图 10-3　　　　　　图 10-4

事件的差：称事件"事件 A 发生而事件 B 不发生"为事件 A 与事件 B 的差事件，记为 $A-B$，如图 10-5.

用交并补可以表示为 $A-B = A\bar{B}$.

互斥事件：如果 A, B 两事件不能同时发生，即 $AB = \varnothing$，则称事件 A 与事件 B 是互不相容事件或互斥事件，如图 10-6. 互斥时 $A \cup B$ 可记为 $A+B$.

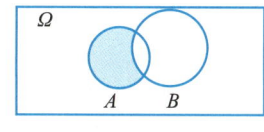

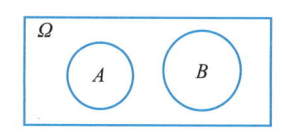

图 10-5　　　　　　图 10-6

对立事件：称事件"A 不发生"为事件 A 的对立事件（逆事件），记为 $\bar{A}$，如图 10-7. 对立事件的性质：$A \cap \bar{A} = \varnothing, A \cup \bar{A} = \Omega$.

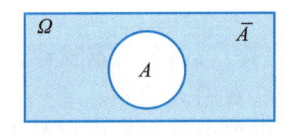

图 10-7

事件运算律：设 A, B, C 为事件，则有

(1) 交换律：$A \cup B = B \cup A, AB = BA$.

(2) 结合律：$A \cup (B \cup C) = (A \cup B) \cup C = A \cup B \cup C, A(BC) = (AB)C = ABC$.

(3) 分配律：$A \cup (B \cap C) = (A \cup B) \cap (A \cup C), A(B \cup C) = (A \cap B) \cup (A \cap C) = AB \cup AC$.

(4) 对偶律（德·摩根律）：$\overline{A \cup B} = \bar{A} \cap \bar{B}, \overline{A \cap B} = \bar{A} \cup \bar{B}$.

二、事件的概率

概率的公理化体系：

(1) 非负性：$P(A) \geqslant 0$.

(2) 规范性：$P(\Omega) = 1$.

(3) 可数可加性：$A_1 \cup A_2 \cup \cdots \cup A_n \cup \cdots$ 两两不相容时，

$P(A_1 \cup A_2 \cup \cdots \cup A_n \cup \cdots) = P(A_1) + P(A_2) + \cdots + P(A_n) + \cdots$.

概率的性质：

(1) $P(\varnothing) = 0$.

(2) 有限可加性：$A_1 \cup A_2 \cup \cdots \cup A_n$ 两两不相容时，

$P(A_1 \cup A_2 \cup \cdots \cup A_n) = P(A_1) + P(A_2) + \cdots + P(A_n)$.

当 $AB = \varnothing$ 时 $P(A \cup B) = P(A) + P(B)$.

(3) $P(\bar{A}) = 1 - P(A)$.

(4) $P(A-B) = P(A) - P(AB)$.

(5) $P(A \cup B) = P(A) + P(B) - P(AB)$.

三、古典概率模型与几何概型

抛硬币、掷骰子、摸球、取数等随机试验，在概率问题的研究中有着十分重要的意义. 一方面，这些模型是人们从大量的随机现象中筛选出来的理想化的概率模型，它们的内容生动形象，结构清楚明确，富有直观性和典型性，便于深入浅出地反映事物的本质，揭示事物的规律. 另一方面，这种模式化的解决，常常归结为某种简单的模型. 因此，有目的地考察并掌握若干常见的概率模型，有助于我们举一反三，触类旁通，丰富解题的技能和技巧，不断提高解题能力.

设试验 E 是古典概型，其样本空间 Ω 由 n 个样本点组成，事件 A 由 k 个样本点组成. 则定义事件 A 的概率为 $P(A) = \dfrac{k}{n}$.

几何概型：设事件 A 是 Ω 的某个区域，它的面积为 $\mu(A)$，则向区域 Ω 上随机投掷一点，该点落在区域 A 的概率为 $P(A) = \dfrac{\mu(A)}{\mu(\Omega)}$.

假如样本空间 Ω 可用一线段，或空间中某个区域表示，则事件 A 的概率仍可用上式确定,只不过把 μ 理解为长度或体积即可.

四、事件的独立性

两个事件的相互独立:若两事件 A,B 满足 $P(AB)=P(A)P(B)$,则称 A,B 独立,或称 A,B 相互独立.

三个事件的相互独立:对于三个事件 A,B,C,若 $P(AB)=P(A)P(B)$,$P(AC)=P(A)P(C)$,$P(BC)=P(B)P(C)$,$P(ABC)=P(A)P(B)P(C)$,则称 A,B,C 相互独立.

三个事件的两两独立:对于三个事件 A,B,C,若 $P(AB)=P(A)P(B)$,$P(AC)=P(A)P(C)$,$P(BC)=P(B)P(C)$,则称 A,B,C 两两独立.

独立的性质:若 A 与 B 相互独立,则 $\bar{A}$ 与 B,A 与 $\bar{B}$,$\bar{A}$ 与 $\bar{B}$ 均相互独立.

五、伯努利概型

(1) n 次独立重复试验的定义:在相同条件下,将某试验重复进行 n 次,且每次试验中任何一事件的概率不受其他次试验结果的影响,此种试验称为 n 次独立重复试验.

(2) n 次独立重复试验的特征:

① 试验的次数不止一次,而是多次,次数 $n\geqslant 1$;

② 每次试验的条件是一样的,是重复性的试验序列;

③ 每次试验的结果只有 A 与 $\bar{A}$ 两种(即事件 A 要么发生,要么不发生),每次试验相互独立,试验的结果互不影响,即各次试验中发生的概率保持不变.

(3) 独立重复试验的概率(伯努利概率):如果在一次试验中某事件发生的概率是 p,那么在 n 次独立重复试验中这个事件恰好发生 k 次的概率:$P_n(k)=C_n^k p^k q^{n-k}(k=0,1,2,\cdots,n)$,其中 $q=1-p$.

(4) n 次独立重复试验中某事件至少发生 k 次的概率公式.

考点169:古典概型中的取球问题

考试的时候要注意虽然题目中会说明"相同的"小球,但是为了能使用古典概型(保证基本事件为等可能事件),通常要将"相同的"小球视为"不同的"元素,再利用排列组合知识进行分子、分母的计数.

典型例题

1. 10 件产品中有 3 件次品,从中随机抽取 2 件,至少抽到 1 件次品的概率为( ).

A. $\dfrac{1}{3}$ B. $\dfrac{2}{5}$ C. $\dfrac{7}{15}$ D. $\dfrac{8}{15}$ E. $\dfrac{3}{5}$

【答案】 D

【解析】 总共的抽取方法数 $n=C_{10}^2=45$.

考虑对立事件:抽到全是正品的方法数 $\bar{m}=C_7^2=21$.

故至少抽到 1 件次品的方法数 $m=n-\bar{m}=45-21=24$.

由古典概型公式可得 $p=\dfrac{m}{n}=\dfrac{24}{45}=\dfrac{8}{15}$.

2. 在36个人中,血型情况如下:A型12人,B型10人,AB型8人,O型6人.若从中随机选出2人,则两人血型相同的概率是( ).

A. $\dfrac{11}{45}$ B. $\dfrac{44}{315}$ C. $\dfrac{11}{105}$ D. $\dfrac{9}{122}$ E. 以上答案均不对

【答案】 A

【解析】 $\dfrac{C_{12}^2+C_{10}^2+C_8^2+C_6^2}{C_{36}^2}=\dfrac{11}{45}$.

3. 一批灯泡共10只,其中有3只质量不合格,今从该批灯泡中随机取出5只,则这5只灯泡都合格的概率和这5只灯泡中有3只合格的概率分别是( ).

A. $\dfrac{1}{12},\dfrac{35}{84}$ B. $\dfrac{1}{12},\dfrac{35}{42}$ C. $\dfrac{1}{6},\dfrac{35}{84}$ D. $\dfrac{1}{6},\dfrac{35}{42}$ E. 以上答案均不对

【答案】 A

【解析】 总共的抽取方法数 $n=C_{10}^5=252$.

5只灯泡都合格的方法数 $m_1=C_7^5=21$,故 $p_1=\dfrac{m_1}{n}=\dfrac{21}{252}=\dfrac{1}{12}$.

5只灯泡中有3只合格的概率是 $p_2=\dfrac{C_3^2 C_7^3}{n}=\dfrac{C_3^2 C_7^3}{C_{10}^5}=\dfrac{105}{252}=\dfrac{35}{84}$.

4. 一只口袋中有5只同样大小的球,编号分别是1,2,3,4,5,今从中随机取出3只球,则取到的球中最大号码是4的概率为( ).

A. 0.3   B. 0.4   C. 0.5   D. 0.6   E. 0.7

【答案】 A

【解析】 等价转化:从编号为1,2,3的球中取出2个,再取出编号为4的球,不同的方法数为

$$m=C_3^2=3,$$

随机取出3只球的方法数为

$$n=C_5^3=10,$$

故

$$p=\dfrac{m}{n}=0.3.$$

5. 从5张编号为1,2,3,4,5的卡片中,任取2张,则恰好取到编号相邻的2张的概率为( ).

A. $\dfrac{1}{5}$ B. $\dfrac{2}{5}$ C. $\dfrac{3}{10}$ D. $\dfrac{7}{10}$ E. $\dfrac{1}{2}$

【答案】 B

【解析】 具体事件即为任取2张卡片上的编号相邻,有4种可能,总事件即为任意地取两张有 $C_5^2=10$(种)方法,所以概率是 $P=\dfrac{4}{10}=\dfrac{2}{5}$.

6. 从1,2,3,4,5,6这6个数中任取3个不同的数,则3个数之和恰好能被3整除的概率是( ).

A. $\dfrac{1}{3}$ B. $\dfrac{1}{2}$ C. $\dfrac{1}{5}$ D. $\dfrac{2}{5}$ E. $\dfrac{3}{5}$

【答案】 D

【解析】 分母为 C_6^3. 对于分子,这 6 个数中,1,4 除以 3 余 1;2,5 除以 3 余 2;3,6 可以被 3 整除. 所以题目的要求即从上述三组中每组选一个数,选法为 $2\times2\times2$. 则所求为 $\dfrac{2\times2\times2}{C_6^3}=\dfrac{2}{5}$.

7. 有红、黄、蓝三种颜色的旗帜各 3 面,在每种颜色的 3 面旗帜上分别有号码 1,2,3,现随机取 3 面,则它们的颜色和号码均不相同的概率是(　　).

A. $\dfrac{17}{40}$　　　B. $\dfrac{1}{14}$　　　C. $\dfrac{3}{10}$　　　D. $\dfrac{1}{120}$　　　E. $\dfrac{3}{5}$

【答案】 B

【解析】 从数字着手,共 9 面旗帜,所以分母为 C_9^3. 对于分子,利用乘法原理,取 1 号旗,有 3 种颜色供选择;取 2 号旗,只有剩下 2 种颜色供选择;到 3 号旗时,只有 1 种颜色可选择,所求为 $\dfrac{3\times2\times1}{C_9^3}=\dfrac{1}{14}$.

8. 从 $1,2,3,4,\cdots,20$ 这 20 个自然数中任选 3 个不同的数,则它们成等差数列的概率是(　　).

A. $\dfrac{1}{57}$　　　B. $\dfrac{1}{20}$　　　C. $\dfrac{1}{38}$　　　D. $\dfrac{1}{40}$　　　E. $\dfrac{1}{24}$

【答案】 C

【解析】 所求数列第 1、3 项奇偶性必相同,所以每两奇数或两偶数确定两数列(首末互换).这 20 个自然数中,偶数有 10 个,奇数有 10 个,如果所求数列第 1、3 项为不等的偶数,则这样的数列有 $P_{10}^2=90(个)$,同理如果所求数列第 1、3 项为不等的奇数,则这样的数列有 $P_{10}^2=90(个)$,故这样的等差数列有 180 个,则所求概率为 $\dfrac{180}{P_{20}^3}=\dfrac{1}{38}$.

9. 如图 10-8,在三角形的每条边上各取三个分点,以这 9 个分点为顶点可画出若干个三角形,若从中任意抽取一个三角形,则其三个顶点分别落在原三角形的三条不同边上的概率为(　　).

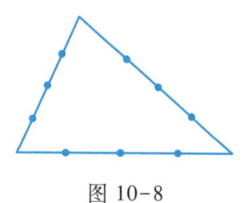

A. $\dfrac{1}{2}$　　　B. $\dfrac{1}{3}$　　　C. $\dfrac{1}{4}$

D. $\dfrac{1}{5}$　　　E. $\dfrac{1}{6}$

图 10-8

【答案】 B

【解析】 由于三点共线无法构成三角形,所以从 9 个分点中任取 3 个分点,可以构成三角形:$C_9^3-3=81(个)$,所以三个顶点分别落在原三角形的三条不同边上的概率是 $P=\dfrac{C_3^1\times C_3^1\times C_3^1}{81}=\dfrac{1}{3}$.

10. 一次面试中,甲要在 5 题中随机选出 3 题,并且至少答对 2 题才能通过面试,已知甲会 5 题中的 3 题,则甲通过面试的概率为(　　).

A. 0.7　　　B. 0.6　　　C. 0.4　　　D. 0.3　　　E. 0.2

【答案】 A

【解析】 甲通过的概率是 $\dfrac{C_3^2 C_2^1}{C_5^3}+\dfrac{C_3^3}{C_5^3}=0.7$.

11. 现有甲箱和乙箱,甲箱装有 2 个红球和 3 个白球,乙箱装有 1 个红球和 4 个白球,某人从两个箱子中随机抽一个箱子,从中取两个球,则两个球颜色不同的概率是( ).

  A. $\dfrac{1}{2}$ B. $\dfrac{1}{3}$ C. $\dfrac{2}{5}$ D. $\dfrac{3}{5}$ E. $\dfrac{1}{4}$

【答案】 A

【解析】 取到甲箱的概率是 $\dfrac{1}{2}$,从甲箱中取出两个颜色互异的小球的概率是 $\dfrac{C_2^1 C_3^1}{C_5^2}=\dfrac{3}{5}$,取到乙箱的概率是 $\dfrac{1}{2}$,从乙箱中取出两个颜色互异的小球的概率是 $\dfrac{C_1^1 C_4^1}{C_5^2}=\dfrac{2}{5}$,则所求的概率是 $\dfrac{1}{2}\times\dfrac{3}{5}+\dfrac{1}{2}\times\dfrac{2}{5}=\dfrac{1}{2}$.

12. 已知袋中装有红、白、黑三种颜色的球若干个,随机抽取 1 球,则该球是白球的概率大于 $\dfrac{1}{4}$.

  (1) 红球数量最少   (2) 黑球数量不到一半

【答案】 C

【解析】 设红球 a 个,白球 b 个,黑球 c 个,该球是白球的概率大于 $\dfrac{1}{4}$ 等价于 $\dfrac{b}{a+b+c}>\dfrac{1}{4}\Leftrightarrow a+c<3b$.

条件(1)红球最少,可以举出反例 $a=1,b=2,c=10$,所以条件(1)不充分.

条件(2)黑球数量不到一半,可以举出反例 $a=3,b=1,c=2$,所以条件(2)不充分.

考虑条件(1)和(2)联合起来,设总量为 $M=a+b+c$,则红球与白球超过 $\dfrac{M}{2}$,从而 $2b>a+b>\dfrac{M}{2}\Rightarrow b>\dfrac{M}{2}\Rightarrow \dfrac{b}{M}>\dfrac{1}{4}$,即:$a+c<3b$,所以选 C.

考点 170:古典概型中的分房问题

  分房问题实际上就是古典概型的一个数学模型,其背景是把一些球按要求放入箱子里,要求不同放法也就不同.样本点数的计算既会用到排列数,又会用到组合数.

典型例题

1. 有 6 个人,每个人都以相同的概率被分配到 4 间房中的每一间中,某指定房间中恰有 2 人的概率约为( ).

  A. 0.1926   B. 0.6667   C. 0.3333   D. 0.2966   E. 0.4

【答案】 D

【解析】 分房问题(分房时没有人数上的限制,可空房!).

$$\dfrac{C_6^2\times 3^4}{4^6}\approx 0.2966.$$

2. 将 3 人以相同的概率分配到 4 间房的每一间中,恰好 3 间房中各有 1 人的概率为( ).

  A. 0.75   B. 0.375   C. 0.1875   D. 0.125   E. 0.105

【答案】 B

【解析】 将 3 人以相同的概率分配到 4 间房的方法 $n = 4^3 = 64$.

恰好 3 间房中各有 1 人的方法 $m = P_4^3 = 24$.

根据古典概型公式可知 $p = \dfrac{m}{n} = \dfrac{24}{64} = 0.375$.

3. 在共有 10 个座位的小会议室内随机坐上 6 名与会者,则指定的 4 个座位被坐满的概率为( ).

  A. $\dfrac{1}{14}$ B. $\dfrac{1}{13}$ C. $\dfrac{1}{12}$ D. $\dfrac{1}{11}$ E. $\dfrac{1}{10}$

【答案】 A

【解析】 总共的就座方法 $n = P_{10}^6$,指定的 4 个座位被坐满的方法 $m = C_6^2 P_6^6$,故

$$p = \dfrac{m}{n} = \dfrac{1}{14}.$$

4. 某班有 30 位同学,小明从外校转入,一年按 365 天计算,则该班有人与小明同一天生日的概率为( ).

  A. $\dfrac{364^{30}}{365^{30}}$ B. $1 - \dfrac{364^{30}}{365^{30}}$ C. $1 - \dfrac{30 \times 364^{30}}{365^{30}}$ D. $\dfrac{30 \times 364^{30}}{365^{30}}$ E. $1 - \dfrac{50^{30}}{365^{30}}$

【答案】 B

【解析】 "有人与小明生日同一天"的对立面就是"30 位同学的生日均与小明不同",即除去小明生日当天不可以,30 位同学每人生日的可能性为 364 种.

5. 甲、乙两人一起旅游,他们约定,各自独立地从 1 号到 6 号景点中任选 4 个进行游览,每个景点参观一个小时,则最后一小时他们同在一个景点的概率是( ).

  A. $\dfrac{1}{36}$ B. $\dfrac{1}{9}$ C. $\dfrac{5}{36}$ D. $\dfrac{1}{6}$ E. $\dfrac{1}{2}$

【答案】 D

【解析】 所求概率的分母是两人分别任选 4 个景点,有 $P_6^4 P_6^4$ 种方法;分子是最后一小时他们同在一个景点,有 $C_6^1 P_5^3 P_5^3$ 种方法.故概率为 $\dfrac{C_6^1 P_5^3 P_5^3}{P_6^4 P_6^4} = \dfrac{1}{6}$.

考点 171:古典概型中的分组问题

利用排列组合中的分组公式求出样本空间与样本点.

典型例题

1. 某轻轨列车有 4 节车厢,现有 6 位乘客准备乘坐,设每一位乘客进入每节车厢都是等可能的,则这 6 位乘客进入各节车厢的人数恰好为 0,1,2,3 的概率为( ).

  A. $\dfrac{45}{128}$ B. $\dfrac{35}{128}$ C. $\dfrac{45}{64}$ D. $\dfrac{35}{64}$ E. $\dfrac{25}{128}$

【答案】 A

【解析】 6位乘客进入4节车厢共有4^6种方法.
$6=3+2+1+0$,故由打包寄送法知共有$C_6^3 C_3^2 C_1^1 P_4^4$种方法,故概率
$$p=\frac{C_6^3 C_3^2 P_4^4}{4^6}=\frac{45}{128}.$$

2. 甲、乙、丙、丁4个足球队参加比赛,假设每场比赛各队取胜的概率相等,现任意将这4个队分成两个组(每组两个队)进行比赛,胜者再赛,则甲、乙之间交手的概率为( ).

A. $\frac{1}{4}$ B. $\frac{1}{3}$ C. $\frac{1}{2}$ D. $\frac{3}{4}$ E. $\frac{2}{5}$

【答案】 C

【解析】 第一场有三种可能.

(1) 甲 vs 乙,丙 vs 丁,则甲、乙相遇的概率为$\frac{1}{3}$.

(2) 甲 vs 丙,乙 vs 丁,需要甲胜且乙胜,则甲、乙相遇的概率为$\frac{1}{3}\times\frac{1}{2}\times\frac{1}{2}$.

(3) 甲 vs 丁,乙 vs 丙,需要甲胜且乙胜,则甲、乙相遇的概率为$\frac{1}{3}\times\frac{1}{2}\times\frac{1}{2}$.

故总的来说甲、乙相遇的概率为$\frac{1}{3}+\frac{1}{3}\times\frac{1}{2}\times\frac{1}{2}+\frac{1}{3}\times\frac{1}{2}\times\frac{1}{2}=\frac{1}{2}$.

3. 将7个人(含甲、乙)分成三组,一组3人,另两组2人,不同的分组方式为a,甲、乙分到同一组的概率为p,则a,p的值分别为( ).

A. $a=105, p=\frac{5}{21}$ B. $a=105, p=\frac{4}{21}$ C. $a=210, p=\frac{5}{21}$

D. $a=210, p=\frac{4}{21}$ E. $a=200, p=\frac{5}{21}$

【答案】 A

【解析】 由于一组3人,另两组2人是局部平均分组,所以$a=\frac{C_7^3\times C_4^2\times C_2^2}{2!}=105$.(1)若甲、乙在3人组,则有$\frac{C_5^1\times C_4^2\times C_2^2}{2!}=15$(种)方法;(2)若甲、乙在2人组,则有$C_5^3\times C_2^2=10$(种)方法,所以甲、乙分到同一组的概率为$p=\frac{15}{105}+\frac{10}{105}=\frac{5}{21}$.

4. 将6个大小相同颜色不同的球等概率地投入到4个不同的箱子中,则4个箱子都不空的概率是( ).

A. $\frac{195}{512}$ B. $\frac{47}{290}$ C. $\frac{95}{512}$ D. $\frac{295}{512}$ E. $\frac{135}{256}$

【答案】 A

【解析】 将6个不同的球投放入4个不同的箱子中,方法数为4^6.
4个都不空的投法有两种情况:$(1,1,2,2),(1,1,1,3)$,故概率为
$$P=\frac{\left(\frac{C_6^2 C_4^2 C_2^1}{P_2^2 P_2^2}+C_6^3\right)P_4^4}{4^6}=\frac{195}{512}.$$

5. 甲、乙、丙三人被分配到 A,B,C,D 四个不同的岗位服务,则甲、乙两人不在同岗位的概率是( ).

A. $\dfrac{1}{2}$ B. $\dfrac{3}{4}$ C. $\dfrac{5}{12}$ D. $\dfrac{7}{12}$ E. $\dfrac{3}{5}$

【答案】 B

【解析】 甲、乙在同一岗位有 4 种可能,丙有 4 种可能,故甲、乙在同一岗位的概率是 $P_1 = \dfrac{4 \times 4}{4^3} = \dfrac{1}{4}$,那么甲、乙两人不在同一岗位的概率是 $1 - \dfrac{1}{4} = \dfrac{3}{4}$.

6. 4 位同学各自在周六、周日两天中任选一天参加公益活动,则周六、周日都有同学参加公益活动的概率为( ).

A. $\dfrac{1}{8}$ B. $\dfrac{3}{8}$ C. $\dfrac{5}{8}$ D. $\dfrac{3}{4}$ E. $\dfrac{7}{8}$

【答案】 E

【解析】 4 位同学各自在周六、周日两天中任选一天参加公益活动的情况有 $2^4 = 16$(种),4 位同学都选周六,或者都选周日的情况有 2 种,则周六、周日都有同学参加公益活动的概率为 $P = \dfrac{2^4 - 2}{2^4} = \dfrac{7}{8}$.

7. 8 个足球队有 2 个种子队,把 8 个队任意分成甲、乙两组,每组 4 队,则这 2 个种子队被分在同一组内的概率为( ).

A. $\dfrac{6}{7}$ B. $\dfrac{1}{2}$ C. $\dfrac{1}{4}$ D. $\dfrac{3}{7}$ E. $\dfrac{1}{3}$

【答案】 D

【解析】 8 个足球队任意分为甲、乙两组,有 $C_8^4 C_4^4$ 种分组方法,两个种子队被分在同一组,有 $C_2^1 C_6^2 C_4^4$ 种分组方法.故概率为 $P = \dfrac{C_2^1 C_6^2 C_4^4}{C_8^4 C_4^4} = \dfrac{3}{7}$.

8. 某班 15 名学生中有 12 名男生、3 名女生,要按人数平均分成甲、乙、丙三组,则每组中均有 1 名女生的概率约为( ).

A. 0.137   B. 0.200   C. 0.250   D. 0.275   E. 0.333

【答案】 D

【解析】 将学生平均分为甲、乙、丙三组,有 $C_{15}^5 C_{10}^5 C_5^5$ 种分组方法.3 名女生每组各 1 名,有 $C_{12}^4 C_8^4 C_4^4 P_3^3$ 种分组方法.故所求概率为 $P = \dfrac{C_{12}^4 C_8^4 C_4^4 P_3^3}{C_{15}^5 C_{10}^5 C_5^5} \approx 0.275$.

9. 身高各不相同的五人排成一排,恰巧中间的人最高,两端的人比相邻的人矮的概率为( ).

A. $\dfrac{1}{120}$ B. $\dfrac{1}{100}$ C. $\dfrac{1}{80}$ D. $\dfrac{1}{60}$ E. $\dfrac{1}{20}$

【答案】 E

【解析】 中间的人最高,直接把最高的人放中间,把剩下四个人分成两两一组放左边和右边,有 $C_4^2 C_2^2 = 6$(种)方法,然后把左边两人中低的放边上,右边一样即可.故所求概率为 $P =$

$$\frac{6}{P_5^5} = \frac{1}{20}.$$

考点 172：概率中的穷举模型

管理类联考中穷举法常常与古典概型相结合考查.

一般思路：据排列组合的方法求出样本空间，用穷举的方法求出样本点.

典型例题

1. 若以连续投掷两枚骰子分别得到的点数 a 与 b 作为点 M 的横纵坐标，则点 M 落入圆 $x^2+y^2=18$ 内（不含圆周）的概率是（　　）.

A. $\frac{7}{36}$　　B. $\frac{2}{9}$　　C. $\frac{1}{4}$　　D. $\frac{5}{18}$　　E. $\frac{11}{36}$

【答案】 D

【解析】 由 $x^2+y^2=18$ 得，$x \leqslant 3\sqrt{2} \approx 4.24, y \leqslant 3\sqrt{2} \approx 4.24$，因为点 $M(a,b)$ 在圆 $x^2+y^2=18$ 内部，从而 a 与 b 只能取 1,2,3,4，故

当 $a=1$ 时，$b=1,2,3,4$，点 $M(a,b)$ 共 4 种情况.

当 $a=2$ 时，$b=1,2,3$，点 $M(a,b)$ 共 3 种情况.

当 $a=3$ 时，$b=1,2$，点 $M(a,b)$ 共 2 种情况.

当 $a=4$ 时，$b=1$，点 $M(a,b)$ 共 1 种情况.

由加法原理得 $m=4+3+2+1=10$. 由古典概率公式得 $P(A) = \frac{m}{n} = \frac{10}{36} = \frac{5}{18}$.

2. 某次校园猜奖活动中，主持人给出一个号码 5151239123，让同学们猜一等奖中奖号. 已知一等奖中奖号是所给号码中连续的三个数字，则某同学能在三次内猜中的概率是（　　）.

A. $\frac{1}{2}$　　B. $\frac{1}{7}$　　C. $\frac{3}{7}$　　D. $\frac{3}{8}$　　E. $\frac{2}{9}$

【答案】 C

【解析】 数字密码中连续的三个数字有 515,151,512,123,239,391,912，则三次内猜中的概率是 $\frac{3}{7}$.

3. 盒中有 4 枚 2 分，2 枚 1 分的硬币，共 6 枚，从中随机取出 3 枚，3 枚硬币的面值之和是 5 分的概率为（　　）.

A. 0.5　　B. 0.6　　C. 0.45　　D. 0.55　　E. 0.4

【答案】 B

【解析】 用①,②,③,④表示 4 枚 2 分硬币，用⑤,⑥表示 2 枚 1 分硬币. 从 6 枚硬币中任取 3 枚，所有可能组合为 $n=20$(种)，面值和为 5 的共有 $k=12$(种).

于是，所求概率为

$$p = \frac{k}{n} = \frac{12}{20} = 0.6.$$

4. 考虑一元二次方程 $x^2+Bx+C=0$，其中 B,C 分别是将一枚骰子接连掷两次先后出现的

点数,该方程有实根的概率 p 和有重根的概率 q 分别为( ).

A. $\dfrac{17}{36}, \dfrac{1}{18}$ B. $\dfrac{5}{9}, \dfrac{1}{18}$ C. $\dfrac{19}{36}, \dfrac{1}{6}$ D. $\dfrac{7}{12}, \dfrac{1}{6}$ E. $\dfrac{19}{36}, \dfrac{1}{18}$

【答案】 E

【解析】 一枚骰子掷两次,其基本事件总数为 $6^2=36$,方程组有实根的充分必要条件是 $B^2-4C\geq 0$,即 $C\leq \dfrac{B^2}{4}$;方程组有重根的充分必要条件是 $B^2-4C=0$,即 $C=\dfrac{B^2}{4}$,易见

B	1	2	3	4	5	6
使 $C\leq \dfrac{B^2}{4}$ 的基本事件个数	0	1	2	4	6	6
使 $C=\dfrac{B^2}{4}$ 的基本事件个数	0	1	0	1	0	0

由此可见,使方程有实根的基本事件个数为 $1+2+4+6+6=19$,使方程有重根的基本事件个数为 2,因此 $p=\dfrac{19}{36}, q=\dfrac{2}{36}=\dfrac{1}{18}$.

5. 连续掷骰子两次,将点数依次作为 a,b 的值,则圆 $(x-a)^2+(y-a)^2=b^2$ 上所有的点都在第一象限内的概率为( ).

A. $\dfrac{5}{12}$ B. $\dfrac{7}{12}$ C. $\dfrac{13}{30}$ D. $\dfrac{3}{13}$ E. $\dfrac{23}{30}$

【答案】 A

【解析】 圆 $(x-a)^2+(y-a)^2=b^2$ 上所有的点都在第一象限内 $\Rightarrow a>b$,当 $b=1$ 时,a 有 5 种选择,当 $b=2$ 时,a 有 4 种选择,以此类推,共有 $5+4+3+2+1=15$ (种)情况,故概率为 $\dfrac{15}{6\times 6}=\dfrac{5}{12}$.

6. 某剧院正在上映一部新歌剧,前座票价为 50 元,中座票价为 35 元,后座票价为 20 元,如果购买到任何一种票都是等可能的,现任意购买两张票,则其值不超过 70 元的概率为( ).

A. $\dfrac{1}{3}$ B. $\dfrac{1}{2}$ C. $\dfrac{3}{5}$ D. $\dfrac{2}{3}$ E. $\dfrac{2}{5}$

【答案】 D

【解析】 样本空间中有六个元素:{前前,前中,前后,中后,中中,后后},两张票的值不超过 70 元的情况有四种:前中,中中,后后,中后.综上所述,答案是 D.

7. 连续掷骰子两次,将点数依次作为 b,c 的值,则方程 $x^2+bx+c=0$ 有两个不相等的实数根的概率为( ).

A. $\dfrac{13}{18}$ B. $\dfrac{5}{18}$ C. $\dfrac{13}{30}$ D. $\dfrac{17}{36}$ E. $\dfrac{23}{30}$

【答案】 D

【解析】 连续掷两次,共有 36 种不同情况,要使 $x^2+bx+c=0$ 有两个不同根,即 $b^2-4c>0$:

(1) $b=3$ 时,$c=1,2$;
(2) $b=4$ 时,$c=1,2,3$;
(3) $b=4$ 时,$c=1,2,3,4,5,6$;
(4) $b=5$ 时,$c=1,2,3,4,5,6$.

共有 17 种情况,概率为 $\dfrac{17}{36}$.

8. 将 3 张写有不同数字的卡片随机地排成一排,数字面朝下.翻开左边和中间的 2 张卡片,如果中间卡片上的数字大,那么取中间的卡片,否则取右边的卡片.则取出的卡片上的数字最大的概率为(   ).

A. $5:6$　　　　B. $2:3$　　　　C. $1:2$　　　　D. $1:3$　　　　E. $1:4$

【答案】 C

【解析】 我们可以抽象问题具体化,把三个数字记为 1,2,3,因为题目中要求随机排成一列,有 6 种可能:123,132,213,231,312,321,样本空间个数是 6,事件 A = "取出的卡片上的数字最大".

事件 A 可以分两类:

1) 中间卡片上的数字比左边的大,那么取中间的卡片,有 123,132,231,满足事件 A 的有 2 种情况 132,231.

2) 中间卡片上的数字比左边的小,那么取右边的卡片,有 213,312,321,满足事件 A 的有 1 种情况 213.

则取出的卡片上的数字最大的概率为 $P(A) = \dfrac{1}{2}$.

9. 将一枚六个面编号分别为 1,2,3,4,5,6 的质地均匀的正方体骰子先后投掷两次,记第一次掷出的点数为 a,第二次掷出的点数为 b,则使关于 x,y 的方程组 $\begin{cases} ax+by=3 \\ x+2y=2 \end{cases}$ 只有正数解的概率为(   ).

A. $\dfrac{1}{12}$　　　　B. $\dfrac{2}{9}$　　　　C. $\dfrac{5}{18}$　　　　D. $\dfrac{13}{36}$　　　　E. $\dfrac{7}{18}$

【答案】 D

【解析】 当 $2a-b=0$ 时,方程组无解.

当 $2a-b \neq 0$ 时,方程组的解为 $\begin{cases} x = \dfrac{6-2b}{2a-b}, \\ y = \dfrac{2a-3}{2a-b}. \end{cases}$

由已知,得 $\begin{cases} \dfrac{6-2b}{2a-b} > 0, \\ \dfrac{2a-3}{2a-b} > 0, \end{cases}$ 即 $\begin{cases} 2a-b>0, \\ a > \dfrac{3}{2}, \\ b < 3, \end{cases}$ 或 $\begin{cases} 2a-b<0, \\ a < \dfrac{3}{2}, \\ b > 3. \end{cases}$ 由 a,b 的实际意义为 1,2,3,4,5,6,可得 $\begin{cases} a=2,3,4,5,6, \\ b=1,2, \end{cases}$

共有 $5 \times 2 = 10$(种)情况;或 $\begin{cases} a=1, \\ b=4,5,6, \end{cases}$ 共 3 种情况.

又掷两次骰子出现的基本事件共 6×6＝36(种)情况,故所求的概率为 $\frac{13}{36}$.

考点 173：有放回抽取

随机地从袋中有放回地取球若干次就是指随机地从袋中每次只取一个球,取后依然放回袋中,连续进行若干次.这样的取球过程实际上也是按顺序取的,而且每个球都有被重复取出的可能,所考虑的事件依然会涉及取球的顺序,所以要用重复排列数计算样本点数.

典型例题

1. 一个口袋内装有大小相同的红球、蓝球各一个,采取有放回地每次摸出一个球并记下颜色为一次试验,试验共进行 3 次,则至少摸到 1 次红球的概率是(   ).

A. $\frac{1}{8}$ B. $\frac{7}{8}$ C. $\frac{3}{8}$ D. $\frac{5}{8}$ E. $\frac{1}{4}$

【答案】 B

【解析】 先求对立事件的概率,即 3 次试验中有 0 次红球,即为 3 次全是蓝球的概率是 $P=\frac{1}{2}\times\frac{1}{2}\times\frac{1}{2}=\frac{1}{8}$,所以至少摸到 1 次红球的概率为 $P=1-\frac{1}{8}=\frac{7}{8}$.

2. 盒子里装有 1 个红球和 4 个白球,除颜色之外这 5 个球并无差异.某人随机从盒子里抽取小球,则红球至少被抽中 1 次的概率大于 50%.

(1) 无放回地抽取 3 次
(2) 有放回地抽取 3 次

【答案】 A

【解析】 我们用正难则反的思想,红球至少被抽中 1 次,其反面就是红球从未被抽中过.

对于条件(1),红球至少被抽中 1 次的概率为 $P=1-\frac{4}{5}\times\frac{3}{4}\times\frac{2}{3}=0.6$,故充分.

对于条件(2),红球至少被抽中 1 次的概率为 $P=1-\left(\frac{4}{5}\right)^3=0.488$,故不充分.

考点 174：不放回抽取

随机地从袋中不放回地取球若干次就是指随机地从袋中每次只取一个球,取后不再放回袋中,连续进行若干次.这样的取球过程实际上是按顺序取的,所考虑的事件也会涉及取球的顺序,所以要用排列数计算样本点数.

典型例题

1. 有 5 件正品和 2 件次品混合放在一起,为了找出其中的两件次品,需对它们一一进行不放回的检验,则恰好进行了 3 次检验就找出了 2 件次品的概率为(   ).

A. $\frac{1}{21}$ B. $\frac{2}{21}$ C. $\frac{3}{21}$ D. $\frac{4}{21}$ E. $\frac{5}{21}$

【答案】 B

【解析】 本题的难点在于"恰好进行了3次检验就找出了2件次品",这说明第3次恰好抽到的是次品,之前的某次也是次品.所以本题是个排列问题,分母为 P_7^3.对于分子,第三次为次品,有 2 个选择;然后找到一个正品,有 5 个选择;最后这个正品和另外一个次品在一、二号位置上排列一下,有 2 个排法,所以分子为 2×5×2.综上,所求概率为 $\dfrac{2\times 5\times 2}{P_7^3}=\dfrac{2}{21}$.

2. 一个人有 n 把钥匙,其中只有 1 把钥匙能打开房门,随机逐个试验,则恰好第 k 次打开房门的概率为( ).

A. C_n^k B. $\dfrac{1}{n}$ C. $\dfrac{k}{n}$ D. $\dfrac{n-k}{n}$ E. C_n^{n-k}

【答案】 B

【解析】 开锁是无放回的随机抽样.

设 B_n 表示第 n 次首次打开了房门,$\overline{B_n}$ 表示第 n 次没有打开房门,则

$$P(B_k)=P(\overline{B_1}\overline{B_2}\cdots\overline{B_{k-1}}B_k)=\dfrac{n-1}{n}\times\dfrac{n-2}{n-1}\cdots\dfrac{n-(k-1)}{n-(k-2)}\times\dfrac{1}{n-(k-1)}=\dfrac{1}{n}.$$

3. 已知盒中装有 3 只螺口灯泡与 7 只卡口灯泡,这些灯泡的外形与功率都相同且灯口向下放着,现需要一只卡口灯泡使用,电工师傅每次从中任取一只且不放回,则他直到第 3 次才取得卡口灯泡的概率是( ).

A. $\dfrac{21}{40}$ B. $\dfrac{17}{40}$ C. $\dfrac{3}{10}$ D. $\dfrac{7}{120}$ E. $\dfrac{17}{120}$

【答案】 D

【解析】 由于第一次取得螺口灯泡的概率是 $\dfrac{3}{10}$,第二次取得螺口灯泡的概率是 $\dfrac{2}{9}$,第三次取得卡口灯泡的概率是 $\dfrac{7}{8}$,所以直到第 3 次才取得卡口灯泡的概率是 $P=\dfrac{3}{10}\times\dfrac{2}{9}\times\dfrac{7}{8}=\dfrac{7}{120}$.

考点 175:抽签原理

原理1:口袋中有 n 个红球,m 个白球,p 个黑球,从中把球一个个取出(不放回/有放回),则第 k 次取到红球的概率是 $\dfrac{n}{n+m+p}$,第 k 次取到白球的概率是 $\dfrac{m}{m+n+p}$,第 k 次取到黑球的概率是 $\dfrac{p}{m+n+p}$.

原理2:口袋中有 a 个红球,b 个白球,从中把球一个个取出(不放回/有放回),则第 k 次取到红球的概率为 $\dfrac{a}{a+b}$,第 k 次取到白球的概率为 $\dfrac{b}{a+b}$.

典型例题

1. 口袋中有 3 个红球,2 个白球,2 个黑球,从中将球一个个取出(不放回)第三次取到红球的概率为( ).

A. $\dfrac{3}{7}$ B. $\dfrac{1}{7}$ C. $\dfrac{2}{7}$ D. $\dfrac{4}{7}$ E. $\dfrac{5}{7}$

【答案】　A

【解析】　本题属于抽签原理,无论第几次抽到红球,概率都是 $\frac{3}{7}$.

2. 10人依次从10件礼物中各取一件.其中有5个玩偶,3个水杯,2条领带,则 $p=\frac{1}{2}$.

(1) 若小明第5位取礼物,且取到玩偶的概率为 p

(2) 若小明第9位取礼物,且取到玩偶的概率为 p

【答案】　D

【解析】　此题型为抽签原理的问题,与有10张彩票,其中有5张有奖,第 n 次中奖的概率是一致的表达.条件(1)中,第5次抽到玩偶的概率为 $P=\frac{C_5^1 C_9^4 P_4^4}{C_{10}^5 P_5^5}=\frac{5}{10}=\frac{1}{2}$,条件(1)充分.

条件(2)中,概率 $P=\frac{C_5^1 P_9^9}{P_{10}^9}=\frac{1}{2}$,所以条件(2)也充分.

取球问题总结:口袋中有3个红球,4个白球,从中将球一个个取出.

事件	概率	
	有放回	无放回
第三次取到红球	$\frac{3}{7}$	$\frac{3}{7}$
恰好第三次取到红球	$\frac{4}{7} \cdot \frac{4}{7} \cdot \frac{3}{7}$	$\frac{4}{7} \cdot \frac{3}{6} \cdot \frac{3}{5}$
三次内取到红球	$1-\left(\frac{4}{7}\right)^3$	$1-\frac{4}{7} \cdot \frac{3}{6} \cdot \frac{2}{5}$
恰好第四次将红球取完	0	$C_3^2 \frac{3}{7} \cdot \frac{4}{6} \cdot \frac{2}{5} \cdot \frac{1}{4}$
四次内将红球取完	0	$\frac{3}{7} \cdot \frac{2}{6} \cdot \frac{1}{5}+C_3^2 \frac{3}{7} \cdot \frac{4}{6} \cdot \frac{2}{5} \cdot \frac{1}{4}$
红球先于白球取完	0	$\frac{4}{7}$

考点176：独立事件题型（直接套乘法公式）

两个事件的相互独立:若两事件 A,B 满足 $P(AB)=P(A)P(B)$,则称 A,B 独立,或称 A,B 相互独立.

典型例题

1. 某次知识竞赛规则如下:在主办方预设的5个问题中,选手若能连续正确回答出两个问题,即停止答题,晋级下一轮,假设某选手正确回答每个问题的概率都是0.8,且每个问题的回答结果相互独立,则该选手恰好回答了4个问题就晋级下一轮的概率为(　　).

A. 0.128　　　　B. 0.064　　　　C. 0.512　　　　D. 0.64　　　　E. 0.28

【答案】　A

【解析】　由题意知,所求概率为 $1×0.2×0.8^2 = 0.128$.

2. 一种零件的加工由两道工序组成,第一道工序的废品率为 p,第二道工序的废品率为 q,则该零件加工的成品率为(　　).

A. $1-p-q$　　　　　　　　B. $1-pq$　　　　　　　　C. $1-p-q+pq$

D. $(1-p)+(1+q)$　　　　　E. $1-p-q-pq$

【答案】　C

【解析】　若零件为成品,则两次均应为成品,所以所求为 $(1-p)(1-q) = 1-p-q+pq$.

考点177：独立事件的分类法

本质:利用互斥与独立相结合求事件的概率.

典型例题

1. 甲、乙两人参加投篮游戏,已知甲、乙两人投中的概率分别为 0.8 和 0.7,则甲、乙两人各投篮 1 次,恰有 1 人投中的概率是(　　).

A. 0.56　　B. 0.45　　C. 0.38　　D. 0.24　　E. 0.14

【答案】　C

【解析】　包含了两种情况,"甲中,乙不中"和"甲不中,乙中",所以所求为 $0.8×0.3+0.2×0.7 = 0.38$.

2. 甲、乙两位同学各有 5 张卡片,现以投掷均匀硬币的形式进行游戏,当出现正面朝上时甲赢得乙一张卡片,否则乙赢得甲一张卡片,如果某人已赢得所有卡片,那么游戏终止,则掷硬币的次数不大于 7 次时游戏终止的概率为(　　).

A. $\dfrac{1}{16}$　　B. $\dfrac{5}{32}$　　C. $\dfrac{9}{128}$　　D. $\dfrac{9}{64}$　　E. $\dfrac{7}{16}$

【答案】　D

【解析】　首先,次数可能是 5 次,即结果为 5：0——这很好理解;不可能是 6 次,因为如果前 5 次构成 5：0,则已经结束了;还可能是 7 次,结果为 6：1.然后,对于 5：0,概率为 $\left(\dfrac{1}{2}\right)^5 = \dfrac{1}{32}$;但对于 6：1 则很容易算错,注意如果前 5 次是 5：0,则根本不会进行后面的游戏了,所以前 5 局必然是 4：1,后两局必然都是领先者获胜,所以仅对前 5 局套用伯努利定理,而后 2 局是固定的概率,结果为 $\left(\dfrac{1}{2}\right)^2 × C_5^1 \left(\dfrac{1}{2}\right)^5 = \dfrac{5}{128}$.二者之和为 $\dfrac{9}{128}$.很多人由此误选 C.但上述分析其实都是某一人(例如甲)获胜的概率,另一人也可能获胜,所以所求为 $\dfrac{9}{128} × 2 = \dfrac{9}{64}$.

3. 若从原点出发的质点 M 向 x 轴的正方向移动一个和两个坐标单位的概率分别是 $\dfrac{2}{3}$ 和 $\dfrac{1}{3}$,则该质点移动三个坐标单位到达点 $x = 3$ 的概率是(　　).

A. $\dfrac{19}{27}$　　B. $\dfrac{20}{27}$　　C. $\dfrac{7}{9}$　　D. $\dfrac{22}{27}$　　E. $\dfrac{23}{27}$

【答案】　B

【解析】 移动三个坐标单位到达点 $x=3$ 分为三种情况 $3=1+1+1=2+1=1+2$，所求概率为 $\left(\dfrac{2}{3}\right)^3+\left(\dfrac{2}{3}\right)\left(\dfrac{1}{3}\right)+\left(\dfrac{1}{3}\right)\left(\dfrac{2}{3}\right)=\dfrac{20}{27}$.

4. 某机构设有客服电话，假设顾客办理业务所需的通话时间相互独立，且都是整数分钟，对以往顾客办理业务所需时间的统计结果如下：

办理业务所需时间(分)	1	2	3	4	5
频率	0.1	0.2	0.3	0.2	0.2

从接到第一个客户电话开始计时(不考虑挂机时间)，第三个客户等待了 5 分钟才拨通电话的概率是(　　).

A. 0.16　　　　B. 0.22　　　　C. 0.14　　　　D. 0.24　　　　E. 0.32

【答案】 A

【解析】 第三个客户等待 5 分钟，有四种情况.
情况 1：第一个客户通话 1 分钟，第二个客户通话 4 分钟，概率为 $0.1\times0.2=0.02$.
情况 2：第一个客户通话 2 分钟，第二个客户通话 3 分钟，概率为 $0.2\times0.3=0.06$.
情况 3：第一个客户通话 3 分钟，第二个户通话 2 分钟，概率为 $0.3\times0.2=0.06$.
情况 4：第一个客户通话 4 分钟，第二个客户通话 1 分钟，概率为 $0.2\times0.1=0.02$.
故第三个客户等待了 5 分钟才拨通电话的概率是 $0.02+0.06+0.06+0.02=0.16$.

5. 袋中装有黑球和白球共 7 个，从中任取 2 个球都是白球的概率为 $\dfrac{1}{7}$.现有甲、乙两人从袋中轮流摸取 1 个球，甲先取，乙后取，然后甲再取，……，取后不放回，直到两人中有一人取到白球时即终止，每个球在每一次被取出的机会是等可能的.则甲取到白球的概率是(　　).

A. $\dfrac{5}{216}$　　　　B. $\dfrac{25}{216}$　　　　C. $\dfrac{31}{216}$　　　　D. $\dfrac{22}{35}$　　　　E. $\dfrac{125}{216}$

【答案】 D

【解析】 设白球 x 个，则黑球 $7-x$ 个，由于 $\dfrac{C_x^2}{C_7^2}=\dfrac{1}{7}$，则 $x=3$，所以袋子中有白球 3 个，黑球 4 个，若两人轮流取球，其中有一人取到白球停止，那么甲取到白球包括以下三类：

(1) 第一次甲取到白球，则概率是 $P_1=\dfrac{3}{7}$.

(2) 前两次都是黑球，第三次甲取到白球，则概率是 $P_2=\dfrac{4}{7}\cdot\dfrac{3}{6}\cdot\dfrac{3}{5}=\dfrac{6}{35}$.

(3) 前四次都是黑球，第五次甲取到白球，则概率是 $P_3=\dfrac{4}{7}\cdot\dfrac{3}{6}\cdot\dfrac{2}{5}\cdot\dfrac{3}{3}=\dfrac{1}{35}$.

所以甲取到白球的概率 $P=P_1+P_2+P_3=\dfrac{22}{35}$.

考点 178：独立事件的对立面法

正难则反，这种类型的问题往往从对立面入手求概率.

典型例题

1. 将一颗质地均匀的骰子先后抛掷 3 次,至少出现一次 6 点向上的概率是( ).

A. $\dfrac{5}{216}$ B. $\dfrac{25}{216}$ C. $\dfrac{31}{216}$ D. $\dfrac{91}{216}$ E. $\dfrac{125}{216}$

【答案】 D

【解析】 先求对立事件的概率,即 3 次中 0 次 6 点向上的概率是 $P = \dfrac{C_5^1}{C_6^1} \times \dfrac{C_5^1}{C_6^1} \times \dfrac{C_5^1}{C_6^1} = \dfrac{125}{216}$,所以至少出现一次 6 点向上的概率是 $P = 1 - \dfrac{125}{216} = \dfrac{91}{216}$.

2. 档案馆在一个库房中安装了 n 个烟火感应报警器,每个报警器遇到烟火成功报警的概率为 p.该库房遇烟火发出报警的概率达到 0.999.

(1) $n = 3, p = 0.9$ (2) $n = 2, p = 0.97$

【答案】 D

【解析】 $1 - C_n^0 p^0 (1-p)^{n-0} \geq 0.999$.

条件(1) $n = 3, p = 0.9$,则 $1 - C_3^0 \cdot 0.9^0 \cdot (1-0.9)^{3-0} = 0.999$,充分条件.

条件(2) $n = 2, p = 0.97$,则 $1 - C_2^0 \cdot 0.97^0 \cdot (1-0.97)^2 = 1 - 0.0009 = 0.9991$,充分条件.

3. 某人将 5 个环一一投向一个木栓,直到有一个套中为止,若每次套中的概率为 0.1,则至少剩下一个环未投的概率是( ).(小数点后面保留 4 位有效数字)

A. 0.6561   B. 0.3439   C. 0.6562   D. 0.3438   E. 0.3463

【答案】 B

【解析】 考虑对立事件:投完了 5 个环,等价于前 4 个环都没有套中,概率是 $(0.9)^4 = 0.6561$,故至少剩下一个环未投的概率是 $1 - 0.6561 = 0.3439$.

4. 如图 10-9 所示,由 P 到 Q 的电路中有三个元件,分别标有 T_1, T_2, T_3,电流通过 T_1, T_2, T_3 的概率分别是 $0.9, 0.9, 0.99$,假设电流是否通过三个元件是相互独立的,则电流能在 P, Q 直接通过的概率是( ).

A. 0.8019   B. 0.9989   C. 0.999   D. 0.9999   E. 0.99999

【答案】 D

【解析】 电流能在 P, Q 之间通过,需电流至少从 T_1, T_2, T_3 的一个元件通过,从对立面思考,$P = 1 - 0.1 \times 0.1 \times 0.01 = 1 - 0.0001 = 0.9999$.

图 10-9

考点 179:伯努利概型

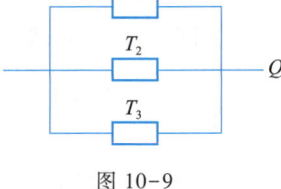

伯努利概型是概率论中最早研究的模型之一,也是得到最多研究的模型之一,尽管它比较简单,却也概括了许多实际问题,有广泛的应用价值,诸如在产品质量检查中,群体遗传学中都占有重要的地位,因此在概率论中占有相当重要的地位.

伯努利概型是指:

(1) 试验 E 只有两个可能的结果,A 及 $\bar{A}$,并且 $P(A) = p, P(\bar{A}) = 1 - p = q$(其中 $0 < p < 1$)称为伯努利试验.

(2) 把试验 E 独立地重复进行 n 次的试验构成了一个试验,这个试验称为 n 重伯努利试验或伯努利概型,记为 E^n,在 n 重伯努利试验中,事件 A 发生 k 次的概率为

$$P_n(k) = C_n^k p^k q^{n-k}, 0 \leq k \leq n.$$

在具体问题中,首先要看每次试验是不是只有两个可能的结果,比如:(1) 投掷一枚硬币要么出现正面,要么出现反面这两种结果.(2) 产品抽查中,要么抽到合格品,要么抽到不合格品这两种结果,(3) 向一目标射击,要么击中,要么没击中两种结果.特别要注意的是:有些试验的结果不止两个,比如电子管的寿命可以是不小于 0 的任一数值,但有时根据需要,我们把寿命大于 500 小时的电子管当作合格品,其余的当作次品,那么这类问题就归纳为伯努利试验了,再如投骰子,每投一次有 6 个等可能的结果,但我们把投出 6 点作为 A 发生,其余作为 $\bar{A}$ 发生,那就成伯努利试验了.

其次,"重复"是指各次试验的条件组是相同的,即每次试验 A 发生的概率都是 p(因此 $\bar{A}$ 发生的概率都是 $q=1-p$),"独立"要求各次试验的结果间是相互独立的,而且这 n 次试验结果的任意一种组合都是相互独立的,从而才能保证 $P_n(k) = C_n^k p^k q^{n-k}$ 成立,例如,已知在 60 件产品中,有 10 件次品,现从中每次取出一个,无放回地取 30 次,求在所取的 30 个中恰有 2 个次品的概率,表面上看该问题的提法和伯努利模型的提法相同,但实际上,因为它是"无放回"抽取,因此各次试验的条件是有差异的,因此不能用伯努利模型解决,如果把问题中的"无放回"改为"有放回"时,这 30 次试验的条件就完全相同了,就可用伯努利概型求解了.

典型例题

1. 某人射击一次击中的概率为 0.6,经过 3 次射击,此人至少有两次击中目标的概率为( ).

A. $\dfrac{81}{125}$　　B. $\dfrac{54}{125}$　　C. $\dfrac{36}{125}$　　D. $\dfrac{27}{125}$　　E. $\dfrac{19}{125}$

【答案】 A

【解析】 设 A 表示射击手命中的次数,事件"3 次射击至少有两次击中目标"可以表示为 $A \geq 2$,则

$$P\{A \geq 2\} = P\{A=2\} + P\{A=3\} = C_3^2 \left(\dfrac{3}{5}\right)^2 \left(\dfrac{2}{5}\right)^1 + C_3^3 \left(\dfrac{3}{5}\right)^3 \left(\dfrac{2}{5}\right)^0 = \dfrac{81}{125}.$$

2. 甲、乙两人进行乒乓球比赛,比赛规则为"3 局 2 胜",即以先赢 2 局者为胜.根据经验,每局比赛中甲获胜的概率为 0.6,则本次比赛甲获胜的概率为( ).

A. 0.216　　B. 0.36　　C. 0.432　　D. 0.648　　E. 0.682

【答案】 D

【解析】 甲获胜有两种情况,一是甲以 2∶0 获胜,此时 $p_1 = 0.6^2 = 0.36$.
二是甲以 2∶1 获胜,此时 $p_2 = C_2^1 \times 0.6 \times 0.4 \times 0.6 = 0.288$.
故甲获胜的概率 $p = p_1 + p_2 = 0.648$.

3. 进行一系列独立的试验,每次试验成功的概率为 p,则在成功 2 次之前已经失败 3 次的概率为( ).

A. $4p^2(1-p)^3$　　B. $4p(1-p)^3$　　C. $10p^2(1-p)^3$
D. $p^2(1-p)^3$　　E. $(1-p)^3$

【答案】 A

【解析】 先作等价转换:前 4 次试验中有 3 次失败 1 次成功,第 5 次试验成功.根据伯

努利概型和概率乘法公式,可得所求概率为 $C_4^1 p(1-p)^3 \times p = 4p^2(1-p)^3$.

4. 某学生在上学路上要经过4个路口,假设在各路口是否遇到红灯是相互独立的,遇到红灯的概率都是 $\frac{1}{3}$,遇到红灯时停留的时间都是2分钟,这名学生在上学路上因遇到红灯停留的总时间至多是4分钟的概率是( ).

A. $\frac{5}{9}$　　　　B. $\frac{1}{3}$　　　　C. $\frac{1}{2}$　　　　D. $\frac{3}{4}$　　　　E. $\frac{8}{9}$

【答案】　E

【解析】　设这名学生在上学路上因遇到红灯停留的总时间至多是4分钟为事件 B,这名学生在上学路上遇到 k 次红灯的事件 $B_k(k=0,1,2)$.则由题意,得 $P(B_0) = \left(\frac{2}{3}\right)^4 = \frac{16}{81}$,$P(B_1) = C_4^1 \left(\frac{1}{3}\right)^1 \left(\frac{2}{3}\right)^3 = \frac{32}{81}$,$P(B_2) = C_4^2 \left(\frac{1}{3}\right)^2 \left(\frac{2}{3}\right)^2 = \frac{24}{81}$.由于事件 B 等价于"这名学生在上学路上至多遇到两次红灯",所以事件 B 的概率为 $P(B) = P(B_0) + P(B_1) + P(B_2) = \frac{8}{9}$.

考点180：几何概型

几何概型就是将古典概型中的有限样本空间推广到无限样本空间,保留等可能性,因此几何概型也具有以下两个条件:

(1) 试验中所有可能出现的结果(基本事件)有无限多个.

(2) 每个基本事件出现的可能性相等.

如果每个事件发生的概率只与构成该事件区域的长度(面积或体积)成比例,则称这样的概率模型为几何概率模型,简称为几何概型.

1. 约会问题

两人约定于0到 T 时在某地相见,先到者等 $t(t \leq T)$ 时后离去,求两人能相见的概率.用 x,y 分别表示甲、乙两人到约定地点的时刻,由于两人分别在0到 T 时刻到达是等可能的,故问题可以看作几何概率问题,即看作在平面区域 $\Omega = \{(x,y) | 0 \leq x, y \leq T\}$ 内均匀投点,如图10-10,两人相见这一事件可表示为

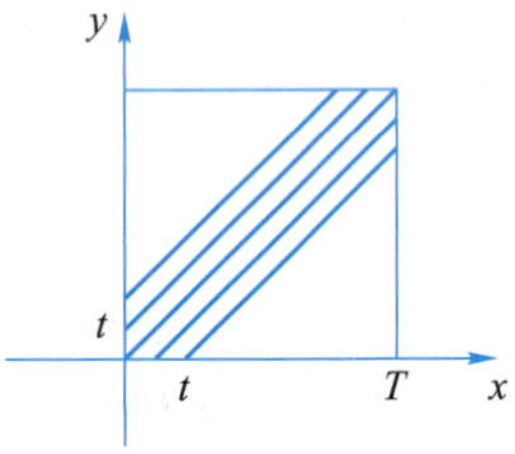

$$A = \{(x,y) | 0 \leq x, y \leq T \text{ 且 } |x-y| \leq t\},$$

$$P(A) = \frac{L(A)}{L(\Omega)} = \frac{A \text{ 区域的面积}}{\text{区域 } \Omega \text{ 的面积}} = \frac{T^2 - (T-t)^2}{T^2}.$$

图10-10

2. Buffor(蒲丰)投针问题

Buffor(蒲丰)投掷硬币的试验大家都很熟悉.投币试验揭示了频率的稳定性,即统计性规律.

投针问题则是一个典型的几何概率问题.平面上画有等距离为 a 的一些平行线,向此平面任意投一长为 $l(0 \leq l \leq a)$ 的针,求该针与平行线之间相交的概率.

用 d 表示针中点到最近一条平行线的距离,θ 表示针与平行线的不超过 $\frac{\pi}{2}$ 的夹角,知 $0 \leq$

$d \leq \dfrac{a}{2}, 0 \leq \theta \leq \dfrac{\pi}{2}$，于是投针问题就相当于向平面区域 $\Omega = \left\{ (\theta,d) \mid 0 \leq d \leq \dfrac{a}{2}, 0 \leq \theta \leq \dfrac{\pi}{2} \right\}$ 投点的几何概率问题.

如图 10-11，针与平行线相交的充要条件是 (θ,d) 满足 $0 \leq d \leq \dfrac{l}{2}\sin\theta$."针与平行线之一相交"这一事件 $A = \left\{ (\theta,d) \mid 0 \leq \theta \leq \dfrac{\pi}{2}, 0 \leq d \leq \dfrac{l}{2}\sin\theta \right\}$，

$$P(A) = \dfrac{L(A)}{L(\Omega)} = \dfrac{\int_0^{\frac{\pi}{2}} \dfrac{l}{2}\sin\theta \, d\theta}{\dfrac{\pi}{2} \cdot \dfrac{a}{2}} = \dfrac{2l}{a\pi}.$$

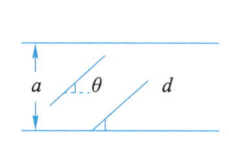

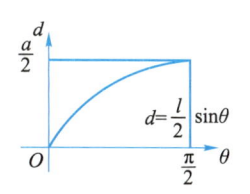

图 10-11

典型例题

1. 在平面直角坐标系中，设平面点集 $A = \{(x,y) \mid y < 1-x\}$，$B = \{(x,y) \mid 0 \leq y \leq \sqrt{1-x^2}\}$，则在 B 中随机指定一点，其恰好也在 A 中的概率为(   ).

A. $\dfrac{2+\pi}{2\pi}$　　　B. $\dfrac{2+\pi}{4\pi}$　　　C. $\dfrac{1}{2}$　　　D. $\dfrac{\pi}{2}-1$　　　E. 1

【答案】 A

【解析】 如图 10-12 所示，A 表示直线 $y=1-x$ 及其下方区域，B 表示半圆 $\begin{cases} x^2+y^2=1 \\ y \geq 0 \end{cases}$，及其内部，在 B 中随机指定一点，其恰好也在 A 中，这样的点只能是下图中的阴影部分的点，则概率为

$\dfrac{S_{阴影}}{S_{半圆}} = \left(\dfrac{1}{4}\pi \times 1^2 + \dfrac{1 \times 1}{2} \right) \div \left(\dfrac{1}{2}\pi \times 1^2 \right) = \dfrac{\pi+2}{2\pi}$.

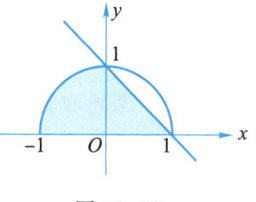

图 10-12

2. 设 A 为圆周上一定点，在圆周上等可能任取一点与 A 连接，则弦长超过半径 $\sqrt{2}$ 倍的概率为(   ).

A. $\dfrac{5}{6}$　　　B. $\dfrac{1}{2}$　　　C. $\dfrac{2}{3}$

D. $\dfrac{1}{3}$　　　E. $\dfrac{1}{6}$

【答案】 B

【解析】 如图 10-13，$|AB|=|AC|=\sqrt{2}R$. 则 $P = \dfrac{\widehat{BCD}长}{圆周长} = \dfrac{\pi R}{2\pi R} = \dfrac{1}{2}$.

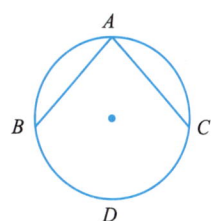

图 10-13

3. 在集合 $\{(x,y) | 0 \leq x \leq 5, 且 0 \leq y \leq 4\}$ 内任取一个元素,能使代数式 $3x+4y-19 \geq 0$ 的概率为( ).

A. $\dfrac{5}{6}$ B. $\dfrac{3}{10}$ C. $\dfrac{2}{3}$ D. $\dfrac{1}{3}$ E. $\dfrac{1}{6}$

【答案】 B

【解析】 如图 10-14,集合 $\{(x,y) | 0 \leq x \leq 5, 且 0 \leq y \leq 4\}$ 为矩形内(包括边界)的点的集合,$3x+4y-19 \geq 0$ 上方(包括直线)所有点的集合,所以所求概率为

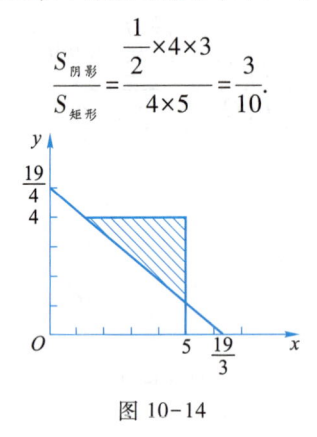

$$\dfrac{S_{阴影}}{S_{矩形}} = \dfrac{\dfrac{1}{2} \times 4 \times 3}{4 \times 5} = \dfrac{3}{10}.$$

图 10-14

4. 在矩形 $ABCD$ 的边 CD 上随机取一点 P,使得 AB 是 $\triangle APB$ 的最大边的概率大于 $\dfrac{1}{2}$.

(1) $\dfrac{AD}{AB} < \dfrac{\sqrt{7}}{4}$ (2) $\dfrac{AD}{AB} > \dfrac{1}{2}$

【答案】 A

【解析】 如图 10-15 所示:P_1, P_2 为恰好使 $P_1B = AB, P_2A = AB$ 的临界点,要满足 AB 是 $\triangle APB$ 的最大边的概率大于 $\dfrac{1}{2}$,由对称性知,即为要求线段 $P_1P_2 > \dfrac{1}{2}CD$,也就是要求线段 $P_1D < \dfrac{1}{4}CD$. 考虑极限情况,当 $P_1D = \dfrac{1}{4}CD$ 时,$AB = P_1B$;设 $CD = x$,则 $AE = P_1D = \dfrac{1}{4}x$,得 $EB = \dfrac{3}{4}x$,所以

$$P_1E = \sqrt{x^2 - \left(\dfrac{3}{4}\right)^2} = \dfrac{\sqrt{7}}{4}x = AD,$$

即 $\dfrac{AD}{AB} = \dfrac{\sqrt{7}}{4}$,所以当 $\dfrac{AD}{AB} < \dfrac{\sqrt{7}}{4}$ 时成立.

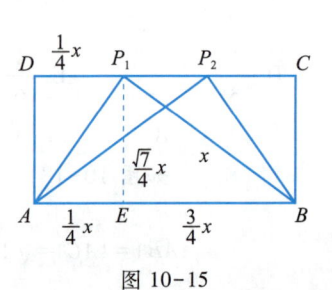

注意:本题要使 AB 是 $\triangle APB$ 的最大边的概率大于 $\dfrac{1}{2}$,显然 AB 越长且 AD 越短,越可以满足要求. 即 $\dfrac{AD}{AB}$ 的值越小越满足题意. 所以应对 $\dfrac{AD}{AB}$ 的上限提出限制. 此时显然条件(2)不充分,条件(1)很可能充分.

图 10-15

第十一章 数据的描述（考点181-187）

考试内容

考点181：平均数	考点185：极差
考点182：众数	考点186：直方图
考点183：中位数	考点187：饼图与数表
考点184：方差与标准差	

一、平均数

1. 平均数的概念

（1）平均数：一般地，如果有 n 个数 $x_1, x_2, \cdots, x_n$，那么，$\bar{x} = \dfrac{1}{n}(x_1 + x_2 + \cdots + x_n)$ 叫作这 n 个数的平均数，$\bar{x}$ 读作"x 拔"。

（2）加权平均数：如果 n 个数中，x_1 出现 f_1 次，x_2 出现 f_2 次，$\cdots$，x_k 出现 f_k 次（这里 $f_1 + f_2 + \cdots + f_k = n$），那么，根据平均数的定义，这 n 个数的平均数可以表示为 $\bar{x} = \dfrac{x_1 f_1 + x_2 f_2 + \cdots + x_k f_k}{n}$，这样求得的平均数 $\bar{x}$ 叫作加权平均数，其中 $f_1, f_2, \cdots, f_k$ 叫作权。

2. 平均数的计算方法

（1）定义法：当所给数据 $x_1, x_2, \cdots, x_n$ 比较分散时，一般选用定义公式：

$$\bar{x} = \dfrac{1}{n}(x_1 + x_2 + \cdots + x_n).$$

（2）加权平均数法：当所给数据重复出现时，一般选用加权平均数公式：

$$\bar{x} = \dfrac{x_1 f_1 + x_2 f_2 + \cdots + x_k f_k}{n}, \text{其中} f_1 + f_2 + \cdots + f_k = n.$$

（3）新数据法：当所给数据都在某一常数 a 的上下波动时，一般选用简化公式：$\bar{x} = \bar{x}' + a$. 其中，常数 a 通常取接近这组数据平均数的较"整"的数，$x_1' = x_1 - a, x_2' = x_2 - a, \cdots, x_n' = x_n - a$. $\bar{x}' = \dfrac{1}{n}(x_1' + x_2' + \cdots + x_n')$ 是新数据的平均数（通常把 $x_1, x_2, \cdots, x_n$ 叫作原数据，$x_1', x_2', \cdots, x_n'$ 叫作新数据）。

二、统计学中的几个基本概念

1. 总体

所有考察对象的全体叫作总体.

2. 个体

总体中每一个考察对象叫作个体.

3. 样本

从总体中所抽取的一部分个体叫作总体的一个样本.

4. 样本容量

样本中个体的数目叫作样本容量.

5. 样本平均数

样本中所有个体的平均数叫作样本平均数.

6. 总体平均数

总体中所有个体的平均数叫作总体平均数,在统计中,通常用样本平均数估计总体平均数.

三、众数、中位数

1. 众数

在一组数据中,出现次数最多的数据叫作这组数据的众数.

2. 中位数

将一组数据按大小依次排列,把处在最中间位置的一个数据(或最中间两个数据的平均数)叫作这组数据的中位数.

四、方差与标准差

1. 方差的概念

在一组数据 $x_1, x_2, \cdots, x_n$ 中,各数据与它们的平均数 $\bar{x}$ 的差的平方的平均数,叫作这组数据的方差.通常用"S^2"表示,即

$$S^2 = \frac{1}{n}[(x_1-\bar{x})^2+(x_2-\bar{x})^2+\cdots+(x_n-\bar{x})^2].$$

2. 方差的计算

(1) 基本公式: $S^2 = \frac{1}{n}[(x_1-\bar{x})^2+(x_2-\bar{x})^2+\cdots+(x_n-\bar{x})^2].$

(2) 简化计算公式(Ⅰ): $S^2 = \frac{1}{n}[(x_1^2+x_2^2+\cdots+x_n^2)-n\bar{x}^2].$

也可写成 $S^2 = \frac{1}{n}[(x_1^2+x_2^2+\cdots+x_n^2)]-\bar{x}^2.$

此公式的记忆方法是:方差等于原数据平方的平均数减去平均数的平方.

(3) 简化计算公式(Ⅱ): $S^2 = \frac{1}{n}[(x_1'^2+x_2'^2+\cdots+x_n'^2)-n\bar{x'}^2].$

当一组数据中的数据较大时,可以依照简化平均数的计算方法,将每个数据同时减去一

个与它们的平均数接近的常数 a，得到一组新数据 $x_1'=x_1-a, x_2'=x_2-a, \cdots, x_n'=x_n-a$，那么，$S^2 = \frac{1}{n}[(x_1'^2+x_2'^2+\cdots+x_n'^2)]-\overline{x'}^2$.

此公式的记忆方法是：方差等于新数据平方的平均数减去新数据平均数的平方.

（4）新数据法：原数据 $x_1, x_2, \cdots, x_n$ 的方差与新数据 $x_1'=x_1-a, x_2'=x_2-a, \cdots, x_n'=x_n-a$ 的方差相等，也就是说，根据方差的基本公式，求得 $x_1', x_2', \cdots, x_n'$ 的方差就等于原数据的方差.

3. 标准差

方差的算术平方根叫作这组数据的标准差，用"S"表示，即

$$S = \sqrt{S^2} = \sqrt{\frac{1}{n}[(x_1-\overline{x})^2+(x_2-\overline{x})^2+\cdots+(x_n-\overline{x})^2]}.$$

五、平均值与方差的性质

（1）若 $x_1, x_2, \cdots, x_n$ 的平均数为 $\overline{x}$，则 $mx_1+a, mx_2+a, \cdots, mx_n+a$ 的平均数为 $m\overline{x}+a$.

（2）数据 $x_1+a, x_2+a, \cdots, x_n+a$ 的方差与数据 $x_1+a', x_2+a', \cdots, x_n+a'$的方差相等.

（3）若数据 $x_1, x_2, \cdots, x_n$ 的方差为 S^2，则 $ax_1, ax_2, \cdots, ax_n$ 的方差为 a^2S^2.

综合（2）、（3）我们可得

（4）若数据 $x_1, x_2, \cdots, x_n$ 的方差为 S^2，则 $ax_1+b, ax_2+b, \cdots, ax_n+b$ 的方差为 a^2S^2.

六、直方图

在直角坐标系中，横轴表示样本数据的连续可取数值，按数据的最小值和最大值把样本数据分为 m 组，使最大值和最小值落在开区间 (a,b) 内，a 略小于样本数据的最小值，b 略大于样本数据的最大值.组距为 $\frac{b-a}{m}$，各数据组的边界范围按左闭右开区间，如 $[a, a+d)$，$[a+d, a+2d)$，$\cdots$，$[a+(m-1)d, b)$.纵轴表示频率除以组距（落在各组样本数据的个数称为频数，频数除以样本总个数为频率）的值，以频率和组距的商为高、组距为底的矩形在直角坐标系上来表示，由此画成的统计图叫作频率分布直方图.

从频率分布直方图可以估计出的几个数据：

众数：频率分布直方图中最高矩形的底边中点的横坐标.

算术平均数：频率分布直方图每组数值的中间值乘以频率后相加.

中位数：把频率分布直方图分成两个面积相等部分的平行于 y 轴的直线与 x 轴交点的横坐标.

频率：对应组距小矩形面积.

频数：频率乘以样本.

注意：直方图中所有小矩形面积相加等于 1.

七、饼图与数表

饼图：饼图是以圆形和扇形表示数据的统计图形，扇形的圆心角之比等于频数之比，圆心角的大小直观地表示度量值的大小关系.

数表：数表是以两行表格的形式反映数据信息的统计图形，第一行表示分布区间或散点值，第二行表示对应的度量值（频率、频数）.

考点 181：平均数

典型例题

1. 有 3 个箱子,如果两箱两箱地称它们的质量,分别是 83 千克、85 千克和 86 千克,则其中最重的箱子重( )千克.

   A. 47   B. 48   C. 49   D. 44   E. 41

   【答案】 D

   【解析】 三次称重的和就是 3 个箱子总质量的 2 倍,先求出三个箱子的质量减去称重最轻的两个的和就是最重的质量,据此解答. $(83+85+86) \div 2 - 83 = 254 \div 2 - 83 = 127 - 83 = 44$(千克).

2. 有 4 个箱子,每两个箱子合称 1 次,5 次分别是 22,23,27,29,30(千克),则最重的比最轻的重( )千克.

   A. 7   B. 8   C. 9   D. 10   E. 11

   【答案】 A

   【解析】 设 a,b,c,d 表示 4 个箱子的质量,不妨设 $a<b<c<d$.

   因为 4 个箱子两两称重,应该有 6 次,题目中给了 5 次,所以缺少一次,设缺少的一次数据为 x.

   将已知的 5 次数据相加,由于每个箱子都称了 3 次,所以是质量和的 3 倍减去未称量的一组数据的得数,即 $3(a+b+c+d)-x=131$.

   然后在数据 22,23,27,29,30,x 这六个数中,应该是每 2 个之和为定值 $a+b+c+d$,发现这个定值应该是 $22+30=23+29=27+x$,故 $x=25$,然后 $22=a+b,23=a+c,30=c+d,29=b+d$,

   对比可得 $d-a=7$.

   故选 A.

3. 由 21 个不同的数组成的数集 P,如果 $n \in P$ 且 n 是其他 20 个数的算术平均数的 4 倍,那么 n 占这 21 个数总和的( ).

   A. $\dfrac{5}{21}$ B. $\dfrac{1}{5}$ C. $\dfrac{4}{21}$ D. $\dfrac{1}{6}$ E. $\dfrac{1}{20}$

   【答案】 D

   【解析】 设其他 20 个数的算术平均数是 $\bar{x}$,则 $n=4\bar{x}$,所求即 $\dfrac{n}{n+20\bar{x}}=\dfrac{4\bar{x}}{4\bar{x}+20\bar{x}}=\dfrac{1}{6}$.

4. 某班学生军训射击,有 m 人各打中 a 环,n 人各打中 b 环,那么该班打中 a 环和 b 环学生的平均环数是( ).

   A. $\dfrac{a+b}{m+n}$ B. $\dfrac{1}{2}\left(\dfrac{a}{m}+\dfrac{b}{n}\right)$ C. $\dfrac{am+bn}{m+n}$

   D. $\dfrac{1}{2}(am+bn)$ E. 以上均不是

   【答案】 C

   【解析】 本题主要考查加权平均数,掌握得出射击环数的总数和加权平均数的定义是解题的关键.求出该班所有学生射击的总环数,再根据平均数的定义计算可得.根据题意知 m 人射击的总环数为 am,n 人射击的总环数为 bn,则该班打中 a 环和 b 环学生的平均环数

是 $\dfrac{am+bn}{m+n}$.

5. 某校规定学生的体育成绩由三部分组成,早晨锻炼及体育课外活动表现占成绩的 15%,体育理论测试占 35%,体育技能测试占 50%,小明的上述三项成绩依次是 94 分,90 分, 96 分,则小明这学期的体育成绩是( )分.

A. 91.5　　　　　　　　　B. 92.5　　　　　　　　　C. 93.6
D. 93.5　　　　　　　　　E. 以上结果均不正确

【答案】　C

【解析】　由题意知,小明的体育成绩为 94×15%+90×35%+96×50%=93.6(分).

考点 182:众数

一组数据中出现次数最多的数据叫作众数.

典型例题

1. 为调查某校九年级学生右眼的视力情况,从中随机抽取了 50 名学生进行视力检查,检查结果如下表所示:

视力	0.1	0.2	0.3	0.4	0.5	0.6	0.7	0.8	1.0	1.2	1.5
人数	1	1	3	4	3	4	4	5	9	10	6

则这 50 名学生右眼视力的众数为( ).

A. 1.2　　　　B. 2.8　　　　C. 2.6　　　　D. 2.4　　　　E. 3.0

【答案】　A

【解析】　在这 50 个数据中,1.2 出现了 10 次,出现的次数最多,即这组数据的众数是 1.2.

2. 已知一组从小到大排列的数据:2,5,x,y,$2x$,11 的平均数与中位数都是 7,则这组数据的众数是( ).

A. 2　　　　B. 8　　　　C. 6　　　　D. 4　　　　E. 5

【答案】　E

【解析】　一组从小到大排列的数据:2,5,x,y,$2x$,11,其平均数与中位数都是 7,所以

$$\dfrac{1}{6}(2+5+x+y+2x+11)=\dfrac{1}{2}(x+y)=7,$$

解得 $y=9$,$x=5$.

这组数据的众数是 5.

考点 183:中位数

一组数据从小到大(或从大到小)重新排列后,最中间的那个数(最中间两个数的平均数),叫作这组数据的中位数.

典型例题

1. 10 名工人某天生产同一零件,生产的件数是 15,17,14,10,15,17,17,16,14,12,设其

平均数为 a, 中位数为 b, 众数为 c, 则有(   ).

A. $c>a>b$ B. $a>b>c$ C. $b>c>a$ D. $c>b>a$ E. $a>c>b$

【答案】 D

【解析】 将 10 名工人生产的件数由小到大排序为 10,12,14,14,15,15,16,17,17,17. 求得

$$a = \frac{10+12+14+14+15+15+16+17+17+17}{10} = 14.7,$$

$$b = \frac{15+15}{2} = 15, c = 17,$$

故 $c>b>a$.

2. 从 0,1,2,3,4,5,6,7,8,9 中任取 7 个不同的数, 则这 7 个数的中位数为 6 的概率为(   ).

A. $\frac{1}{9}$ B. $\frac{1}{8}$ C. $\frac{1}{6}$ D. $\frac{1}{3}$ E. $\frac{2}{7}$

【答案】 C

【解析】 从 10 个数中任取 7 个数, 共有 C_{10}^7 种选法, 要使中位数为 6, 则 6,7,8,9 必须选取, 再从 0,1,2,3,4,5 中任取 3 个数, 有 C_6^3 种选法, 故 $p = \dfrac{C_6^3}{C_{10}^7} = \dfrac{1}{6}$.

3. 为了了解某班数学成绩情况, 抽样调查了 13 份试卷成绩, 结果如下: 3 个 140 分, 4 个 135 分, 2 个 130 分, 2 个 120 分, 1 个 100 分, 1 个 80 分. 则这组数据的中位数为(   )分.

A. 122   B. 211   C. 135   D. 270   E. 388

【答案】 C

【解析】 13 份试卷成绩, 结果如下: 3 个 140 分, 4 个 135 分, 2 个 130 分, 2 个 120 分, 1 个 100 分, 1 个 80 分, 所以第 7 个数是 135 分, 因此中位数为 135 分.

考点 184: 方差与标准差

典型例题

1. 已知一组数据: $-2,-1,0,x,1$ 的平均数是 0, 则方差 $S^2=($ $)$.

A. 0   B. 1   C. 2   D. $\sqrt{2}$ E. 3

【答案】 C

【解析】 $\dfrac{(-2)+(-1)+0+x+1}{5} = 0 \Rightarrow x = 2,$

$$S^2 = \frac{1}{5}[(-2-0)^2+(-1-0)^2+(0-0)^2+(2-0)^2+(1-0)^2]$$

$$= \frac{1}{5}(4+1+0+4+1) = 2.$$

2. 已知一个样本的方差是

$$S_1^2 = \frac{1}{100}[(x_1-4)^2+(x_2-4)^2+\cdots+(x_{100}-4)^2],$$

设这个样本的平均数是 a, 样本的容量是 b, 则 $20b+3a-1=($ $)$.

A. 2009   B. 2010   C. 2011   D. 2012   E. 2013

【答案】 C

【解析】 根据定义可得 $a=4, b=100$,故
$$20b+3a-1=2011.$$

3. 设样本数据 $x_1, x_2, \cdots, x_{20}$ 的均值和方差分别为 1 和 8,若 $y_i = 2x_i + 3 (i=1,2,\cdots,20)$,则 $y_1, y_2, \cdots, y_{20}$ 的均值和方差分别是（　　）.

A. 5,32　　B. 5,19　　C. 4,35　　D. 4,32　　E. 1,32

【答案】 A

【解析】 $\bar{x} = \dfrac{x_1 + x_2 + \cdots + x_{20}}{20}$,

因此 $\bar{y} = \dfrac{y_1 + y_2 + \cdots + y_{20}}{20} = \dfrac{2(x_1 + x_2 + \cdots + x_{20}) + 60}{20} = 2\bar{x} + 3$,即 $\bar{y} = 2 \times 1 + 3 = 5$.

由方差的特征可知,样本数据同时加上一个常数,样本方差不变;
样本数据同时乘一个常数,样本方差变为这个常数的平方倍.
所以 $S_y^2 = 2^2 \times 8 = 32$.

4. 某人 5 次上班途中所花的时间（单位:分钟）分别为 $x, y, 10, 11, 9$. 已知这组数据的平均数为 10,方差为 2,则 $|x-y|$ 的值为（　　）.

A. 1　　B. 2　　C. 3　　D. 4　　E. 5

【答案】 D

【解析】 $\begin{cases} \dfrac{x+y+10+11+9}{5} = 10, \\ \dfrac{(x-10)^2 + (y-10)^2 + (10-10)^2 + (11-10)^2 + (9-10)^2}{5} = 2 \end{cases} \Rightarrow \begin{cases} x+y = 20, \\ x^2 + y^2 = 208, \\ xy = 96, \end{cases}$

则 $(x-y)^2 = x^2 + y^2 - 2xy = 208 - 2 \times 96 = 16$,故 $|x-y| = 4$.

5. 已知样本数据 $x_1, x_2, \cdots, x_n$ 的方差为 4,则数据 $2x_1 + 3, 2x_2 + 3, \cdots, 2x_n + 3$ 的标准差是（　　）.

A. 2　　B. 4　　C. 6　　D. 8　　E. 12

【答案】 B

【解析】 设数据 $2x_1 + 3, 2x_2 + 3, \cdots, 2x_n + 3$ 的方差为 S^2.
因为样本数据同时加上一个常数,样本方差不变;
样本数据同时乘一个常数,样本方差变为这个常数的平方倍.
故 $S^2 = 2^2 \times 4 = 16$,所以新数据的标准差是 4.

6. 10 名同学的语文和数学成绩如下表:

语文成绩	90	92	94	88	86	95	87	89	91	93
数学成绩	94	88	96	93	90	85	84	80	82	98

语文和数学成绩的均值分别记为 E_1 和 E_2,标准差分别记为 σ_1 和 σ_2,则（　　）.

A. $E_1 > E_2, \sigma_1 > \sigma_2$　　B. $E_1 > E_2, \sigma_1 < \sigma_2$
C. $E_1 > E_2, \sigma_1 = \sigma_2$　　D. $E_1 < E_2, \sigma_1 > \sigma_2$
E. $E_1 < E_2, \sigma_1 < \sigma_2$

【答案】 B

【解析】 以 90 分作为参照量,则
语文:0,2,4,−2,−4,5,−3,−1,1,3.平均值为 0.5.
数学:4,−2,6,3,0,−5,−6,−10,−8,8.平均值为 −1.
故语文的平均值大于数学,即 $E_1>E_2$,很明显数学的分数值比较分散,所以数学标准差较大,即 $\sigma_1<\sigma_2$.

考点 185:极差

典型例题

某人在同一观众群体中调查了对五部电影的看法,得到如下数据:

电影	第一部	第二部	第三部	第四部	第五部
好评率	0.25	0.5	0.3	0.8	0.4
差评率	0.75	0.5	0.7	0.2	0.6

据此数据,观众意见分歧最大的前两部电影依次是(　　).

A. 第一部,第三部　　　　B. 第二部,第三部
C. 第二部,第五部　　　　D. 第四部,第一部
E. 第四部,第二部

【答案】 C

【解析】 极差越小,争议越大,所以选 C.

考点 186:直方图

典型例题

1. 为了解某校高三学生的视力情况,随机地抽查了该校 100 名高三学生的视力情况,得到频率分布直方图,如图 11-1 所示,由于不慎将部分数据丢失,但知道前 4 组的频数成等比数列,后 6 组的频数成等差数列,设最大频率为 a,视力在 4.6 到 5.0 之间的学生数为 b,则 a,b 的值分别为(　　).

A. 0.27,78　　B. 0.09,72　　C. 0.36,87　　D. 0.21,87　　E. 0.33,81

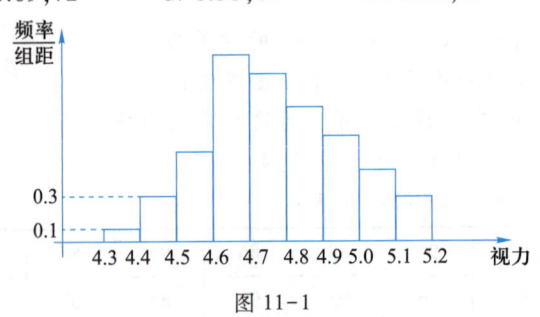

图 11-1

【答案】 A

【解析】 设第 i 组的频数为 x_i,则

$$\frac{\frac{x_1}{100}}{4.4-4.3}=0.1 \Rightarrow x_1=1. \qquad \frac{\frac{x_2}{100}}{4.5-4.4}=0.3 \Rightarrow x_2=3,$$

前 4 组的频数成等比数列 $\Rightarrow x_3 = 9, x_4 = 27$,

后 6 组的频数成等差数列 $\Rightarrow 27 \times 6 + \dfrac{6 \times 5}{2} d = 100 - 1 - 3 - 9 \Rightarrow d = -5$,

故 $x_5 = 22, x_6 = 17, x_7 = 12, x_8 = 7, x_9 = 2$, 从而最大频率为

$$a = \dfrac{x_4}{100} = 0.27,$$

视力在 4.6 到 5.0 之间的学生数为 $b = x_4 + x_5 + x_6 + x_7 = 27 + 22 + 17 + 12 = 78$.

2. 200 辆汽车经过某雷达地区,时速频率分布直方图如图 11-2 所示,则时速超过 60 千米/时的汽车数量为 m 辆.

(1) $m = 48$

(2) $m = 24$

【答案】 E

【解析】 $0.028 \times (70-60) + 0.010 \times (80-70) = 0.28 + 0.10 = 0.38, 0.38 \times 200 = 76$(辆).

对于条件(1) $m = 48$ 不充分.

对于条件(2) $m = 24$ 不充分.

综上所述,答案选择 E.

3. 某高中在今年的期末考试历史成绩中随机抽取 n 名考生的笔试成绩,作出其频率分布直方图如图 11-3 所示,已知成绩在 $[75,80)$ 中的学生有 1 名,若从成绩在 $[75,80)$ 和 $[90,95]$ 两组的所有学生中任取 2 名进行问卷调查,则 2 名学生的成绩都在 $[90,95]$ 中的概率为( ).

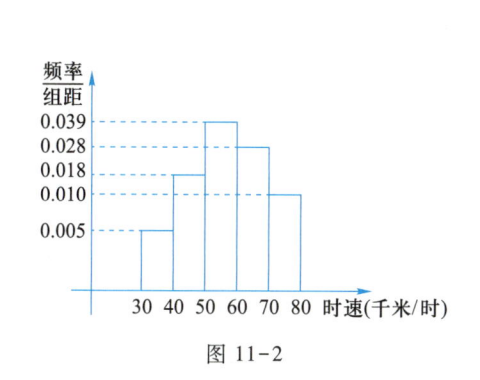

图 11-2

图 11-3

A. $\dfrac{2}{5}$ B. $\dfrac{1}{2}$ C. $\dfrac{3}{5}$ D. $\dfrac{4}{5}$ E. $\dfrac{9}{10}$

【答案】 C

【解析】 在 $[75,80)$ 的频率为 $5 \times 0.01 = 0.05$,又因为频率 = $\dfrac{\text{频数}}{\text{样本容量}}$.

在 $[90,95)$ 的频率为 $1 - 5 \times (0.01 + 0.02 + 0.06 + 0.07) = 0.2$,所以在 $[90,95)$ 中的学生人数为 $20 \times 0.2 = 4$.

所以 $[75,80)$ 中有 1 个人,$[90,95)$ 中有 4 个人,共 5 个人.

从 5 个人中任取 2 个人共有 $C_5^2 = 10$(种)情况,2 名学生成绩都在 $[90,95)$ 的情况有 $C_4^2 = 6$(种),所以概率 $p = \dfrac{6}{10} = \dfrac{3}{5}$.

4. 某校男子足球队队员的年龄分布如图 11-4 所示,根据图中信息可知,这些队员年龄的中位数是( )岁.

A. 21　　　　B. 22　　　　C. 23

D. 30　　　　E. 15

【答案】 E

【解析】 由图可知共有 $2+6+8+3+2+1=22$(人),则中位数为第 11、12 人年龄的平均数,即 $\dfrac{15+15}{2}=15$(岁).

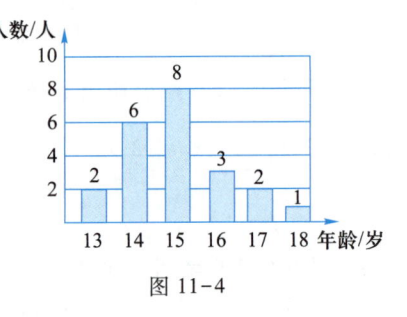

图 11-4

考点 187:饼图与数表

典型例题

1. 一个容量 100 的样本,其数据的分组与各组的频数如下表

组别	(0,10]	(10,20]	(20,30]	(30,40]	(40,50]	(50,60]	(60,70]
频数	12	13	24	15	16	13	7

则样本数据落在(10,40)上的频率为( ).

A. 0.13　　　B. 0.39　　　C. 0.52　　　D. 0.64　　　E. 0.24

【答案】 C

【解析】 $\dfrac{13+24+15}{100}=0.52.$

2. 某商场设立了一个可以自由转动的转盘(如图 11-5),并规定:顾客购物 10 元以上能获得一次转动转盘的机会,当转盘停止时,指针落在哪一区域就可以获得相应的奖品,下表是活动进行中的一组统计数据:

转动转盘的次数 n	100	150	200	500	800	10 000
落在"铅笔"的次数 m	62	111	136	345	546	6 901
落在"铅笔"的频率 $\dfrac{m}{n}$	0.62	0.74	0.68	0.69	0.682 5	0.690 1

在该转盘中,标有"铅笔"区域的扇形的圆心角大约是( ).(精确到 1°)

A. 248°　　　B. 228°　　　C. 236°

D. 300°　　　E. 200°

【答案】 A

【解析】 从表中可以看出,当 n 很大时,频率会接近 0.69.用频率近似表示概率,故概率约为 0.69,所求扇形的圆心角为 $0.69 \times 360° \approx 248°$.

注意:当转动转盘的次数越大时,落在"铅笔"的频率越接近于 $\dfrac{铅笔圆心角}{360°}$.

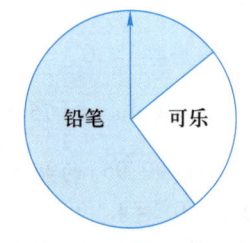

图 11-5

郑重声明

高等教育出版社依法对本书享有专有出版权。任何未经许可的复制、销售行为均违反《中华人民共和国著作权法》，其行为人将承担相应的民事责任和行政责任；构成犯罪的，将被依法追究刑事责任。为了维护市场秩序，保护读者的合法权益，避免读者误用盗版书造成不良后果，我社将配合行政执法部门和司法机关对违法犯罪的单位和个人进行严厉打击。社会各界人士如发现上述侵权行为，希望及时举报，我社将奖励举报有功人员。

反盗版举报电话　（010）58581999　58582371
反盗版举报邮箱　dd@hep.com.cn
通信地址　北京市西城区德外大街4号　高等教育出版社法律事务部
邮政编码　100120

读者意见反馈

为收集对本书的意见建议，进一步完善本书编写并做好服务工作，读者可将对本书的意见建议通过如下渠道反馈至我社。

咨询电话　400-810-0598
反馈邮箱　gjdzfwb@pub.hep.cn
通信地址　北京市朝阳区惠新东街4号富盛大厦1座
　　　　　高等教育出版社总编辑办公室
邮政编码　100029

防伪查询说明

用户购书后刮开封底防伪涂层，使用手机微信等软件扫描二维码，会跳转至防伪查询网页，获得所购图书详细信息。

防伪客服电话　（010）58582300